新时代「强基兴师」丛书

灵动与沉潜

郭惠宇谈语文教育

郭惠宇◎著

安徽师范大学出版社
ANHUI NORMAL UNIVERSITY PRESS
·芜湖·

图书在版编目(CIP)数据

灵动与沉潜:郭惠宇谈语文教育 / 郭惠宇著. —— 芜湖:安徽师范大学出版社,2023.10
(新时代"强基兴师"丛书)
ISBN 978-7-5676-5915-5

Ⅰ.①灵… Ⅱ.①郭… Ⅲ.①中学语文课—教学研究Ⅳ.①G633.302

中国版本图书馆CIP数据核字(2022)第251240号

灵动与沉潜:郭惠宇谈语文教育

郭惠宇◎著

LINGDONG YU CHENQIAN GUO HUIYU TAN YUWEN JIAOYU

策划编辑:吴顺安　吴毛顺

责任编辑:胡志恒　　　　　　责任校对:李克非　平韵冉

装帧设计:王晴晴　张　玲　　责任印制:桑国磊

出版发行:安徽师范大学出版社

　　　　　芜湖市北京中路2号安徽师范大学赭山校区　　邮政编码:241000

网　　址:http://www.ahnupress.com

发 行 部:0553-3883578　5910327　5910310(传真)

印　　刷:江苏凤凰数码印务有限公司

版　　次:2023年10月第1版

印　　次:2023年10月第1次印刷

规　　格:787 mm ×1 092 mm　　1/16

印　　张:27.25

字　　数:435千字

书　　号:ISBN 978-7-5676-5915-5

定　　价:148.00元

内容简介

"新时代'强基兴师'丛书"以安徽师范大学"基础教育振兴行动计划"为指引，坚持落实"立德树人"的根本任务，立意高远，目标清晰，特点鲜明。

本书是语文教育名师郭惠宇从教38年来追求灵动语文教育的全面总结和全新阐释。全书重在探寻语文教学艺术，思考语文教师专业成长路径。其中"灵动篇"结合作者教学案例，着重探讨语文课堂教学的辩证艺术，努力生成富有生命力的语文课堂；"沉潜篇"就作者在课程开发、教学改革、深度学习、专业发展、后生培养、阅读思维、写作训练等诸多方面的探索加以提炼总结，展现教师多重素养和多元角色。

本书从理论和实践两个维度来思考语文核心素养的培养与落实，全面体现新课标的精髓，围绕语文学科素养，探寻语文素养养成的思维规律，追求教学的技术含量，阐释教育教学的艺术技巧，其语文教学理念、实践，以及语文教育工作者到教育管理者的修为之路的回望与反思，对中学语文教师职业发展具有一定的示范指导意义。

作者简介

　　郭惠宇，正高级教师，语文特级教师。原马鞍山市第二中学校长，现为马鞍山市成功学校校长，安徽师范大学兼职教授。曾获全国先进工作者、全国模范教师、首届江淮好学科名师、省学术与技术带头人等荣誉称号。深耕中学语文近40年，是安徽语文课改的先行者和引领者之一，在安徽中学语文界具有一定影响力。出版《灵动之美》《"好玩"与"有用"——语文教学散论》《阅读教学与思维品质》等多部著作，发表《寻找穿行于文学欣赏之林的路径》《让语文教学技术的"成色"更高》等百余篇论文，主持多项省教育科研项目，多次获省优秀科研成果奖。

赓续学脉　强基兴师
擦亮师范教育的育人底色

　　教育、科技、人才是全面建设社会主义现代化国家的基础性、战略性支撑，建设教育强国是中华民族伟大复兴的基础工程。安徽师范大学在新时期的办学理念上坚持"1234"：一是以实现中华民族伟大复兴为己任；二是尊重科学、尊重知识；三是做好基础与应用、理论与实践、科学与工程的结合；四是人才培养注重服务"四个面向"战略部署。新时代新征程，学校全面实施推进"基础教育振兴"和"学科振兴"两大行动计划，着刀提升学校办学综合实力与核心竞争力，奋力在"双一流"建设上买现新突破，全面引领服务安徽基础教育发展，打造基础教育振兴安徽模式。

　　百年大计，教育为本：教育大计，教师为本。基础教育是人才成长的起点，又是整个教育体系的根基，在国民教育体系中承担着特殊使命，事关国民素质提升，事关人的全面发展，事关社会公平正义。

再回母校,我越发深切地意识到提升基础教育的质量、造就一支高素质专业化基础教育教师队伍,对于办好基础教育乃至整个国民教育至关重要。强基兴师,利在当下、功在千秋。

强基兴师,是师范院校的使命。师范教育一直都是安徽师范大学的办学底色,也是办学核心竞争力的关键所在。学校是安徽基础教育的"母机",是强基兴师的主力,要牢牢坚守培养高素质基础教育师资的办学使命,坚决扛起基础教育振兴时代重任,擦亮师范教育的育人底色,努力解决"双减"政策背景下,基础教育优质资源难以满足人民群众需求的难题。我们要为安徽基础教育改革做点事情,务实求真,做好高品质教师培养,全面服务安徽基础教育发展,努力为振兴安徽基础教育作出师大人的贡献。

强基兴师,是创新教育的基石。在中国式现代化进入新征程的今天,强化教育优先发展的战略地位,体现了以创新为核心的教育、科技、人才三大战略的规律性联系。无论是加快建设科技强国,实施创新驱动发展战略,加快实现高水平科技自立自强,积聚力量进行原创性引领性科技攻关,坚决打赢关键核心技术攻坚战,增强自主创新能力,还是建设人才强国,加快建设世界重要人才中心和创新高地,着力形成人才国际竞争的比较优势,基础都在教育。创新的基础教育才能培养创新的人才,而创新人才培养又有赖于高素质专业化创新型教师队伍。因此,学校要从师资队伍建设、人才培养方案、教材教法教案抓起,着力打造优秀教师培养体系和教师终身学习体系,让每个从安徽师大走出的教师乐教善教,成为安徽教育的主力军,推动教育高质量发展。

强基兴师，是教育强国的关键。党的二十大描绘了中国式现代化的宏伟蓝图，亟须进一步形成加快建设高质量教育体系赋能中国式现代化的实践进路，实现中华民族伟大复兴的中国梦。习近平总书记在致清华大学苏世民学者项目启动仪式的贺信中指出，教育决定着人类的今天，也决定着人类的未来。教育兴则国家兴，教育强则国家强。"教育是提高人民综合素质、促进人的全面发展的重要途径，是民族振兴、社会进步的重要基石，是对中华民族伟大复兴具有决定性意义的事业。"由此，我们师大人使命光荣、责任重大，唯有踔厉奋发、笃行不怠，方不负党和人民的信任和重托。

安徽师范大学出版社策划的"新时代'强基兴师'丛书"很好地顺应了学校事业发展上水平、上台阶谋划设计的发展举措——"基础教育振兴行动计划"，立意高远，目标清晰，特点鲜明。

其一，开放性与系统性相结合。"新时代'强基兴师'丛书"是一个开放性的体系，在确保科学性、学术性、可读性的基础上，不断吸纳新理论、新思想的教育论著，推进创新；不断发现有创举、有成效的教育成果，推广运用；不断推荐省内有思想、有成就的学科名师，传经授艺。同时，丛书围绕理论、实践和名师三个系列，将介绍教育理论、推荐教育实践、总结名师经验进行系统性整合，希望可以打造成为安师大出版社教育类图书的品牌。

其二，科学性与前沿性相统一。丛书既有高校教育专家学者的理论研究，也有中学教育名师关于自身成长历程的总结和对教育管理与教育教学的探索，还将总结与推广2022年安徽省基础教育教学特等奖和一等奖的获奖成果，展示这些成果坚持立德树人的价值导向，一切从学生出发，释放学生生命活力和智慧灵性的实践案例，产生激励、引领、推而广之的积极作用。丛书力求展现安徽基础教育前沿成果，宣传安徽名师典型，充分发挥名师效应。

其三，理论性与实践性相呼应。丛书包含两条主线：一是重点展现名师关于教育理论和教育实践的理性思考，体现他们对教育本质的探索和追求；二是展示新时代教育工作者对基础教育改革与发展的新探索和新实践，让教育教学创新成果落地生根。丛书既关注教育教学研究的前沿动态，又贴近中小学教师的工作生活，做到理论与实践相统一，力求建立一套完善的中学学科教师专业发展机制，形成一批可复制、可推广的中学师资队伍建设改革经验，发挥示范引领作用。

这套丛书将为中国教育的高质量发展提供我们安徽的真知灼见，也为安徽师大正在打造的金牌教案、金牌教练、金牌师范生"三金"工程提供鲜活的案例，力争为全国师范教育改革和基础教育振兴提供"参考样板"。

李亚栋

癸卯兔年盛夏于清华园

（李亚栋，中国科学院院士、安徽师范大学校长）

目　录

沉潜篇

但管耕耘，莫问收获

——给青年教师的一封信

青年教师们：

你们好！见字如面。

第一次用书信的形式与未曾谋面的你们交流关于职业成长的心得，甚是惶恐。因为每个人的生命轨迹是无法复制的，我这个从教了近四十年已经退了休的语文教育从业者，以自己现在的眼光看语文教育或许风轻云淡，而面对职场的新人，所见者可能到处都是沟坎坑凹，所以我的所谓心得经验也许会成为误导。但作为过来人，我还是坚信每一种职业成功的经验都有着这样或那样的相似，我也曾从许多成功者身上学到过许多，但愿我说的和本书中表达的对你们有些许启发，那真是善莫大焉。

四十年来，于我最为受用的一句格言就是"但管耕耘，莫问收获"，好像这话出自曾国藩先生之口，他的意思是你尽管耕耘就好了，不要去担心收获，只要耕耘，自然有一天你就会有收获。想我自己走过的教育教学经历，就是做好自己，努力学习，勤勉工作，不断追赶，抓住每一个可能脱颖的机会，拓展每一个可以企及的技能，做着做着，一个个平台为我打开，一项项荣誉不期而至。

既然要耕耘，就要练就耕耘的本领。照现今职场的说法，就是要有专业素养和技能。那么，一位成熟的语文教师需要怎样的专业素养和技能呢？苏轼在《贾谊论》中认为贾谊之所以命运多舛，是因为他"志大而量小，才有余而识不足"。这里,苏轼提出了一个人成长的四个要素"志""量""才""识",私以为可以成为每个立志成为优秀语文教师的四个努力的方向。

先说说"志",志就是目标,就是专业定力。西谚曰:"对于一艘盲目航行的船来说,所有方向的风都是逆风。"没有目标的航船,任何方向的风对它来说都是逆风,就只能漫无目的地在大海上徘徊,人也如此,如果没有目标,就不知道朝哪个方向去努力,无论做什么都是徒劳。建立独特的价值主张和职业信念,是入职从教的第一步,职业的信念要靠切合实际和能力的职业生涯规划来落地,要靠冷静、坚定和自信的从业坚持来实现。专业定力是身处在一个"不确定的时代"的我们所必备的品质,要培养专注力,避免干扰和诱惑,始终保持工作的高效性和专注度。要时刻提升自我意识,了解自己的优势和不足之处,不断改进自己的行为和思维方式,调整心态,积极应对,保持成长的自我觉醒。所以,有"志"就要握紧前行的方向盘,勇敢地奔向终极追求。

"量",就是器量,就是情怀。既然选择教育,我们需要解决好对教育的情感和态度问题。教育学是人学,而人学的本质是关系学;所以,青年教师首要的一课是学会如何处理好与学生、与家长、与同事,甚至是与领导的关系,处理好这些关系,没有高维认知和大格局是不行的,所谓胸襟决定器量,境界决定高下。教育者的情怀体现在敬业的精神,能在看似单调重复的劳动中找到推动学生生机盎然地去学习的力量,发现专业发展中生动复杂的精彩画卷;体现在你对学生的爱,教育的爱饱含着道德的柔情和建构新世界的力量,要努力把世间所有的现象,都转化为导致学生的生命从一个阶段迈向另一个阶段的成长资源,要让每堂课成为幸福的遇见,每个学生都是你快乐的天使,而师生的每一点进步都能升腾起职业的自豪。因此,有"量"就是拥有一颗智慧的菩萨心,爱事业更爱学生。

所谓"才",就是才能,就是技术。教育是门科学,教师是让教育落地的专业人员。教师的专业才能很大程度上决定教育质量,也决定着学生能否健康成长,其重要性不言而喻。做一名语文教师,不仅需要有阅读、写作和口语交际的语文能力,有教案设计、课堂执行、课外指导和评学评教的教学能力，有教学反思、课题研究和创新课程的教研能力；还需要以学习者视角反思和改进教学，更加关注学生的"学"，努力教授学习技能和学习策略；还需要指导学生适应数字化的环境，批判地运用数字技术，拥有与不同学科、人工智能等跨界协作的教学能力。正如联合国教科文发布的《一起重新构想我们的未来：为教育打造新的社会契约》所言："必须承认，无论拥有怎样的证书和经验，教师的职业身份、能力和专业发展都不会完结。教师的发展是一个丰富而且动态的学习和体验的连续体，是持续一生的旅程。"所以，有"才"就是不断充盈专业的工具箱，用专业技能实现专业价值。

最后谈谈"识"，识就是见识，就是批判性思维。我们必须依靠自己丰富的生活阅历和处理事情的觉解能力，履行老师立德树人的职责；我们也必须基于现实和问题进行洞察、分析和评估形成自己高阶的思维和深度学习能力，完成教师传承文化的使命。因而，这种"识"，表现为教师拥有反思、探究的技能，反思教学实践，构建育人理念，在成长自我的同时，使学生成为终身学习者；这种"识"，表现为教师成为学生的人格榜样，为学生提供情感支持，使他们的成长产生积极的改变；这种"识"，表现为教师给学生提供持续而多元的评估和反馈，使他们感到被尊重、接纳、支持；这种"识"，体现在教师对生活的激情和同情心，能够激励学生承担个人和社会责任，包容多元文化。王栋生老师说："语文是世界，世界到处有语文。语文教师一定要有自己的见识，不能无视辽阔的世界，以为捧着教材和试卷，就可以踞守高地，而不知世界正在大踏步地走向未来。"因此，有"识"就是要做勇立船头的守望者，和学生一起发现崭新的世界。

"志""量""才""识"四个词当中，可能大家会觉得最重要的是"才"，刚做教师那会儿，我也一直以为"才"最要紧，只要把书教好了，不全有了吗？后来的教学生涯，告诉我：每一项都重要，少了哪一方面都可能让自己走不稳、走不远、走不高。我们学文学的不都说"功夫在诗外"，那是一个理儿。说了这么多空洞的话语，也不曾举什么事例，可能你们会觉得还是不具实操性，好在本书的下编详细讲述了个人的成长经历和体会，算是对这封信所谈道理的一种补充与验证。

"但管耕耘，莫问收获"，听到这句话还是四十多年前在安徽师大的课堂上。我刚入职那会儿便把它当作了座右铭，于当时看，有人也许会以为这是个噱头，是对可能的不成功找借口。但我的确很在意这句话，以此来勉励自己努力耕耘，坚信天道酬勤。不料想，我后来的收获会有那么多，多得有时真会让自己很迷糊。时至今日，这句话也许不合时宜，但我依旧觉得它很有意义，它会让我们平复躁动，学会淡定，功利的时代或许更需要"但管耕耘"的劲儿，或许更要有不汲汲于收获多寡的心气儿。

祝你们一路向阳，事业有成！

你们的朋友　郭惠宇

2023 年 9 月 10 日

灵动篇

所谓"灵动"者，就是一种生气、动力，就是和谐、节奏，就是古人所谓的"慷慨以任气""气扬采飞"（刘勰《文心雕龙》），"生气远出，不着死灰，妙造自然，伊谁与裁?"（司空图《诗品·精神》），"气韵生动是也"（谢赫）。灵动，不仅是教学形式的一种表现形态，更是对语文本源一种阐释，是一种精神态度，是一种美学追求。追求灵动的教学艺术，不仅需要我们具有灵活的教学设计，拥有灵巧的教学创造，更需要我们养成灵性的教学素养，激活灵敏的教学情感，进而形成灵通的教学魅力。只有这样，灵动的课堂才会像一首绮丽的诗，一篇跃动的散文，一件流光溢彩的艺术品，让人赏心悦目，让人流连忘返。灵动，涌动的是语文教学的智慧；灵动，生发的是勃勃的生机。以灵动为归宿，教师灵活地教，学生灵活地学；教师教得灵气洒脱，学生学得轻灵自在。以灵动为核心，其课堂总是充满激情，富有生机，富有情趣，富有启发性，富有感染力；其教者也因此而形成自己的生动形象、灵气潇洒的教学个性和教学风格。

第一讲　洗练：超心炼冶，绝爱淄磷
——教学内容的确定

　　高中语文教材无论是"文体组元"还是"主题组元"，教师在实际教学中大都采取独立的文本教学方式，即教任何一种同类文体的文本教学所涉及的视阈几乎是重叠的，致使教学的内容不断重复，教师不自觉地在一个个文本的游走中，在一节节课的推进间，不断地重复着教学的内容，很少意识到课程的定位、目标和序列。于是，教学中经常会出现这样的现象：介绍一个作家的生平，小学、初中直到高中依然要一遍又一遍重复；讲授一个单元的诗歌，每首诗歌都是从情景交融、知人论世的角度分析；分析两篇不同内容不同作家的文章，会使用相同的解读方法、分析角度和教学策略；甚至不同年级教学内容相互越位、序列错杂。

　　和数理化的教学不同的是，这些课程的程序鲜明，序列明确，教学路径清晰；教师只要按照教材的编写体例推进，就可以很好地实现课程的教学目标。而语文课程是以文本为教学对象，往往一个文本集合着一类文章的各种知识与能力，孰轻孰重全靠教师个体去把握和处理，也就造成有时一篇课文教一周，一节也可以完成一单元的现象。课程的序列化、系统性难以形成，教学的效益不高也就显而易见。所以，处理好教学文本，提高对语文课程的敏感度，在关注教学的技术问题的同时，要更加关注教学的价值、内容、目标问题，即关注教学究竟是为了什么的问题，"如矿出金，如铅出银。超心炼冶，绝爱淄磷"（司空图《诗品·洗练》），教学与写诗作文一样，都需要提纯修炼，需要经过千锤百炼；有所取舍，下定决心去掉杂质，从文本的矿床中提炼出"金银"。确定教学的内容，明确教学的目标，明确教什么最有用、最有效，是语文教师专业成长的重要任务。

一、取舍：提升识力，锁定目标

教学目标是教学设计的根本，它深刻地影响教学设计的其他各环节，同时也是促进核心素养落地的重要抓手和途径。优秀的教学设计首要取决于教学目标制定是否理性化，具体而言就是能将课堂教学目标视为一个需要系统研究的研制过程，制定真正有效指引学生不断深入学习的学习目标。

教学目标设计是教学设计的起点、生长点、突破点，也是课堂教学的重要环节，关系到教学活动的指向、教学内容的选择、教学方法的应用和教学效果的评估等。在当前核心素养和新教材背景下，如何积极地、创造性地进行课堂教学目标设计，是值得我们教师思考的问题，也是教师需要不断提升的能力。

高中语文课程教学的实施过程中，首先遇到的是教学用时问题。教学用时少，课程内容多，按常规的教学方法是无法完成教学任务的。可能出现的现象：一是按照旧有的惯性，一课一课向前推进，只教单元中的课文，把教材的"学习活动"、"整本书阅读"、写作训练等扔到一边，不予考虑；二是加大课堂容量，以教师的讲解代替学生的思考和学习过程，教师把所有相关的知识、要求一一讲到位，在拼命赶进度、加课时的过程中诠释新教材。如此，教材的"新"体现在哪呢？新课程的教学理念靠什么来体现？

在常规的教学设计中，我们常常把教学内容和过程作为备课准备核心，缺少对教学目标的思考和重视，这就使得教学过程中主观随意性强，课堂教学时间浪费严重，教学效果可能低效甚至无效。虽然在日常的教学设计，教学目标都有明确的说明，但它一般都是形式化的存在，没有真正发挥对实际教学的贯穿和引领作用。请看下面两个《装在套子里的人》教学目标案例。

【案例1】

知识目标：学会分析人物形象和塑造人物方法。

能力目标：提高学生鉴赏小说的能力。

德育目标：使学生对别里科夫的形象引起憎恶，从而痛恨一切反对进步，阻碍社会发展的势力。

【案例2】

知识目标

1.了解作品创作的时代背景，即19世纪末沙皇俄国的黑暗现实。

2.了解契诃夫及其作品。

3.结合环境分析作品塑造的人物形象。

4.理解人物形象的思想意义。

能力目标

1.学习领会小说中幽默讽刺的手法和细节描写的运用。

2.培养学生分析小说形象的能力。

德育目标

1.培养学生对腐朽事物的辨识能力，从而痛恨一切反对进步、畏惧改革的习惯势力。

2.使学生认识因循守旧的危害性及勇于改革创新的重要性。

案例1，在目标设定上看似简单，但设定的目标空洞而无方向感，似乎教任何一篇小说都可以用；案例2设计了三个维度八个目标，不可谓不详尽，但又失之于目标太滥，如果真的一一加以落实，这篇课文不知要教多少课时。其实，在我看来只有两点是最要紧、最实在的，那就是"理解人物形象的思想意义"和"学习领会小说中幽默讽刺的手法和细节描写的运用"。

可见，有限的课时要教出新意，教材的取舍是关键，面面俱到往往会面面都没到。取舍涉及两个方面：一是对教材内容的取舍，不一定每篇课文都平均用力，有的课可以放手让学生自己学，有的课可以在一节课中教授多篇课文，有详有略；二是教学目标的确立，每篇课文不要堆砌知识点，有针对性有重点地讲清一两点，有机整合整个单元的教学目标。实际的教学中，一些教师就唯恐目标不全、不细，把每个文本都当作起始课教，把每个学生都当作以前从没学过语文似的教，造成信息拥堵，内容庞杂，自然就收效甚微。

所以，目标的制定要鲜明突出，不同文本有不同的目标趋向，不能把一类文体所涉及的所有内容都列入当做目标，也许讲清一点比讲到过十点要有效得多；同时，目标设计要考虑教材的结构和组元方式，合理地安排重点，形成场效应，实现教学效益最大化；另外，要考虑学生实际状况和基础水平，做到学生已经掌握的不教，教了也没用的不教。

这里需要特别指出的是，核心素养视域下的教学设计，其教学目标的界定一定要把学生学习目标放在教学设计思考的重要位置，它既包括为基础知识和基本技能而制定的短期目标；也包括学生对学科知识和意义价值的深入理解能力，以及基于这种理解自主运用所学知识解决生活情境应用能力的长期目标；这个教学目标是以深度学习结果为驱动的目标，是确立以发展核心素养立场出发的素养型学习目标。

1.确定目标的原则

教学目标是师生通过课堂教学活动预期达到的结果或标准，是对学习者通过教学以后将能做什么的一种明确的具体的表述。教学目标是否恰当，关乎一节课教学的成败，也直接影响课程目标的达成。具体目标的确定主要是以课程标准为依据，针对教材内容的具体分析而定，其主要的原则我认为有凸显核心价值、瞄准学生需求、遵从教材设计、提升思维品质、催进语言悟性等五个方面。

（1）凸显核心价值

日常教学中，我们常常会把同类文体或同类题材按着固有的习惯或同一模式处理，时间一长，许多不同的文本所讲的内容常常处在架床叠屋的重复中，似乎所有的散文都是形散神聚，所有的诗歌都是情景交融，所有的议论文都是三段论。张广录老师在教授郁达夫《故都的秋》时就曾遇到一次尴尬。

《故都的秋》是经典的老课文，已经教过好多遍了。再教一遍，驾轻就熟。课文上完了，几个学生笑笑地来找我："老师，朱自清和郁达夫是不是孪生兄弟？"我讶然："何出此言？"

学生笑嘻嘻地："听您讲《荷塘月色》和《故都的秋》，觉得是孪生篇章，一模一样。"

"真的吗？说说看怎么一模一样？"

"《荷塘月色》有文眼'这几天心里颇不宁静'照应全篇，《故都的秋》也有文眼'来得清，来得静，来得悲凉'笼罩全文；两篇文章在结构上都是首尾照应；而写景都是充分调动视觉、听觉、触觉、嗅觉等多种感觉器官来表达；两篇文章都有精彩的比喻值得欣赏；最大的欣赏点都是情景交融，借景抒情，还有许多一样的地方呢……这难道不是孪生兄弟吗？照此标准，来套我的那篇《秋天的校园》也不为过呢，好像天下写景的文章都是这个样子的。"

我头上有些冒汗，尽管天气并不热。[①]

张老师发现："学生的这种质疑，暴露了长久以来被掩盖着的一个事实：我们的许多习惯性的教学内容，只教了散文的一般性特征，与当下所阅读的具体篇目所特有的个性特征并不吻合！《故都的秋》应该还有更'核心'的价值隐藏着，被忽略了，没有挖掘出来。而我们讲了若干遍的那一套说辞，尽管自成一套体系，但实际上并没什么意义，不过老生常谈而已，对学生也没什么真正用处。"

两篇相类似的散文，并置于高中语文必修一中，都是我们中学语文教材的经典名篇。它们大致写于相同的年代，同属于散文，既有精彩的写景又有恰当的抒情，在语言表达上堪称娴熟圆满，炉火纯青，是当之无愧的教学范文。如果我们不加分析地处理教材，常常会把它们甚至所有的散文教出一个腔调，这样的尴尬自然难免。因此，在确定文本的教学目标细致地剖析不同文本的各自特点，从相似性的对应中发现各自独特的魅力与核心价值。这是

---

①张广录.根据学生需求确定教学内容——《故都的秋》教学心得[J].中学语文教学，2011（01）.

对教师教学能力的一种考验，也是发展和提升学生语文能力的有力抓手。

当然，不是每一篇教学文本都像《荷塘月色》和《故都的秋》，大多数的文本其核心价值还是很显豁的，我们在确定教学目标时切不可视而不见。一个文本的核心价值是决定该文本得以流传和被一代代读者接受的根本原因，教学需要将其放在突出的位置加以实施。比如，教辛弃疾的词作，就不能轻易放过词人善用的典故。我在教《辛弃疾词两首》（《水龙吟》《永遇乐》）时，其中很重要的一个目标就是"赏析典故"，下面是我教学设计的片段。

纵观两词，用典多且灵活，表达的情感丰富而相对集中，并能以一心报国的高尚情怀贯串其中，抒情脉络完整而清晰。以内容特定的典故来表情达意，不仅简省精练，还可曲尽其妙；同时，用典与形象、意境和情理有机结合，体现了词的精练性和含蓄性，使词作的思想性和艺术性有机统一。

师生互动：讨论两首词作中典故的意义以及使用的妙处。

归纳如表：

①典中有对比	《水龙吟》	张翰乐于归隐、许汜谋取私利与刘备的雄才大略、桓温慨叹时光流逝作对比。
	《永遇乐》	成就"风流"的人事和"仓皇北顾"的人事对比，历史上"舞榭歌台"的太平景象与佛狸祠如今异族统治下"神鸦社鼓"的貌似太平对比。
②典中塑形象	《水龙吟》	"休说"！借张翰来自比，却是反用其意。既表明自己很难忘怀时事、弃官还乡。还写了有家难归的乡思，并抒发了对金人、南宋朝廷的激愤，确实收到了一石三鸟的效果。"乡思"与前面的"游子"呼应，是"落日""断鸿"背景里"游子"的真情流露。 "怕应"二字是词人为许汜设想，表示怀疑：你这样的小人，有何颜面去见刘备那样的英雄人物？表达了对英雄的追慕，折射出了辛弃疾的雄心壮志。
	《永遇乐》	"凭谁问"句，"廉颇老矣，尚能饭否"的故作疑问，展现了廉颇虽老思用的场面，一位须发皆白、忠心依旧、雄心不已的老将形象跃然纸上；联系作者际遇，自况以表报国之心的用意不言而喻。以典塑人，以人明志，形象而深刻。

续　表

③典中生意境	《水龙吟》	忧愁风雨，风雨飘摇的国势映照出词人艰难的处境；树犹如此，十围粗大的柳树凸显出词人年华流逝的伤痛。境中有人，象外有情。
	《永遇乐》	"江山"既实指京口之江山，也虚指天下之江山；饰以"千古"，置孙权（"年少万兜鍪，坐断东南战未休"）及其英雄业绩于时空的邈远辽阔之中，既有多娇江山之美，又含英雄豪迈之气，兼有感慨今言之情，终成雄壮开阔之境。因典生境，境中隐情，自然而生动。
④典中寄情理	《水龙吟》	从"休说鲈鱼堪脍"到"树犹如此"，词人写他痛心于天下多难、南北分裂，鄙薄"求田问舍"的个人打算，希望为统一祖国做出一番事业，然而却只能在"忧愁风雨"中叹息岁月易逝、宏图难展，情至深理至切。
	《永遇乐》	典中含"情"。既有表现英雄不再的感慨和对英雄业绩的向往之情，又有表现慷慨中的失望和悲愤中的希望。虽然有元嘉北伐"仓皇北顾"和佛狸祠"神鸦社鼓"这样的反面切入，但不难发现和把握词中情感的流动。因情用典，以典蕴情。 典中明"理"。孙权、刘裕的典故，在"京口"情境下暗含了"有准备才能成功"的道理，而廉颇思用的典故，暗含了老臣不仅忠心可嘉而且经验可用的道理。

一个文本的核心价值是决定该文本得以流传和被一代代读者接受的根本原因，教学需要将其放在突出的位置加以实施。

（2）瞄准学生需求

确定教学目标，要充分考虑学情，以学生语文学习为中心。进入高中后，学生很少有写记叙性文章的机会，教材中记叙性的文章也日渐减少。所以，当上到梁实秋的《记梁任公先生的一次演讲》一课时，考虑到学生如何学会把一件事写精彩的学习需求，我特意将本课的教学目标确定为：围绕写好一次演讲的过程，思考散文如何描写深刻、选材得当和用语典雅。下面是我教授本课的实录（部分）。

师：下面一起来思考一下：我们去听一个报告或者去听一节课，如果要记述过程，写成文章，应该从什么地方入手？对于这样一个历时性的过程，你们觉得应该怎么写？

（边讲边画一条直线，时间轴。板书：叙述）

生：我觉得要全面地去写……

师：全面地？一个报告，从开头的第一秒一直到最后一秒，都写上？

生：（摇头）不不不。还要详略得当地写。

师：怎样叫详？

生：呃，就讲得精彩的，记忆比较深刻的……

师：对，也就是说我们既要有一个从开始到结束的大致过程，形成一个整体印象，同时还一定要有什么精彩的。我们可称之为？

生：点面结合。

（板书：过程：点面结合）

师：对，点面结合。仅仅这样就够了吗？还记得我们上一次学习《包身工》的时候，对于一个复杂的事件，除了把包身工一天的生活写完之后还可以讲些什么？

生：呃，自己的看法。

师：对，写看法，还有呢？

生：背景……

师：对。比如跟这个人有关的一些事，对这个人的评价，等等，对吧？我们可以把这些叫做什么？……穿插。这种穿插，可能是跟这个报告有关的，有的甚至可以是……？

生：没有直接关系的。

师：对。大家看一看在这篇文章里，梁实秋是不是一开始就盯着这个报告来写的？

生：（齐声）不是

师：那是从哪开始的啊？从第几段？

生：第3段。

师：除了前面作了交代，是不是后面就不要写了呢？还有吗？

生：呃，第6段、第8段……最后一段，

师：具体说说。

生：比如，作者二十年后在黄河茅津渡候船渡河时的，想到当年梁先生在讲《箜篌引》时的那种感觉……

师：好，总之一句话，要想把一个事情叙述好，尤其是历时性的内容，有时候既要注重这个时间的过程，我们注重点面结合。还要学会穿插，游走内外。

（板书：穿插：游走内外）

师：好，明确了我们应该如何写之后，那么，怎样的一篇记述的文字是一篇好文章呢？好文章的标准很多，但是梁实秋先生有他自己的标准。梁实秋的标准在什么地方啊？

生：他说文章要深，要远，要高，就是不要长。描写要深刻，意思要远大，格调要高雅，就是篇幅不一定要长。

师：哎，大家看到了这段话在什么地方啊？在我们课后练习2。写文章要会游走内外，看书也要瞻前顾后啊。梁先生告诉我们一个道理：文章要深，要远，要高。

【PPT投影】

文章要深，要远，要高，就是不要长。描写要深刻，意思要远大，格调要高雅，就是篇幅不一定要长。

…………

【板书设计】

穿插：游走内外

叙述

过程：点面结合

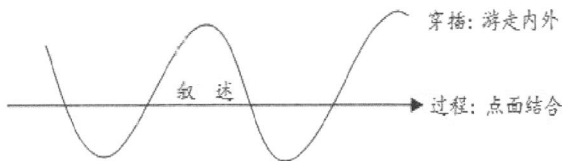

设计以写作的实操作指导，教会学生学会宏观的观察写好一件事的时空构想和具体手段，或许对高中的学生在回顾自己读过、写过的记叙性文字时，多了一份理性的思考。

（3）遵从教材设计

我们的教学大都是依据教材文本解读来进行的，教材的编写也是基于课标而设计的。从某种意义上说,教材一如施工的图纸,操作者必须按图操作,而不能无视图纸的存在。我在孟浩然《夜归鹿门歌》(人教版选修教材《中国古代诗歌散文欣赏》)的教学备课过程中发现,许多老师喜欢用知人论世的方法来引导学生鉴赏孟浩然其诗其人,而该选修教材的三个诗歌单元,其单元的主题分别是:以意逆志,知人论世;置身诗境,缘景明情;因声求气,吟咏诗韵。教材编者将《夜归鹿门歌》明确地归入"置身诗境,缘景明情"的第二单元,既然教学主题编写者已经确定,教师在教学时就必须落实体现,不然,教材编者的设计,教学序列的安排就成为一句空话。我以为,对教材已经确定的教学目标要不折不扣地执行。具体到本诗单元目标"置身诗境,缘景明情",我在确定本课目标时,分三个步骤:一是反复吟诵,揣摩意象;二是联想想象,体察意境;三是寻幽探迹,悟明情感。这里,举我工作室成员桂芳老师以此篇目参加全国赛课获全国一等奖的设计(片段)为例。

远山入境吟歌韵·小径觅迹寻幽情①

——《夜归鹿门歌》教学设计

环节二:入"境"——喧寂之间品诗境

读内容,品语言。

一、江边人争喧

教师提问:这首诗写了什么内容呢?

学生明确:诗人夜归鹿门。

教师引导:具体说说——内容一览无余,不过添加几个字,还原诗的倒装句式,便懂了。可以改写成一则文言文。

昼已昏,钟鸣山寺。渔梁渡头上,人争而喧,随沙岸而向江村。余亦乘舟,归于鹿门。皓月照,树烟开,忽到庞公栖隐处,中有岩扉,松荫三径,漫漫山间,长寂寥也,惟有幽人,自来去矣。

师生交流:通过内容的把握,我们知道这首诗主要描述了两处地点、两个场景——江边和山中。

---

① 桂芳.诗意语文——高中语文课堂内外的诗意瞬间[M].合肥:安徽文艺出版社,2019.

教师提问：江边，诗人看到了什么景象？江边的画面有什么特点？

讨论参考：渡头、沙岸、江村。世人回家的归心似箭，众人争渡的人声嘈杂，渡口喧闹的尘世纷繁。

二、山中余自寂

教师提问：诗人从江边到了山中，他看到和听到了什么景象？

学生明确：山寺、钟声、夜月、烟树、岩扉、松径……

教师提问：这些景象在一起也构成了一幅画面，有什么特点呢？

交流参考：山寺——超然僻静，钟声——沉缓悠然，夜月——皎洁清冷，烟树——迷离朦胧，岩扉——幽深僻静，松径——清幽寂寥。

教师小结：江边，世人争渡，归心似箭，人声杂喧，这是一种热闹、纷杂的意境。山中，钟声悠然，夜月皎洁，天地自寂，这是一种清冷、幽深的意境。

教师引导：诗人欣赏哪一种？可以只写后面，为什么还要写喧境？这是一种什么手法？

追问：运用对比手法的用意何在？

讨论体会作者内心的坚定和对世俗的排斥，对隐逸的向往。

诵读引导：女同学齐读前四句，男同学齐读后四句，读出诗的喧寂对比。

教师引导学生直入诗境，通过诗与文的比较发现诗文镜像的不同，借助意象的展开分析想象出诗歌营造的优美意境，最后比较江边与山中，更是凸显出诗人的价值追求和人生态度。带领学生很好地落实了教材单元目标——"置身诗境，缘景明情"。

这个教学经历，提醒我们在确定教学内容（目标）时必须要有一种教材意识，不应该置编者的意图于不顾，置教材的意识于不顾。

（4）提升思维品质

教育家于漪先生认为语文教学应以思维训练为核心，唯有具备思维能力，一个人才能真正具备语文素养。思维能力的培养是语文教学的重中之重，教学目标的确定自然要优先考虑怎样去发展学生的思维能力，引导学生发现文本的内在逻辑，学会质疑辩疑析疑，提出有创见的方案。教韩愈《师说》，为理清文本的逻辑关系，我尝试从文章的最后一段切入，将"分析文章的脉络，理解古人结构文章的思路"作为主要教学目标，让学生理解作者是如何布排文段，如何安顿行文逻辑，又为何如此安排。下面是《师说》教学实录的片段。

理文脉——行文的逻辑性

师：我们一起再读一下最后一段。看看文字中给了我们什么样的重要信息。

生：（齐读第4段）

师：还是请那位同学说说，这里给了我们什么样的信息。

生：其中有两个主要的信息，一是"不拘于时"，一是"余嘉其能行古道"，后面作者讲得很清楚，"作《师说》，以贻之。"

教师板书：

$$
李蟠\begin{cases} 不拘 \\ 于时 \\ \\ 能行 \\ 古道 \end{cases}
$$

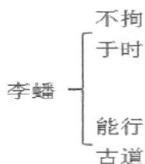

师：很好。把这样的信息回溯到全文，你们有没有发现其中的内在联系？请大家讨论讨论。

生："不拘于时"与文章第2段相对应，因为第二段主要谈当时的时弊。

师：嗯，你说说看，当时是什么样的状况？

生：文中说"师道之不传也久矣"，大家都"耻学于师"，造成"师道不复"。

师：概括得不错。你注意刚才你怎么读"师道之不传也久矣"的？

生：噢，我断句有问题，应该是"师道之不传也/久矣"，是吧。

师：对。是不是所有人都"耻学于师"？

生：不是的，圣人、童子和巫医乐师百工，是从师学习的。

师：作者是针对什么人的？或者说要批评哪些人的？

生：今之众人、对他自己还有士大夫之族。

师：对于这些人行为，作者用一个字加以评判，你觉得分别是哪一个字？

生：第一种人是"愚"，第二种人是"惑"，第三种是"怪"。

师：对，正是因为他们使得"师道不复"，形成了"耻学于师"的局面。

教师板书：

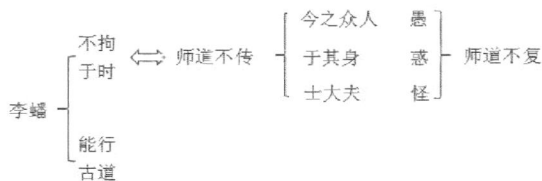

师：作者赞许李蟠"能行古道"与全文哪些方面有联系？

生：我觉得是第3段，"圣人无常师"……好像第一段也是，都是与从师风尚相关的。

师：你能不能进一步概括一下作者对"古道"作了哪些分析？

生：一是"古之学者必有师"……

师：等一等。这句话说明的是？

生：求学的人一定要有老师……而且他说，人不可能生来就懂得道理的，不从师就不能解惑。

师：好，从师是必要的，对吧。继续……

生：老师是干什么的？"师者，所以传道受业解惑也。"

师：教师的职责。请大家注意，这里韩愈对教师的身份下了一个经典的定义，是什么？请大家一起大声朗读一下。

生：（齐读）"师者，所以传道受业解惑也。"

师：我们继续，还有吗？

生：还讲了选择老师的标准，"是故无贵无贱，无长无少，道之所存，师之所存也"，谁懂道理，谁就是老师。

师：文中论述关于老师的标准就这一句？大家想想。还有吗？

生：还有"生乎吾前……庸知其年之先后生于吾乎"？

师：同样是意思不同的表达，还有吗？

生：还有"是故弟子不必不如师，师不必贤于弟子，闻道有先后，术业有专攻，如是而已"。

师：还有吗？

生：（摇摇头）

师：还有一处，哪位能找到？

生：老师，是不是那句孔子的话？

师：对，"孔子曰：三人行，则必有我师"，想想是不是一个理？经过刚才一番梳理，我们弄清了韩愈为赞扬其弟子李蟠"不拘于时"和"能行古道"写了这篇文章，但其真正的用意则直指"师道不复"时弊，倡导学必有师，从师而问，以"闻道"在先为师的优良学风。由此，诞生了一则千古名篇——《师说》，其文章的脉络清晰，章法严谨。

教师板书：

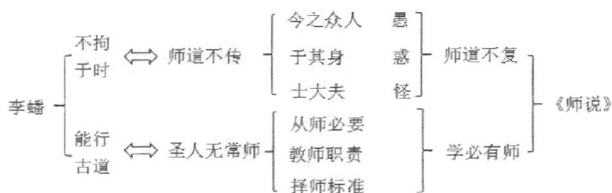

从思维出发，在教学目标的设定上强化思维训练，可以促进语言理解与运用能力的提升，可以促进学生语言表达的完善与精准，有效地落实语文教育的核心素养。

（5）催进语言悟性

叶圣陶先生有言："语文这一门课是学习运用语言本领的。"语文教学要始终围绕语言教学这个中心，着力培养学生的语文素养和人文修养。基于语文姓"语"的客观事实，在确定教学目标时，要充分考虑文本的语言因素，时刻都要聚焦文本语言运用的形式，从中学习语言运用的技巧，引领学生沉浸文本深处，咀嚼文字深意，催进学生语言的悟性，掌握运用语言的技巧，获得语言的精神陶冶。面对充满诗性的文本——余光中的《听听那冷雨》，我在教授前制定的教学目标就是一句话："体会作品中诗意的漫想、诗性的意境、诗化的语言和诗人的气质。"而"诗化的语言"是教学的核心部分，下面是其中品味文中"叠词"运用的教学片段。

师：大家注意，（教师指板书的课题）听那冷雨，好像还没写完。题目是什么？

生：《听听那冷雨》。

师：对，《听听那冷雨》。请问，听那冷雨，听听那冷雨，有什么样的不同？

生：我觉得如果单说一个听字，就是一个简单的动作，就是一个听一下，戛然而止的感觉，而听听这两个字，有一种细细品味的感觉。

师：嗯，细细品味。还有没有什么不同？听那冷雨，听听那冷雨，从意思上你说它有一种品味、强调的意思在里面，还有没有别的意思？

生：我觉得只有一个"听"字，它读起来就会非常快，而"听听"读起来会舒缓一点。

师：嗯，舒缓与节奏的变化。

生：它的音韵会稍变慢点，然后他会从冷雨中会得到很多东西，不仅仅是冷雨本身，可能会加入自己的很多感情。

师：嗯，很好。实际上"听听"，从语言形式上它是一个什么样的形式？

生：它是一个叠词。

师：叠词。这篇文章中的叠词多不多？

生：多！

师：圈一圈看，有多少？（学生浏览书本，用笔勾画找叠词）圈得大家很累，我帮大家也圈了一下。（师生笑）

【PPT投影】

听听　料料峭峭　淋淋漓漓　淅淅沥沥　潮潮　湿湿　潇潇　润润　霏霏　非非　凄凄切切　点点滴滴　滂滂沱沱　淅淅沥沥　嗅嗅闻闻　细细嗅嗅　清清爽爽　新新　淡淡　层层叠叠　蠢蠢　簇簇　虚虚幻幻　清清醒醒　皑皑　苍苍　曲曲弯弯　冉冉　茫茫　铿铿　鳞鳞　轻轻重重轻轻　股股　潺潺　冰冰　黏黏　沸沸　重重　哗哗　滂滂沛沛　忐忐忑忑忐忐忑忑

忑　斜斜　绵绵　冷冷　咕咕　潮潮润润　舔舔　最最　蒙蒙　翩翩　纷纷　嘈嘈切切　啾啾　咯咯　唧唧　干干爽爽　回回旋旋　深深

（教师快速跳读，学生惊叹）

师：还不全，重复的我还没用。大家想象一下，这么多叠词的出现会是怎样的画面？

生：就像淅淅沥沥的雨在眼前飘着……

师：感觉很对！这样的情形用这样的语言形式，大家觉得？

生：绝配！

师：好词。我们来看一下，最早出现的叠词在课文什么地方？

生：第一段。

师：我们一起来读一下。

【PPT投影】

先是料料峭峭，继而雨季开始，时而淋淋漓漓，时而淅淅沥沥，天潮潮地湿湿

生：（齐读）

师：有什么特点？首先数数看这段文字总共多少个叠词？8个，是吧。一句话一眼看上去，似乎都是叠词。看到这么多叠词你们有什么感觉？谁来说一说？

生：我觉得这么多叠词读起来时会让人觉得很有韵味，有诗意。

师：嗯，有诗意，有韵味。是不是简单重复啊？

生：不是。

师：好。你们看着8个叠词里面，有几个偏旁是一样的？

生：6个。

师：文中带"三点水"字还有很多吧，又一次印证了我们刚才的感觉。

生：和雨相关。

师：一种情景，一种词语，营造着一种氛围中，那种湿落落的感觉。假如余光中先生写的不是那冷雨，是那日出，能不能用那么多叠词呢？（学生摇头）我们不得而知。但我相信，肯定不会有在这用的效果。我们在假如把

这段话的叠词都改出不是叠词，会怎样？

生：先是料峭，继而雨季开始，时而淋漓，时而淅沥，天潮地湿。

师：你说说改过后，什么感受？

生：这样一改，语言倒是很简洁，但没有了那种滴滴答答的感觉，好像节奏也变快了，不是原来的味道了！

师：说得很好。腔调全无！用了这么多叠词会不会有这样的体会……

【PPT投影】

凄切哀婉的声律，节奏变幻的递进，珠落玉盘的碎声，营造出一种轻淡空濛而凄楚的氛围。

师：这样的氛围，也正是这样一种氛围很容易引起我们什么？

生：共鸣。

师：不光是共鸣，产生一种什么的心理？

生：忧愁的，想家的感觉，就像唐诗中羌笛声一起，顿生故园之思。

师：是的。那是思乡的、思恋的、依恋的、凄楚的、哀婉的、伤感的……所以我们要学会怎样去运用叠词，让我们的文章更具有一种声韵的美。（板书：声韵）

分析语言可能需要一点技术，我们需要提高语言的敏感度，具备一双发现语言美的眼睛，掌握言语分析的策略，始终把语言运用形式作为语文教学内容确定的核心目标。

当然，教学目标确定的原则不止于此，目标本身也是开放、多元和变化的，但确定一个有价值的教学目标对于语文教学的实施意义重大，它是课堂教学的起点和归宿，直接关系到教学内容的落实情况和实际教学效果。成功的课堂教学离不开有效的教学目标。

2.落实目标的实践

（1）现代文阅读教学：强调技术"成色"

传统语文课的技术参数主要体现在教师是知识的拥有者，所以语文阅读课的技术含量大多体现在解释词语、作家介绍、作品背景、结构分析诸多方面，甚至只需抱着教参过日子，不用深挖细推敲，当然，到文本以外去寻找教学内容，也是教师乐于为之的能事。而从文本本身发现教学的亮点，以学科研究的姿态去解构作品并有效地运用于教学成为稀缺之事。

信息时代的到来，拥有知识不再是教师的"专利"，教学也由重知识转向重能力，学科教学技术的提高成为业内关注的问题。对于现代文的阅读教学，需要积极寻求教学的技术"成色"，努力将一篇文章教出美感，教出智慧，引导学生发现阅读，领悟文学的美、人生的美。这里举马鞍山市第二中学郭俊老师所教《葡萄月令》为例说明之，该课例于2013年获省优质课一等奖。

循言·立人·悟道①
——《葡萄月令》教学设计

【教学目标】

1.通过品味语言，把握作者的情感和人生态度。

2.通过揣摩"月令"形式，体会行文布局之妙。

【教学重难点】

1.品咂汪老枝摇树动、似断实连的语言风格。

2.领悟汪老顺其自然、随遇而安的审美的人生态度。

【教学方法】

1.诵读法：读出声音的各种形态，如节奏、语调、感情、个性等，逐步读出"情味"来。

2.对话法：把学生错误的答案哄出来。

3.点拨法：点要害，拨疑难。

4.比较法：通过相类比较和异类比较，或寻找关联或强化特征。

【教学过程】

一、同类·异构

导入：关于文章的时间结构

---

① 郭俊,郭惠宇.《葡萄月令》课例鉴赏[J].语文教学通讯,2014(7-8).

文章的时间结构

一日结构

蒹葭苍苍，白露为霜。蒹葭萋萋，白露未晞。蒹葭采采，白露未已。

四季结构

采薇采薇，薇亦作止。采薇采薇，薇亦柔止。采薇采薇，薇亦刚止。

二、循言·语脉

汪曾祺语录之为文

好的语言就像揉面，要软熟，要劲道，有劲儿。

语言像树，枝干内部液汁流转，一枝摇，百枝摇。

语言之妙在字里行间。

1.辩题：文章按十二个月来写葡萄，标题可以改为《葡萄》吗？

2.分享：请同学选读自己最喜欢的段落，说说是什么原因产生了语言的干净宛转之美。

明确：口语使用活泼俏皮，短句句式简洁明快，白描式描写利落干净。

板书：口语、短句、白描

3.比较鉴赏（一）：汪曾祺语言赏析

比较鉴赏（一）

①"把立柱、横梁、小混，槐木的、柳木的、杨木的、桦木的，按照树棵大小，分别堆放在旁边。立柱有汤碗口粗的、饭碗口粗的、茶杯口粗的。一棵大葡萄得用八根、十根，乃至十二根立柱。中等的，六根、四根"可以简化成"把支撑葡萄的木头，分门别类堆放在旁边"吗？

②"把枝条向三面伸开，像五个指头一样的伸开，扇面似的伸开"可以简化成"把枝条伸开"吗？

③"长出来就给它掐了，长出来就给它掐了"可以简化成"长出来就给它掐了"吗？

④"梨树开花了，苹果树开花了，葡萄也开花了"可以简化成"梨树苹果树葡萄都开花了"吗？

4.比较鉴赏（二）：语言的繁与简

比较鉴赏（二）

夏天过去，秋天过去，冬天又来了，骆驼队又来了，但是童年却一去不还。（《城南旧事》）

改文：第二年冬天骆驼队又来了。

在我的后园，可以看见墙外有两株树，一株是枣树，还有一株也是枣树。（《秋夜》）

改文：我的后园有两株枣树。

明确：作者语言的繁与简，是行于当行，止于当止，正是语疏事密，似断实连。

板书：循言 疏朗散文，似断实连 语脉

三、立人·情脉

探讨：作家赵丽宏曾问过汪曾祺有没有种过葡萄，读完这篇文章，你觉得汪曾祺种过葡萄吗？依据在哪里？

汪曾祺语录之为人

我认真地种葡萄，认真地读种植葡萄的书，认真地研究葡萄，就这样过来的。

板书：立人 认真稼穑，田园之乐 情脉

四、悟道·意脉

领悟作家人生态度

1.从背景角度。文中唯有一句话透露了时代背景，是哪一句呢？

汪曾祺语录之为人

我当了一回右派，真是三生有幸，要不然，我这一生就更加平淡了。

一个人，总应该用自己的工作，使这个世界更美好一些，给这个世界增加一点儿好东西。在任何逆境之中也不能丧失对于生活带有抒情意味的情趣，不能丧失对于生活的爱。

人总要把自己生命的精华都调动起来，倾力一搏，像干将、莫邪一样，把自己炼进自己的剑里，这，才叫活着。

2.从文章寻绎。文章头和尾，果园从宁静到热闹又复归宁静，这样写有什么用意？

板书：悟道 随遇而安，审美人生 意脉

五、写作·延伸

布置作业

读了汪曾祺的《葡萄月令》，请你用类似"十二月令"的方式，写一写一棵树一天的光影变化。字数不少于600字。

【板书设计】

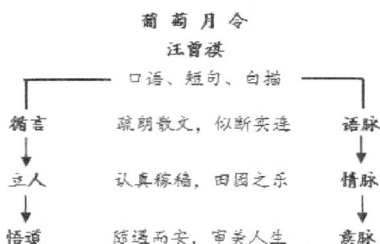

葡 萄 月 令
汪曾祺
口语、短句、白描
箴言　疏朗散文，似断实连　语脉
立人　认真稼穑，田园之乐　情脉
悟道　随遇而安，审美人生　意脉

《葡萄月令》属于汪式散文风格的典型作品，朴素平淡、干净圆润。这样一类似乎一看就明了的文本，教学中常常让人感到缺抓手、难发力，一筹莫展；同时，客观地说，多数教师对这类文章风格的体悟不深透，认识也相对肤浅。因此，自己难以道明，自然也就难以讲清教活了。这就给我们语文老师提出了一个问题：语文教学的技术"成色"如何体现？我以为，郭老师是从以下三方面着力，来体现语文教学技术的"成色"。

一是得滋味，从文字到文韵。语文的技术成色最为直接的就是体现在文本的语言特色，揣摩涵泳文句的韵味，当是语文教师的"童子功"。郭老师对汪先生的文本语言作了深入的勘察与梳理后，将文本语言的教学集中到了娴熟的口语化运用上，力求从简单的口语中发现其中的劲道、韵致。在理解了文中口语运用所具有的"干净、亲切"等一般意义后，郭老师特意选取了文本中的三句话，并有意将三句话简化的文句相互比较，把文字表面背后所蕴含的趣味、情感，在师生讨论、朗读的过程中，一一延展开来，如高速运动的慢镜头；为深化这样一种语言的认识，郭老师还援引了林海音《城南旧事》和鲁迅《秋叶》的句子参照互读，丰富了学生对"语疏事密、似断实连"的语言体验，从而体味到文字的独有滋味。

教语文，我们都知道品味语言的重要，但如何品味，常常又让我们束手无策，于是，我们就放手让学生多读，变着花样读，美其曰书读百遍意自现；或者任由学生说，他们说什么都是好的。其实反映出是教师个人学养不足，功力不够。优秀的教师，应当在充满着对学生元认知的尊重的同时，善于提出问题引领学生的认知方向，不断提升解读文本的适宜高度；优秀的教师，应当像一个高明的外科医生，善于剖开文辞，缝合语脉，打通情脉，抽绎意脉。

二是明深意，从文章到文化。好课要求趣味，更"需要深度、高度和险度"，郭老师的这点看法，我深以为然。就文章的"月令"形式，常常看到的也许仅仅就是十二月时序的排列，不大注意这样一种文本背后隐藏的文化密码与信息。而在本课的教学中，教师敏锐地发现文章的时间结构，并且溯源追本，从《蒹葭》的"一日结构"到《采薇》的"四季结构"，将《葡萄月令》放在文章学与文化学的坐标里，来观照它特定的意趣，学生读到的不仅是一篇简单的关于葡萄种植的散文，而是一种文章独特的样式，一份文人的别样情怀。

围绕在文本周围的内容林林总总，千奇百怪，实际的教学中，我们常常会以文本为圆心，以我们所能想到、涉及的内容为半径作为我们的教学内容，尽管教的内容似乎都与文本有关，但常常会不着边际、游离于语文之外。因此，就语文教学而言，走近文本不等于走进文本。如何能够真正沉入词语，游刃于文字构筑的意趣？如何穿行在文本话语之间，真正内化为学生自己的素养与能力？如何真正建构一种视野，在更大的文化背景下去发现、探究？这些问题的解决或许就是语文教师专业技术能力的体现吧！

三是出境界，从教学到教育。学科的教学就其本质而言，归根结底应是人的教育，这点，语文犹然。因此，我们教《葡萄月令》其实不只是在教一篇文章，更多的是体味一种生活意趣，观照一个人的精神世界，进而成为学生精神成长的滋养。郭老师在这点上，拿捏得当，游刃有余。她没有过多地去介绍汪曾祺的人生轨迹，丰厚的文学业绩；而是善于随文说人，在语意与情意的两个维度上推进教学：一路从循言到立人到悟道，一路从语脉到情脉到意脉。由此，把文章的境界渐渐推出，让生命的发现冉冉升腾。事实上，对于《葡萄月令》如此的美文，我们不仅要循言探理，在干净宛转的语言里发现树一样自然，流水一般灵动；还要发现葡萄后的"人"——那一个欣赏农事生活的快乐的"我"，更要体会到这个"我"与葡萄合一，与月令合一，与土地合一，与那种生存状态、生命状态合一的意趣，从中读出"我"的情感、胸襟和人格。

同时教学中还有两个细节很具匠心：一是教师在整节课的教学过程中，在每个板块间，利用PPT打出汪曾祺先生的一段语录，或为文，或为人。将文与人，教与学，浑然无迹地联系起来；二是板书设计，精当概要，有语文应有的样态。

语文教学尽管无法拿出或根本拿不出质量检测的系统参数，但教学一定是专业的，一定是有技术的，这些技术"成色"的高低，决定着语文教学的水平如何，也决定着语文教育的发展状态。让"成色"更高，应当成为每个语文教师努力的一种姿态，追求的一份动力。

（2）文言文阅读教学：追求自然顺畅

长期以来，高中文言文教学之痛似乎已经成为中学语文教学的顽症。是重"文"还是重"言"，因人因时，呈现出不同的表现形态。在新课程倡导自主、合作、探究的教学理念下，文言文教学的现状有多大的改观？教学中是否能够处理好"文"与"言"的关系？教师又如何利用文言的语言特质为学生母语习得发挥积极作用？客观地说，这些问题一直没有得到很好的解决，文言的教学依然存在着诸多误区。

误区一，以为文言字词语法最要紧，过于侧重字词句以及文言现象的落实，把文言当英文教，一个劲儿地释词解词，翻译文章，甚至把语言问题作为教学的终极目标。以作为载体的文字知识代替了文本本身，使其文化的、文学的魅力被肢解，被搁置。

误区二，以为还原历史、了解常识很重要，不断地补充拓展，不停地挖掘考证，把文本背景当历史课程来教，把文本内容当成思想教育课上，文言本身被忽视，缺乏了语文课应有的语文味，学生很难真正走进文言文本，去读懂作品内在情思，去发现作品的无穷魅力。

误区三，以为背诵是文言学习的金针，把背诵的作用放大，一味地要求甚至强迫学生反复诵读背诵，缺乏必要的朗读指导，即便有指导也常常流于表面，浮泛虚化；因而，学生有效的朗读不多见，难以读出句子情味，读出文言的意趣。结果是学生读得口干舌燥，累死累活，而学习的兴趣依旧不浓。

误区四，以为教师的讲解最得力，过于担忧学生无法掌握字词句意，在教学方式上热衷于选择串讲翻译、分析内容、赏析特色、讲解练习；老师一讲到底的方式经常使得课堂上学生主体的缺失，学生很少有机会阅读课文，思考问题，学习始终处于被动状态。

我在教授《兰亭集序》一课时，曾积极地尝试着改变文言教学的诸多积弊，努力实现文言教学还本归真的愿望，使文言教学达到"文""言"相谐、文道畅达的理想境界。

《兰亭集序》教学设计

【教学目标】

1.反复诵读文章并背诵，积累若干重点虚实词，体会四字格语言的表现力。

2.理清行文脉络，整体感知本文幽远的文思、清新的辞采。

3.理解作者感情由乐转悲的原因及在深沉的感叹中暗含的对人生眷恋和热爱之情。

【教学重难点】

认识作者深沉感叹中所蕴含的积极情绪。

【教学设想】

1.指导学生品味本文精练优美、朴素清新的语言。在教学过程中，应重视朗读环节，从读通到读懂再到品味，指导学生在把握文意、理清思路的基础上熟读。

2.教学中，力求避免逐字、逐句、逐段地讲解，重点突出一些疑难字句。对作品蕴涵的情感，主要采用课堂讨论的方式，教师适当点拨。

3.盛事、美文、奇人、妙书、哲思，本文是集合了诸多优美的元素，如何能一一让学生体会，进入到这样美妙的境界中，当是想教好《兰亭集序》着力要思考的问题。

【教学过程】

一、导入新课，整体感知

1.导入：关于《兰亭集序》的书法作品。

2.朗读并正字句：

（1）学生范读，重点诵读第一二段，注意文章字音、语气、节奏。教师订正。

（2）着重提示：实词"修""期""次""致"，虚词"信""既"。

（3）重点赏析：四字格词语的表现力。以"崇山峻岭""茂林修竹""清流激湍""天朗气清""惠风和畅""游目骋怀""世殊事异"等为例。

二、读懂文意，理清思路

1.本文写了作者怎样的情感以及变化？找出文章三个关键词。

明确：由"乐"而生"痛"，言痛而生感，终了而言"悲"，全文感情起伏，情真意切。我们就以此感情的变化为线索，走进兰亭，走近王羲之的感情世界。

2.概括文章要点，理清结构。（文字结构图见本书第四讲）

三、赏析课文，体悟情感

1.思考：乐之由、痛之因、悲之源。请找出文中体现思想情感的一个动作行为的词语。

明确：俯仰

2.讨论：针对"俯仰"，着重讨论三个问题。学生分组讨论，然后逐一交流。

问题一：兰亭聚会，俯仰之间，"乐"在何处？

地胜：崇山峻岭　茂林修竹

　　　清流激湍　映带左右　境优美之乐

事趣：流觞曲水　一觞一咏　相聚诗酒之乐

时美：天朗气清　惠风和畅　气候宜人之乐

人杰：群贤毕至　少长咸集　名士相聚之乐

兴雅：仰观俯察　游目骋怀　生活美好之乐

问题二：人们常说："好花不常开，好景不常在"，"天下没有不散的筵席。"第二段中，作者表现了人生俯仰的哪些"痛"？

所遇既倦　痛之一：生命本体永难满足的内在欲望

所欣已陈　痛之二：外在世界的流转不停无法掌控

终期于尽　痛之三：个体生命的短暂有限毋容抗拒

问题三：第三段中俯仰古今，其"悲"与"痛"是一样的情感吗？作者"悲"什么？

《古文观止》：通篇着眼在死生二字。只为当时士大夫务清谈，鲜实效，一死生齐彭殇，无经济大略，故触景兴怀，俯仰若有余痛。但逸少旷达人，故虽苍凉感慨之中，自有无穷逸趣。

四、小结全文　知文论人

1.阅读教材补白的两则王羲之的逸事（"东床快婿""题书姥扇"），结合本文，想一想，王羲之是个怎样的人？

2.王羲之简介。

3.小结并练习。

练习：每人写一句话总结自己的感悟，一起交流。

示例：因为短暂，人生中一切欢乐和美好的东西更显得珍贵。

结束语

一个人只要认真思考过死亡，不管是否获得使自己满意的结果，他都好像是把人生的边界勘察了一番，看到了人生的全景和限度。如此他就会形成一种豁达的胸怀，在沉浮人世的同时也能跳出来加以审视。他固然仍有自己的追求，但不会把成功和失败看得太重要。他清楚一切幸福和苦难的相对性质，因而快乐时不会忘形，痛苦时也不致失态。

——周国平

让我们一起痛并快乐着！

五、布置作业

1.背诵全文。

2.请将你写的一句话扩展为一篇以"与王羲之对话"为话题的随笔。

【板书设计】

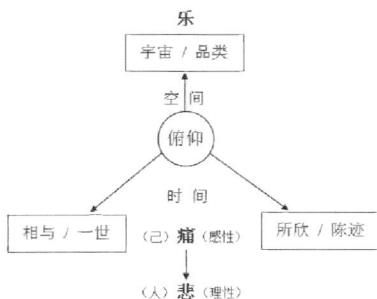

在确定这节课的教学内容上，我做了如下几方面的努力。

一是回到文言阅读的规律，打通古今的言语路径。

作为一种与今天习用语言有一点阻隔的文本——文言，从阅读的角度看，有点"夹生"，有点读不懂，是阅读中的常态，能观其大略、不求甚解也是一种阅读的状态，因此我以为文言阅读要破除其神秘感，不必追求字字落实，句句通透，努力寻找到与今天言语习惯的相关关系。

母语的运用能力主要是在言语习得过程中自然形成的，是"默会"的，人对母语有一种天然的领会和使用能力。语法水平和运用母语能力的高低似乎并不成正比。所以，有时激活学生阅读文言的兴趣比死缠烂打似的串讲要有意义得多，培养学生阅读文言的路径，需要多接触文本，多浸润于文字中，天长日久，文言的感觉便潜滋暗长，便会产生好感，乐意靠近，便会在古代经典中发现价值，在汉字密林中发现美丽。

《兰亭集序》一文，对于高中学生而言，借助注释和工具书，其字句知识不难理解，文意也不难疏通。难的是透过字面，理解其语言的洒脱流畅，朴素简洁，如"崇山峻岭""茂林修竹""清流激湍""天朗气清""惠风和畅""游目骋怀""世殊事异""不知老之将至"等，体会信手拈来、令人倍感亲切的表现力，这需要教师启发、点拨、引导的。教学中我没有去串讲，没有逐句翻译解释，而是在不同方式的诵读和四字句的观察赏析中，体会王羲之行文的雅致，通过寻找文中体现情感变化三个关键词"乐""痛""悲"，大致理清了文本的含义与结构。文言教学释"言"，不能为"言"而"言"，也不能通过机械地提问，来解释重点实词的含义，而是与"文"结合。从文化的角度，这种通过学"言"达到教"文"的目的，通过对关键性字词句的辨析和推敲，引领学生达到对文章、文学、文化的深层次理解的教学方式，更利于学生触摸到文本的精神内涵，获得成长的人文滋养。

二是回到文言教育的意义，彰显经典的核心价值。

朱自清先生在《经典常谈·序》中，言及学习古代经典的作用时认为："在中等以上的教育里经典训练应该是一个必要的项目。经典训练的价值不在实用，而在文化。有一位外国教授说过，阅读经典的用处，就在教人见识经典一番。这是很明达的议论。再说做一个有相当教育的国民，至少对于本国的经典，也有接触的义务。"①中国人之所以是今人这个样子而不是别的样子，和传统文化有着千丝万缕割不断的联系，这种对传统文化的领悟和学习，才是我们学习文言文的终极目的。那种把主要教学精力都放在并无科学依据的所谓把古汉语用科学的现代汉语来加以解释与翻译的做法，无异于买椟还珠，本末倒置。由此可见，文言文学习应该把重点放在对古汉语文字符号背后所承载的中华文化以及中国人的宇宙观、人生观的了解和领会；教授经典古文，就是要领略其文章的核心价值。

教授《兰亭集序》的经典意义至少有二：一是由此而诞生的书法作品；二是山水游记中里程碑之作，是成熟的叙事抒情哲理完美结合的范例。因此，教学中要以书法作品导入，以"书圣"结课，尽管似乎离语文远了一些，但对此文而言，《兰亭集序》其稿本被誉为"天下第一行书"，是绕不开的文化高峰。在雕辞琢句，追求骈俪文风的魏晋时代，《兰亭集序》用笔激而不浮，悲而能壮，吐露胸怀，率真自然，叙议有机结合，情景水乳交融，以清新自然的风格独行于世，体现了王羲之的个性，令人耳目一新，教学中理清文章逻辑思路，体会简洁文风背后的高雅品位，当是教学的重中之重。

三是回到文言学情的立场，汲取古人的人生智慧。

---

① 朱自清序跋书评集[M].北京:生活·读书·新知三联书店,1983.

因声求气，是文言文学习的不二法门，也是文言文教学最有力的武器。但怎样让学生乐读愿意读，朗读指导固然少不了。但朗读指导不仅要教学生一些朗读技巧、轻重缓急、抑扬顿挫的处理，更重要的是要教学生在这些技巧的帮助下读出作者内在的情感，读出文章的情味，否则技巧也仅是花架子而已。从这个意义看，教师的示范就很关键，好的朗读具有唤醒的功能。本课教学中，始终穿插着诵读环节，全课从读进入又从读走出，既有生读师读分读，也有师生合作读，甚至调动特定的音乐来渲染氛围，这都符合学生的学习心态，让他们体会到朗读的意义与快乐。

赏景、饮酒、为诗，留下佳话，成为后世追随的模式，其中欢乐与悲惧的矛盾成为后世此类诗序记游的母题基础，而王羲之虽受到这个母题的影响，但他显然是一个执着于现实的人，不想回避生与死的矛盾，站在时间的高度来俯视这个矛盾。教学中抓住王羲之对乐与痛，生与死矛盾的理性思考，以"俯仰"一词统领起全文的教学展开。在"俯仰山水""俯仰人生""俯仰古今"三个维度上环环相扣，层层深入，且各有侧重。问题一训练学生梳理、筛选、概括的能力，有条理地抽绎出文字中不同的"乐"；问题二重在逻辑分析，学会切割不同含义的内容，真切地认识古人的思考力量；问题三引导学生学会辨析，并且站在人生的高度来理解活着的意义。不同的角度，不同的能力要求，"文"与"言"被打通，学生思维深刻性也得到了锻炼。

四是回到文言课堂的状态，展现主体的生命张力。

文言课堂的状态需要有诵读文章的情趣，有把玩文字的意趣，有体味文言的兴趣，有领悟文学的理趣，有浸润文化的雅趣，同时还要有打通古今、着眼现实的眼界，从古文中生出言语的能力，从古人那里汲取生命的力量，让文言课堂一样充满互动与探究的活力。本课教学中设计的对话交流以及由此延伸的"与王羲之对话"环节、引用哲学家周国平的哲思都是基于这样的想法，让课堂充满生命的张力。

事实上，学生是课堂主体的道理，教师都明白，但到了具体的教学实际中，学生的主动性和主体性的发挥总是不理想。原因是往往教师习惯于与自已设置的问题作自我对话，让学生跟着自己的思维转，而不是真正的在与学生对话。因此，设计教学流程，安排思考问题，要从学生认知的角度思考，从教学的实用意义出发，那样就不难有学生主观能动的生成，不难实现老师、学生、文本等关系的多重的、平等的对话，就不难实现与学生之间真正的沟通，进而实现学生最大限度地发展智力，增进理解力。

总之，所谓文言教学的还本归真，是希望我们能够摈弃一些习惯性的思维方式，可以改变过于功利的教学行为，不断提升文言教学的技术参数；是希望能够遵循文言阅读的相关规律，符合学生学习的实际情况，还原课堂教学应有的样态，进而实现文言文化的丰沛的教育意义。而文言教学的高境界，则是一种起于知识又超越知识意识，是一种起于规则又超越规则的智慧，是一种起于方法又超越方法的心胸。

（3）写作教学：趣中有理，练而有方

作文教学向来是比较难以驾驭的，言其难，一是没有很好的作文训练序列，随机性强；二是很难打开学生的写作思维暗箱，隔靴搔痒；三是教师自身写作的功夫或有欠缺，指导乏力。加之作文教学之外种种客观原因，写作教学始终难有突破，时有时无，半饥半饱，似是而非。如何通过作文的教学来改变学生对写作的惰性，提升学生对写作的兴趣，推动作文课程的良性发展，一直以来成为语文教学关注的焦点。这里借观察安徽工业大学附属中学潘晓嫣老师的这堂作文教学实录，对作文训练课教学内容的确定，或许会有所启发，本课例获2014年省优质课大赛一等奖。

《写人要凸显个性》教案①

【教学目标】

1.学会观察，精挑特征，描摹人物形态。

2.赏析经典肖像描写片段，掌握并运用肖像描写的常见方法。

3.在情境变化中刻画肖像，表现人物神韵。

【教学重难点】

在情境变化中刻画肖像，表现人物神韵。

---

① 潘晓嫣，郭惠宇.《写人要凸显个性》教案[J].语文教学通讯，2016（7-8）.

【教学过程】

一、导入新课

1.连连看：投影"韩国小姐"参赛选手的图片。

以众撞脸现象过渡到写作，看看文字，猜猜是谁？

2.猜猜看：投影课前学生写班主任的肖像：

他，个子不高，中等身材。头发短而硬，露出额头。眉毛很粗而且浓密，鼻梁很挺，眼睛不大但是有神，目光深邃，看着远方。

投影：鲁迅小像　班主任老师照片。

明确：明明是完全不同的两个人，却有了同一张面孔，这不也是"撞脸"吗？作文讲究"千人千面，各个不同"。写人方法有很多，肖像描写是其中非常精彩的一环，如何用鲜活的肖像描写让人物从茫茫人海中跳脱出来，让人过目不忘，印象深刻？

（板书：众里寻他　惟妙惟"肖"）

二、交流共研

（一）细心观察，以描其形。

1.探讨：刚才肖像描写的问题何在？

2.接龙游戏：请每位同学说班主任在肖像方面的特征，一位同学记录。

明确：漫画，是通过放大特征来凸显个性的一种艺术。通过观察，全面地寻找人物的肖像特征并且仔细描述出来，我们就会发现，两个人在五官细节、服饰、体态、气质等方面都有很大的不同，人与人之间的区别很明显，班主任绝不会是鲁迅。

（板书：描形　抓住特征）

（二）集中笔墨，以绘其态。

1.思考：读学生记录的关于班主任的特征。思考将这些特征叠加起来是否就足以展现出班主任的个性呢？

如果艺术家像照相所能做到的一样，只画出一些浮面的线条，如果他一模一样地记录出脸上的纹路，而并不和性格联系起来，那么他丝毫不配受人的赞美。（罗丹《艺术论》）

要极省俭的画出一个人的特点，最好是画他的眼睛。倘若画了全副的头发，即使细得逼真，也是毫无意思。 （鲁迅《我怎样做起小说来的》）

明确：太多的特征堆砌，虽然全面，却不够精当。要学会筛选，集中笔墨。

2. 欣赏：（1）鲁迅是怎么描绘人物的眼睛的。

（2）《红楼梦》里写王熙凤的容貌。

明确：肖像描写是否准确，是否能为表现人物个性服务，影响到人物的典型性。就像鲁迅说的："只要在阿Q头上戴上一顶瓜皮帽，就失去了阿Q。"因此，写出有个性的人，还要善于挑选出最能表现这个人的一处或几处特征，生动加以描摹。

（板书：绘态　集中笔墨）

3. 修改：请同学们从我们刚才所说的班主任的特征中挑出一处进行描写，加几个词或者一两种修辞，来表现他的个性，40字左右。课堂习作部分展示。

（三）一人多像，以传其神。

1. 讨论：写肖像不是"拍照片"。在情境的变化中，运动着变化着的肖像，方能展现生命的流动，从而写出一个"活人"。我们再来看看鲁迅先生是怎么写的。

投影：鲁迅《祝福》三处肖像描写。

问题：三次肖像描写，人物有哪些变化？你能看到怎样的生命轨迹？

（板书：传神　一人多像）

2. 练习：回想一个你熟悉的人，运用时空变化中的肖像描写，来彰显人物的性格，成长，经历。150字左右。课堂习作部分展示。

三、课堂总结

果戈里曾说："外貌是理解人物的钥匙。"

通过把握"像—准—活"的原则，在肖像描写中注入一个个独有的灵魂。作为写人的众多方法中的一环，肖像描写还有很多值得我们学习的技巧，有待今后继续探索。写肖像，不仅仅是去写一个外在皮囊，更重要的是写出一个人的快乐和悲伤，写出岁月在他身上雕刻的痕迹，写出他留在你生命中难以忘怀的记忆。如此鲜活的肖像，必将展现流动的生命，闪耀人性的光芒。

【板书设计】

众里寻他　惟妙惟"肖"

传神
（一人多像）

描形　　　　　　　绘态
（抓住特征）　　　（集中笔墨）

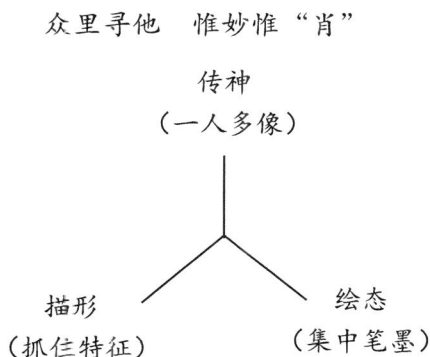

在潘老师的这堂写作教学课中，我们可以发现以下几个特点。

有趣：培育良好写作兴趣。本课以激趣切入，旨在在最短的时间内让学生能够进入写作的状态。在激活学生写作兴趣上，潘老师可谓做足了功课，既借助学生熟知的"韩国小姐"参赛选手连连看的撞脸游戏，来发现人与人形象上的相同；又以上课班级学生的班主任作为描写肖像对象的文字，让学生猜测究竟写谁，启发学生去发现人与人相貌上的不同。这两个小环节，恰是在培育学生写作习惯的两个重要能力：引导发现，学会观察。

许多学生抱怨生活的单调，感慨事件的琐碎，总为寻找写作的素材而犯难，因而，每每动笔就思维断路，言语枯涩。其实，缺少的不是生活，而是缺少发现，缺乏细致的观察。塑造鲜活的人物一样需要观察，发现外部特征的差异，体察内在气质的不同，如此才能描形摹态，绘色传神。潘老师的这两个"小动作"，正是引导学生学会辨析同异，这是写出个性鲜明人物的第一步。

有理：注重写作理论支撑。讲写作自然少不得理论的支持，但一味谈理论只能让人生厌，得不偿失，反之，一味训练多写常常长进不大，停滞不前。所以，写作理论可以帮助写作者认清路径，得到必要的技术支持。

教学中，潘老师没有和学生大谈写作理论，十分巧妙地以经典引路，指导学生如何"绘其态"，又如何"传其神"。其实，好的写作示例，本身就有一种理论性的示范作用，当然选例本身也是有讲究的，过于生僻难以引起共鸣，过于滥俗又达不到引领作用。教师选取的《林黛玉进贾府》《祝福》等示例，大都是学生必修教材中的案例，但又都有一定理解难度，这样的案例不仅拉近了学习的距离，也为学生从已有知识中提炼相关能力带来很好的启发。同时，潘老师还在课堂教学中不时地穿插罗丹、鲁迅和果戈里等写作名家的论述，以增加理论指导的成分，提升写作的理论境界。

有方：丰富写作训练手段。让写作课有理有趣，还仅仅停留在坐而论道的层面，写作教学课离开了"写"就失去了本来应有的意义；而在课堂有限的时间里如何安排学生动手写作，且写有成效，是对教师智慧的一种考验。

潘老师在课的设计上，始终将"讲""练"作为两条并行不悖的教学路径，在让学生明白写人要凸显个性的要义同时，整节课沿着"描形"（抓住特征）—"绘态"（集中笔墨）—"传神"（一人多像）训练主线推进，边探究如何凸显个性，边给机会让学生写起来。教师很好地调动着不同的写作形式，一步步把写作引向深入。其中既有学生你一言我一语的抓"班主任李老师"特征的口头作文，又有40字左右的关于李老师特征的片段描写，还有在时空变化中写一个熟悉的人课堂习作。丰富的写作形式让写作不再成为学生学习的负担，而成为一种有意义的写作游戏，在充满探究和愉悦的情形下，悄然提高着学生对写作的兴趣和能力。

我们常常抱怨学生不愿意写作，但我们可能没有认真想过如何让写作训练变得有趣有理且有方，如何带领学生走出单调枯燥的泥沼，而让每一次的写作或成为一次能力提升的游戏，或成为一种心灵火花的碰撞，或成为一场情谊久违的宿醉。

二、重构：合理组合，灵活机变

课程意识意味着"教师即课程"，教师是课程的动态构建者、课程的生成者。课程意识对于教师的现实意义在于，无论是备课、上课、评课，还是创造性地使用教科书，都要问一问：教什么？怎样教？为何这样教？对促进学生学科发展有什么结果和实效？

　　本着这样的思考，对于语文教师而言，重构教材是一项必备的教学能力，也是实现课程理念的主要手段。教师可以对同一单元的同类型文章作教学任务分解，改变习惯上一课课独立推进的教学方式，而进行关于这一单元立体化的教学；教师可以对单元内或单元与单元之间选择相应的文本，寻找文本关联，整合相关教学元素，进行多文本教学；教师可以打破教材原有编排顺序，按照一定的标准重组单元，既可以增加教学的灵活性，加深学习的程度，又可以合理安排教学元素，这种重组可以是相同的母题背景，可以是相近的能力要求，可以是相关的知识体系。

　　1.分解：依点而设，契合学情

　　语文教学是以文本为基本教学单位的，由于组成文本的要素有许多相似或相同的重叠，因而教学中的重复也就在所难免。但是，过多的重复与再现，会造成教师教学的慵懒和学生学习的倦怠，进而形成知识的缺口和能力的缺陷。因此，优秀的教师要善于给同类文本、一个单元内的课文进行目标分解，为单元找到一种好的"切割"方式，形成彼此之间的互动关系，力避用一种方式教一类文章，让所教的一个单元或一类文本彼此间构成有意义的联系，帮助学生完整地了解并掌握相关的知识与能力。也就是说，教师的教学眼光要放得远一些，教一课要想到一单元，一个模块，甚至想到在整个高中阶段的语文学习。

　　这里以人教版必修第一册第一单元为例。本单元共三课四首诗歌，每首诗都精讲细练势必需要较长的时间，这就需要有选择、有重点地讲。如可以确立每课的重点来组织教学：《沁园春·长沙》重在讲词境与胸境，《雨巷》侧重通过诵读感受诗人情感，《再别康桥》则侧重在通过诵读真正读懂诗歌的意境，《大堰河，我的保姆》则侧重诗歌句式之于情感传达的作用。还从三个不同角度切入：以诵读为切口，指导学生如何读出感情，如何读出气势，如何读出内蕴，如何读出品位；以诗歌意象为切口，从古典诗歌中的意象谈到现代诗人笔下对意象的运用，比较意象运用的不同；以诗歌构筑为切口，探讨诗歌时空的安排，分析不同诗歌的结构特点；以诗歌赏析方法为切口，体会几首诗歌在手法上的典型特色，了解由手法而带来的不同风格。由此，大致形成诗歌教学的意义链，整合为一个完整的系统，这样才能控制教学时数，完成单元教学。下面是我的人教版必修第一单元单元整合设计的第二、三课题教学方案。

第一单元教学设计

本单元篇目：《沁园春·长沙》《诗两首（雨巷/再别康桥）》《大堰河——我的保姆》

【教学目标】

在诵读诗歌的基础上，学会分析现代诗歌的意象、构筑和手法，提高诗歌的鉴赏能力。

【教学设想】

1.改变一课一课推进教学方式，对单元内的课文进行目标分解，以一带三。

2.围绕诵读、意象、构筑和手法，在每个方面充分展开，力求点上突破。

【教学用时】四课时

第二课时　诗歌欣赏之意象

一、关于意象和意象的运用

意象是诗歌中浸染了作者主观感情的客观物象。诗人通过这种客观景物描写来曲折地表现他的品格节操、思想感情。作者塑造意象是为了言志、言情、言心声。

二、意象的选择——以《沁园春·长沙》为例

1.古人写秋常用意象。

残荷、落叶、菊花、梧桐、大雁、秋霜、秋声

2.《沁园春·长沙》意象选择的特征。

山林、江水、雄鹰、游鱼

"红""碧"——鲜艳

"击""翔"——灵动

3.从意象选择看词作者的胸襟。

三、意象的赏析——以《雨巷》为例

1.填表：《雨巷》中意象分析。

主要意象	特　点	包含情韵
雨巷	悠长、寂寥、凄清	寂寞、迷茫
油纸伞	复古、怀旧	沉静、迷蒙
丁香姑娘	哀怨、冷漠、惆怅、太息般眼光、轻盈	稍纵即逝的希望 梦幻般的愁怨

2.检索《再别康桥》的意象及特点。

四、意象的组合——以《大堰河——我的保姆》

1.意象密度的表现效果。

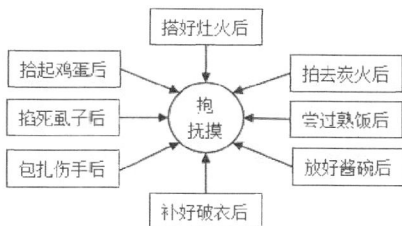

一个动作串联起一组连续性的行为（意象），表现出深厚的母子情谊。

2.从意象到意境。

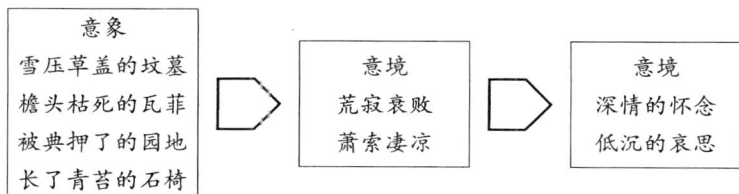

一组冷落凄清的景物构成一幅令人伤感悲凉的画面，为全诗罩上悲剧的气氛。

第三课时　诗歌欣赏之构筑

一、诗歌"三美"——以《再别康桥》为例

其一美在形式，即建筑美；其二美在语言，即音乐美；其三美在意境，即绘画美。

建筑美：行节整齐、错落排列、字数相近、回环呼应。

音乐美：节奏感、旋律美、弹跳性。

绘画美：色彩搭配、构图精巧。

二、诗歌的四维空间——以《雨巷》为例

1.诗歌的时空坐标。

鲁迅散文诗《秋夜》：在我的后园里有两棵树，一棵是枣树，另一棵也是枣树……

在诗人面前，两棵树是空间形象，但由于诗人的观察过程，空间形象的展现被时间化了。这种空间时间化的艺术处理，很好地表达了鲁迅孤寂、索漠的心情。

2.诗歌四维空间。

诗艺术是心灵的普遍艺术，这种心灵是本身已得到自由的，不受为表现用的外在感性材料束缚的，只在思想和感情的内在空间与内在时间里逍遥游荡。

——黑格尔

（1）以古诗为例：

行到水穷处，坐看云起时。——王维

目送归鸿，手挥五弦。俯仰自得，游心太玄。——嵇康

（2）分析《雨巷》的时空变化。

只有空间无限广阔的心灵，才有空间无限广阔的诗。而诗的思维空间和情感空间的拓展，时间一维是一个重要因素。因为诗歌毕竟是时间艺术。时间因素的强调，不仅使诗意呈现一种动态美，而且使诗的思维有纵深感。这样的思维，不仅有横的扫描，而且有纵的透视，不仅有平面的感触，而且有立体的开掘，并且在过去、现在和未来的运动中，让历史积淀于心灵，让心灵对生活的体验演化为更高层次的感悟和向往，使诗的灵魂在想象的广阔天地里自由飞翔。由于心理时间的千变万化，多样的时空架构，必然带来丰采多姿的诗的构想，也决定了诗的韵律的各种图案。

3.《大堰河——我的保姆》的结构空间。

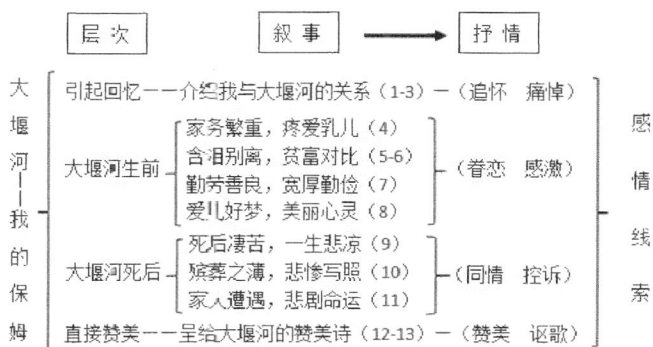

三、延伸阅读

从诗歌的时空构筑角度赏析郑愁予的《错误》。

错误

郑愁予

我打江南走过

那等在季节里的容颜如莲花的开落

东风不来，三月的柳絮不飞

你的心如小小的寂寞的城

恰若青石的街道向晚

跫音不响，三月的春帷不揭

你的心是小小的窗扉紧掩

我达达的马蹄是美丽的错误

我不是归人，是个过客……

对单元内课文或同类文本进行分解，其实，就是为教好一节课定好一个方向，起一个好的"题目"。从某种意义上说，给课定一个好题目，就是明确了一个教学方向与目标；给课定一个好题目，就是选定了语文能力系统的一个零部件；给课定一个好题目，就是找到了师生互动的氛围与空间；给课定一个好题目，就是意味着为学生传递了一块精神城砖。当我们将一个个"题目"串联成片时，语文的"大文章"也就自然写就了。

2.整合：合乎学理，遵从逻辑

受传统阅读教学理念和模式影响，教师的文本教学其目标和讲解都力求面面俱到：从字句掌握到段落大意，从课文背景到作家生平，从概括中心到写作特点，无所不包，无处不讲，这样的教学形式让学的被动，让教的束缚，直接导致语文阅读的效果不佳。改变这一僵化的模式，突破文本与文本、单元与单元间的壁垒，遵循学习规律，合乎学科逻辑，实施群文阅读教学，对知识加以整合，对能力进行分解，不失为一种良好的方法与手段。下面是我对人教版第三册第一单元进行的备教策略，试图在文本的穿行中整合出不同教学内容和学习元素，丰富教学形式，让语文学习变得更加灵动好玩。

穿行在密密的诗歌丛林中①（节选）

——人教版第三册第一单元备教策略

三、讲活方法：寻找穿行于古代诗歌之林的路径

1.强化诵读，培养和提高阅读古诗的兴趣和能力，在涵泳中提高品位。

学习诗歌要不厌其烦地坚持朗读和背诵，这样才能加深对诗歌的理解，有利于作出准确的分析和评价，从而全面准确地把握诗歌。

首先要做到读准字音，读顺语句。四言诗一般是"二二"节拍，例如："氓之/蚩蚩，抱布/贸丝。非来/贸丝，来即/我谋。"《楚辞》以六、七言为主，兼及四、五、八、九言，并多用楚地口语"兮"字，以第一节为例："帝高阳/之/苗裔兮，——朕/皇考/曰/伯庸。摄提/贞于/孟陬兮，——惟/庚寅/昔以降。"而五言诗的节拍一般是"二二一"或"二一二"，例如："迢迢/牵牛/星，皎皎/河汉/女。纤纤/擢/素手，札札/弄/机杼。"朗读时，要在理解的基础上掌握好它们的节奏特点。

其次要根据情节发展的节奏，读出变化。《氓》，要按照女主人公的感情基调来安排好抑扬顿挫的语气语调。例如："氓之蚩蚩，（促接）抱布贸丝。（转接）非来贸丝，（缓接）来即我谋。（拖长接）送子涉淇，（平接）至于顿丘。"

最后对不同感情基调的诗歌，要读出韵味。如读《离骚》要高亢而激愤，读《迢迢牵牛星》要深情而哀怨，读《短歌行》要深沉而期盼，读《归

---

① 郭惠宇.穿行在密密的诗歌丛林中[J].语文教学通讯,2006(10).

园田居》要恬淡而悠远。

2.运用讲读，教会学生品读诗歌的方法，进而实现能力迁移。

教授文学作品，教师的讲解是不可缺少的环节。许多解读诗歌作品的方法，需要教师以课文为例教给学生。诸如"披文入情""以意逆志""知人论世"等鉴赏观念，需要渗透在教师对具体作品的分析讲解中。如《氓》《孔雀东南飞》中对社会的批判意识，《无衣》中体现出的爱国情绪，《离骚》中苦闷又无悔的情怀，《归园田居》的高雅格调，若不经过教师加以分析，学生是很难体会到的。

3.采用比较，整合单元相关内容，丰富单元内涵。

本单元似乎有两大主题，一是反映古代社会男女爱情、婚姻问题，其中《氓》《静女》《孔雀东南飞》《迢迢牵牛星》都属此类。二是揭示古代思想者的人生理想和个人抱负，《离骚》《短歌行》《归园田居》属此类。教学中可以相互比较，从中发现古人的生命状况、生活趣味和价值观念。

除了主题思想的比较以外，本单元可以比较的地方还有许多。如可以是对重章复沓运用效果的比较，可以是对焦仲卿人物性格前后的比较，还可以是对起兴手法在不同诗歌中的作用的比较。

4.学会讨论，养成追问、思辨的阅读习惯，在思维质量上见功夫。

阅读教学的成败很大程度上取决于我们对学生思维质量的提高作了多少努力。仅仅平面地阅读几首诗歌是很难在学生的心灵深处留下印迹的，因此，那些能引起学生兴趣且有质量的讨论题目，在教学中所起的作用是十分重要的。本单元中的诗歌不乏值得讨论的空间。如：《静女》中的"我"是否还会成为"氓"呢？借此可以引发学生思考爱情的感情基础应该是什么。焦刘悲剧的根源是什么？借此可以引导学生细读文本，培养其研究历史的兴趣。

四、讲究策略：尝试多角度的对话交流形式

1.常规推进，突出重点。

有限的课时要教出新意，教材的取舍是关键。面面俱到往往会面面都没到。因此，教学重点的确立显得尤为必要。

《〈诗经〉三首》除了相关的文学知识介绍，每首诗应各有侧重。作为叙事诗的《氓》，应侧重对故事的还原和其意义的解读；《无衣》的铺陈复唱无疑是其最大的特点，所以应在不断的诵读中体会其内容的渐进，情绪的变化，节奏的铿锵；《静女》则应抓住人物感情的回环往复，剖析其复杂的心理，体会民歌的特色。《离骚》的教学重点则在"引类譬喻"的手法。《孔雀东南飞》在梳理故事、分析形象的同时，应以赋、比、兴手法为重点。《汉魏晋诗三首》则重在体会各自不同的风格。读《迢迢牵牛星》，要读出哀怨的情调；看《短歌行》，要看出政治家求贤若渴的情怀；品《归园田居》，要品出田园诗人独到的审美趣味。

2. 重组单元，以点带面。

教师打破原有的按时间为序的格局，按照一定的标准重组单元，既可以增加教学的灵活性，又可以加深学习的程度。我们不妨按照人文母题归类，将本单元的诗歌按照表现的生活图景、思想意义，分组进行教学。如可以将八首诗歌按照表现的题材相应分为四组：即《氓》与《静女》，《孔雀东南飞》与《迢迢牵牛星》，《离骚》与《归园田居》，《无衣》与《短歌行》。然后或从思想意义入手，围绕古代婚恋问题、社会批判意识、个人价值取向等若干"点"，贯穿几篇或对全单元进行串通式的分析；或从艺术表现方式入手，以讨论比兴手法、写景特点、叠词的用法等为"点"，研究各首诗歌是如何对该手法进行创造性运用的。

3. 设置活动，探究研讨。

围绕着本单元可以进行的语文教学活动有很多。有写作类的活动，如尝试将《无衣》《短歌行》改编成散文，将《氓》改编为小说或戏剧，将《静女》《迢迢牵牛星》改编为流行歌词；还可以续写《氓》中女主人公以后的生活。也有说话类的活动，如围绕诗歌中的某一问题举行辩论赛，举以《诗经》作品朗诵欣赏会等。

随着研究性学习方式的传播和实践，它的教学意义越来越清晰。我们有理由相信这样的一种学习方式是完全可以渗透到日常教学中的。综观全单元的课文，可以研究的课题是十分丰富的。这里略举几例：（1）从中国早期的爱情诗歌看古代的婚姻观念；（2）从屈原、陶渊明看中国文人的理想选择；（3）比兴手法在古诗中的运用；（4）爱国忠君思想对中华文化的影响。

一首诗词可以讲的内容很多，教学中，我们常常患得患失，这也不能少，那也不可丢。于是，每个文本教学我们都在零零碎碎、拖拖沓沓中度过，似乎全都讲到了，又似乎全都没有讲透彻，以后遇到诗歌教学又进入新一轮的轮回。整合，可以为解决这个难题找到出路。不追求面面俱到，注重任务的分解；不要求处处到位，注重目标的明确。

不同的诗词在表情达意、语言风格、表达技巧等方面各有特点，分类整合，往往能触类旁通，提高效率。因此，善于整合是古诗鉴赏水平的体现。就本单元而言，风格多样，形式各异，精彩之处篇篇皆有，需要合理规划，整体考虑，形成一个单元教学的闭合结构，共同完成诗作鉴赏的方方面面教学内容。这样的分类归纳整合，切实提高了教学的效率。

3.重组：宏观把握，深化专题

"教师即课程"，是强调教师要真正地走进课程，时刻用自己独有的眼光去理解和体验课程，将自己的教学智慧、人格魅力、价值取向和人生态度渗透在课程实施过程之中，并创造出鲜活的课程，进而使教师本身成为课程的内在要素之一。高中新课程改革鼓励教师开设校本选修课程，新教材体系中有很多选修课程和整本书阅读的课程，这些都需要教师用自己的观念、态度和意识去解读课程，用心去理解和领悟课程的基本框架、基本理念、培养目标，还要理解与领悟课程标准的目标、基础知识、技能和能力，进而自主地、主动地重组教学内容。

以选修课《唐诗宋词选读》（苏教版）为例，教材是按照时间顺序编排，没有对诗词鉴赏的能力作具体要求，这就意味着教任何一首诗词都可以重复相应的欣赏元素，势必增大教学口的随意性。因此，重组，对于这样的教材就显得尤为必要了。我在使用本册选修教材时，注意了对教材的宏观把握：在唐诗部分刻意打破教材编排顺序，以话题为引领，以欣赏要点为教学目标，对所选30首诗歌重新组合；而对宋词部分基本沿用教材编写的体例，以人物为经，以风格为纬来设定教学的目标。如下表。

类别	话题	篇目	欣赏要点	课时
唐诗部分	羁旅：别是一番滋味在心头	和晋陵陆丞早春游望(杜审言)、旅夜书怀(杜甫)、长安晚秋(赵嘏)、商山早行(温庭筠)	炼字与炼意	2
	登高：叩问生命的意义	滕王阁(王勃)、登柳州城楼寄漳汀封连四州(柳宗元)、九日齐山登高(杜牧)、安定城楼(李商隐)	意象的选择	2
	边关：铺展激越的生活图景	从军行(杨炯)、燕歌行(高适)、走马川行奉送出师西征(岑参)、兵车行(杜甫)	叙写事物的特征	3
	送别：最伤最痛是离别	春夜别友人(陈子昂)、送魏万之京(李颀)、送友人(李白)	情景的关系	1
	明月：寄千种情怀，引无限感慨	春江花月夜(张若虚)、望月怀远(张九龄)、山居秋暝(王维)、月下独酌(李白)、自河南经乱……因望月有感……兼示符离及下邽弟妹(白居易)	诗歌的境界	4
	游仙：张开想象的翅膀	梦游天姥吟留别(李白)、天上谣(李贺)	诗歌的想象	3
	咏怀：心中块垒因何解	将进酒(李白)、寄李儋元锡(韦应物)、左迁至蓝关示侄孙湘(韩愈)、寄扬州韩绰判官(杜牧)、无题(李商隐)	抒情的方式	3
	怀古：怅望千秋一洒泪	与诸子登岘山(孟浩然)、咏怀古迹(杜甫)、西塞山怀古(刘禹锡)	典故的意义	2
宋词部分	唐五代词	温庭筠、韦庄、冯延巳、李璟、李煜	绮丽香艳	3
	北宋词(一)	晏殊、欧阳修、范仲淹、张先、柳永	温润和婉	3
	北宋词(二)	晏几道、黄庭坚、秦观、贺铸、周邦彦	典雅清新	3
	东坡词	苏轼词四首	别开新意	4
	南宋词	李清照、岳飞、陆游、姜夔	寄慨遥深	3
	稼轩词	辛弃疾四首	龙腾虎掷	4

新的高中课程标准已经将大单元统筹、群文组课、整本书阅读等学习形

式变成了教学常态，而我在 2003 年后就开始进行探索，这里所举的案例、所做的教学实践都是那时的印痕，现在看来并不过时。总之，课程范围、时间分配、内容、教学侧重点、教学策略等是课程发展赋予教师的一种职责，教师只有具备了课程意识，才能理性地、灵活地和富有创造性地进行这样的决策，才能切实促进自己的专业发展，语文课程的效能才能真正得以实现。

第二讲　气韵：生意迸注，若化若迁

——教学艺术的追求

气韵生动，南齐谢赫《古画品录》提出的美学命题，为中国古代绘画"六法"之一。意谓艺术作品体现的宇宙万物的气势和人的精神气质、风致韵度，达到自然生动、充分显示其生命力和感染力的美学境界。细分一下，所谓"气"代表绘画中三度空间感的表现，有"气"，才有生命感；"韵"则代表画中的时间感（第四度空间）的表现，画中的形象、动态、线条、色彩、虚实以及脉络诸多因素的排列组合，彼此感应的结果，产生出调和又有节奏的感觉，令人有"生意迸注，若化若迁"（马荣祖《文颂·气韵》）的生动感。艺术总是相通的，教学艺术也和其他艺术形式一样，追求生命的灵动，气韵的生动。

语文教学的气韵生动，是语文课堂生命状态的体现，可以理解为体现教学艺术生命力的重要形式，是决定教师教学品位的首要因素。美学家苏珊·朗格认为，艺术结构与人类生命结构有惊人的相似之处，生命结构是艺术形式的范本，她提出："要想使一种形式成为一种生命的形式，它就必须具备如下条件：第一，它必须是一种动力形式。换言之，它那持续稳定的式样必须是一种变化的式样。第二，它的结构必须是一种有机的结构，它的构成成分不是互不相干，而是通过一个中心互相联系和互相依存。第三，整个结构都是由有节奏的活动结合在一起的。第四，生命的形式所具有的特殊规律，应该是那种随着它自身每一个特定历史阶段是生长活动和消亡活动辩证发展的规律。"①语文的教学也同样要与人的生命发展同步，符合生命形式的规律。

英国教育家怀海特说："教育是教人们掌握如何运用知识的艺术。这是一种很难传授的艺术。要使知识充满活力，不能使知识僵化，而这是一切教育的核心问题。"②一个优秀的语文教师要善于营造灵动的课堂气势，把每节课都当作艺术创造，让课堂成为学生主动探究知识的思维场和师生之间交往互动的情感场；要努力把控弹性的教学气脉，提升教学的技术含量，让课堂成为教师展现教育智慧、学生深度有效学习的引力场；要积极引领蕴藉的文化气象，催生学生的优雅气质和人格魅力，让课堂成为师生生命绽放光彩的生命发展场。

一、营造灵动的课堂气势

所谓气势之美，是就教学的节奏而言的。在中国传统美学中，"势"是指"气"运动中所呈现的"活动之趣"，是审美对象反映出的生命动能与势能。古人评李杜，说李白诗风，有时如"涛浪自涌"，不可遏抑，有时如"白云卷舒""从风变灭"的豪放飘逸气势；而杜甫则有含茹万象、吞吐自如的气势。教学也如写文作诗，一个在教学艺术上有所追求的语文教师应当有自己的风骨。

要体现教学灵动的气势，"活"是灵动课堂的基本元素，"活"是教学艺术的生命，惟其活，才能使课堂显现出生命的力量，才能使灵动的教学艺术放出光彩。固定的模式、僵化的流程、刻板的讲述都与灵动无缘。一节课有一节课的气势，一种文体有一种文体的气势，追求刚与柔的配合，疏与密的安排，动与静的和谐，雅与俗的穿插，进与出的张力……由此逐渐形成自己

①苏珊·朗格.艺术问题[M].滕守尧,朱疆源,译.北京:中国社会科学出版社,1983.

②怀海特.教育的目的[M].庄莲平,王立中,译.上海:文汇出版社,2012.

的教学风格。课堂是时间的，流动的，是有节奏的；课堂也是空间的，变化的，是可切换的。

1.疏密：萧散得宜，纤秾有致

中国的艺术讲究疏密的节奏变化，不论是书画还是诗词。书画中的疏密，注重构图中的对比与统一，所谓"密不透风，疏可走马"，就是敢于密，敢于疏，以形成对比，产生视觉反差。疏密常相互衬托，或以疏衬密，或以密衬疏，以此来表现前后层次，来区别和显现表现的形象。诗词中的疏密手法，主要是指描写人、事、景、物的密度，密度小者为疏，密度大者为密。疏利于写大景，密利于写小景；婉约者较密，豪放者较疏；疏者大笔勾勒，重在传神；密者工笔细描，重在铺写渲染。书画和诗词的高手都是疏密运用大师，一疏显得宏阔，一密显出清幽，给人心旷神怡之感。站在教学的角度看疏密，它是指教师的教学内容安排要曲折有致，有疏有密，疏密相间，让课堂推进的节奏富有弹性，让教学环节的衔接自然生动。

讲究疏密的课堂，是对课的密度和速度的有效掌控。它取决于教师对课堂结构的精心设计，对教学内容的巧妙处置，对教学时间的合理安排。其中的"疏"，多指在教学过程中速度慢、频率低、间隔大，给人轻松舒展感觉的过程；而其中的"密"，则多指在教学过程中速度快、频率高、间隔小，给人急促密集感觉的过程。从学习心理的角度，密而不疏，信息密度过大，推进节奏过快，学习者会产生疲劳和慌张，欲速而不达；疏而不密，教学时间拖沓，内容缺少新鲜度，也会使学习者无法兴奋，注意力分散，感到课堂的平淡无味。

疏密结合是把教课活的一种表现形式。许多年轻教师刚入手教学常犯的毛病就是疏密不当，疏则空洞无物，密则密不透风，一节课的安排不能太满太密。太满，就没有了思考的空间，课听起来太累；太密，内容安排过多，教学任务难以完成，拖堂就容易变成常态。我不认为拖堂是一个教师负责的表现，而认为是教师能力不够、不懂学生也不讲究教学艺术的反映，是教学的一种野蛮作业。

在设计余光中散文《听听那冷雨》的赏读课时，我确定以"体会作品中诗意的漫想、诗性的意境、诗化的语言和诗人的气质"为教学目标，从"意境—声韵—对称—错综"四端入手，合理分布重点，注重推进的节奏。在导入进课后，围绕课题，密集地对题目的文字要素展开一连串的追问，"雨"到"冷雨"到"那冷雨"到"听那冷雨"到"听听那冷雨"，分析这些元素的不同表现力，速度快密度大，而当讨论到"听、嗅、观"不同角度观察雨境、雨意时，又放慢速度，和学生们一起分享他们喜欢的精彩段落，课堂里开始出现琅琅读书声，节奏变得舒缓。下面是教学实录的片段。

师：从题目中我们就能知道这篇散文的描写对象是什么？

生：雨。

师：【板书：雨】大家在文中看到了作者给我们讲述了哪些雨？

生：有冷雨，以及后面的春雨……

生：有山中的雨，有台北的雨，还有打在树上和瓦上的雨。

生：还有竹楼上的雨，日式古屋里的雨，还有他在美国的异域的雨以及看异域雨的感受。

生：还有那个霏霏不绝的黄梅雨，干干爽爽故乡白雨。

师：故乡白雨，实际上就是什么？

生：雪。那是雨的另外一种幻化形式。

生：还有他在丧子途中感受到的鬼雨。

师：那个鬼雨是不是真的实际下着雨了？

生：不是，而是作者心里的雨

师：心灵的雨。也就是说，这些雨中有写实的雨，不同季节、不同地点不同形态。还有虚的雨，比如说心灵中感受到的鬼雨。还有哪些地方写了虚的雨？

生：还有汉字中的雨，诗词中的雨。

师：对，在唐诗宋词中缠缠密密，渐渐沥沥下着一场又一场的雨。所以作者在题目中的"雨"字前加了一个字，叫什么雨？

生：冷雨。

师：【板书：冷雨】雨有了很多感觉，可能是寒雨暖雨、喜雨苦雨。请注意，自然界的任何一个事物，当它一旦进入到诗人的眼中以后，它就不但是原本的物象了，它会变成什么？

生：意象。

师：很好。若干个意象组合而成就变成一个独特的意境，意境则传递一种独特的情感。那么，本文余光中要传达什么样的感情、什么样的主旨呢？请大家在文中找一找。

（学生在课文中寻找关键句，教师在教室内巡视指导）

生：我觉得应该是"一盏灯在楼上的雨窗子里，等他回去"。

师：嗯，有没有更好、更简洁的语言呢？

生："前尘隔海，古屋不再"。

师：为什么？

生：因为这句话写到的前尘是指大陆，台湾与大陆隔着海，彼此分离；古屋代指古老的遗迹而今都不再有了。

师：【板书：前尘隔海，古屋不再】前尘是指大陆，隔着浅浅的海峡。诗人离家多少年了？

生：二十五年。

师：二十五年一直不能和大陆亲切接、自由往来，体现了一种故土难归的失落心境。古屋，作者曾经有过的那些极具诗意的居所，现在已经怎么样了？

生：（齐声）没有了！

师：都居住在钢筋混凝土的笼子里了，那份心绪、那份文化消解了。注意"冷雨"前面还有一个字——

生：（齐声）"那"。

师：【板书：那】为什么用"那"冷雨，而不用"这"冷雨？

生：他是从眼下的雨开始写起，但他更多的写的是那个和他有着距离感的、曾经的故土和衰落的文化，以及他对曾经的故土和衰落文化的那份眷恋。所以"那"点点的雨，是他"冷"的意味之所在。

师：好，那既然要写冷雨，一般我们用什么样的感觉方式来感受雨？更多的是什么？

生：视觉。

师：对，用视觉看。但是本文是用什么？

生：听。

师：找到关键句，我们一起齐读一下。

生：（齐读）"雨不但可嗅，可观，更可以听。"

师：对，【板书：听、嗅、观】这句话承前启后。后面部分专门写听雨，前面写嗅雨，写观雨。那么很明显，这嗅、观和听是什么关系？我们在写作上这叫什么关系？

生：衬托。

师：对，衬托。在这些听、嗅、观中，你们印象最深或最喜欢的是哪一段？它怎样表现雨的姿态、雨的风采、雨的特点的？

生："温柔的灰美人来了，她冰冰的纤手在屋顶拂弄着无数的黑键啊灰键，把晌午一下子奏成了黄昏。"

师：你特别喜欢这段，为什么呢？

生：因为我觉得他写出了瓦和雨的关系。语言比较美。

师：美在什么地方？

生：他把瓦和雨写成了两个人一样，用了拟人的方式。

师：我们一起把这段齐读一下。

生：我喜欢第三段的一处细节："浓的时候，竟发出草和树沐发后特有的淡淡的土腥气，也许那竟是蚯蚓和蜗牛的腥气吧，毕竟是惊蛰了啊"。这处细节，他写出雨中带有一丝气味。非常真实。因为一般仅仅是看一看雨的一些形态，但是作者在这里把气味都写到了。

师：对。就像我们看到一幅画，不仅看到那个画面，而且还能感受到它的气息……

生：有真实感，如临其境。

生：还有文章第四段。"台湾湿度很高，最饶云气氤氲雨意迷离的情调。"然后后面他描写到在台湾看到蒙蒙的雨，"溪头的山，树密雾浓，蓊郁的水气从谷底冉冉升起，时稠时稀，蒸腾多姿，幻化无定，只能从雾破云开的空处，窥见乍现即隐的一峰半壑，要纵览全貌，几乎是不可能的。"

师：它好在什么地方？

生：它好在写雨的朦胧美，然后是乍现即隐的感觉，写得非常让人向往。

师：嗯，把非常细腻的感觉透露出来，把雨景的真实性再现给我们。四位同学讲述了各自喜欢的内容，每一段可能就是一幅画，一幅真切的不同的雨景图。这在诗歌里我们就叫它什么？

生：（齐声）意境。

师：对，意境。所以，你们看，诗人通过一幅幅雨景图给我们描写了极有意境的散文。所以我们说——

【PPT投影】

有意境的散文擅长把握内在的情感节奏，从景切入，给人以画面感、动态感、色彩感、朦胧感和空灵感。通过有限的物象、意境、进入无限的时空，从而对整个人生、历史获得一种哲理性的感悟。

师：我还特别喜欢第五段，"大陆上的秋天，……"，我们一起来读一下。

生：（齐读）

师：你看，作者在写雨的时候把自己融进去，把对历史的伤痛融进去，把古人的诗词融进去。于是在这浓密得化不开的画面中，我们能产生很多给人生、给志向、给自我、给他人的体味。好，这是我们理解作者在写这篇散文中特别注重的两个字——意境（板书：意境），有意境的散文。到这里，我们看题目，好像还没完。题目叫什么？

生：听听那冷雨

师：对，听听那冷雨。那我想问，"听冷雨"和"听听那冷雨"，有什么样的不同？

疏密，其实就是教学内容的布排问题，教者如何取舍，如何分布是关键。本节课的板书设计也大致可以体现"疏密"安排的匠心，教学由内往外推进，节奏内紧外松；在"意境—声韵—对称—错综"这四点上，设计为两头（意境、错综）紧，中间（声韵、对称）松；赏析到"错综"形成整节课的高潮，学生学习热情高涨，最后有关谈及余光中创作主张和能力则是蜻蜓点水，轻轻带过，缓缓结束。

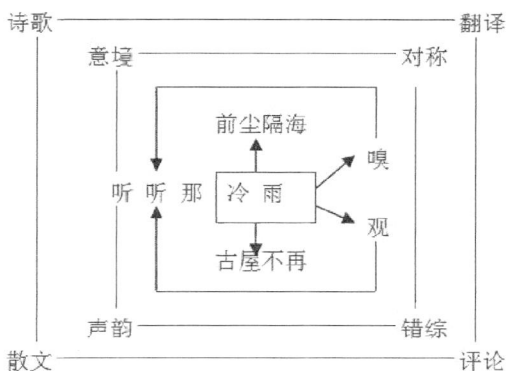

下面是《听听那冷雨》课堂实录的最后部分。

【PPT投影】

①杏花。春雨。江南。

②雨是一种回忆的音乐，听听那冷雨，回忆江南的雨下得满地是江湖下在桥上和船上，也下在四川在秧田和蛙塘下肥了嘉陵江下湿了布谷咕咕的啼声。

师：第一个例子是几句话？

生：三句话。

师：对，三句话，不是词，这叫短句。短句有什么特点？

生：简洁，节奏感强。

师：那下面一句话是什么？

生：长句。

师：够长的。我们一起朗读一下。

生：（齐读）"雨是一种回忆的音乐，听听那冷雨，回忆江南的雨下得满地是江湖下在桥上和船上，也下在四川在秧田和蛙塘下肥了嘉陵江下湿了布谷咕咕的啼声。"

师：同学们读的时候是不是感觉读不齐？不是你们读不好，你们读齐了才奇怪了。因为每个人在读这段文字时，因为句子停顿的问题，每个人再有不同的理解。可能觉得在这儿断，也可能觉得在那儿断，于是就很难读齐。那你们觉得这后面标点不清晰的部分怎么给它停顿呢？想想看，动动手，找到这段话，划出竖线，看看这段话怎样切开来，才读得更准确。或者给它加个标点。

（学生浏览书中那段话，划分停顿，教师在教室巡视指导）

师：好，哪位同学画好了。

生：我是这么断的："回忆江南的雨下得满地是 / 江湖下 / 在桥上和船上 / 也下在四川 / 在秧田和蛙塘 / 下肥了嘉陵江 / 下湿了布谷咕咕的啼声"

师：嗯，这是一种停顿。有没有不同意见？

生：我断的是："听听那冷雨，回忆江南的雨下得满地是江湖 / 下在桥上和船上 / 也下在四川 / 在秧田和蛙塘 / 下肥了嘉陵江 / 下湿了布谷咕咕的啼声。"

师：嗯，你们主要的区别是"下得满地是"。你说满地是江湖，她说满地是 / 江湖下。那还有没有？

生：我是后面一句和他们不同，我是："也下在四川在秧田 / 和蛙塘下肥了 / 嘉陵江下湿了 / 布谷咕咕的啼声。"

师：嘉陵江下湿了？

生：老师这个语序它排布得不太符合中国的表达方式。

师：对，是不太符合。

生：他把这个"下肥了"做了状语，把它像古文一样排到了后面。额，我再想想。

师：好，再想想。他知道做这种句式在中国诗歌里面一般不这样，尽管我们中国的古诗没有标点符号，但它是有鲜明节奏感的。好，你来说。

生：我觉得他那个后置的说法在这里应该不是很正确，因为从这个句子里可以看出来，他这个"下湿了""下肥了"应该是一一对应的。下湿了应该是布谷的啼声，下肥了嘉陵江，应该雨下了之后江变阔，水阔水涨。

师：好，你请坐。

生：我觉得他这种写法是刻意的，因为这样可以给读者一种想象的空间，由读者去理解，而不是把它切分好，为着留下更多的空间去遐想。

师：好。刚才，我们刚刚做种种尝试，有很多种想法！时间问题，我就不一一地展开，相信大家每个人都有每个人的答案，只不过大同小异。我帮大家总结一下，你看，我有这么几种组合方式。第一种：我们一起读一下。

【PPT投影】（学生齐读）

雨是一种回忆的音乐

听听那冷雨

回忆

江南的雨

下得满地

是江湖

下在桥上和船上

也下在四川

在秧田和蛙塘

下肥了嘉陵江

下湿了布谷咕咕的啼声

师：可以的吧。是散文吗？是诗？还可以再作变化。

雨是一种

回忆的音乐

听听　那冷雨

回忆江南的雨

下得　满地是江湖

下在桥上和船上

也下在四川

在秧田和蛙塘

下肥了嘉陵江

下湿了布谷咕咕的啼声

师：还有，再来。

雨

是一种

回忆的音乐

听听

那冷雨

回忆

江南的雨　下得满地是

江湖

——下在桥上和船上

也下在四川

——在秧田和蛙塘

下肥了嘉陵江

下湿了布谷咕咕的啼声

师：我在组合的时候，发现有几个是不太固定的。下肥了什么，下湿了什么，后来我又想，再变变看，又出现这一种——

雨是——

一种回忆的音乐

听听那冷

回忆江南的雨

下得满地是

江湖下

在桥上和船上也

下在四川

在秧田和蛙塘下

肥了嘉陵江下

湿了布谷咕咕的啼声……

师：行不行，好像也有意思，也很有味道。于是我们就知道，原来作者——

【PPT投影】

用如此歧义、倒装又兼拟人的句式，来增加文意解读的乐趣与迷离的气氛；如此刻意地将文句拉长，造成文字稠密、意韵丰厚的效果，更显新奇有趣。

师：在这个过程中，作者创造了一种什么样的美呢？

生：一种错综的、纷杂的美，长长短短的、高高低低的不同的解读带来的审美感。

（板书：错综）

师：很好，作者恰恰是用这样一种诗境来包裹住，来描述他眼中看到的冷雨。好，最后，我们想想余光中先生何以有如此功力为我们创造了这样一场雨的"盛宴"，请看——

【PPT投影】

他两度离乡，因此酿成了一缕无法排解的乡愁；他学贯中西，却坚守中文——这一中国文化的长城。

余先生在《逍遥游》后记里曾说："我倒当真想在中国文字的风火炉中，炼出一颗丹来。我尝试把中国文字压缩、捶扁、拉长、磨利，把它拆开又拼拢，折来且迭去，为了试验它的速度、密度和弹性 。"

师：余光中先生一向用中文打造我们中国的文化长城，他特别迷恋对语言的揣摩淬炼，所以他经常说他自己语言是极具弹性的。在这种语言里面，诗歌的语言，诗性的语言，在他的散文中玩熟了。我们每个人都在学习中国的语言，中国的文字。但是，我们发现作家和我们距离是什么？他们会善于把这种语言通过各种变化，像魔方一样，玩来转去，然后表达自己的思想，而我们常常缺乏这样的手段和方法。我们读这样的文章，也可想一想，我们是否也可以尝试着用更多的语言方式来表现。为什么余光中会有这样一种能耐？

【PPT投影】

余光中一生从事诗歌、散文、评论、翻译，自称此为自己写作的"四度空间"。其文学生涯悠远、辽阔、深沉，为当代诗坛健将、散文重镇、著名批评家、优秀翻译家。年轻的时候，余光中戏称自己可以"以右手写诗，以左手写散文"。

师：显然，这和他文化积淀有关，他说自己的一生是在四度的空间中写作，哪四度空间？

生：诗歌、散文、评论、翻译。

师：对。（教师板书：诗歌、散文、评论、翻译）请注意，诗人正是因为有那么多对语言驾驭的能力，这样丰富的功力，然后用诗的语言，用诗的方式来关照那一滴滴冷雨，来研究那一个个孤独而寂寞的心灵，来书写自己内心的抱负，留给我们这样一篇非常美丽的文字——《听听那冷雨》。诗人说："杏花。春雨。江南。六个方块字，或许那片土就在那里面。而无论赤县也好神州也好中国也好，变来变去，只要仓颉的灵感不灭美丽的中文不老，那形象，那磁石一般的向心力当必然长在。因为一个方块字是一个天地。"

一堂疏密有致的课，会给人带来起伏不定、高潮迭出的感觉，让学生在课堂中充满探究的兴致，求知的欲望和创造的激情。教师一定要注意每节课的最佳时间，密度大，信息量多，能力要求大的教学内容尽量安排在最佳时间，同时也要注意提供间歇，达到以疏化密的效果，增强学生的学习兴趣，而在学生疲劳时或课快结束时尽量安排轻松的内容，努力形成疏中有密、密中有疏、疏密有序的教学节奏美。

2.动静：活而有序，张弛相济

动和静是课堂教学活动的两种基本形态。课堂上的"静"是学生知识的自我构建、能力的自我形成、思想的自我碰撞，是"动"的准备、"动"的铺垫；课堂上的"动"是思维的交融、智慧的搏击、心灵的沟通，是"静"的张扬、"静"的升华。理想的教学课堂既应该有"动"也应该有"静"，一张一弛，动静结合，要合理处理好课堂教学"动"与"静"的关系，该动辄动，该静则静，注重实效，收放自如。

日本著名教育家小原匡芳说："国语不是训治之学，而是活的思想问题，是川流不息的生命。"要调活课堂气氛需要我们教师会"煽情"，让课堂上激发学生或争先发言、或正反抗辩、或据案慷慨、或小组讨论、或抢答、或点评；让学生能以一种轻松愉快的心态进入课堂，以兴奋乐观的情绪参与教学活动，以自由的思想与文本和教师对话，与自己的思想和心灵对话，真正让课堂"动"起来。需要强调的是，课堂的互动讨论不能只注重形式的活泼生动，浮光掠影、走马观花、浅尝辄止都是对课堂活动的浅表认识；成功的互动，更要关注思考的质量、思考的深度。这种深邃的"静"，可以体现为对现实问题的深究，可以是对传统观念的反思，可以是对人生的一种激励，可以是对自身弱点的一种解剖。诵读《面朝大海，春暖花开》，唤起对自然朴素的热爱；阅读《项链》，感受女主人公充满诚信充满自尊的人格魅力；学习《荷塘月色》，体会思想者的孤独与无奈；教授《变形记》，引导学生看到对现世生活的悲悯情怀。让每一篇课文都能成为学生与一个鲜活的生命的一次对话，让每一次对话都能给以哲理的启迪。

平心而论，今天的高中学生的学习压力确实很大，他们对学习的乐趣几近消失。课堂应该是这样一个地方，在那里既能包容严肃认真的思想，又能包容轻松愉快的心情，在那里知识与愿望联系起来，对理解的激情能够得到满足。

动静互生的轻松课堂，能够舒缓紧张的学习氛围。在学生难以回答问题时，在学生讨论遇到障碍时，在互动产生矛盾时，在复习考试接踵而至时，……可以让一切变得生动起来；快乐的学习氛围，让教室洒满快乐的阳光。动静交融的弹性课堂，能够激发学生求知的欲望。可以创设一个开放的思想境界，可以化解一些繁难的知识，可以拉近一段遥远的距离，让学生有了接受新的理解的种种可能性，打通隔膜的屏障，化难为易，化繁为趣。

我常以为，严肃的课堂不必是阴郁的课堂，应该常常充满欢快的笑声，教育的最佳境界，应该是一种吸引学生参与的智力游戏。一个没有快乐的课堂，一个始终如一的单调严肃的研讨会，一个性情阴郁的愤世嫉俗的教师，可能会成为学习的障碍。可以说，快乐正是教育的要素之一，正是笑声、欢乐和才智才是通向精神和心灵的大门，才是教育艺术的不可缺乏的组成部分。

这里以我教授《锦瑟》一课为例，谈谈教学中的动静结合。那是一次阴差阳错的经历，原本市教研活动安排我给高二学生上《锦瑟》，可临上课的前一天晚上，组织者告知安排的学校正在进行高二月考，改到高三去上，要么我换内容，要么就继续上《锦瑟》。我选择了后者。不过，那时高三也正好经历一次大考，如何给埋首试卷的高三学生重拾读诗的兴趣，如何给大考重压下的高三学生带来听课的轻松，是我备课前思考的主要问题。于是，连夜备课，并给课起了个题目《解诗·探情·变形——与高三同学重读〈锦瑟〉》，试图在紧张的高三生活中添一点别样的色调。我设定了这样的教学目标：（1）借"锦瑟"谈诗歌赏析，理解多元解读的方式；（2）借"锦瑟"谈情感抒发，体会经典永恒的魅力；（3）借"锦瑟"谈语言把玩，提高组合语言的能力。下面是这节课的实录（部分）。

师：你们在完成诗词鉴赏考题中有什么困难？

生：有的诗看不太懂。

生：似乎看懂了但感觉写出来很困难。

师：写不出来，其实还是没有真正读懂。我们今天一起重温一首号称最难懂的诗，看看能否发现一些读懂诗词的办法。我们一起朗读一下金人元好问对《锦瑟》评价的诗。

【PPT投影】

> 望帝春心托杜鹃，佳人锦瑟怨华年。
> 诗家总爱西昆好，独恨无人作郑笺。
>
> ——［金］元好问《论诗绝句》

师：前两句好懂，与《锦瑟》内容相关，"西昆体"是后人师法晚唐诗人李商隐的诗歌流派，"郑笺"是指解释《诗经》的经典，意思是说对李商隐的诗缺少权威性解释。看来看不懂李商隐诗的人大有人在。大家还记得你们高二时读《锦瑟》读到了什么？

生：应该是对年华逝去的伤感吧。

生：记得老师说过可能是悼念亡妻的。

生：我记得有评论认为是写音乐的，还有说是怀才不遇。

师：很好，说明你们还有很深印象的。那么，你们说说看，为什么"一篇锦瑟解人难"？真的无人能解？我们一起讨论讨论。

生：产生多义的原因，我想可能是作者的经历比较复杂，是诗的意境比较朦胧，所以感觉每件事放进去似乎都可以……

生：我觉得也有可能是我们读者根据自己的体验和经历带入到作品，产生不同的理解。

师：看来大家都很明白。在"读者—作者—作品—人生世相"这四个文学的要素中，读者一方面"以意逆志"去推想作者是如何表达的，站在"知人论世"的角度，因而产生不同的观点，于是，在这首诗里读出了"悼亡、自伤生平、诗序、政治寄托、年老悔少甚至艳情"等内容；另一方面读者单就文本的内容，融入自己个人情感，或许读出的是咏瑟、莫名感伤……就是所谓"诗无达诂"。（教师边讲解边板书）（板书设计见本书第四讲）

师：这就是我们理解诗歌基本道理。下面我们一起回到你们刚刚结束的考试，其中的诗词鉴赏题目是这样的，你们又见面了。（众笑）

【PPT投影】

【09江南十校试卷】

阅读下面这两首宋诗。完成8～9题。

江上 王安石

江北秋阴一半开，晚云含雨却低徊。

青山缭绕疑无路，忽见千帆隐映来。

江上 董颖

万顷沧江万顷秋，镜天飞雪一双鸥。

摩挲数尺沙边柳，待汝成阴系钓舟。

【注】董颖是个穷愁潦倒的诗人，一生为生计所迫而常年奔走异乡。

9.两首诗的第四句分别寄托了什么思想感情？（4分）

师：第9题得满分的同学有多少？举手让我看看。

生：（摇头，无人举手）

师：请同学来说说得分情况。

生：我得了2分，第一首的最后一句我大致看明白了，是看到希望来临的意思，后一句没明白。

生：我和他情况一样。

师：估计很多同学对第二首的最后一句看得不甚明白。请大家注意题目提供的注解，之所以提供注解就一定与答题有关，"穷愁潦倒""常年奔走异乡"这些信息点能告诉我们什么？

生：渴望安定的生活。

师：对了，诗里不是有"系钓舟"，要停下来不走了意思嘛。

生：那答案还有"写出了自己惜别的心情"，怎么理解？

师："待汝成阴"的"汝"指谁？

生：应该是指"柳树"吧。

师：还记得古诗中什么场景喜欢用柳树？

生：送别时，明白了，老师。

师：你看，这就叫"知人论世"，要读懂一首诗就要善于联系作者的生活经历，就是要观察描写的意象。回到我们今天的主题，关于《锦瑟》。我把这首诗拆分成两首绝句，我们先一起分别读一下。

【PPT投影】

其一

锦瑟无端五十弦，一弦一柱思华年。

庄生晓梦迷蝴蝶，望帝春心托杜鹃。

其二

此情可待成追忆？只是当时已惘然。

沧海月明珠有泪，蓝田日暖玉生烟。

师：你们看哪一首理解更容易？

生：其一比较容易，其二就难懂一些。

师：英雄所见略同，我也这样认为。（众笑）为什么？

生：其一就是说自己年纪大了，追忆过去，但一切如烟云消散，很是惘然。其二是四个典故就不清楚要表达什么了。

师：四个典故教材注解得很清楚，大家再认真看看，讨论讨论。

生：（读注解，讨论）

师：我先请大家看一段梁启超先生评说李商隐诗的话。

【PPT投影】

义山的《锦瑟》等诗，讲的什么事，我理会不着。……但我觉得他美，读起来令我精神上得一种新鲜的愉快，须知美是多方面的，美是含有神秘性的；我们若还承认美的价值，对于此种文字，便不容轻易抹杀。

——梁启超《中国韵文内所表现的情感》

师：我们从李商隐的诗里可以读出怎样的美？

生：就像梁启超先生所的，诗里含有神秘的美。

师：有道理，活学活用，还有呢？

生：感觉诗人表达的情感，像"此情可待成追忆，只是当时已惘然"，十分真切，很多情感可感但难以言说。

师：心有所想，情有所同。

生：诗中的典故很深奥，感觉很美。

师：文化内蕴丰富。

生：还有，许多意象，意境优美，像画一样。

师：好。既然说到意象，那么我们找找诗中有哪些意象？

生：（七嘴八舌）庄生、蝴蝶、望帝、春心、杜鹃、沧海、月明、珠泪、蓝田、暖日、玉烟……

师：这些意象叠加在一起，大家感觉一下其感情基调是什么？

生：感伤、怀旧、悲叹、孤独、凄凉、茫然、迷离……

师：四个典故犹如四幅图画，他们之间是独立的四幅还是彼此有联系的？

生：应该有联系吧。

师：什么联系？

生：似乎是从梦想到幻灭的过程，最后到蓝田日暖又回到朦胧的希望。

师：你感觉不错，原本要和高二的同学慢慢聊这四句的。因为大家都学过了，我再总结一下，请看投影。

【PPT 投影】

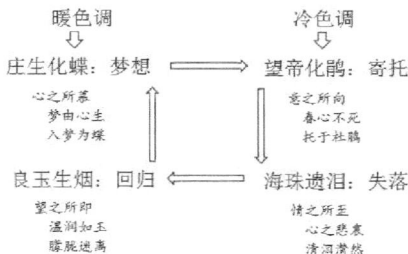

师：这四句从"心之所慕"到"意之所向"再到"情之所至"，最后到"望之所即"，梦想与希望总是在若即若离之处，时冷时暖，似近实远，因而其感情基调都有一个共同点，是什么？

生：比较伤感。

师：伤感是人情感中常见的情趣表达。或伤感于仕途，或伤感于情爱，或伤感于命运……诗作提供了这样的一个想象联想的空间，不同时代不同地域只要有类似的情感就会在诗中找到自己的情感依归。经典的诗作会被后人不断稀释、分解、切割……这就有了"一篇锦瑟解人难"的遗憾。说到这里，我请大家听一首歌，我们放松放松。

（播放周杰伦《东风破》）

一盏离愁孤单伫立在窗口

我在门后假装你人还没走

旧地如重游月圆更寂寞

夜半清醒的烛火不忍苛责我

一壶漂泊浪迹天涯难入喉

你走之后酒暖回忆思念瘦

水向东流时间怎么偷

花开就一次成熟我却错过

谁在用琵琶弹奏一曲东风破

枫叶将故事染色结局我看透

篱笆外的古道我牵着你走过

荒烟漫草的年头就连分手都很沉默

师：大家有没有发现这首歌的特点。

生：歌词中大量运用了古代诗歌的意象，

师：对。这些古代诗歌意象意蕴的丰富性，让现代情感有了依托，相信每个流行的背后常常有经典的支撑。请大家再读一遍《锦瑟》。

师：经典诗歌的魅力还不止于此。这56个字组合起来的诗幻化出如此幽美的意境，传达如此真切的情感。作家王蒙还尝试着对56个字进行重组，作了语言变形的游戏，请看课件，大家齐读一下。

【PPT投影】

七律：

锦瑟蝴蝶已惘然，无端珠玉成华弦。庄生追忆春心泪，望帝迷托晓梦烟。日有一弦生一柱，当时沧海五十年。月明可待蓝田暖，只是此情思杜鹃。

对联：

此情无端，只是晓梦庄生望帝，月明日暖，生成玉烟珠泪，思一弦一柱已。（上联）

春心惘然，追忆当时蝴蝶锦瑟，沧海蓝田，可待有五十弦，托年华杜鹃迷。（下联）

长短句：

杜鹃、明月、蝴蝶，戒无端惘然追忆。日暖蓝田晓梦，春心迷，沧海生玉烟。托此情，思锦瑟，可待庄生望帝。当时一弦一柱，五十弦，只是有珠泪，华年已。

师：大家有什么感受？

生：很有意思，感觉语言就像魔方一样，变来变去。

师：非常好。这是诗歌的魅力，更是汉语的魅力。下面我们一起做一道语言仿写的练习。

【PPT投影】

仿写练习

追忆流年，犹如庄周梦蝶，既往的美好飘然而逝，迷离朦胧。

追忆流年，好似_____，_____，_____。

追忆流年，一如_____，_____，_____。

追忆流年，恰似_____，_____，_____。

师：这练习看得眼熟吧。（大家笑），语用题的模拟练习。给大家2分钟时间，请你们仿照第一句的句式特点，完成练习。

（学生练习仿写）

师：请一个同学说你的仿写。

生：追忆流年，好似望帝春心，无限的话语向谁诉说，感伤孤独。追忆流年，一如沧海珠泪，悲伤在心中汩汩滔滔，潸然凄凉。追忆流年，恰似蓝田玉烟，丝丝的梦想萦绕上升，茫然惆怅。

师：好。总体不错，有几处再推敲一下，时间关系我就不一一点评了，提供一个我写的，供参考。

【PPT投影】

追忆流年，犹如庄周梦蝶，既往的美好飘然而逝，迷离朦胧。

追忆流年，好似望帝啼鹃，难言的深情无以倾诉，孑然孤立。

追忆流年，一如沧海遗泪，隐约的伤痛挥之不去，凄寒寂寥。

追忆流年，恰似良玉生烟，内心的梦想袅袅升腾，惆怅无奈。

师：最后，我们再齐读李商隐的诗《锦瑟》。

生：（齐读）

师：祝愿高三同学把握青春年华好时光，抛去烦恼，让今天辛苦成为幸福，"此情可待成追忆"，正是当时不惘然！下课！

在与《锦瑟》的对话中，为了让高三的课堂不那么烦闷，让我这突如其来的打扰不那么无趣，故而力求课堂节奏动与静相互交错。借助《锦瑟》这一个案，将"以意逆志""知人论世""诗无达诂"等理解诗歌的基本道理逐一诠释，让读诗犯难的同学静下来思考解诗的奥秘；同时让周杰伦古风诗韵的歌曲回荡教室，使学生明白文化经典的力量；围绕高考诗词鉴赏模拟题，和沉浸试卷的考生探讨解题的方法，帮助他们寻找解题的思维障碍；又设计与《锦瑟》诗句相关的语用习题，一起热热闹闹地玩味语言组接的游戏。课堂里时"静"时"动"，让多维度解读变得更有趣，更有开放性；在经典建构的情感世界的心理倾向中，寻找着现代人的表达方式；结合高三的应试，提高语言组合能力，体会汉语的魅力。

3.进出：生气其内，高致其外

王国维在《人间词话》中说："诗人对宇宙人生，须入乎其内，又须出乎其外。入乎其内，故能写之。出乎其外，故能观之。入乎其内，故有生气。出乎其外，故有高致。"这段文字论述了诗人观察和表现宇宙人生的态度和方法。教师对于其教学文本世界也同样需要"入乎其内"又"出乎其外"，既要走进文本，沉浸其间，作文本细读；又要走出文本，保持距离，作多维探寻。张志公先生所谓"阅读教学就是教师带着学生在文本中进进出出几个来回"，道出了阅读教学的本质。

课堂教学中对文本的阅读，对思想内容的理解，对语言的品味和运用，对比较复杂的主旨问题的认识，只有在不断地进出之中，才会取得比较好的效果。或先进后出，或进中有出，或出中有进，或几进几出，学生在教师带领下，游走于文本、作者的内外，形成了课堂教学的动能，探寻知识的张力，由此让过程变得生动，让学习变得立体化，教学也就有了生气与高致。

阅读教学中我常常喜欢将两篇以上的教学文本放在一起，并为这个群文的阅读教学起个标题，定个主题。比如教选修课《唐诗宋词选读》（苏教版）中李煜的作品，将《浪淘沙令》《乌夜啼》放在一起教学，拈出"苦难"一词作群文赏析的主题，既扩大了教学容量，提供文本内外"进""出"的各种可能，也对李煜词作的特点认识更加深刻，丰富学生对人生苦难、生命意义的认知，丰富学生从课堂到生活的"进""出"可能。下面是两首词作的教学设计。

苦难:生命意义的追问
——《浪淘沙令》《乌夜啼》教学设计

【教学目标】

1.通过鉴赏《浪淘沙令》和《乌夜啼》,体会李煜后期词作真挚抒写个人苦难并概括生命苦难的特点。

2.从对李煜苦难的想象与体验的艺术表现中,获得一种对人生苦难的态度。

【教学过程】

一、复习导入

诵读李煜的《虞美人》("春花秋月何时了")。谈谈对李煜及李煜词的了解。

提示:以亡国破家的遭遇为界,李煜词前后期呈现不同的风貌。前期主要是描写富丽堂皇的宫廷生活和风花雪月的男女情事。后期主要是抒发伤往事,怀故国的悲痛情怀。而其词思想上和艺术上成就最高的,就是他后期的词作。

问题:今天,我们一起来学习他后期的两首著名词作《浪淘沙令》和《乌夜啼》,来看看在这两首词中,李煜是如何来抒写他的苦难,他又从中得到什么样的生命感悟?

二、词作赏析

重点鉴赏《浪淘沙令》,辅以《乌夜啼》例证,体会李词真挚抒写苦难和概括生命苦难的特点。

浪淘沙令

帘外雨潺潺,春意阑珊。罗衾不耐五更寒。梦里不知身是客,一晌贪欢。

独自莫凭阑,无限江山,别时容易见时难。流水落花春去也,天上人间。

1.初读,抓重点词语的理解(心情、环境、全词基调)。

雨、寒——外部环境的恶劣。(春末,应是渐暖)

客——自身地位的低下。(寄居或迁居在外地,无容身之地,只能"客居"。)

贪——"欢娱"成了奢侈，虽是短时间的希望得到却不得，写出了作者的境况之差。

讨论：请用一句话概括上阕的内容——写出了作者悲凉的心境和所处的恶劣环境。

2.再读，体会对比手法的作用。

（1）由"梦"引入，他梦到了什么？

明确：梦到无限江山。这江山本是李煜自己的，"无限江山"中，有着作者的理想与抱负，有着作者的父老乡亲，"梦"就是过去的美好生活的象征。而今呢？

（2）醒后看到了什么？

明确："流水落花春去也"，美好的一切一去不返。

（3）有怎样的感受？这种感受是用怎样的手法表现出来的？

明确："天上人间" 对比手法

天上——是"无限江山"，是"春"，是"欢"。

人间——是"流水落花"，是春意阑珊，是"寒"，是"客"。

小结：现实与梦的对比，就是词人的今昔对比。对比中，我们看到：词人在失去故国以及美好事物和生活时的痛惜、痛恨以及永不能复得的绝望。

以梦境关照现实，便见出词人当下心境的凄楚、屈辱；以现实关照梦境（昔日的生活），更体现出其亡国丧家的痛惜与悔恨。词人就在梦境与现实，昔日与当下的极乐与极悲的两重压迫中挣扎，就像一个迷航者找不到出路。词人通过对比，真切地表现了其由帝王沦为囚徒的凄苦心境。

3.延伸，对比"乐不思蜀"。

三国时期，刘备占据蜀地，建立蜀国。他死后，儿子刘禅继位，又称刘阿斗。刘禅昏庸无能，在那些有才能的大臣死后，公元263年，蜀国就被魏所灭。刘禅投降后，魏王曹髦封他一个食俸禄无实权的"安乐公"称号，并将他迁居魏国京都许昌居住。魏王自己也无实权，掌大权的是司马昭。在一次宴会上，司马昭当着刘禅的面故意安排表演蜀地的歌舞。刘禅随从人员想到灭亡的故国，都非常难过，刘禅却对司马昭说："此间乐，不思蜀。"他一点儿也不想念蜀国。

品出最后一句的绝望之情。

4.深读，体会李词概括生命苦难的特点。

（1）导入：当我们在思考李煜的苦难时，我就不禁想到周国平对灾难的看法："灾难打断了我们所习惯的生活，同时也提供了一个机会，迫使我们与外界事物拉开了一个距离，回到了自己。只要我们善于利用这个机会，肯于思考，就会对人生获得一种新的眼光。一个历尽坎坷而仍然热爱人生的人，他胸中一定藏着许多从痛苦中提炼的珍宝。"

李煜，经历了人生的重大转折以后，历史上少了一个帝王，却从此多了一个不朽的词人，因为他从痛苦中提炼出了"珍宝"！

理解王国维《人间词话》中有关评论："尼采谓：'一切文学，余爱以血书者。'后主之词，真所谓以血书者也。"

这里的"以血书者"，指的是词人所抒之情是以血泪悲慨凝成的真情。就是以内心最真切的最深挚的那一份锐感深情来写的作品，是从整个的心灵奔泻涌流出来的作品。李煜词作的魅力，不在于对个人不幸撕心裂肺的一味哭诉，而重在描述个人在遭遇苦难时心灵深处的痛楚体验。李煜以他一篇一篇的血泪文字，向后人昭示着他那一段充满血泪充满屈辱的凄苦人生。

（2）辅以《乌夜啼》例证：

林花谢了春红，太匆匆！无奈朝来寒雨晚来风。

胭脂泪，相留醉，几时重？自是人生长恨水长东！

A.这首小词，写了什么？

美好的事物留不住，由此，而产生"人生无常，人生是永远的缺憾"的感慨。

B.探究：这首小词在写法上的高明之处。

由事及理——花开花谢，"美好"总是留不住，人生总是"长恨"。

由个别而一般——由自然景物的变迁（花谢难留）上升到人生普遍的感悟：自是人生长恨水长东！

（3）苦难：生命意义的追问

A.在国破以后，后主词的主题基本是什么？

——忧愁、集中写"苦难"。

B.面对"苦难"，李煜做了什么？

他把"苦难"化作种种物象，化为了永恒的熠熠生辉的诗篇——

"一江春水向东流""流水落花春去也""自是人生长恨水长东""春花秋月何时了"……

他把"苦难"铸炼成"珍宝"，结晶出人类的智慧——

美好的东西，不是永恒的，世事无常；

珍惜现在拥有的一切；

失去了，才知道珍贵；

……

"后主词则俨有释迦、基督担荷人类罪恶之意"。王国维用的是一个比喻，就是说李后主所写的悲哀，他是倾诉了所有有生的生命的悲哀，写出了我们人类的共同苦难。"以人类之情感为一己之情感"，李煜在沉痛抒写自己的悲慨的同时，更能够透过一己之悲哀而上升到对人类共有情感的探索。在李煜的词中，时不时地都会表现出他对生命的思索，对人生的探求，为什么美好的生命总要受到无情的摧残而显现出那样的短暂！从而使其所抒发的情感具有深广的包容性和深刻的哲理性。

C.探究：我们该如何认识苦难（不幸）。

名家看待"苦难"

在任何情况下，遭受的痛苦越深，随之而来的喜悦也就越大。

——奥古斯狄尼斯

没有谁比从未遇到过不幸的人更加不幸，因为他从未有机会检验自己的能力。

——塞涅卡

极度的痛苦才是精神的最后解放者，惟有此种痛苦，才强迫我们大彻大悟。

——尼采

没有不可治愈的伤痛，没有不能结束的沉沦，所有失去的，会以另一种方式归来。

——约翰·肖尔斯

古罗马哲学家认为逆境启迪智慧，佛教把对苦难的认识看作觉悟的起点，都自有其深刻之处。人生固有悲剧的一面，对之视而不见未免肤浅。

人生中有顺境，也有困境和逆境。困境和逆境当然一点儿也不温馨，却是人生最真实的组成部分，往往促人奋斗，也引人彻悟。我无意赞美形形色色的英雄、圣徒、冒险家和苦行僧，可是，如果否认了苦难的价值，就不复有壮丽的人生了。

学生仿写一段话。（要求：100字以内，真情实感）

三、课堂总结

面对"苦难"，我们苦苦追问，李煜给了我们一个答案。从这个答案中，我们有了这样的启示：面对苦难，我们应该眼望远空，那样的话，我们就能穿透黑暗，找到光明。即使山穷水尽，我们还可点起心中的灯，照亮自己的路，还会有美好的前程！

【板书设计】

```
                凄楚屈辱
         现实（今）————————  梦（昔）
                痛惜悔恨
   对比    "客"              无限江山

         人间 ——————————— 天上
```

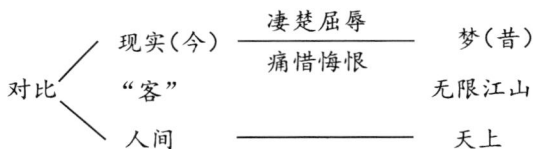

此课的设计可谓来了个"三进三出"。"一进"，进入诗境，进入诗人梦境，体会词人亡国丧家的痛惜与悔恨；"一出"，将同样是帝王同样成为亡国奴的刘禅作比较，品出其中的绝望之情。"二进"，进入词人的内心世界，思考李煜从痛苦中提炼出了"珍宝"；"二出"，借助王国维的评论，理解李煜词作的魅力。"三进"，进入李煜另一首情感相似的小词《乌夜啼》，探寻李煜是如何透过一己之悲哀而上升到对人类共有情感的；"三出"，跳出诗词来看名家如何对待"苦难"，探究我们该如何认识苦难。如此"进出"，意在使学生能够从李煜的个人苦难与生命苦难的体验中，获得一种对待人生苦难的态度，以健全自己的心智，深化对生命意义的认识。课堂的节奏变得生动，教学的张力变得丰富。

值得注意的是，如果"进出"处理不当，就容易出现"进而不出"和"在外兜圈"的现象。前者是教师带着学生在文本中兜来转去，挖来掘去，始终跳不出文本，造成认知的偏窄，眼见的狭隘；后者则因拓展的文本过多，脱离文本的活动频繁，致使教学游离于文本甚至游离于语文之外，"种了人家的地，荒了自己的田"。

二、把控弹性的教学气脉

所谓气脉之美，是就课堂的结构来说的。从审美的角度看，气脉之美表现为审美主体对事物内在脉动和节奏运行的把握与体验。气脉有时可以由型感知，可以目视或直觉；有时则必须全由神遇或心觉，方可得到。教学的气脉，则更注重前者。

从教学艺术的角度看，气脉之美讲究脉络分明，拿捏轻盈。可以是收放自如，游刃有余；可以是点面结合，一线串珠；可以是深浅有致，浓淡皆宜。如教《林黛玉进贾府》以人物出场为教学线索，放开全文，再聚焦到人物性格上；教《变形记》抓住"变形"二字，串起人物形象"变形"、社会心理"变形"、写作手法"变形"三个方面；教《〈呐喊〉自序》紧扣"梦"字，借以深入剖析鲁迅的精神成长史。灵动的课堂结构，始终是气脉相贯，开合有度，是充满弹性，富有变化的。

1.收放：思路展开，视点整合

收与放是学生围绕学习目标开展学习活动，改变学习方式或学习内容的教学行为。放，就是要最大限度地引发学生探寻知识的内驱力，增强学生在获取知识过程中的自主性和选择性；收，是对学生在放的过程中所感知所思考的东西的一个系统化、准确化、规律化的上升过程。好的课堂教学，应该有放有收。放是手段，收是目的；放是基础，收是升华。

优秀教师要勇于突破文本、教材、课堂在教学内容方面的局限。一方面给予学生尽可能多的自主、选择的学习权利，给予学生尽可能大的发散、批判的思维空间。做到放而有据，目标指引清晰，思维导向明确；放而有度，分寸拿捏自如，处置恰到好处；放而有序，推进由浅入深，建构系统科学。另一方面指导学生既要进行必要的归纳和综合，也要进行必要的聚合思维。做到收要及时，让思维敏捷者及时得到肯定、鼓励，让理解速度慢者及时得到排难、解惑；收要准确，承认问题有是非和答案有优劣，承认多元思维的合理性和思维质量有高低。

一堂成功的语文课，常常表现为教师既放得开，又收得拢，达到放与收的高度和谐与统一，真正实现语文课堂教学的最优化和艺术性。这里，以我教授的《祖孙之间》为例。课文选自人教版选修教材《中国小说欣赏》第五单元"家族的记忆"，课文节选自巴金的代表作《家》，该课例的教学录像被人教社作为人教版选修教材《中国小说欣赏》的配套光盘。在教学设计上作了三个方面的考量。

一是从选修教学的角度设想，思考如何对教学内容加以扩容。就本课而言，要努力扩大教学的容量，突破选文和原著的园囿，尽可能将了解的触角伸得更远一些。关注的教学视野起码包括：从一篇到全书，引导学生由一点的了解推展到对原著的阅读；从个别的主题到一类母题，教会学生思考同类主题不同文本的优劣；从对简单的家庭冲突的了解上升到人性发展规律的深层思考；从作家的一篇阅读推及对其一生的了解；从小说的虚拟空间拉回到自身生活的现实环境，引发阅读者对自己家族历史的关注。当然，还有选修意义上的小说教学策略。

二是从小说教学的角度设想，思考如何对小说学习的诸多内容进行取舍。作为选修课的小说学习，基于必修，又需区别于必修，因而对小说的欣赏要跳出小说阅读的一般性的能力要求，可做一点深层的挖掘，诸如选文中人物间关系的处理方式、叙述语言的心理暗示等等。从小说的欣赏层面选择了三个关键词：视角、节奏和对比。通过视角的分析了解人物的性格和大致情节，通过节奏的体会琢磨作品的语言风格和内在的心理流程，通过对比的考量提升学生宏观的分析意识和小说创作的某种手法特点。由此，还可以延展到记叙类文章的写作，指导学生学会细致地观察和准确地表达。

三是从语文教育的角度设想，思考如何对传统的家庭伦理实行再批判。巴金的《家》写于20世纪30年代，时光已经过去七八十年，曾经我们对传统文化的批判，曾经我们对当时制度的否定，如今在观念上已经有了很大的改变，历史常常在矫枉过正中前行，历史也因为过正而付出代价。站在今天教育的立场，需要教育者重新审视那些曾经被批判、被扭曲、被推崇的种种观念与思潮。为提高思维品质，把小说放到一个更大的历史和文化背景去考量相关的道德问题，在不断追求思考问题的深度上，引导学生学会批判，学会质疑。

基于上述考虑，教学目标也从三方面来设定：了解家族类小说的一般特点及巴金其人其书；学会通过分析文本的节奏与视角来赏析人物与情节；通过《家》所反映的家庭矛盾，重新认识中国传统的家庭伦理观念。为此，我为本课起了一个题目《倾听年轻生命痛苦的呻吟》。下面是本课的教学设计。

倾听年轻生命痛苦的呻吟
——从《祖孙之间》看巴金小说《家》

【教学目的】

1.了解家族类小说的一般特点及巴金其人其书。

2.学会通过分析文本的节奏与视角来赏析人物与情节。

3.通过《家》所反映的家庭矛盾，重新认识中国传统的家庭伦理观念。

【教学设想】

既然是选修课，努力扩大教学的容量，力求欣赏角度的独特，追求思考问题的深度。

【课时安排】 一课时

【教学过程】

一、资源整合：我们心目中的巴金

1.学生交流：我们了解的巴金。

2.资料呈现：历史记录的巴金。

3.经典评价：世人口中的巴金。

二十世纪的良心

一个时代的伟大代表

常青的文学大树

讲真话的一面旗帜

鲁迅之后的伟大文学家

4.真情道白：我所认识的巴金

二、文本解读：我们眼中的"家"

1.关于"家"，以及表现家族历史的小说。

2.故事梗概（略）。

3.讨论作品中人物特点。

（1）孙子眼中的祖父及情感特点：威严、衰弱、不快

（2）孙子眼中的祖父及情感特点：胡闹、不听话、关爱

4.为什么我们读这段文字时觉得不够精彩？原因何在？

缓慢节奏：演绎背景

叙述角度：心灵倾诉

5.分析刻画人物的对比手法。

祖孙之间：老与小　新与旧……

祖父前后：荒唐与古板

兄弟之间：反抗与恭顺

三、深度探究：留给我们的思考

1.如何理解高老太爷与子女之间的疏离和成仇？

2.从选文你可以发现中国传统的家庭伦理观念有怎样的特点？时至今日，你如何评价中国传统的家庭伦理观念？

四、拓展训练：我们一起尝试

1.照片记录着我们的生活。请你从家庭相册中选择家人（包括自己）的一组照片，并结合照片写一篇讲述家庭变化的散文。或写一篇小论文：我看《家》中的某一人物。

2.了解了选文的节奏与视角特点之后，请试着分析《白鹿原》中《家族的学堂》一文。

五、尾声：诵读选自赵丽宏长诗《沧桑之城》的一段

他高举着一颗

燃烧的心

在苦难中奔跑

在泥沼里挣扎

在寒冷的岁月中

映照探索真理的路

他把自己比作泥土

哺养春天的草木

在激流中探求幸福

在寒夜中追寻光明

他告诉历史

敢说真话

才是大写的真人

选修课的教学，到底与必修课程有什么区别，一直是课程改革以来高中语文教学中难以把控的问题。选修课除了文本选择的单一性外，就单篇的文本（例子）而言，教师可以拓展的教学内容，在多大程度上是合理的；对文本赏析的技术深度，在什么位置是合适的，都很难有一个标准，处理不好就会让课变得拖沓冗长。同时，选修课的课堂教学，其呈现方式与必修的教学有何不同；学生在文本学习的需求上，在多大范围得到提升和满足，也很难把控和选择，过于追求形式的变化和新颖，教学的真实效果可能会大打折扣。因此，所有这些与教学内容与手段相关的放与收的问题，都成为教师思考的一个重要难题，也是我教学思考的起点。

本课设计时，"放"是我教学的逻辑起点：放手让学生搜集作家巴金的信息，放开让学生谈阅读选文的感受，放飞学生对文本价值的延伸思考，开放与自身生活相关的训练方式。但教学内容放开后，教学的重点如何凸显？热热闹闹的教学之后，学生收获了哪些干货？还是值得认真思考的。"收"是我教学的终极旨归。教学中，常常是"放"时容易"收"时难，之所以

难，既取决于"收"的目标是否合理，也取决于"收"的手段是否合适。对本课而言，我想通过这一篇节选文字，让学生学会一种小说观察欣赏的角度，明白了叙述的节奏和对比的效用；其次借助过往岁月的文字来重新审视一些传统的价值观念，给学生与生活经历相关的深度思考。下面是《家——祖孙之间》课堂实录的片段。

师：下面我们来看看，祖孙之间有着怎样的心灵倾诉？当老太爷知道孙子要外出时，有一段对话，我们来尝试着分角色读一读，体会作为爷爷的高老太爷是怎样的一种心情？

生：（扮演祖孙两个角色朗读）

师：读得不错。不过这个爷爷嫩了一点。（笑）你的调子始终是特别高昂的，爷爷已经是一个什么样的人啦？你看他一边骂的时候还一边停顿，停下来咳嗽几声。你这个爷爷气挺足的，毕竟只有十几岁。（生笑）像我这个年龄档的人可能要像一点，那我就来试着读一下这一段啊！大家看看这个爷爷和那个爷爷有什么区别。

师：（范读）

师：你看，爷爷着急、上火，多了几声咳嗽，语调急切。不让孩子去参加各种政治风潮，不让孩子出去冒这个风险，也不让孩子接受新思想，想要阻止、极力的阻止，然而在孙子眼中会是什么样呢？下面有一段觉慧的内心独白，我们一起读一下。

生：（齐读）

师：他似乎觉得有许多沉重的压在他年轻的肩膀上，他抖动着身子相对一切表示反抗。觉慧感觉到沉重的是什么？是那个压抑的家，是这个家背后的那个社会，那种制度、那种文化、那种道德观念。下面我们来对这些问题做更深入的探讨。

【PPT投影】

深度思考·留下我们的思考

1.如何理解高老太爷和孙辈之间的疏离和成仇？

2.从选文你可以发现中国传统家庭伦理观念哪些现象？时至今日，如何评价中国传统的家庭伦理观念？

生：（思考）

师：我们先看第一个问题。在这段对话里我们看不到家庭应有的那种温情；从觉慧眼里，祖孙之间，他们几乎成了敌人。孙子在爷爷眼中应该是最温馨的，为什么在那个时代会成为这样？我们怎么来看这种疏离成仇？请同学来发表一下观点？

生：我觉得在这篇文章中这个祖父这个身份有两重含义。首先，高老太爷，是这个家中的主事人，可是说是这个家最有威望，最应该得到别人尊重的一个形象；另一方面，他代表的不仅仅是一个人，而是那个旧时代对新事物的扼杀，他妄想给新事物加上枷锁，极力地去排斥新事物，所以高老太爷对他的儿孙们，我觉得从他的心里，他本想对他们极力疼爱的，正因为他想做一个封建社会的卫道者，所以他的行为看起来有些缺乏感情，他极力想维护一些封建旧思想，对他的儿孙们表现出很排斥。

师："成仇"原因的一方面是这个爷爷很顽固、很守旧，知道这个大厦将倾，知道这个家庭将要分崩离析，他想要竭力地维护。那么作为孙子们，好好呵护这个家不很好吗？这个矛盾的另一个面是什么呀？

生：他们已经接受了新思想的熏陶和感召。他们竭力地要冲毁这个家族、冲毁这种制度。

师：因此家庭的悲剧、祖孙之间的矛盾，不只是一个家庭爷爷和孙子之间偶尔闹矛盾，它是什么……

生：它是一个社会的矛盾，是新事物与旧事物不可调和的矛盾。

师：对，它是整个社会的大的矛盾。它是这个制度发展到那个时代一定会有这样一场家庭中的这样的一种迸发、一种冲决。我们探讨的第二个问题，它是由两个问题组成。先看第一个小问题，请大家在文中找一找，哪些地方能够体现出中国传统的家庭所特有的伦理观念现象？大家可以相互讨论一下。

（师巡视，学生议论）

生：我觉得是对长辈的、兄弟的话都要听从。

师:在课文的什么地方?

生:"你还要强辩,我说你你居然不听,从今天起我不准你再出去闹事。陈姨太,你去把他大哥喊来。"感觉在传统社会晚辈一定要服从。

师:传统社会讲究长幼尊卑,人人都要孝敬父母、尊重爱护兄弟姐妹,用两个字来概括就是——

生:"孝悌"。

师:对长辈要孝,对兄长要悌,就是要服从。还有没有别的?

生:"觉慧定睛望着这个在假寐中的老人,他惶恐的站在祖父面前,不敢叫醒祖父,自己又不敢走。起初他觉得非常不安,似乎满屋子的空气都压迫他,但是他只静静地立在那里,希望祖父早些醒来,他也可以早些出去。"也深刻地表现了他对祖父的尊敬,因为祖父睡着了也不敢去吵醒他,只静静地站在那里站着。还有周围压迫他的那种气氛,也反映了祖孙之间的不可超越的那种差距。

师:嗯,这种权威感,绝对的权威。作为孩子不敢轻易地去打扰,要听从、要服从。还有没有啦?你说说看。

生:每天,觉慧都要到祖父房里去请安两次。

师:这是必须要做的功课。

生:祖父在这个家族中是绝对的权威,是全家所崇拜敬畏的人,常常带着凛然不可侵犯的神气,好严厉的家长制。

师:好。作品中我们强烈地感觉到了家长制的威严:服从,绝对的权威;而且想方设法严严实实地保护子女,不让他们经受外面一点点风雨。仔细读下去我们还会发现,传统伦理观念强调人丁兴旺,几世同堂,强调大家族,大家庭等等。对吧!

师:中国是个强调传统伦理观念的国家,随着我们时代的变迁,时至今日,我们如何来看待巴金那个时代,看待中国的伦理传统中的很多观念呢?我们是不是也应该反思一下呢?比如说服从、孝、大家庭的种种观念,如何评价中国传统的家庭伦理观念?请拿出笔写一两句话。我先举个例子:"服从,生命周期表中不可或缺的一个元素。"我们大家都一味拒绝服从,排斥服从，于人生于社会发展有益吗？想想看，是不是我们生命中，不可缺少的一个元素。仿照我这个例子大家都来写一句话，对我们的传统家庭伦理观念做一点你的评价，可以有不同意见，不同的想法，不拘泥于例句的意思，直接地表达你对传统伦理的看法。大家一起交流一下。

生：孝悌，是传统文化中的鲍鱼，我们可以尽情地享受；服从，就像鸦片，一部分可以送到药店，还有一部分就可以抛弃。

师：嗯，《拿来主义》被你活学活用。

生：孝像维系家庭成员之间的纽带，家庭中应具备这种基本的伦理规范，然而孝并非服从的代名词，作为新世纪的青年应该有自己的想法，有条件地服从。

师：好，服从也是有条件的。

生：家长制在旧社会是对子孙的一种保护伞，但是在现在的社会，应该鼓励自己的儿子或孙子出去闯荡，经历风雨才会更加的强大。

师：好。我觉得曾经的保护伞应该变为我们面对风雨的一个助推剂，勇敢地去帮他们一把。

生：孝敬长辈和独立思考并不分歧，关键是我们能否找到他们的平衡点，孝不一定要无条件地服从，独立思考判也一定要做不成孝子贤孙。

师：嗯，我们共同去寻找这样一种平衡。

生：对于长者来说，护幼的保质期是一辈子。

师：爱护幼儿是一辈子的事。

生：我认为主要就是两个方面，一个是祖辈的关爱，一个是晚辈的服从；从关爱讲，关爱是下一代成长的遮阳伞，但也会使其社会面对问题的能力变弱。而服从可能会使人更加适应这个社会，这个社会的规律，在另一个方面，可能也是扼杀人性的枷锁。

师：已经不是一句话了。（众笑）能不能再简洁点儿？

生：服从，既是保护伞，又是人性的枷锁。

师：好，大家都很有想法，并没有一味地说服从就是对的，或者说服从就是不对，也没有说一味地追求忠孝，这是完全正确的。见仁见智。每个人对于传统伦理的理解都有我们自己的理解，但有一点，时代在发展，我们千万不要像过去，当我们否定一切的时候，一切都是错的，应该仔细审视。其实在传统的家庭伦理道德观念中，有很多值得我们学习、传扬、借鉴的，这是我们前行当中必需的，因为传统伦理应该是我们这个国家民族基石之一。

本课例收录在任彦钧、刘远主编的《新世纪语文名师教学智慧研究（中学卷）》一书中，中国教育学会中学语文教学专业委员会副理事长、安徽省资深语文教研员、安徽省中语会理事长杨桦先生专文作评述，在此转录如下。

着眼宏观视野，立足微观课堂①（节选）

定位的高下决定教学质量的高低。《家》的教学定位体现出执教者的教学视野开阔，眼界不同一般，高屋建瓴，着眼宏观。所以在具体目标设计上，尽可能地扩展小说信息，扩大教学容量，不拘泥选文甚至是原著，引导学生去探究语言深处的意蕴和小说背后的文化。郭老师执教《家》的教学有哪些特点呢？一言以蔽之，特点在于"微观"，从细微处进行教学，完成执教者教学设想中的宏观思考。这种微观教学有如下特点。

一、对作者的介绍，突出巴金的反省和批判态度

《家》的教学，是从介绍作者和作品开始的，介绍是在师生对话中完成的。这一环节有两大特点：一是明确认识作者写作《家》的时代特点，二是突出巴金一生的苦难、自由和真诚。执教者强调敢于解剖自己是他晚年面临的苦难，"说真话"是他晚年清醒的人生态度。这两个特点不仅仅是介绍作家的作品，更重要的是给学生提供从20世纪30年代《家》的问世到当下近80年的历史时空中，作者思想变化的状况。那就是从作者30岁写《家》时所流露的爱和恨，到晚年所陷入的沉思、反省和批判。作者的一生，其实是从"激流"进入"沉潜"的过程。

二、文本解读，贵在从语言节奏和表现手法两方面探究祖孙形象、小说情节和主题

文本解读是这节课的重点。解读从"祖孙之间"的矛盾入手展开情节，

---

① 任彦钧,刘远.新世纪语文名师教学智慧研究(中学卷)[M].南宁:广西教育出版社,2017.

从倾听年轻生命痛苦的呻吟暗示小说的主题。而情节和主题是通过语言节奏和表现手法步步落实到位的。从语言入手，借助问题，把握人物形象特点，其祖孙之间的矛盾也就不言自明。祖孙矛盾的根源是时代的变革，旧时代过去，新时代到来，新旧是通过矛盾的形式进行交替的，在交替过程中人与人之间也无法摆脱这种矛盾，包括家庭、亲人之间，所以祖孙之间矛盾的爆发是不可避免的。矛盾的特点是对立，小说采用对比的手法来表现这种对立，爷爷反对新生事物是守旧，孙子否定旧有东西是激进。围绕老与小、新与旧的主体对比，再交织着祖父荒唐与古板的前后对比，兄弟们反抗和恭顺的不同对比，小说的抑扬、节奏感强烈，这种音乐般的文学美感形式，促使故事情节和人物形象更具吸引力。

三、深度探究，从不同角度和层面认识民族心理和文化

在文本解读的基础上，执教者提出要求学生深度思考的问题：如何理解高老太爷和孙辈之间的疏离和成仇？引发学生广泛的讨论。这样一个问题，执教者的意图是要求学生从阅读文学作品中，生发对民族心理和文化的理解和认识。宗法家族曾经是中国最基本的社会组织形式，几世同堂、聚族而居曾是中国几千年历史中最为稳定的家庭和家族结构，这种结构形式所形成的民族心理和文化至今都在影响着我们的生活。所以，学生的多元认识也是民族心理和文化的一种体现。在讨论的基础上，执教者又提出第二个问题：“从选文你可以发现中国传统家庭伦理观念有着怎样的特点？今天如何评价中国传统的家庭伦理观念？”前一个问题要求从文本中发现，后一个问题要求说出自己的个性化见解。这两个问题彼此关联，表里结合，实际上是将文学作品与对生活的理解和认识联系起来，用历史的观点理解古代文化的内涵和价值，用现代眼光审视作品的思想倾向，评价其积极意义与局限性。从引导学生解读、分析文学作品，上升到对我国传统文化的理解和传承，这一“收”一“放”，完成了由感性到理性的思维过程。

2.点面：灵活切入，多维延展

一堂课就是有若干个“点”组成的，“点”就是教师抓住文本的局部进行深入研读的知识点和教学环节，在实际的教学中，通常教师最关注的是切

入点和教学点。好的教学设计还要重视"面"的建设与架构，"面"则是立足文本的整体，解读文本，组织教学。每篇课文的教学最终都会形成一个"面"。阅读教学的规律告诉我们，点和面相辅相成。灵动的教学要善于抓住文本中的一个词、一句话、一个细节、一个场景、一个行动等，将其统领全文，贯穿全课，一以贯之，一气呵成。

阅读教学文本的处理，一般都是从内容、形式和语言等三个维度选择教学内容，开掘文本的教学价值。但是日常的很多课常常是点面相互分离：或是有点无面，内容归纳、结构分析、文本细读独立推进，三者融合教学不多；或是有面而点不深，注重了整体意识，但对文本精要部分开掘不深，分析不透；或是点面模糊，习惯于对文章进行肢解，给学生支离破碎的知识，教学过程在"满堂问"的模式下，拖泥带水地延续着课堂教学。

灵动的阅读教学不是死板的、停滞的，而是灵活的、可以变化的，有点有面，灵活切入，多维延展，点中有面，面中有点，点面相生。

《威尼斯》曾是高中语文第六册记叙文单元的一篇讲读课文，是一篇游记性散文，也是朱自清先生后期创作的代表作之一。设计本课时，试图对高中学生散文阅读来一个总结，让他们从关注散文的情感内容转入注视散文语言特色，学会锤炼自己的写作语言，提高对语言的分析概括能力。因此，本课在教材的处理上，注意选准目标，不求面面俱到，采用以点带面、点面结合的方式，重取舍，抓要害，巧点拨。引导学生反复诵读关键文句，抓住文中三个词语、三句话，以此为突破口，以少驭多，分析比较，仔细品味，注重学生整体的把握能力，提高学生的语言概括能力。下面是本课的教学设计。

《威尼斯》点拨教学设计①

【教学目标】

1.筛选有关信息，准确梳理文章。

2.学会正确理解和概括文句含义。

3.体会游记散文的语言风格，学会锤炼字句。

---

① 郭惠宇，蔡澄清.《威尼斯》教案设计与评点[J].语文教学通讯，2001（2）.

【教学设想】

1.利用现代化教学手段，通过威尼斯风光的录像，点拨引导学生积极联想文中的境界，以便更加深刻地理解文章内容。

2.讲练结合，抓住文中三个词语、三句话，点疑拨难，以少驭多，分析比较，仔细品味，注重学生整体的把握能力，提高学生的语言概括能力。

3.课前要求学生预习课文，画出威尼斯圣马克方场简明示意图。

4.教学用时：一课时

【教学重点难点】

1.重点：训练高三学生现代文阅读中的语言概括能力。

2.难点：媒体技术的合理使用，处理好课件运用与课文教学的关系。

【教学过程设计】

步骤	教师活动	学生活动	设计意图
导入感知名城·漫谈感受	【板书】四、威尼斯／朱自清 【导言】提起"威尼斯",爱好足球的,可能会想起意甲联赛;喜欢文学的,也许会记得莎翁的《威尼斯商人》;热衷旅游的,自然会提及"中国的威尼斯"——苏州。百闻不如一见,现代传媒技术缩短了空间的距离,使我们能够借助影视一睹威尼斯的风采。 【录像一】威尼斯水上风光。 【讲述】大家可能更喜欢那"象牛毛、象花针、象细丝,密密地斜织"的春雨,喜欢徘徊在"曲曲折折""弥漫着田田叶子"的荷塘月色中,甚至我们总挥不去那"戴着黑布小帽,穿着黑布大褂,深青色棉袍,蹒跚地走在道口"的父亲的背影,但在《威尼斯》一文中作者所要给我们的是另一种风格。许多学者曾这样评价朱先生后期的作品: 【投影】近年来他的文字越见得周密妥帖,可是平淡质朴,读下去真个像跟他面对面坐着,听他亲亲切切的谈话。……论到文体的完美,文字的全写口语,朱先生该是首先被提及的。 　　　　　　　　——叶圣陶 (朱自清的散文)满贮着一种诗意,文学研究会的散文作家中,除冰心女士外,文字最美要算他了。 　　　　　　　　——郁达夫	观看威尼斯风光的录像。思考:你读了本文后觉得它与我们以前读的朱自清作品有什么不同? 谈谈自己的感受。 学生讨论。各自谈谈体会,谈谈自己最真切的感受	导入性点拨 利用媒体营造氛围,激发阅读的兴趣,同时了解世界名城。 通过与过去学过的作品作比较,意在唤起学生的回忆;而介绍名家的评价,则便于引逗起学生的阅读兴趣。学会进一步去探讨作品的语言特色

续　表

步骤	教师活动	学生活动	设计意图
比较分辨语体·文图转换	1.不同语体的比较。 【投影】威尼斯(Venezia)意大利东北部港市，临亚得利亚海。人口30.6万(1993年)。市区建于离陆地4公里的118个小岛上，有177条水道贯通其间；大运河为其干道。400多座乔梁将各岛连为一体，以舟代车，有"水上城市"之称。公元6世纪兴建。以言曾建城市共和国，为地中海贸易中心之一。有色冶金、造船、石油加工、纺织、玻璃等工业。以生产珠宝玉石工艺品、花边、刺绣等著称。多建筑古迹，圣马克广场和广场上的圣马克大教堂、总督府、执政官宫、钟楼等建筑尤为著名。多海湾浴场。旅游业发达，游客年达几百万。 2.文图转换练习。 教师检查预习情况，从学生所画的圣马克方场示意图中远出一二幅，通过实物投影仪展示、纠正。 【投影】意大利威尼斯市区图及圣马克方场示意图	请一学生读《辞海》"威尼斯"条，然后比较与课文在语言上的不同。 明确： 散文语言注重生动形象、变化丰富。说明性语言讲究简明扼要、概括全面。 拿出预习作业，与其他同学所画的示意图作比较并对照威尼斯地图，集体纠正	比较性点拨 通过不同语体的比较，旨在阐明朱自清散文语言的生动性，它与科学性的说明语言有着明显的区别。 利用作图练习提高预习的效果，而且，将文字准确转化为图形也是阅读能力的一种体现。借以说明朱自清散文语言的准确性
梳理筛选信息·整体把握	【提问】全文的关键句(文眼)是哪一句？找出概括文章结构的关键语词，梳理结构。 【板书】 别致{水上之城：明媚{河网之城 海中之城} 文化艺术之城：庄严华妙{建筑 绘画 工艺品}	学生回答，抓住关键词语"别致""明媚""庄严华妙"，理出全文的行文结构	整体性点拨 抓住关键词语进行文章结构分析，一方面可以体会作家用词的精当，另一方面避免了段落结构分析的枯糙

续　表

步骤	教师活动	学生活动	设计意图
分析品味文句·揣摩概括	分析"水上之城"部分 【提问(1)】【投影】"威尼斯并非没有桥,三百七十八座,有的是。"试分析这一句话语言表达上的作用。 【录像二】威尼斯水网风光 教师朗读课文第一段。 分析"文化艺术之城"部分 【提问(2)】【投影】对照文章第四段,说说"这正是威尼斯人的漂亮劲儿",其具体体现在哪几点上,请逐条列述。(每条字数不超过8个字) 指导学生在课文描写文化艺术语句中找出运用口语的文句。 【提问(3)】【投影】联系上文,说说第五段末的"令人有倘恍迷离之感"具体表现在哪几个方面?请用最简洁的文字加以概括。 引导学生体会文中运用文言语句的目的和表现效果。 【录像三】威尼斯圣马克方场 教师作旁白:这就是体现威尼斯文化艺术精华的圣马克方场,这里的每一座建筑都有着悠久的历史,每座建筑的背后都有着一个动人的故事,每幢房子都是一首迷人的乐曲,每一点装饰都是一篇华彩诗章。威尼斯人在这片神奇的土地上刻下了独有的印痕,抹上了迷离的色彩。其间集中了文化的精品,凝聚着人类的智慧。乘一叶扁舟徜徉在威尼斯的河网中,那是一种陶醉,那是一种幸福	回答问题(1) 1."并非"一词承上而来,用以提醒读者避免造成错觉,以为威尼斯没有桥。 2.先说三百七十八座,有强调意味,"有的是"略带赞叹意味,且更加口语化,读来亲切自然,别具情趣。 3.暗示桥虽多,到底不如水路方便。 播放录像二(威尼斯水网风光),进一步体会散文的语言特点。 回答问题(2) 答:一、主宾配置得当; 二、形体错综变化; 三、色彩浓淡相衬。 找出文章中其他运用口语的语句,说说其好处 回答问题(3) 答:A.结构(式样)B.颜色　C.历史 找一找文中其他应用文言语词的句子,体会其中的好处 观看录像三再现威尼斯的建筑艺术,联想文章的表现艺术	赏析性点拨 着重抓住文中三句话,目的在于: 1.体会变式句的表达特点以及文句的隐含信息。 2.对文中概括性的句子所包括的内容进行分解阐发。 3.学会用简洁的语言准确传达所要表达的内容。 4.体会文章运用口语、文言语词的表现力。 利用媒体技术拉近本文和描写对象间的距离,通过录像中所反映的建筑、绘画、音乐、工艺等画面,让学生充分领略威尼斯的艺术风采

续　表

步骤	教师活动	学生活动	设计意图
总结介绍作家·体会匠心	【讲述】 1.介绍朱自清先生写作《欧游杂记》背景。 【投影】朱自清肖像及作家、作品简介。 【展示】朱自清《欧游杂记》一书 2.介绍朱自清在《欧游杂记·序》中的一段话，进一步体会作者在语言上的用心。 【投影】记述时可也费了一些心在文字上：觉得"是"字句，"有"字句，"在"字句安排最难。显示景物间的关系，短不了这三样句法；可是老用这一套，谁耐烦！再说这三种句子都显示静态，也够沉闷的。于是想方法省略那三个讨厌的字，例如"楼上正一间大会议厅"，可以说"楼上正中是——"，"楼上有——"，"——在楼的正中"，但我用第一句，盼望给读者整个的印象	回忆本课内容，师生共同总结。 作业 ①重放录像一，为其作一段200字左右的解说词。 ②完成［思考和练习］二、三、四题	终结性点拨 学会锤炼词句并希望学生联系以前读过的朱自清先生的散文细加体会，引导学生去阅读其他文章

本课设计重在"点"上做文章，抓住关键词语"别致""明媚""庄严华妙"，有"点"切入，将"点"串联，很自然地理出了全文的行文结构。分析"威尼斯并非没有桥，三百七十八座，有的是。""这正是威尼斯人的漂亮劲儿。""令人有倘恍迷离之感。"三句话，分别赏析变式句、口语化、文言味的语言形式在表达上的不同风格与作用，由此从"面"上体会作者在语言运用上的匠心。同时，围绕三句话，又提出了三个阅读能力检测的问题，以此三"点"来指导学生如何分析文句的隐含信息，如何筛选信息并分解阐发，如何用简洁的语言准确传达所要表达的内容，既从整体上培养学生阅读散文的相关能力，又在局部上体会作家用词遣句的精当，教给学生一些斟字酌句的方法，力求充分发挥课文作为"例子"的作用，丰富学生的阅读实践。

总之，在目标的设计上尽量单一一点，集中一点，把问题聚焦到语言的品味上，做到点中有面，点中带面，使忙于考试的高三学生能静下心来细细咀嚼，感受到揣摩语言的乐趣。

已故的著名语文教育家蔡澄清先生曾对本课的教学设计作了如下的评价。

这是一篇匠心独运的教学设计，体现了一定的点拨教学艺术和现代语文教学的特色。对《威尼斯》这样一篇内容丰富、篇幅较长的散文名篇，教者没有按照传统教法，进行面面俱到的讲析，而是筛选信息，突出重点，针对高三学生实际，点拨和引导学生品味作品语言，领悟名家名篇的写作艺术，从而提高文学鉴赏和运用语言的能力。在一课时之内完成这样的教学容量是很不容易的。设计表明，教师驾驭教材的能力较强，运用点拨引导的教法较为熟练，体现了一定的教学改革与创新精神，方向正确。

…………

作为一堂语言品味与文学鉴赏课，内容很多，时间有限，只能抓住关键，突出重点，不可能面面俱到，责备求全。语文教学的课堂训练要充分发挥它的点拨功能和示例作用，最好在课内训练的基础上作适当的课外阅读鉴赏作业，让课文学习充分发挥"例子"的作用，以强化对学生语文能力的培养，有利于学生语文素质和综合素质的提高。

3.深浅：探赜索微，秉要执本

语文教学的"深"，绝不是简单地将知识深奥化，而"浅"也绝不是简单地将知识浅显化。"深"者，探赜索微，让教学过程中的指导深入透彻，让学生的思维深刻全面；"浅"者，秉要执本，在切合学生思维发展水平的前提下，合理安排课堂结构，清晰整合教学内容，便于学生理解与接受实用、有用的教学内容。"深"与"浅"的矛盾关系在一定条件下，是可以相互渗透、相互转化、相互依存的。艺术地处理二者关系，就是要打通深文浅解与浅文深教的"任督二脉"，在看似浅显处挖掘出深意，优游涵泳，合理延伸，以提高学生的思维品质；在貌似深邃处腾挪新意，化难为易，化繁为简，以提高学生的语文素养，做到深浅相宜，开阔明朗。

教学文本是一种召唤结构，其中充满了未定点和空白，教师要善于挖掘文本的创造性因素，去提升学生的思维，丰富学生的想象，鼓励学生的个性表达：这也是"浅文"常常不"浅"的原因。梁实秋的散文《记梁任公的一次讲演》对于高中学生而言，是一篇并不深奥的文章，但是细究起来，是一篇很有嚼头的文本。在一次全市的公开课上，我作了如下设计。

《记梁任公先生的一次演讲》教学设计

【教学目标】

1.围绕写好一次演讲的过程，思考散文如何描写深刻、选材得当和用语典雅。

2.从一个侧面了解梁启超的伟人风范。

【教学用时】一课时。

【教学过程】

一、展示海报制作，思考语文元素

1.展示布置预习作业：演讲海报。

2.选出几幅共同讨论。

二、研究作者观点，明确读文要领

1.思考写作对象：写好一次演讲的要素主要有哪些？

过程：点面结合。穿插：游走内外。

2.思考作者观点：梁实秋的写作主张。

梁实秋《文章讲话》：

文章要深，要远，要高，就是不要长。描写要深刻，意思要远大，格调要高雅，就是篇幅不一定要长。

三、推敲描写细节，学会微观表达

1.找出文中描写人物细节的地方，体会描写方式。

2.通过作者描述大致概括梁任公形象特点。

四、深究选材用意，领会作者匠心

研究文中引用梁任公演讲中三个事例的良苦用心，重点体会其热心肠的含义。

五、品味遣词格调，感受汉语韵味

列举文中的文句，共同咀嚼把玩。

1. 记得清清楚楚，在一个风和日丽的下午，高等科楼上大教堂里坐满了听众，随后走进了一位短小精悍秃头顶宽下巴的人物，穿着肥大的长袍，步履稳健，风神潇洒，左右顾盼，光芒四射，这就是梁任公先生。

2. 偶然获得机缘在茅津渡候船渡河。但见黄沙弥漫，黄流滚滚，景象苍茫，不禁哀从中来，顿时忆起先生讲的这首古诗。

3. 先生的讲演，到紧张处，便成为表演。他真是手之舞之足之蹈之，有时掩面，有时顿足，有时狂笑，有时太息。

4. 那趣味相差很多，犹之乎读剧本与看戏之迥乎不同。

5. 于是我想起了从前的一段经历，笔而记之。

六、聚焦写作对象，领略伟人风采

梁启超去世之谜

【板书设计】

深——写人——神

远——用例——情

雅——文句——美

本课的目标看似很简单，主要是想站在写作的立场上看散文如何描写深刻、选材得当和用语典雅的。设计中借用梁实秋的观点来解析文章，参之于学术报告海报的制作、个人写作经验的回顾和梁启超去世之谜的轶事，试图让学生从实用中窥见门径，在浅显中看到深邃，在轻松中收获思想。下面的该课的教学实录（部分）。

师：好，让我们回到演讲现场。我们知道这个演讲讲了几次啊。

生：（齐声）三次

师：小梁先生也就听了一次。单就这一次，他讲了很长时间，讲的例子也非常多，我给大家课前发的梁启超演讲原稿可以看得到。下面我们研究一下，梁实秋先生选用了几个例子？

生：三个例子，一是《箜篌引》，二是《桃花扇》的唱词，三是杜甫的诗句。

师：为什么独独用这三个例子呢？

生：我觉得梁实秋先生所以用这三个例子，是因为作者对这几个例子印象比较深刻。首先第一个例子中在二十年后作者在黄河看到这黄沙弥漫、黄流滚滚的景象时回忆起了当时梁任公先生的演讲中提到的那首诗。然后在下文中"高皇帝，在九天"和"剑外忽传收蓟北，初闻涕泪满衣裳"中，梁任公先生的动作和神态让人记忆深刻。

生：后两个例子说明他是个很爱国的人。第二个是表达明朝亡国时，明遗民对亡国的一种伤痛。事业未竟，苦痛不堪。第三个例子是安史之乱中听闻获得胜利的喜悦。

师：获得了胜利的"喜欲狂"的感觉。注意啊，这两个例子，都同是表达哭，作者用了不同的词语。一个叫"痛哭流涕，不能自已"，还一个叫什么？"涕泗交流之中张开大笑"。一是悲痛之极，一是悲喜交集，意思同中有异。那《箜篌引》这个例子呢？

生：也是极为悲情的，不清楚之间会有什么联系。

师：我们先看一下这首诗背后的故事。

【PPT投影】

《箜篌引》者，朝鲜津车霍里子高妻丽玉所作也。子高晨起刺船，有一白首狂夫，被发提壶，乱流而渡，其妻随而止之，不及，遂堕河而死。於是援箜篌而歌曰："公无渡河，公竟渡河，堕河而死，将奈公何"声甚凄怆，由终亦投河而死。子高还，以语丽玉。丽玉伤之，乃引箜篌而写其声，闻者莫不堕泪饮泣。丽玉以其曲传邻女丽容，名曰《箜篌引》。

———［晋］崔豹《古今注》

师：谁能简单告诉我是一个怎样的故事？

生：一个神经兮兮的想跳河，他老婆跟在后面，要阻止他，结果他还是跳河死了，妻子一番痛哭也跳河死了。

师：差不多意思。不过请注意，那个狂夫不是去寻死，而是"乱流而渡"，要渡过黄河，凭一己之勇。想看这里面有没有别的意思？其实恰恰说明了什么啊？

生：我好像明白些了，这是一种勇于赴死的精神，一种谁都拦不住的劲头。当年他们在做各种各样的革命事业的时候，大概都抱定了这样一种决心。

师：好。《箜篌引》的悲剧在于狂夫对渡河的执着和牺牲。想想梁启超等维新志士，在国家衰亡、无路可走的情况下，为寻找国家民族出路而敢作敢为、英勇执着、勇于牺牲。这样，我们可以看出作者选择这三个例子的用意了吧。

生：都是表现先生的一腔爱国情怀！不过，老师我有个疑问，文章开头不是说"梁任公先生晚年不谈政治，专心学术"了，这不是有矛盾吗？

师：确实是，他干吗写这句话啊？是随随便便说说的吗？谁能回答这个问题。

生：我觉得应该就是梁启超先生的做人的风范。

师：专心学术不谈政治。梁任公先生，在报告里说着说着，又激情满怀，讲一个例子让他痛哭流涕。让一个后生小子在二十年后还感怀不已。这是什么原因啊？反映梁先生的什么，用文章中的一个词来说明，叫什么？

生：有热心肠。

师：对，请看最后一段，用了三个词来形容他。第一个是——

生：（齐声）有学问。

师：我们领略了。第二——

生：（齐声）有文采。

师：我们也感受到了。最后是——

生：（齐声）热心肠

师：对，热心肠。一腔热血，冒死不顾。那种热心肠即使到老了，有没有改啊？

生：（齐声）没有！

师：这点都不会改！只不过他把这些热情更多地投入到了学术上、学问上而已。于是我们就知道这就叫在深远的地方。选择例子不是随随便便选择的，任何一个选择都是有其想法的，都需要去表达一个什么东西，对吧！所以在用例上是有情的。用深情来表达，印象自然特别深。

【板书：远——用例——情】

…… ……

师：好，在离开梁实秋记叙演讲的文本世界时，我们再讲回到梁启超。讲一个关于他的小故事——"梁启超去世之谜"。

【PPT投影】

梁启超去世之谜：导致梁启超壮年逝世的直接原因是一次医疗事故。1926年3月，梁启超因便血入协和医院诊治。诊断结果是一侧肾患结核已坏死，决定手术切除。手术由协和医院院长刘瑞恒主刀，但刘瑞恒判断失误，竟将健康的肾切去，而留下了坏死的肾。这样，虽然进行了手术，但梁启超却仍然时轻时重地尿血，稍一劳累就会长时间尿潴留。此后，梁启超多次入协和医院治疗，但已无法根治，终致1929年1月溘然长逝。据说，临终前，梁启超不是咒骂医生，而是叮嘱家人："千万别跟媒体说，不要公布。老百姓刚刚开始相信西医，如果让他们知道我的事，难免就会退却。"

师：梁先生是在56岁时去世的。导致梁启超壮年逝世的直接原因是一次医疗事故。这个事情是梁启超先生的儿子梁思成披露出来的。虽然后来又有不同的版本，不同的说法，梁先生生前也确实有很多人为这个事情争议。但都承认当时这个肾是不应该切的，是一次医疗事故，误诊是肯定的。他还专门写过一篇文章《我的病和协和医院》。今天听起来让人唏嘘。我们见过了太多的医闹，医患关系的紧张所反映出的是人与人之间的冷漠和隔膜。医闹，校闹……各种各样的偶发恶性事件在我们生活不断上演，生活越来越好，人情越来越冷漠，越来越没有了热情，没有了这种善良和宽容。听了梁启超的故事我不知道大家会有什么感觉，但我们分明感觉到在梁先生的血脉里流淌着的是文化人的血，所以有人总结了一句话，什么叫做文化人。

【PPT投影】

文化人：根植于内心的修养。无需提醒的自觉，以约束为前提的自由，为别人着想的善良。

师：梁启超先生就是这样的。这是一代伟人，一代文人们的襟怀！我们得学学。

这里，"浅文深教"的"深"主要体现在三个方面。一是对梁实秋记述演讲中选择的事例作深入探究，不放过任何一个可能藏有意味的事例，是语文教师的一种敏感。尤其是《箜篌引》的例子，有趣有深意。二是对文本语言细微差别的揣摩，让学生反复体会文白夹杂的语文味。三是借梁启超去世之谜，从课内延伸到课外，再次感受伟大人物的襟怀与抱负，文化人的思考很有现实意义，启迪学生认真思考如何争取做一个文化人。"浅文"深教，不仅可以提高学生学习语文的兴趣，有利于培养学生的语感，而且有助于学生积累语文知识，提高创造性思维能力。

语文教育就是要通过阅读与写作去直达深邃，传递给学生提高思维质量的火把，教会学生清晰地表达深刻认识路径。让学生阅读与作文水平的提高是与学生思想成熟、精神的发展、情操的升华、人格的成长是协调同步发展的。

阅读教学时常会遇到复杂的"深文"，教者若过度深挖，容易让学生"消化不良"；教者若浅尝辄止，教学则会流于形式，毫无收获。王荣生教授说："语文科的资源材料有自身的特点，它们往往是综合地散发着多种信息的材料。……或者说，语文教材里的材料带有某种自主性，蕴涵或衍生着各种可能的'教什么'。"[①]那么，如何教授"深文"，如何精准把握深与浅的关系，如何使学生深入理解文本学有所得，是很值得我们语文教师认真思考和探索的课题。

听过很多老师教钱锺书先生的《探中国诗》，可能是文章内容丰赡，可能是学术品质高深，也可能是出于对作者的尊敬，大多数了老师都在对文本作诠释，于是把本来已经很深奥的内容，越解越复杂，越挖越深邃，让学习者顿生畏惧，难有亲近感。我在设计本课时，绕开复杂的关于中外诗歌的特点、事例和理论，而专注于让《谈中国诗》这样一篇学术性文本变得有趣一些，好玩一点，深文不深教，尝试深作"浅"教，深文趣教。所以重点放在

---

① 王荣生.语文科课程论基础[M].上海：上海教育出版社，2003.

学生学习钱锺书先生如何运用比较、引用、比喻等方法去阐述观点，让学生看到钱先生在一场用英文与外国人进行演讲时所洋溢着的学者素养与超拔才华。简单说，定位在教文章写法而不只是解释文章内容。下面是本课的教学设计。

《谈中国诗》教学设计

【教学目标】

1.把握文章基本观点，了解写作意图，加深对文艺创作和文艺鉴赏的认识。

2.体会钱锺书阐述中国诗特征所使用的比较、比喻和引用等方法，感受学者的专业素养和文化底蕴。

【教学重难点】

感受作者包容的思想和极其渊博的学识。

【教学过程】

一、读诗体验

与学生交流：谈谈个人读中外诗歌的不同感受。

二、文本探究

（一）明确观点

1.文章第一句的发问："什么是中国诗的一般印象呢？"文中做了怎样的回答？

讨论并明确："中国诗并没有特别'中国'的地方。"或："中国诗里有所谓'西洋的'品质，西洋诗里也有所谓'中国的'成分。"

2.具备怎样素养的人才能得出这样的认识呢？

讨论并明确：从第一段看，应该是一位精通中西文化，尤其是诗歌的人！

（二）理清结构

"中国诗并没有特别'中国'的地方"这一认识，可能很多人都表示不赞同，那么作者分别从哪几个方面来一一辩驳的？请圈出关键词，划出段落起止。

【明确】五个方面：诗史，篇幅，暗示（韵味），风格，内容。

（三）品悟方法

1.比较：确凿，鲜明。

这五个方面中比较容易被认为具有"中国性"的应该是"（韵味）富于暗示"和"（风格）笔力轻淡，词气安和"，因为这二者也是"一般西洋读者所认为"的，那么作者是如何运用比较加以辩驳并得出结论的呢？完成下表。

角度		举证	比较	结论
暗示性	中国诗	引证：严羽说"言有尽而意无穷"，欧阳修说"状难写之景，如在目前；含不尽之意，见于言外"，等等。举例：陶渊明的"此中有真意，欲辨已忘言"，柳宗元的"淡然离言说，悟悦心自足"，李白的"美人卷珠帘，深坐颦蛾眉；但见泪痕湿，不知心恨谁"等等	"中国诗用疑问语气做结束的，比我所知道的西洋任何一诗来得多"；"中国诗里这个公式的应用最多"	中外诗都具有暗示性，只是中国诗用得更多些
	外国诗	引证：魏尔兰说"那灰色的歌曲，空泛联接着确切"；济慈说"听得见的音乐真美，但那听不见的更美"。举例：维荣的《古美人歌》，莎士比亚的《第十二夜》，拜伦《哀希腊》		
风格	中国诗	"笔力轻淡，词气安和"；但"我们也有厚重的诗"，甚至"压得腰弯背断"	"中国诗的'比重'确低于西洋诗"，这和语言本质有关，也和文化心理（中国古诗人对于叫嚣和呐喊素来视为低品的）相连	中外诗都有轻有重，只是中国是更轻些
	西洋诗	"有拔木转石的兽力和惊天动地的神威"；但那是"狂起来"时，也有较轻的，"例如法国诗调就比不上英国和德国诗调的雄厚。而英国和德国诗调比了拉丁诗调的沉重，又见得轻了"		

"诗史""篇幅""内容"等三个方面，请同学课后自己讨论分析。

2.比喻：幽默，准确。

比喻的广泛运用是本文的一大特色，试举几例分析其妙处。

探究并明确：

"中国的艺术和思想体构，往往是飘飘凌云的空中楼阁"，没有根基；

"比着西洋的诗人，中国诗人只能算是樱桃核跟二寸象牙方块的雕刻者"，小而精美；

"我愿意换个说法，说这是一种怀孕的静默"，孕育着无声的美丽；

"好比蛛丝网之于钢丝网。西洋诗的音调像乐队合奏，而中国诗的音调比较单薄，只像吹着芦管"，在不同的"丝"与"乐"中见轻重。

3.举例、引用：丰富，渊博。

文中大量的举例和引用令人震惊，请同学们梳理并划出。

【PPT投影】

（英）勃莱克的快语："作概论就是傻瓜。"

（中·唐）司空图："超以象外，得其环中。"

（法）伏尔泰所谓"史诗头脑"。

（德）黑格尔羡妒：中国的逻辑虽极为简陋，而辩证法却周到。

（印度）梵文的《百喻经》。

（美）爱伦·坡主张诗的篇幅愈短愈妙。

（中·宋）严羽："言有尽而意无穷。"

（中·宋）欧阳修："状难写之景，如在目前；含不尽之意，见于言外。"

（法）魏尔兰论诗的条件：那灰色的歌曲，空泛联接着确切。

（英）济慈名句所谓：听得见的音乐真美，但那听不见的更美。

（中·唐）白居易："此时无声胜有声。"

（中·清）王士禛《戏仿元遗山论诗绝句》："解识无声弦指妙。"

（中·晋）陶渊明："此中有真意，欲辨已忘言。"

（中·唐）柳宗元："淡然离言说，悟悦心自足。"

（中·唐）李白："美人卷珠帘，深坐颦蛾眉；但见泪痕湿，不知心恨谁。"

（中·唐）贾岛："松下问童子，言师采药去。只在此山中，云深不知处。"

（法）维荣的《古美人歌》：每一句先问……结句道："可是何处是去年的雪呢?"

（中·南朝）鲍照《代挽歌》："壮士皆死尽。余人安在哉？"

（中·唐）王勃："阁中帝子今何在，槛外长江空自流。"

（中·唐）刘希夷："今年花落颜色改，明年花开复谁在？"

（中·唐）赵嘏："同来玩月人何在，风景依稀似去年。"

（中·清）黄仲则的《醉相思·春暮》："春去也，人何处？人去也，春何处？"

（英）莎士比亚的《第十二夜》里的公爵也许要说：够了……不像从前那样美了。

（英）拜伦《哀希腊》中问：他们在何处？你在何处？

（美）惠特曼所谓"野蛮犬吠。"

（古罗马）霍瑞斯《讽训集》卷二第六首以后，跟中国……西洋诗卓然自成风会。

（中·晋）陶渊明："采菊东篱下，悠然见南山。山气日夕佳，飞鸟相与还。"

（中·唐）李白："众鸟高飞尽，孤云独去闲。相看两不厌，只有敬亭山。"

（英）格雷《墓地哀歌》的首节："晚钟送终了这一天……我与暮色平分此世界。"

（德）歌德《漫游者的夜歌》："微风收木末，群动息山头。鸟眠静不噪，我亦欲归休。"

（英）斯屈莱欠就说中国诗的安静使他联想起魏尔兰的作风。

讨论：你的感受如何？

明确：纵观古今，横贯中外！体会钱先生学识渊博，学贯中西！只有这样的人，才能提出居高临远的观点。

三、感受作者

1. 作者提出的观点具有怎样的现实针对性？体现出作者怎样的情怀？

明确：针对中西文化中"本位主义"倾向。体现了钱锺书先生作为一个文化工作者的远见卓识；他的思想已达到了一种大文化的高度；在他那里，没有任何文化偏见，在这一点上，在现代的中西方文化发展与交流领域是有着重要的指导意义的。要"包容"！

2.课堂小活动

提醒大家，本文是钱先生1945年12月6日在上海用英文对美国人的演讲，而其中中国诗歌的翻译难度之大可想而知。

（1）请同学试尝试翻译一首中国诗，体会要做到"音、形、意"三美俱全的难度。

【PPT投影】

白日依山尽，黄河入海流，欲穷千里目，更上一层楼。

（2）评析钱先生将歌德的《漫游者的夜歌》这首诗翻译成"五言绝句"的妙处。在对比中进一步感受钱先生的伟大。

【PPT投影】

微风收木末，群动息山头。鸟眠静不噪，我亦欲归休。

3.关于钱锺书

四、布置作业

阅读杨绛先生《钱锺书是怎样做读书笔记的》一文，完成对"诗史""篇幅""内容"等三个方面的讨论分析。

本节课中作了如下"浅"处理。

一是从学生的欣赏体验出发，而不是先入为主地从介绍钱先生如何伟大说起，而是试图在对文本内容的认知后，再去感受到先生学问的高深，表达的幽默，谈吐的从容，为人的宽容……尤其是安排的课堂活动，让学生尝试翻译古诗，欣赏钱先生译歌德诗的案例，既能体会汉语言的博大精深，更是由衷地钦佩钱先生，最后水到渠成地引出对钱锺书的介绍。

二是不囿于文本内容的丰富与复杂，不作面面俱到的解析，文中五个方面的阐述，秉要择本地选择了"暗示性""风格"两个方面进行比较分析，其余留给学生自学，有所讲有所不讲，不做面面俱到的无用功，努力向课外拓展。

三是刻意放大作者在文本写作时引用举例的丰富性，一条一条列出，密集地、覆盖式地加以呈现，努力将学生带回现场，再现情景，感受到演讲者用英文在碧眼黄发的外国人面前交流时逼人的英气，让学生直观地感受到学者超乎寻常的才华。

三、引领蕴藉的文化气象

所谓气象之美，是就课堂的格局而言。每位教师都按照自己对职业的理解立身讲坛，每节语文课也都依据教者的风格志趣而呈现出不同的课堂样态，进而形成课堂教学的气象与格局。

教学的文化气象体现在两个方面。一是教学的格调与品质。将课堂上现实的心灵状态转化为体现了审美观照的一种审美机智、审美素养、审美能力，达到虚实相生，澄怀观道；将文本、课堂内外有机勾连，新旧知识彼此渗透，做到内外相融、洞明烛照；在丰富的教学内容中锁定重要的成长资源，在看似平常无奇之处与学生一起发现的精深与博大，实现聚焦关键，主次分明。二是教师个人的修为和人格魅力。从微观的角度，气象之美是一种人的神采之美，优雅气质；从宏观的角度，气象之美是教师身上凸现的时代精神和人生感悟。所以，优秀教师的角色定位应当是一个思考者，一个精神世界的引领者，这样才能在语文教学世界中游刃有余。

1.虚实：秘响旁通　伏采潜发

在中国的艺术精神中可能没有比"虚实"运用领域更广泛的了。哲学、绘画、戏曲、诗词、散文……在每个领域中都显示其强大的精神活力。在艺术领域中，"实"常指客观事物的再现，即景、行、境的真实展现；"虚"则常指由真实情境所产生的对情、意、神的审美感悟。所谓"状难写之景，如在目前，含不尽之意，见于言外"（欧阳修《六一诗话》），逼真的刻画，悠远的意味，虚实相生。所谓"秘响旁通，伏采潜发"（《文心雕龙·隐秀》），含蓄不露，却表达深广丰富的内容；深藏隐伏，却暗暗地生发光彩。虚与实相互依存，相辅相成，辩证统一于艺术世界中。

虚实结合的辩证法同样适用于语文的课堂教学。课堂教学中的"实"，就是教师教授的教学内容，完成全面深入地传授知识的任务；课堂教学中的

"虚"，就是教师要创设学生思考、体验、想象的时间和机会，发展学生思维想象能力，提高学生感受美、欣赏美和创造美的能力。求"实"的目的是给予学生坚实的知识储备，讲"虚"的意义在于帮助学生在情感、精神的世界遨游，建构属于自己的审美的、精神的心灵大厦。灵动的语文教学就是要将"虚实相应"渗透到教学之中，既充实饱满，又空灵生动。诚如帕克·帕尔默《教学勇气》中所说："要充分的描述内部景观的图画，必须把握三种重要的通道，智能的、情感的和精神的。三者无一可以忽略，把教学缩减为纯智能的，它就是冷冰冰的，抽象的；把教学缩减为纯情感的，它就成了自我陶醉；把教学缩减为纯精神的，它就丧失了现实世界的根基，所以说智能、情感、精神依赖于相互之间的整体性，他应该完美地交织在人的自我中，结合在教育中。"[1]虚与实相互依存，缺一不可。

实是虚的基础，虚是实的升华。实可以让教学显得血肉丰满，虚则让教学获得了灵魂。这里，以我曾经听过的一节课为例，来看教学中虚实的运用。所教的文本是人教版初中语文第二册讲读课文《伟大的悲剧》（茨威格），授课教师在整节课教学中，设计了导入——感知——讨论——提炼——总结等教学过程，旨在体现了培养学生主动合作、积极探究的精神。但在对如何引导学生体验作品中的情感上，引发了我的一点感想。以下是教学实录的片段：

师：请同学们仔细注视题目：伟大的悲剧。从题目你能设计出怎样的问题让全班同来讨论呢？

生：是"悲剧"，为什么说"伟大"？

生："伟大的悲剧"，它伟大体现在哪些方面？

生：这个"伟大的悲剧"悲在何处？

师：根据大家的回答，是不是可以概括为下面两个问题：

1."悲剧"之所以"悲"，体现在哪几个方面？

2.悲剧何以伟大？

请大家围绕两个问题，分小组讨论。

---

① 帕克·帕尔默.教学勇气[M].方彤,译.上海:华东师范大学出版社,2014.

师：我们首先来研究第一个问题，请每个小组推荐一个同学，将你们的讨论结果说出来与大家交流一下。

生：斯科特他们在归途中全部牺牲了，这是悲剧。

师：好，这是死亡之悲。

生：他们是后到达南极的，他们认为自己失败了，感到是个悲剧，可以说是失败之悲。

师：对，还有呢？

生：斯科特除了后到达的南极外，还得给阿蒙森一行胜利者带信作证，他们心里有一种说不出的"悲"。

师：概括一下，可以说是什么悲？

生：……

师：能否说是"作证之悲"？

生：行。

师：还有没有？

生：人们对他们离去感到悲，而不认为他们"什么也不是"，而且这篇文章能够流传说明后人对他们的怀念和悲痛。

师：你能看到这一层很好，这可以说是"世人之悲"！

师：我们进一步思考一下，这里的悲剧，是一般意义的悲痛吗？

生：（纷纷摇头）

师：我们的"悲"与一般的悲痛有什么不同？

生：更给人鼓舞，给人力量。

师：对！其中包含着伟大的精神，借用鲁迅先生对悲剧下的定义来说明，所谓悲剧，是把有价值的东西撕破了给人看，所以，不能仅仅说是一种悲痛，更应当称之为……

生：……

生：悲壮！

师：很好！

【板书】死亡之悲——失败之悲——作证之悲——世人之悲→悲壮

师：下面我们来讨论第二个问题：悲剧何以伟大？

课继续进入到下一步骤。就以上这一环节，学生讨论不能说不热烈，得到的结论不能说不正确，教师的教学设计不能说不巧妙，教学的过程不能说不流畅，但我总有一种不过瘾不畅快的感觉。仔细想想，教师对"悲"作了细致的分析，以学生的生活阅历，他们真的就理解了悲剧的"悲"的含义了吗？真正能体验到这份特殊的情感吗？我怀疑。

我以为，教师在讨论关于"悲"的内涵时，教师不能以自身的感受代替学生认识，而应当引导学生沉浸到文本中去，找出作品中各自以为最悲痛的描述，通过茨威格描述语言的力量去走进人物的内心，去感受丰富复杂的情感。教学如果没有了丰厚的生存土壤，师生的感受，文本的情韵，最终只能落实在几条情感标签上，难以唤起学生的共鸣。例如，"死亡之悲"的分析，文中五位探险队员分三次陆续死亡，每一处描写都有特点：

甲处：一天，伙伴们可怜地发现，他们中间最身强力壮的埃文斯突然精神失常。他站在一边不走了，嘴里念念有词，不停地抱怨着他们所受的种种苦难——有的是真的，有的是他的幻觉。从他语无伦次的话里，他们终于明白，这个苦命的人由于摔了一跤或者由于巨大的痛苦已经疯了。对他怎么办？把他抛弃在这没有生命的冰原上？不。可是另一方面，他们又必须毫不迟疑地迅速赶到下一个贮藏点，要不然……从日记里看不出斯科特究竟打算怎么办。2月17日夜里1点钟，这位不幸的英国海军军士死去了。那一天他们走到"屠宰场营地"，重新找到了上个月屠宰的矮种马，第一次吃上比较丰盛的一餐。

乙处：（受伤的）奥茨突然站起身来，对朋友们说："我要到外边去走走，可能要多呆一些时候。"其余的人不禁战栗起来。谁都知道，在这种天气下到外面去走一圈意味着什么。但是谁也不敢说一句阻拦他的话，也没有一个人敢伸出手去向他握别。他们大家只是怀着敬畏的心情感觉到：劳伦斯奥茨——这个英国皇家禁卫军的骑兵上尉正像一个英雄似的向死神走去。

丙处：……3月29日，他们知道再也不会有任何奇迹能拯救他们了，于是决定不再迈步向厄运走去，而是骄傲地在帐篷里等待死神的来临，不管还要忍受怎样的痛苦。他们爬进各自的睡袋，却始终没有向世界哀叹过一声自己最后遭遇到的种种苦难。

……

斯科特海军上校的日记一直记到他生命的最后一息，记到他的手指完全冻住，笔从僵硬的手中滑下为止。……最后一篇日记是他用已经冻伤的手指哆哆嗦嗦写下的愿望："请把这本日记送到我的妻子手中！"但他随后又悲伤地、坚决地划去了"我的妻子"这几个字，在它们上面补写了可怕的"我的遗孀"。

哪一次描写最刻骨铭心呢？文中有哪些语言信息让人难以忘怀？作家语言的呈现方式有什么特点？这些，都可以让学生通过诵读文本去体会；而这些值得思考的地方，教学中却轻而易举地放过了。由此，我以为对文学作品的欣赏不能用贴标签的方法，将作品的理解简单化，一种情感体验的获得是不能仅仅通过几个简单的概念来获得的，更不是教师能"给予"的；情感的升腾，需要欣赏主体情感的注入和沉浸；教学是一种交流，而交流不一定是处在不停地发问、解答状态中，而是要留出空间、留下空白，在品味中发现，在发现中凝聚，在凝聚中升腾，这样的交流才有深度，获得的感受才能历久不衰。

发现、凝聚、品味是文学作品欣赏中不可缺少的环节，一个学生语文能力的获得是需要经过大量的情感体验的积淀形成的，而一个优秀的语文教师就是要善于找到作品中的经典的"部位"，积极地营造出沉浸于作品之中的教学氛围，将"虚"落"实"，让人物形象凸现，让思想情感升腾。

灵动的教学追求虚实相生的教学之境，让教学充满无尽的意韵。下面以我教授的苏教版高中选修教材《传记选读》中《赤壁赋》一课为例。该课文节选自林语堂的传记作品《苏东坡传》中的一章，讲述苏东坡在经历"乌台诗案"后黄冈生活的故事。我给本课起了个题目《枕在先贤的膝上歇息……》，重点探讨两个问题：研读教材所选文本，分析传记文学是如何化用素材，再现历史，重现形象的。从林语堂在苏轼身上寄托的人生理想看我们如何面对人生的苦难。教学由"虚"入"实"，再由"实"返"虚"，和学生一起走近苏轼，走近林语堂，在书的世界里，在课堂的空间里，咂摸有关苦难、有关成熟的话题。下面是本课的教学设计。

枕在先贤的膝上歇息……

——《苏东坡传》教学设计

【教学目标】

1.通过《苏东坡传》的阅读，全面认识苏轼的生平事迹，熟悉苏轼的主要作品，体会苏轼人格魅力及在中国文化史上的影响和意义。

2.研读教材所选文本，分析传记文学是如何化用素材，再现历史，重现形象的。

3.从林语堂在苏轼身上寄托的人生理想看我们如何面对人生的苦难。

【教学设想】

1.课前布置学生通读林语堂的《苏东坡传》，本节课，试图让学生交流阅读原著的感受与体会。

2.用一节完成需要多节完成的教学内容，只有淡化过程，旨在解决主要的问题。

【教学过程】

一、交流：同读一本书

1.导入。

伟大人物的人生经历，对于跋涉于艰难生活的我们而言，或许是一盏明灯，或许是一个路标，或许是抚平创伤的一味良药，或许是得到休息的驿站，正如罗曼·罗兰《贝多芬传·序言》所言：

倘若我们太弱，就把我们的头枕在他们的膝上休息一会儿吧。他们会安慰我们。在这神圣的心灵中，有一股清明的力量和强烈的慈爱，象激流一般飞涌出来。甚至无须探寻他们的作品或倾听他们的声音，就在他们的眼里，他们的行为里，即可看到生命从没有象处于患难时的那么伟大，那么丰满，那么幸福。

2.30名学生分为5组，每组讨论后，向大家介绍读《苏东坡传》后，最喜欢的一个故事片段，感受最深的一段哲理性的评说，分别用一句话评说苏东坡和《苏东坡传》这本书。

3.教师也完成与学生一样的任务。

二、讨论：传记的特点

1.苏东坡不同的描述方式。

（1）可以定格在年表里。

苏轼生平大事年表（略）。

（2）可以浓缩在辞书上。

苏轼（1037—1101），北宋文学家、书画家。字子瞻，号东坡居士，眉州眉山人。嘉祐进士。曾出知徐州、湖州、杭州、颍州等，官至礼部尚书。与父洵弟辙，合称"三苏"。是北宋继欧阳修之后的文坛领袖，散文与欧阳修齐名，是著名的唐宋散文八大家之一。诗歌与黄庭坚齐名；他的词风格豪放，一改婉约之风，与南宋辛弃疾并称"苏辛"，共为豪放派词。他的书法与蔡襄、黄庭坚、米芾合称"宋四家"；善画竹木怪石，其画论，书论；著有《东坡七集》《东坡乐府》等。

（3）可以如林语堂如此概括：

苏东坡是一个不可救药的乐天派、一个伟大的人道主义者、一个百姓的朋友、一个大文豪、大书法家、创新的画家、造酒实验家、一个工程师、一个憎恨清教徒主义的人，一位瑜珈术修行者，佛教徒，巨儒政治家，一个皇帝的秘书，酒仙，心肠慈悲的法官，一个政治上的坚持己见者，一个月夜的漫步者，一个诗人，一个生性诙谐爱开玩笑的人。

明确：传记文学最突出的特点就是他应该在回忆录、书信、日记等等材料之外显能耐，应该把这些材料经过头脑过滤后，再呈现在读者面前。读者所看到的已不再是材料的堆叠，而是一幅完整的画，一件有匠心的作品。传记里的事实，可能不再是惊天动地的丰功伟绩，气吞山河的豪言壮语，流芳百世的经典作品，而是一句玩笑，片言只语、不显眼的行为等等这些日常生活的细枝微节。传记事实的选择就构成了传记的生命。

2.研讨传记的素材选择。

（1）节选的《赤壁赋》，选择了苏东坡的几件事情？其共同特点是什么？

至少有九则材料 ／ 享受生活的各种乐趣。

（2）同是在黄冈写的著名的《念奴娇·赤壁怀古》为何没有写进这部分的传记里？

《念奴娇·赤壁怀古》更多的是表现人生思考，体现忧患甚至有点消极的人生感叹，与作者要表现的苏东坡此时过着神仙似的生活要义不吻合。

问题：在黄冈的日子，苏东坡真的是在其人生快乐幸福的时光吗？

其实恰恰是在他人生的最低谷——

①从年表看苏东坡生命中的苦难。

纵观苏东坡的一生，林氏说可以用"坎坷多舛"来概括。苏东坡生活的时期为北宋中后期，国力的逐渐削弱，边患的日趋严重，积贫积弱的国家，此起彼伏的社会危机，走上政坛的苏东坡就一直处在这内外交困的情况下，复杂多变的党争矛盾中。他既不容于王安石的"新政派"，也不容于司马光为首的"反对派"，后来又因为"乌台诗案"被人陷害而罪贬黄州，可以说黄州时期的苏轼可以说是他人生的最低点。而他垂暮之年还遭到流放岭南的命运。

无论在哪一个时代，真诚、善良、崇高等高贵的个性品质似乎都难逃被黑暗、丑恶摧残或吞没的厄运。但是，还是会有人在苦难、悲哀的人生际遇中，以他的智慧、仁爱与伟大的悲悯，冲出了重重黑幕，为我们留下了他灵魂的欢欣和心智的乐趣，留下了一些烛照后世的、不可磨灭的宝藏。这是人间难得奇迹，苏东坡的故事就是这样的奇迹之一。

②比较：林语堂和余秋雨对待苏东坡人生低谷的不同观点。

——在林语堂看来，宦海的沉浮，没有改变苏东坡。苏东坡具有着在苦难中寻找乐趣的罕见本领，显达的荣华富贵，孤独的颠沛流离，历史的剧目不管翻多少花样，苏东坡依然故我，经历过大悲的人才能体验大喜，但大悲大喜都经历过的苏东坡已经完全宠辱不惊了。

林语堂在笔下表现出的苏轼是与林语堂的人生观念是相关的。介绍几则选自林语堂《生活的艺术》语录。

——余秋雨看来，苏东坡真正地成熟了，成熟于一场灾难之后，成熟于灭寂后的再生，成熟于穷乡僻壤，成熟于几乎没有人在他身边的时刻。他的这种自省，不是一种走向乖巧的心理调整，而是一种极其诚恳的自我剖析，目的是想找回一个真正的自己。他在无情地剥除自己身上每一点异己的成分，哪怕这些成分曾为他带来过官职、荣誉和名声。他渐渐回归于清纯和空灵，他习惯于淡泊和静定。

引用余秋雨《苏东坡突围》片段。

（3）总结传记的素材选择标准。

明确：选择素材，一是取决于材料的表现力，一是取决于传记作者的主观倾向。

传记文学是建基在事实之上的，是事实的作品，必须和事实严丝合缝，而不是想象的产物。但是，一个真正的传记作家不应该满足于仅仅展示材料，不管这些材料编排得多么精确有序，那样，我们感受不到任何生命的气息，我们看到的往往是人的化石，而不是血肉鲜明的原形。

三、漫谈：关于人生的苦难

1.讨论：我们应当如何对待生活中的苦难或不幸？

同样是面对苏东坡的苦难，林语堂和余秋雨有着不同的解读，前者看到的是快乐，后者得出的是成熟，那我们呢？请同学们用一句话来表达自己对不幸或苦难的理解。

2.总结：传记能给人生成长怎样的作用。

唯有真实的苦难，才能驱除浪漫底克的幻想的苦难；唯有看到克服苦难的壮烈的悲剧，才能够帮助我们承担残酷的命运；唯有抱着"我不入地狱谁入地狱"的精神，才能挽救一个萎靡而自私的民族：这是我十五年前初次读到本书时所得的教训。

——傅雷《〈贝多芬传〉译者序》

四、作业：推荐阅读

1.周国平的《诗人的执着与超脱》

2.鲁枢元的《东坡与刚峰》

3.李泽厚的《美的历程·苏轼的意义》

【板书设计】

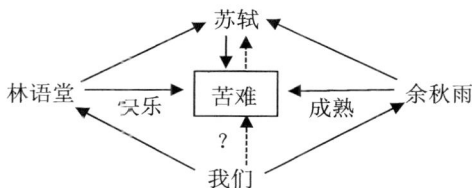

2.内外：寻文内义，搜文外缘

教学中的内与外的关系，主要是指在教学内容确定和教学活动的推进过程中，如何充分利用文本资源，如何立足文本选择、开掘教学内容，如何能跳出文本，丰富教学内容，拓展教学空间。

内与外的关系与进与出、收与放，既有各自的区别，也有着相互的联系。所谓进与出，是指在教学节奏的掌控上，教师带着学生读进文本又读出文本，在多次进出往返中从不同维度真正把文本读懂、读广、读深，进而学会阅读。所谓收与放，是指在阅读教学的结构安排上，既提供学生学习空间，充分地发散、拓展，又要有有效的引导和必要的聚焦。而内与外主要针对的是如何将文外、课外的教学资源合理运用到课堂实际的教学中。

内外关系合理的运用方式无非是由外入内和由内寻外。

由外入内，常常是利用与文本相关的教学资源来引入新课，旨在激发兴趣，放大教学空间，为深入探讨文本提供背景与氛围。比如我教《游褒禅山记》，设计的第一个板块名为"导入：游而有记，感悟人生"，试图站在文化的意义来看一篇游记的作用。下面是该课教学实录的开头部分。

师：古人常说一句话，读万卷书……

生：（齐声）行万里路。

师：很多人孜孜以求，但是在古代人可能"读万卷书"相比"行万里路"要容易一些。今天我们倒是"行万里路"更便捷，高铁让我们一日千里。但我们"读万卷书"呢，显得有点"奢侈"了。不过旅行也是一种很好的学习，我们打开书本是一种学习，把大地当成书本，然后在生活中、在自然里看人生、看社会，一样是一种很好的学习。所以，自古而来许多的仁人志士们他们都愿意到山水当中去……

【PPT投影】

智者乐水，仁者乐山。

——孔子

登高望远，览山水之奇变，娱耳目于清旷寥廓之表，……天下之乐宜无此逾者。

——【明】王慎中

中国的艺术家是这样一个人，他与自然和睦相处，不受枷锁束缚和金钱的诱惑，他的精神深深地沉浸在山水和其他自然景象之中。

——林语堂

师：比如说我们伟大的孔子就说过……

生：（齐声）智者乐（lè）水，仁者乐（lè）山。

师：纠正大家一个小错误，是"智者乐（yào）水，仁者乐（yào）山"；乐，是喜欢的意思，不是"快乐"的意思。

师：有人说思想家一到水边一登高山，于是思想就沸腾了，哲思就冒出来了。明人王慎中也说："登高望远，览山水之奇变，娱耳目于清旷寥廓之表，……天下之乐宜无此逾者。"林语堂先生也说过："中国的艺术家是这样一个人，他与自然和睦相处，不受枷锁束缚和金钱的诱惑，他的精神深深地沉浸在山水和其他自然景象之中。"

说这么多，无外乎想告诉大家，我们的心灵和身体总要有一个在路上，总要一个去寻找这世间最美的风光。古代文人大凡有"游"就一定有"记"，（板书：游→记）于是我们就有了"游记"这样一种文章样式。请大家齐读下面一段话。

【PPT投影】

中国人的山水游记反映了中国人独特的山水审美情趣，是一种独特的精神现象，是使生活诗化、艺术化的催化剂，是中国人对自然美的事物的追求和创造的结晶，是精神力量的追求。

这里，课堂的开启是通过先贤对纵览山水意义的阐发以及游记的作用展开的，让学生明白"游"的意义和"记"的好处。"由外入内"，就是用课外预习的内容来引发课内的学习内容。我在教《记梁任公先生的一次演讲》是这样引入的，请看实录。

师：民国，在今天中国的很长一段时间里，成了一个令人瞩目的符号。它是和鲁迅、胡适、王国维、陈寅恪这样一个个名字联系在一起的。今天，我们一起看一个民国的人物，一起去听他的一次演讲。这个人就是——

生：（齐声）梁启超

师：上课前，我给大家布置了一个小作业，还记得吧？对，做海报。大部分同学都交了。然后我将其一一整理出来。下面我们一起来看看大家的作业。

（展示学生作业：关于梁启超演讲的海报）

这是横版的。我注意到大家都很注重海报所包含的信息要点。这位同学，你说说你认为制作海报应该注意哪些要点？

生：有图片，还有演讲的题目、演讲人和时间。

师：好，差不多了！这上面展示的海报上，还能找到一些吸引人眼球的词语。你看，有人写"号外！号外！"；有人还链接了对于梁先生的评价；有的还写得密密麻麻的。还有一组竖版的。

（展示学生制作的竖版海报）

师：我在交的这些作品中呢，挑出了几张个人觉得还比较不错的。（展示三张海报）

师：说说你们喜欢哪一张？

生：我比较喜欢右边那张。

师：为什么？

生：图片和文字配合得很好。

师：你认为它的图片和文字配合得很好。不过你有没有发觉这张有什么毛病？

生：好像没做完。还冒出来个2017年……不知啥意思。

师：好。

生：我比较喜欢左边第一张。比较符合民国时海报的样子。它的时间地点都很清楚，也有宣传词，"机会难得，不要错过！"觉得还蛮有意思的。

师：我也有同感。这是哪位同学做的？请站起来，来，大家给点掌声。（生鼓掌）你的海报上没有出现梁启超头像，但是出现了渔翁，有意蕴的。不过你里面有些信息点还不够全。比如时间有点错，另外应该还得对梁先生做点介绍。中间的那张海报也还不错。总之，大家是有想法的。说明我们班还是有不少愿意用心做事的，我感谢所有交了作业的同学！

为了证明一个海报的特点和功用，我随意从网上搜了一下。（展示陈丹青报告的海报）

师：这是陈丹青报告"重拾民国时代的红色印记"的海报。你看，它就有民国范儿。我希望你们在制作海报时有这样的感觉。好，这个问题我们就说到这儿。接下来我们就进入演讲的现场。

将学生课外设计海报的作业作为入课的方式，一方面检查学生预习情况，也巧妙地把学生带入一个特定的年代——民国，也是文本发生的时代。当然，由外入内的方式还有很多，进入的资源也一定是五花八门，但一定与文本有关，一定与语文学习有关，与提高学生语文能力有关，除了有关还一定要有意义。

由内寻外，是出于更好地理解文本，或者更加深入地探寻与能力提升相关的内容而采用的一种教学活动。还是我教《游褒禅山记》一课，为了更好地分析文章的取材方式、成文特点和语言风格，特意按照游记体式又拉来两篇——《醉翁亭记》和《登泰山记》，来丰富阅读内容，展开比较分析。在课堂上与学生一起完成下面两表的内容。

篇目	记游内容	取材方式	成文特点
《醉翁亭记》	于所见兼抒其情	线型	因游成文
《登泰山记》	单纯描绘其所见		
《游褒禅山记》	借所见阐发其理	点状	因理成文

篇目	语言风格
《醉翁亭记》	秀美：清丽淡雅,婉转流畅
《登泰山记》	简洁：精练隽永,温润雅洁
《游褒禅山记》	老辣：析理透辟,笔力雄健

引入同类文本，丰富教学内容，帮助学生更好地理解教学内容，这是内外结合最常见的方式。有时因为文本涉及专深的内容，也会引入相关理论以提高学生的见识。记得我在教《米洛斯的维纳斯》一文时，试图把对审美现象的关注转移到对审美理论的思考。教学设计中就安排了这样一个环节。

四、讨论　质疑问难　探究评价

问题一："她为了如此秀丽迷人，必须失去双臂。"这样的条件一定成立吗？你怎么看待？

问题二：既然有缺憾是美的，那么，为什么许多人要去试图复原？

1.左手拿苹果，手臂搭在木台上，右手紧贴腰布。——德国考古学家阿道尔夫·富尔托温古拉

2.两手拿着胜利的花环。——英国雕刻家拜尔

3.右手拿着鸽子，左手拿苹果。——瑞士盖伊凯尔·散罗蒙

4.正要投入水中，右手抓住下滑的腰布，左手抚着发束。——波兰解剖学家哈塞尔

5.站在情人战神马尔斯旁边，右手握着马尔斯的右腕，左手轻轻地搁在马尔斯的左肩上。——德国雕刻家茨尔·斯特拉塞

问题三：所有的残缺都是美的吗？

1.如果是独裁者的雕像失去了双臂，你能感到美吗？

——对象本质上必须是美的，"美是无条件地与其灵魂联系在一起的"

2.如果是一个生活在你身边的人失去了双臂，这样的"残缺"美吗？

——生活与艺术是有距离的

3.如果人一个毫无审美经验的人来看维纳斯，他会感到美吗？

——参与审美的主体的素质也是美感产生的一个条件

三个问题，强调在文本读解的基础上，有层次地得到相应的审美启示。

即虚实相生的艺术效果在很大程度上决定着艺术作品的生命力；要想获得虚实相生的艺术效果，离不开创作者与鉴赏者的共同努力；虚实相生是有条件的，艺术空白并不等于任意残缺。这样，将阅读与审美理论的思考结合，而不孤立地去讲解理论，化理论之"盐"融于文本之"水"中。

　　需要强调的是，在内外交融的教学过程中，必须以内为主，在充分把握文本内容基础上开掘拓展，切不可轻内重外，脱离文本随意拓展。每一篇教学文本都是一个独立完整自主的艺术世界，细寻文内奥义，还得广搜文外因缘，以外促内，内外相融，如此可博观圆照，通透明澈。

　　3.主次：取用有度，提纲挈领

　　对于阅读教学而言，每一篇文章可教可学的内容总是非常丰富，而我们又不可能将该教的都教，该学的都学。课堂教学中需要分清主次，哪些必须教，哪些不用教或略教，或教中有不教，或不教中有教，绝不能面面俱到，按部就班。处理好教与不教、教多教少的问题，体现着教师取舍的智慧。因此，主次的安排取舍，是教学活动设计和教学活动组织的重要追求。

　　主次问题既涉及各类文体教学内容的确定，还关涉语文教育的相关主题。前者在第一讲中作了比较详细的阐发；从教学的文化气象角度，这里强调的主次主要是后者，如何从文本中准确鲜明而合理有效地整合内容，寻找到思想的光芒，发现其成长的养料，提炼出批判的精神……诸如从《兰亭集序》中思考人生的奋斗与价值；在《鸿门宴》上体会何为坦荡的英雄；在《小狗包弟》中追问生命的意义，反思人性的丑陋；在《装在套子里的人》里发现荒诞变形背后专制制度的罪恶。

　　这里，以我上《孔子世家》一课为例说明之。该课选自苏教版高中语文选修《〈史记〉选读》，节选文本很长，内容庞杂，又是文言文。一般处理其教学内容的方式是文言学习大于文章学习，基本上陷入文言的各种现象之中，分析内容也只按传记思路，了解孔子生平与成就，重知识轻能力，重平铺直叙轻重点聚焦。我在取舍内容时，从全文中截取了孔子求学、困厄陈蔡和从教授业等三个板块为主，确立三个不同的教学主题，从三个角度看孔子，见斑窥豹，其余略讲或一笔带过。再以第二课时"困厄陈蔡"为例，这一部分的文本充满张力，孔子授教的场景人物形象鲜明，故事的文化意蕴丰富，更主要的是传递出催人深省的教育主题——君子的品质与风骨。下面是本课的教学设计。

困厄之地　弦歌不绝

——《孔子世家》"困厄陈蔡"部分

【教学目标】

1.探究文言词语"作""病""固"等词义推断方式。

2.关注"困厄陈蔡"时孔门师生的不同态度及其文化意义。

【教学重难点】

1.重点：词义辨析方式和孔门师生的活动、性格。

2.难点："困厄陈蔡"的文化意义。

【教学过程】

一、导入：周游列国，精神逼现

二、说言：辨词析句，读懂文意

（一）辨析语词，寻疑解难

重点辨析"兴""作""病""固"等实词。

词义推断：本义→组合、引申、对应

（二）难句剖析，疏通段意

1.几个句子的识别与理解。

有是乎/有是哉

予一以贯之/吾何为于此/人之不我信也/不容何病

孔子用于楚/不能为容

2.诵读三段文字，弄清文义。

三、论文：面临困境，君子何为

（一）聆听弦歌，追思圣哲

在陈绝粮，从者病，莫能兴。子路愠见曰："君子亦有穷乎？"子曰："君子固穷，小人穷斯滥矣。"——《论语·卫灵公》

主问题1：如何看待君子的"穷"？

（二）重回现场，体味形象

1.分析弟子与孔子的对话角度、立论依据、形象特征。

	弟子		孔子
子路	坦诚直率、敢于质疑	反向提醒，事实证之	因材施教，循循善诱
子贡	小心谨慎、讲究务实	正面批评，比喻晓之	直言相诲，信念坚定
颜回	信念坚定、能言善辩	夸赞有加	……

2.主问题2：如何理解"不容然后见君子"？

四、意义：仰之弥高，钻之弥深

探究：阅读材料《孔子家语》《荀子·宥坐》中关于"陈蔡困厄"的片段，思考这一文化现象。

四、研修作业

阅读《庄子》中三段"困于陈蔡"的想象，探究其各自不同的用意。

【板书设计】

单就选段而言，作为文言文，教学的"主"自然要涉及"文"与"言"。就"言"而言，文本中谈及的文言现象很多，也有主次之分，故设计中，重点选择词义推断，与学生一起探讨从词的本义出发，如何通过引申、组合、对应等方式推断词义。其中又重点分析"组合"与"对应"，并各举一例。抓住"作"，观察"作"的组词："作俑、作舟、作法、作物、作客、作文、作业、作弊、作乱、作呕、作气……"由此看出"作"的组合不同，则"作"的词义就有差异。抓住"固"，从"坚固，久，安定、稳固，固执、专一，鄙陋，坚定，安定，巩固，安守、坚守，禁锢、闭塞，执意、坚决地，必、一定，原来、本来，当然、仍然，确实，已经"等"固"的义项中，分析在"君子固穷，小人穷斯滥矣"一句中"固"因与"滥"对应，所以文句中"固"的词义是"安守、坚守"。

说"言"有主有次，论"文"更是主次分明。从《孔子世家》那么长的篇幅中摘出，就是看中"困厄陈蔡"这一传统文化的经典场景，重点探讨两个主问题：一是如何看待君子的"穷"；二是如何理解"不容然后见君子"。

第一个问题要解决的是如何正确理解"君子固穷"这一命题，由此体会圣哲孔子的伟大之处，穷不失志，永远葆有尊严、人格，困厄之地依然弦歌不辍的风范。（实录部分见本书第八讲）下面是探讨第二个问题的课堂实录片段。

师：让我们再次回到现场，看看孔子是如何进行教育的。孔子的队伍困在陈蔡后，产生了分歧，有人动摇了，有人怀疑了，孔子觉得有必要与三个弟子一起讨论讨论。孔子提出了君子固穷的观点，但问题还远远没有解决，孔子需要组织一场道德的讨论，统一思想，看看三个人是怎么来解决问题的，如何来看待面临的局面。请同学分角色来朗读这三段。

生：（四个同学分角色朗读）

师：大家读得不错。我先来问问"孔先生"（读孔子话的学生），孔子的问题是啥意思？

生：孔子用《诗经》中"匪兕匪虎，率彼旷野"来引出问题的，意思是，是不是我们的主张有问题，不然我们怎么会落到这个地步。

师：好。我们不是犀牛老虎，却徘徊在旷野里，颠沛流离，一定是哪出问题了。那请"子路"同学（读子路话的学生）说说，子路的态度是什么样的？他又是怎么看这个问题的？

生：好像子路是持怀疑态度。可能是我们还没有真正达到道德和智慧的最高境界，所以人们不信任我们，不让我们通过。

师：子路是忠直的，他迷信道德的世俗的功利性，开始怀疑，开始自我否定，我们不够智慧和仁德，我们是不是错了？子贡呢？

生：（读子贡话的学生）子贡开始动摇，不够坚定，认为老师的道太高大了，希望放低标准。

师：谨慎而精明的子贡是从道德的适用性来考虑的，错误地认为孔子的道太高。最后，颜回呢？

生：（读颜回话的学生）颜回是一个坚持理想的人，坚定地追随老师，给我有"君子"的感觉。

师：坦荡坚定，在一片颓靡不振的氛围里，给人沛然的力量和灿然的阳光。好，三种不同的回答，"孔先生"是什么态度，又怎么教育你的学生。

生：（读孔子话的学生）对子路给他举了两个例子……

师：什么角度？

生：反面，从历史上找了两个好人没有好报的例子；对子贡从正面批评，以生活中例子作比，说服子贡。

师：注意，都在批评两个学生，态度一样吗？对谁更严厉？

生：不一样，对子贡严厉些。

师：你从哪一点看出？又为什么要如此严厉？

生：孔子两次直呼子贡的名"端"，语气明显不同，甚至警告他"尔志不远矣"。严厉的原因，可能子路的错误是弄不清事实，认为自己要多多努力；而子贡可能是是非判断不明，要降低标准，开始怀疑老师的道了。

师：很好，子路只是"认知"的问题，而子贡则是"认同"的问题。一个人，可以在很多事实上认识不清，但在价值判断上必须头脑清晰，坚定不移，对吧！谁最坚定？

生：当然是颜回，所以孔子听完颜回的回答非常高兴，大加赞赏。

师：好，我们总结一下孔子这堂关于道德讨论课，从中我们看到弟子和老师的不同态度性格以及孔子又是如何因材施教的。一起来完成这个表格（见教学设计）。

师：最后，我们一起来思考颜回说的"不容然后见君子"。

生：颜回这句话道出了孔子的心声，颜回认为"道已大修"，就是我们道德已经很完美了，问题不在我们，问题出在这些"有国者"身上，我们为什么担心，为什么改变自己呢？不被容纳，正体现出君子的本色。

师：这里所谓的"不容"是什么意思？

生：没有达到成功的目的。

师：从某种意义上告诉我们道德和功业是什么关系？

生：仕途功业宁可不成功，但就君子的而言，孜孜以求的是他们的道德修养。

师：在道德和功业上，君子有着自己的选择，所以，历史上我们常常对那些有君子范的失败者报以同情、赞许，而对小人嘴脸的成功者报以鄙夷、不屑。在这里，孔子要告诉世人的是，道德不是幼儿园老师手中的小红花，你做好了就会得到一朵，现实生活中，你也许一辈子都等不到那朵奖励你道德高尚的小红花，难道你就不做好人了？许多成功者，做人常常是失败的；而做人的失败，当是最大的失败，不可挽回的失败！于是我们不得不对君子说上几句。

【PPT展示】

"不容然后见君子"，因为君子……

比如："不容然后见君子"，因为真正的君子敢于直面惨淡的人生，敢于正视淋漓的鲜血。下面同学们接着来……

生：因为君子不求闻达于诸侯，但求问心无愧。

生：因为君子"岁寒，然后知松柏之后凋也"。

生：因为君子不慕功名利禄，而追求宁静致远。

生：因为君子可以"穷而后工"

师：事实上，几乎每个励志话都可以放在后面，成为君子的精神体现。

这里重点关注是，当在理想面临挑战，信念产生危机时，孔子如何重振弟子信心，循循善诱，直言相诲，始终保持君子的本色，从而真正领会"不容然后见君子"的深刻含义，让我们今天的学生感受到来自两千五百多年前的沛然力量和灿然阳光。

课堂教学过程是一个艺术的动态过程，主要表现在课堂的气势之美、教学的气脉之美和课程的气象之美上，教师只有准确地把握课堂节奏，合理地结构课堂空间，有效地呈现课堂品质，由此转化为学生的心理节奏，促进学生的求知欲望，引起学生的心灵共鸣，从而收到预期的教学效果。课堂教学不只是为了学生的成长，不只是教学任务的完成，同时也是自己生命价值的体现和自身发展的组成。每一个教师都应该力求使每节课都能得到生命满足的愿望和艺术享受的追求。

我一直孜孜以求语文教学艺术，记得在《语文教学通讯》的"卷首·中学语文名家谈"栏目写过一篇《"好玩"与"有用"》的文章，可以算作我对语文教学艺术的最直白表达。这个观念也始终贯穿于我对语文教学艺术追求的过程中。下面就以此文结束本讲。

当年，语言学家赵元任先生在常人看来枯燥的语言音韵中看到了"好玩"的地方，便一"玩"儿不可收，"玩"成了一位国学大师，那是一种难得的境界，一份超然的气度。其实，语言真是好玩，文学尤为精彩。

然而现如今，语文课在高考压力的裹挟下，变得不"好玩"了：课堂渐变为考场，文本蜕变为试题；没有了把玩语言的趣味，没有了交流表达的快乐，没有了徜徉意境的雅兴，没有了顿悟发现的惊奇……语文课堂凝固了，课本作文寒冷了，师生变成了陌路，教育失缺了温度。

激活学习的热情，改变课堂的阴冷，还原语文的靓丽，重塑课堂活气，应是当下语文教师着力追求的。事实上，语文教育大有"玩"的空间，语文教学大有"玩"的技法。

"玩"是涵泳。汉字构成的妙处，诗行韵语的声气，言语组合的变化，推敲字句的乐趣……无一不是涵泳的对象，也无一不能唤起学生热爱文字的兴味。

"玩"是赏析。鲜明的人物，幽美的意境，摄魄的剧情，丰富的影像……流连处皆会生情，会意间顿感快意。

"玩"是投入。对语言的挚爱，方能"玩"出滋味；对文学的痴迷，方能"玩"出意趣，对教学的追求，方能"玩"得得意；对教育的虔诚，方能"玩"出真情。

"玩"是技艺。独特角度，研出语文的鲜味；涵泳把玩，读出语文的诗味。揣象造境，悟出语文的意味；再现情景，体验出语文的情味；摩挲细节，品咂出语文的深味；改写比较，参照出语文的趣味。

"好玩"不仅仅体现在教学的呈现方式、活动的丰富多彩，它更是探寻语言规律、探察人生世相、探访硕儒经典、探索精神世界的过程；而绝不是无厘头式的搞笑，不是热闹虚浮的掌声，不是刻意肤浅的拉近距离。所以，教学中所能"玩"的，一定是语文的，而且一定是"有用"的。这种"有用"不仅关乎学生切近的利益：丰厚的词语积累，娴熟的语言运用，缜密的阅读能力，良好的写作技能甚至包括熟练的应试技巧。"有用"还体现在——

于学生精神生命的成长"有用"。优秀教师的角色定位应当是一个思考者，一个精神世界的引领者，要担当起带领学生一起去发现美的责任。比如穿行在古代诗歌之林的时候，要从学生生命个体出发去帮助学生发现古人在生命过程的丰富多彩，去寻绎古人生命体验对我们今天的人到底有什么滋养，去发现言语之外情感深处的美丽，去营造传递情感相互体验的生命交流场；而不是淹没在朗读背诵、字句阐释、知人论世上。只有学生用自己生命去体验去发现，才能真正理解文本世界中精彩的人生。

于学生语文能力的发展"有用"。教师凭借自己的经历、阅历和文化积淀，去体味、感悟作品，进而引导学生在充分的思维空间中，多角度、多层面去理解、鉴赏作品，产生对文本的情感美、文体美和语言美的认同与赞赏，并产生强烈的阅读欲、创作欲，在长期的濡染中培养学生的语感和美感，触发学生的灵感，丰富学生的精神世界，涵养学生优美的文明气质和优雅的文化风度。久而久之，学生身上洋溢着浓郁的语文味即文化味，学生的语文能力、语文素养和文化品位、健全人格得到了提升，同时也就意味着，学生具有了获取人生幸福（特别是精神幸福）生活的能力和素养。

总之，"好玩"着眼于能力养成，"有用"致力于实践运用，二者相辅相成，"好玩"的目的为"有用"，"有用"的实现靠"好玩"。刻意强调"好玩"可能会落入单纯追求形式热闹的窠臼，而一味追求"有用"可能留下说教和片追应试的痕迹。当一个语文教师能够很好地平衡这二者，一定会在课堂上游刃有余，在学生那儿深受欢迎，在职业上找到依归。①

---

① 郭惠宇."好玩"与"有用"[J].语文教学通讯,2012(7-8).

第三讲 精思：惟思之精，屈曲超迈
——思维培养的策略

一个人思维得到发展与提升，最基本的是需要学会思考。学会思考远比学会知识来得重要。语文教学离不开思维活动，发展思维能力、提升思维品质，是语文教育的应有之义。《普通高中语文课程标准（2017版）》把"语文核心素养"分解为四个维度，即语言的建构与运用、思维的发展与提升、审美的鉴赏与创造、文化的传承与理解。思维发展与提升是指学生在语文学习过程中，通过语言运用，获得直觉思维、形象思维、逻辑思维、辩证思维和创造思维的发展，以及深刻性、敏捷性、灵活性、批判性和独创性等思维品质的提升[①]。语文教育要致力于营造民主、亲密的氛围，尊重学生的个体差异，培养学生良好的观察思考、辨疑问难的学习习惯，给学生的思维发展提供一个良好的环境。

重视思维品质的培养与提升，是高中新一轮课改的重大突破。语文课程必须把思维品质培养当成自觉的教学目标来追求，思维能力不仅仅是语文学科的基本素养，更是学生未来生存能力、发展能力、改造世界能力的重要基础。

---

① 普通高中语文课程标准(2017年版2020年修订)。

惟有思考精深，才能洞察物情，曲尽其妙，获得超卓独到的见解，所谓"惟思之精，屈曲超迈"（袁枚《续诗品·精思》）。教学亦如写作，需要不断培养学生深入思考的习惯，丰富思维训练形式。重读经典，浸润人生风景之美，拓展其思维的视域；洞察挖掘，曲尽文辞文笔之妙，培养其思维的缜密；对照鉴别，明辨纷繁文本之异，优化其思维的质量；质疑批判，探寻认知世界之深，提升其思维的技能。本讲根据教学的实际，从重读、挖掘、比较和批判等四个角度，就学生的思维培养谈一点自己的思考与做法。

一、重读：在文字中发现成长的自己

现代阐释学和接受美学认为，作品的生命存在于审美接受过程之中，经典作品的全部意义便是无数读者创造性阐释的历史成果。经典作品所具有的某种特殊影响力或感染力，是必须在一定年龄或一些经历后才发酵生成，而当初我们第一次阅读时，"它们要么自己以遗忘的方式给我们的想象力打下印记，要么乔装成个人或集体的无意识隐藏在深层记忆中"。而就优化学生的思维品质而言，重读经典就是适当的契机和不错的选择。对同一文本在不同背景下作不同视域的阅读，对重点提升学生创造性、深刻性等思维品质是很有益的。

这里所说的"重读"专指对中学教材中经典文学作品的重新阅读，如《六国论》《兰亭集序》《师说》《赤壁赋》《项脊轩志》《荷塘月色》《祝福》《最后一片常春藤叶》《背影》等，这些选文的最大特点是自从作品诞生以来，不断有解读文章问世，即它们具有较大的阐释空间。意大利作家卡尔维诺（Italo Calvino）在《为什么读经典》一文中认为所谓"经典作品"就是"那些你经常听人家说我正在重读……"而不是"我正在读……"的书。[①]

我曾经有过这样的一次尝试，选择了杜甫《绝句》作不同年龄段学生的同课异构教学活动。活动分别选择了小学三年级、初中二年级和高中二年级，每位老师用时20分钟，以此观察同一文本在不同年龄段的教学生态和体现出来的思维差异，同时，也借以说明随着年龄的增长，学生对经典作品

---

① 伊塔洛·卡尔维诺.为什么读经典[M].黄灿然,李桂蜜,译.南京:译林出版社,2012.

的认识会不断深化，尤其是高中学生重读经典，体会经典重读的感受，领悟经典作品的意蕴，一定会有不一样的认识。教学中，我带着高二学生一起逐渐走进杜甫《绝句》的世界，起初学生带着戏谑和不屑的态度进入的，他们满以为自己很懂这首诗，但当和学生一起回到杜甫作诗的现场，走进杜甫人生际遇的实地，慢慢地体会出一个生命已经快要走到尽头的人，眼见却依然是亮丽的色彩、阔远的空间、清脆的鸟鸣、振翅的声响、起航的沸腾……其内心里该有怎样一幅图景。

下面是我给高中生执教杜甫《绝句》的教学实录（片段）。

师：（面对杜甫画像）伟大的诗人以他卓越的才情，为后代留下了一首首脍炙人口的诗歌经典。千年过后，我们依然浸润在诗歌的意蕴间，陶醉在经典的境界中，今天我们一起再来学习一首杜甫的诗——《绝句》。

生：（齐笑）

师：同学们的笑告诉我，你们觉得这太熟悉了，或者想这有什么难的。老师你是不是弄错了啊！好先别忙下结论，我们一起来朗读一遍。

生：（齐读）两个黄鹂鸣翠柳，一行白鹭上青天。窗含西岭千秋雪，门泊东吴万里船。

师：听得出，你们读出了儿时的味道。（生笑）好，我们来回答一组问题：

1. 最早什么时候会背这首诗？

2. 你在诗里看到什么？

3. 你在诗里听到什么？

4. 你在诗里想到什么？

5. 这首诗的感情基调是什么？

生：好像在幼儿园里，或许更早……

师：呵呵，估计都是在儿时就熟悉的。那，你从诗句中看到了——

生：丰富的色彩，有黄有绿，有蓝有白，有近景有远景。

师：嗯，亮丽的色彩、阔远的空间。还听到什么？

生：鸟鸣……鸟儿飞翔振翅声，开船的声音……

师：清脆的鸟鸣、振翅的声响、起航的沸腾……很热闹，是吧。你还想到什么？

生：大概想到的就是诗人杜甫了，目睹这一切的诗人该是怎样的姿态和形象……

师：不错，你能感觉出的诗歌感情基调应该是——

生：我觉得是轻快、愉悦、昂扬的……

师：大家的感觉都和他一样吗？（生点头）有不同的吗？（生摇头）好，我们就带着他说的感情一起再朗诵一次。

生：（齐读）

师：听得出，刚才大家读得很昂扬轻快。（师生笑）我想考考大家，知道历代评价杜甫诗歌风格是哪四个字？

生：沉郁顿挫。

师：嗯，看来蛮熟悉杜甫嘛。那，刚才的朗读我可没听出这份"沉郁顿挫"感觉哦。（生摇头）同学们，猜猜这首诗是杜甫什么时候写的？

生：我估计是年轻时候，杜甫晚年比较艰难。

师：都这样理解？

生：不好说，生活艰难也会有欢乐和昂扬的啊。

师：说得好。还是来看看这首诗写在哪一年。找一找杜甫缘何欢快。这首诗写于公元764年，还记得第一张幻灯片我就给出了杜甫的生卒年是……

生：772—770。

师：杜甫写这首诗多大年纪？

生：53岁。

师：已经步入晚年的杜甫因何而乐，诗中又透露出什么样情感呢？我们先看看杜甫生命最后几年的行踪。

【PPT投影】

杜甫晚年的岁月

761：史朝义杀史思明。50岁。时多病，生计艰窘。始有迁地吴楚之念。

762：太子豫即位。51岁。七月，送严武还朝，蜀中作乱，乃入梓州。

763：李怀仙杀史朝义。52岁。正月，闻官军收河南河北，便欲还都，俄而复思东下吴楚。

764：53岁。闻严武将再镇蜀，大喜，遂改计却赴成都。

765：54岁。正月，辞幕庶，归浣花溪。自春徂夏，居草堂。五月，携家离草堂南下。

766：55岁。春晚，移居夔州。

770：59岁。沂湘而下，将出沔鄂，由襄阳转洛阳逶迤归长安。冬十一月，竟以寓卒于潭岳间的一条小船上，旅殡岳阳。

师：大家从杜甫晚年的年谱中看出杜甫缘何快乐？

生：战争平息了。记得我们学过杜甫的《闻官军收河南河北》，"青春作伴好还乡"，他可以回家了。

师：是的，从中我们分明看出"漂泊西南天地间"的杜甫尽管颠沛流离，穷困潦倒，可是他的意志依旧坚强，情绪仍然开朗、乐观。此刻的杜甫，因战乱平息，有如释重负的轻松和欣悦；因漂泊年久，有实现还家意愿的期待和亢奋。那是一种怎样的轻松与亢奋啊！我们再读《绝句》，去体会一下带着沉郁顿挫的轻松亢奋。

生：（齐读）

师：听得出，在同学们的朗读中已经没有刚开始的那份戏谑的味道，多了一份坚定的铿锵。最后，提一个问题，杜甫在窗外、门前看到的为何是"西岭"的"千秋雪"和"东吴"的"万里船"？

生："千秋雪""万里船"，应该分别是从时空的角度来写诗人所想象的内容，具体说不好……

生：之所以是"东吴"的"万里船"，可能与三国孙权、周瑜等相关，渴望胜利。

生：我想，这正是杜甫大胸襟、大境界的体现，越是悲苦艰难，诗人越是不灭心中的渴望和梦想。

师：大家说得都很好。"千秋雪"使人想到宇宙的无穷，尽管时光流逝，孤独无聊，在诗人心中总有未泯的千年心愿；"东吴船"使人想到地域的广大，它是希冀的象征，是明主的代表，在诗人的脚下总有将行的万里人生路。你们还记得学过的杜甫的《登高》吗？

生：（齐声）记得。

师：一起背一背。

生：（齐声背诵《登高》）

师：这倒叫我想起另外一位词人的作品。再一起读一读。

【PPT投影】

辛弃疾　《丑奴儿·书博山道中壁》

少年不识愁滋味，爱上层楼。爱上层楼，为赋新词强说愁。

而今识尽愁滋味，欲说还休。欲说还休，却道天凉好个秋。

师：看得出，在伟大诗人那儿，苦痛中依然存有希望，轻松中总是蕴含无限深情。好，最后再来读一遍这首《绝句》，看看我们是否可以读出胸襟，读出深情来。

生：（齐读）

师：（范读《绝句》）（学生掌声）同学们，经典之所以是经典，其历久弥新的原因是经典中有"自我"，每个时代的读者不仅可以读到杜甫的人生况味，也可以融入自己的生命，去寻找属于我们自己的"千秋雪"和"万里船"。这里再给大家举一个例子。李白《静夜思》我们再熟悉不过，有一位常年旅居海外的诗人叫熊炳明，是这样解读的——

【PPT投影】

床前明月光

疑是地上霜

举头望望明明月

低头思故思故思故乡

床前月光

疑地上霜

举头明月

低头思乡

床前光

地上霜

望明月

思故乡

月光

是霜

望月

思乡

月

霜

望

乡

师：眼前我们仿佛看到一位思乡的老者呢喃地吟唱着，听到带着乡音的颤颤巍巍诵读的声音……经典的魅力是永恒的。只要我们有耐心，并且怀着一种敬畏之心轻轻地擦去时间留给它们的尘埃，神灯的光芒将愈加明亮。数千年来人类有幸拥有了一批最伟大的经典文学作品，这是我们共同的记忆和幸福花园，我们应该世世代代守护着它们，使这缕书香薪火相传、延绵不断。

【板书设计】

经典 ← 读出情趣
　　　　读出境界
　　　　读出自我

在这次教学实践中，我们发现对于一个作品的认知，在不同年龄阶段有着不同的解读内容：小学的孩子在读杜甫《绝句》时，充满童趣，他们识字、辩词，读出诗中丰富的色彩，读出诗中跳动的画面，课堂是那么的热闹而轻松；初中的同学开始分析每一句中的意象，和由意象所构成的意境，分析情与景的关系，体会情景交融的手法，课堂又显得沉静而有序；而到了高中，和已经脱离了稚趣的学生重读一首儿时的诗歌，一起讨论，力求读出诗歌的境界，读出诗人的胸襟，也读出自我，整个高中的课堂显得跳脱而灵动，似乎在熟悉的地方突然开了一扇门，领略了无限的风光。诗歌背后的生命张力、人生况味，正是这样从小学到初中，从初中到高中，一点点地展开。教学实践告诉我，重读经典的意义大致有三。

一是重读经典，可以日渐丰富学生的人生经验。经典作品作为人类情感的载体，其中蕴含的人类感情丰富且多样，给予个体以心灵的慰藉和信仰的寄托。朱自清的《背影》，初中时读很难体会父爱的深沉，常常为父亲爬月台的细节发笑，感觉作者太矫情。到了高中重读《背影》，会感叹作者对人性把握得深刻。作者没有用夸张的语言写父亲怎么关心、爱护自己，也没有长篇累牍地写自己对父亲的感恩和思念，文字俭省到了极点，可作者以真情写真情，以实事写实情，结构合理，层层深入，多少会引起他们内心的共鸣。许多情感，不到一定年龄，没有相应的人生历练，我们对长辈所作所为的理解是远远不够的。有时候，情由衷发，同频率才能同感受，如果到了中年再读《背影》，也许会不由自主地潸然泪下！

正如卡尔维诺所言："我们年轻时所读的东西，往往价值不大，这是因为我们没耐性，精神不能集中，缺乏阅读技能，或因为我们缺乏人生经验。这种青少年的阅读可能（也许同时）具有形成性格的作用，理由是它赋予我们未来的经验一种形式或形状，为这些经验提供模式，提供处理这些经验的手段、比较的措辞、把这些经验加以归类的方法、价值的衡量标准和美的范例。这一切都继续在我们身上起作用，哪怕我们已差不多忘记或完全忘记我们年轻时所读的那本书。当我们在成熟时期重读这本书，我们就会重新发现那些现已构成我们内部机制的一部分的恒定事物，尽管我们已回忆不起它们从哪里来。这种作品有一个特殊效力，就是它本身可能会被忘记，却把种籽留在我们身上。"①像《背影》这类经典文本就会产生如此的效应。

二是重读经典，可以不断提升学生的审美欣赏水平。文学本身是静态的、内敛的艺术，是一种人类的精神活动。文学经典，有着深广的意蕴和精

---

① 伊塔洛·卡尔维诺.为什么读经典[M].黄灿然,李桂蜜,译.南京:译林出版社,2012.

微的艺术，绝非浏览一两次就能领悟，这是一座永远也不可能穷尽的艺术宝藏，我们勘采的次数越多就探得越深。从我们读者自身来说，每个时代的读者有不同的审美趣味和价值取向。每个读者随着生活阅历的丰富和经历的变化，随着眼界的扩展和修养的提高，在阅读文学经典时会有不同的关注点和兴奋点，也正是这样不断地发现和探寻，阅读者的审美趣味和眼光才日渐提升，正如刘勰在《文心雕龙》中说的那样："操千曲而后晓声，观千剑而后识器，故圆照之象，务先博观。"

兰保民在《经典重读课型的教学意义——以〈项链〉重读教学为例》[①]一文中讲述了他重教莫泊桑小说《项链》的教学体会。他发现《项链》高超的结构艺术，如不动声色、不露痕迹的伏笔艺术，出人意料、入乎情理的结局安排。在绝大多数教师教学中，尽管都会讲到小说结构技巧中的"伏笔"和"照应"，点明这篇小说结局的高妙之处，但一般也就仅仅停留在"找一找小说情节中的伏笔"，续写一下小说的结尾。重新教学，兰老师发现，这些伏笔其实还隐含着小说情节和结构意义之外的意义——建构人物性格发展的内在逻辑，清晰地勾勒出了玛蒂尔德精神世界的变化轨迹，有着更为丰厚的内涵和更为深刻的小说叙事学意义。并且对热衷续写结尾的教学设计，借孙绍振先生的评论提出了批评："当情节完成了探索人物心灵深层隐性奥秘之时，其人物就完成了。如果继续写下去，物归原主，从人物的心灵检测来说，并无大碍，但于情节本身则是一种贬值，从审美层次陷落到实用层次，而且是对读者想象和参与创造的一种阻断。"

三是重读经典，可以逐渐建立起亲近经典的情感。经典作品具有意义空间的广阔性，意义内涵的丰富性，社会关怀、人性揭示、人生体验的深刻性，以及艺术与审美的圆融性，在教学中不是一次就能完成的。如果教师从文本所提供的语言经验、阅读经验和人生经验中挖掘出的教学内容，由于不在学生学习的"最近发展区"，学生便够不着，进不去，体会不到，学习便没有什么收获，对经典自然难以产生相应的尊重和亲近。许多中学生害怕阅读鲁迅的作品正是基于受各方面经验的制约，亲近不起来。比如鲁迅作品

---

①兰保民.经典重读课型的教学意义——以《项链》重读教学为例[J].语文学习,2016(4).

中的一些疑难句子，这些难点在师生初读时或许会忽略绕行，当然，也有教师试图把一些现成的解读文字塞给学生以死记硬背的方式来应付考试。这种做法在初读时也许是不得已而为之，那么重读时不妨聚焦这些难点，集中火力，深入探究，以求突破。王吉鹏、周璇老师在《陈旧的玩物：存在的悲凉与深切的呼唤》①一文中聚焦"陈旧的玩物"：

> 百无聊赖的祥林嫂被人们弃在尘芥堆中的，看的厌倦了的陈旧的玩物，先前还将形骸露在尘芥里，从活得有趣的人们看来，恐怕要怪讶她何以还要存在，现在总算被无常打扫得干干净净了。

小说叙写祥林嫂从婆家逃脱、又被婆家绑架，二次婚姻的短暂幸福与丧夫失子后被赶出夫家，重到鲁镇后在鲁镇人的鄙视中屈辱地生存，最后又在挣扎中彻底绝望，祥林嫂悲惨的一生无不打上"玩物"的烙印，最后被人们弃在尘芥堆，又被无常打扫得干干净净。作者从"陈旧的玩物"这一视角展现祥林嫂生命存在的悲凉，进而探究小说对人际温暖、女性觉醒、知识分子担当的深切呼唤。这篇文章的解读关键在于选择了一个恰当的聚焦点，它能贯穿情节和人物命运，又蕴藏着作者的创作意图。由此，顿显鲁迅的睿智与伟大，感觉他的作品非同一般，应当好好玩味。

教学中安排重读的方式可以有很多形式。一是因为教学内容的需要，结合初中学过的内容，提取旧知，引出新课。如讲授朱自清的《荷塘月色》，可以回顾初中学过了《春》；陶渊明的《归去来兮辞》，可以重读《饮酒》《桃花源记》。二是由于教育的需要，通过经典作品的重温，唤起学生美好的情愫。比如重读《背影》，重新发现父爱；重读《送东阳马生序》，重新体会读书人的品质；重读《我爱这土地》，重新燃起爱国的热情……三是出于教学探索，研究从不同角度、不同年龄段对于经典作品的接受和认知变化，比如和高中学生重读杜甫《绝句》。

重读，可以遇见，遇见似曾相识的人生风景；重读，可以发现，发现熟

---

①王吉鹏,周璇.陈旧的玩物:存在的悲凉与深切的呼唤[J].唐山师范学院学报,2012(4).

悉文字中不一样的意义；重读，可以提升，提升自己的阅读品质与思维能力。

二、挖掘：寻找熟悉文字背后的深邃

阅读教学的本质在于学生、教师、文本三者之间的对话。而对话的前提是以文本为基础，为出发点的。然而围绕在文本周围的内容林林总总，也千奇百怪，实际的教学中，我们常常会以文本为圆心，以我们所能想到、涉及到的内容为半径作为我们的教学内容，尽管教的内容似乎都与文本有关，但常常会不着边际、游离于语文之外。因此，就语文教学而言，走近文本不等于走进文本。如何能够真正沉入词语，游刃于文字构筑的意趣？如何真正和文本亲密接触，引发对语言的敏感悟性？如何穿行在文本话语之间，真正内化为学生自己的素养与能力？从某种意义上说，走近的距离、挖掘的深度常常决定着语文课的语文味程度。

1.挖掘语言的意味，养成细读习惯

文本细读是立足于文本，对作品语言、结构和细节进行细腻、深入、真切的感知、阐释和分析，进行充分阅读，对文本所蕴涵的丰富的内涵进行充分的发掘。文本细读就是沉入词语，穿行在多重话语之间，倾听文本发出的细微声响，捕捉简约文字背后的丰富信息。诚如吕叔湘先生所说："文本细读就是从语言出发，再回到语言。" 真正有效地走进文中，沉浸于语言间，陶醉在意境中，需要有精巧的切入点，需要有明晰的抓手。越是味淡的文字越需要咀嚼，在咀嚼中咂摸出文本别样的滋味，在咀嚼中寻绎出语言运用规律，在咀嚼中体会作家的匠心独运。浮光掠影式的浏览是体会不出味道的，甚至会败坏胃口，导致对此类文本的厌恶。

在讲授小说《一碗阳春面》中，我发现女主人四次向店主招呼购买阳春面的话语都不一样。由此，在教学中特意放大这一细节和学生们一起赏析。下面是教学实录部分。

师：情节是人物命运、人物性格的发展史。我们现在来研究一下，这四句话到底一样不一样？下面请同学依次讲讲。先找个同学把第一次的话朗诵一下,读的时候,应该想想这位日本妇女在大年三十,带着两个孩子来到这个面馆,吃一碗阳春面,在这种情形下,她应该怎么说出这话,然后分析一下为什么。

生:(平静地)……唔……阳春面……一碗……可以吗?

师:想想为什么这样读?要读出什么感情来?

生:很羞涩。

师:很羞涩,还有吗?

生:怯生生的感觉。

师:怯生生地感觉,我刚才听了你说好像吃饱了肚子的感觉。(生笑)再想想。

生:(迟疑地)……唔……阳春面……一碗……可以吗?

师:嗯,感觉好多了,注意它中间的省略号,"唔"的后面停顿时间稍大一点,对吧?好,想想原因是什么?为什么这样?

生:因为他们是三个人来吃,而他们只要一碗面,他们觉得有些不好意思。

师:仅仅是因为不好意思?是什么原因使他们三个人吃一碗阳春面?

生:因为,因为他们没有钱。

师:什么原因?具体到文章里,在什么样地方?大家找找。

生:在后来他们又一次来吃的时候……

师:你找到这些话,读出来。

生:"实在是,因为你们的父亲死于交通事故,生前欠下了八个人的钱,我把抚恤金全部还了债,还不够的部分,就每月五万元分期偿还。"所以,完全靠她一个人的工作来养活这个家。

师:她丈夫死于交通事故,还有很多债要还,还有没有了?

生:还有她的两个孩子要上学、吃饭。

师:对,很好,还有两个孩子等着她去养活。她得养活这个家!所以,这个时候说这句话应该是什么心情?断断续续,吞吞吐吐,低低怯怯,是吧?反映了她一种忐忑不安的心情,生怕老板夫妇怎么样?

生：看不起她。

师：因为她只要一碗阳春面，而害怕拒绝她，甚至嘲笑她。丈夫死于车祸欠下一大笔债，拖着两个孩子……窘迫的生活，艰难的日子，所以她要选择在什么时间来？

生：在其他的顾客都走了以后。

师：对，在大年夜12点，是在这样一个时刻，这样的一碗面，对吧？经过这样分析以后，你能不能再读一下。看看怎样才能读出人物的心情？

生：（稍有羞涩感怯生生的）"……唔……阳春面……一碗……可以吗？"

师：好，比上一次读得好些。好，接下来第二次。这一句话，它跟前一次有什么不同呢？

生：这一次把"一碗"提到了"阳春面"之前。

师：这个位置的改变说明什么？

生：说明她的内心比上一次来吃面时有了较大的改变，已经没有上次来时的那么羞涩。

师：为什么？

生：因为她已经可以面对丈夫死后那种困窘的生活。

师：从她的心情上是这样的，还有什么原因？

生：我想是，因为去年老板夫妇没有拒绝她，又多给她一点面，所以，这一次来，她想老板应该不会再拒绝她。

师：对，他们有了一次成功的经历了，所以，心情平静了许多。所以，说话时数量词悄悄地移位，反映的是内心的秘密。再来看第三次。我们一起来分析一下，什么特点？有什么不同呢？

生：第三次阳春面改成了两碗。

师：哦，数量的改变能说明什么？

生：说明他们生活改善了。

师：从"一"到"二"反映了他们生活的改善，这个时候母亲也"怯生生地"和前两次一样吗？

生：不一样。

师：为什么？

生：因为他们生活已经所改善，并且前两次都没有遭到嘲笑，不再害怕。

师：而且此时他们的债务怎么样？

生：还清了。

师：度过了最为艰难的岁月之后，心情多少有点——

生：喜悦。

师：对，一种初步征服困难、征服厄运之后的轻松，一种如释重负般的喜悦。（音调渐高）所以……碗数由一碗到几碗？

生：两碗。

师：好。经过了这样三次变化之后，第四次，十多年以后，又该有什么特点？这里，我先把这第四次母亲说的话读一下，我读出几种不同的语调，你们听听看哪一种比较恰当？（怯生生地）"……唔……三碗……阳春面……可以吗？"（骄矜且命令）"唔，三碗春面可以吗？"（平静而又自信）："唔……三碗阳春面，可以吗？"大家讲讲看哪一种比较好？

生：我觉得第三种。

师：为什么？

生：因为这时候妇人已经彻底地摆脱了困境，比较平静。

师：比较平静。注意，经历了十多年的痛苦艰难生活之后，为了吃这碗阳春面，母子三人是从什么……

生：好像是从很远的地方赶来。

师：路远迢迢回到这个地方，故地重游，按说如果像我就可能感觉到一种得意。你看，曾经在这个地方跌倒，尝够了艰难、痛苦的滋味，现在我又回来了，我一定会很得意。为什么会用第三种口吻说话呢？

生：因为这个地方给了她鼓励，她对这里有留恋之情。

师：除此而外，反映了人物什么样的品格？

生：谦虚。

师：对，谦虚进步，骄傲落后。（学生笑）战胜厄运时隔十年之后，让母子三人故地重游来吃这碗面。注意读的时候，"唔"后面稍微停顿，然后一气呵成，要读出一种自信和平静的语气，对吧！其实那妇人表面上平静，内心真的很平静吗？我看不一定，内心是很激动的。这中间有对艰难岁月的深情回顾，有靠自己的努力而摆脱厄运的自豪，有踏上人生新起点后的那种喜悦之情，那种自信感。然而，说话时是那么的从容，自信，而且又很平静，毫不张扬！这种情绪就像流行歌曲的一句歌词，所谓"平平淡淡——"

生：（齐声）"才是真。"

师：对，"平平淡淡才是真。"

四句简单的对话，挖出的是人物的心情、性格和情节发展，也反映出特定的精神与文化。细读挖掘就是要教会学生关注语言的每一处变化，每个标点的异动以及每个词语背后的含义。当然，所谓对文本的识力不仅指对文本探究的精彩发现，还在于对学生认知能力的合理判断，以便形成有效和谐的对话，共同发现文本世界的多彩风景。

2.挖掘文本的深意，提升领悟能力

深度、广度、高度和新颖度是思维的四个重要维度，其中深度是最为深刻本质的角度。深度的挖掘能带你去领略生活世界的广袤，体验文本空间的深邃。深度的挖掘，需要教师在似乎已经完成阅读教学任务或文本内容已经明白通晓后，再进行深入一层的思考，去发现意犹未尽的蕴藏，寻找似曾相识的见地，善于做切片似的细致剖析，善于运用新知识新理念去建构新的认知模型。教一篇文章，更多的是体味一种生活意趣，观照一个人的精神世界，进而成为我们精神成长的滋养。

在教学鲁迅小说《药》中有这样一个片段。

师：刚才同学们在阅读"老栓买药"这一情节时，对老栓买药时的心理、看客观杀人的场景描写以及黑衣人的言行，都分析得不错。但读书应再细一点。这一部分中有一句颇有价值的话，不知同学们能否找出来加以品赏？

（发问引出大家的兴趣，气氛随之热烈。但几分钟后，提出的几处又一一否定，教室里出现了短暂的沉默。）

生:老师,是不是"这给谁治病的呀?"这句话?

师:(心中暗喜)为什么呢?

生:我以为这句话是对小说开头情节的说明。因为从中可以看出老栓一大早出门原来是为了买药,这里从侧面作了交代。

生:这是这篇小说第一次出现"药"字,是不是有点题的作用?

师:再看看它还有什么可挖掘的价值?

生:我觉得这一句话是社会环境描写。天还不太亮,人家就知道华老栓是来买药的,它暗示了这样一个社会现实:吃"人血馒头"治痨病在当时比较普遍,不只是华老栓一家如此,换了别人,也会买此"药"的,愚昧的人多着呢!

师:同样,在"小栓吃药"这部分里,也有几句话值得品味一番,请同学们不要放过。

生:"吃下去罢,——病便好了"是一个条件句。把"人血馒头"当作灵丹妙药,会药到病除,立竿见影,真是愚昧之极!

生:"睡一会儿,——便好了。"在母亲的心里,儿子服"药"之后,马上连"病"字都没了,这种急切的期盼是多么的悲哀啊!

师:可见,一句不经意的话却有着如此丰富的内涵。民众的普遍愚昧无知,是鲁迅先生着意要暴露的,但这深意却不露痕迹地表现出来,正是匠心的体现。我们阅读时,需要细心留意,咀嚼玩赏,不要轻易丢弃文本中的隐含信息。①

挖掘文本的深意就是要在习见的文本中发现新的角度、新的创见,在不经意处激发灵感、激活智慧。教师有意识地引导学生在细微处留心、品赏,尤其是那些看似无关紧要的话上细心咀嚼。一则可以获得言外之意,提高对作品的理解能力;二则在大处着眼的前提下,从小处探究,从而丰富学生鉴赏文学作品的途径。

3.挖掘惯常的路径,发现创见内容

思维品质的深刻性往往与思维的独创性和批判性密切相关。不落窠臼,

---

① 郭惠宇,盛庆丰,赵杰,等.让语文课堂充满灵动的美[J].中学语文教学,2008(3).

敢于怀疑，往往就会有新的思想火花产生。学会不走寻常路，不光是一种人生感悟，也是阅读教学可以尝试的路径。这种胆识体现在对文本的宏观把控上。要有勇气主动放弃一些自己想讲但与语文能力构成关系不大的内容，要善于抓住文本的个性，突出某一文本的核心价值，围绕这个有意味的内容做穷追猛打似的学习探究。

我在一遍遍给学生讲授《孔雀东南飞》后，思考如何对焦刘爱情悲剧价值阐释出新意和深意，从一味寻绎悲剧原因的窠臼中突围出来，试图从"生命觉醒"和"死亡审美"的角度解读传统经典《孔雀东南飞》，让学生充分体会在刘兰芝身上体现出的精神生命的觉醒和独立意识，理解人类生命意识中对生和美执着追求的同时所产生的对死亡的超越意识，读出了生命的鲜妍。下面是我的教学设计的片段①。

二、品人物：独立意识，生命觉醒

1.探讨刘兰芝、焦仲卿心路历程。

2.诗中的人物形象各有什么特点？

明确：（1）刘兰芝是一个聪明能干、知书达理、多才多艺、重感情、忠于爱情、有大家闺秀风度的人。面对封建家长制的专横和凶残，她无所畏惧。她是我国古典文学作品中光辉的妇女形象之一。

（2）焦仲卿：不敢直接反抗，忍辱负重，委曲求全；同时他也忠于爱情、坚贞不渝，具有叛逆的精神。

三、品意蕴：悲剧价值，死亡审美

1.这首诗叙述的故事是悲剧性的，却又在结尾暗示焦仲卿、刘兰芝两人化成了鸳鸯，给故事带来了一点亮色。请从中外文学作品中再举出一些类似的例子来，谈谈你对这种结尾的看法。

明确：故事从总体上来说是悲剧性的，而结尾处又有一些亮色，这种结尾向人们表明，美好的情感或事物具有强大的力量，它们虽然一时被压制住，但胜利终将是它们的。同时，这种结尾也反映了人民群众的美好愿望。

---

①郭惠宇.在言与文之间寻找生命的亮色——《孔雀东南飞》教学简案[J].语文教学通讯，2008（3）.

2.死亡审美,何以可能?

明确:课文中的浪漫幻想式结尾,用诗意的美化解了死亡的恐惧,体现着生命哲学的辩证法:不是死亡,而是超脱;没有恐怖,只有美丽和安详。可听、可视的活生生的意象给冰冷僵化的尸体增添了生命的色泽、美的光晕,焕发着动人的奇光异彩。

《孔雀东南飞》介于诗歌与文言之间,二者兼顾虽有难度,但还是非常必要的。有了文言推敲,不仅有助于学生掌握一些特殊词语句式,更有助于他们对诗意的认识与理解;有了诗意的阐释,让学生体会到作品的价值和意义。本课在设计上突出的一个特点,目的是想打破传统解读视角。

解读《孔雀东南飞》的主题,常规的教学习惯于谈焦刘悲剧的社会原因,探讨焦母逐媳的原因以及兰芝究竟为何离开焦家等问题。我以为从学生精神成长的角度,过于艰深地去了解作品背后的历史文化原因,不如从审美的角度和生命的意义入手,着力体会刘兰芝形象上体现的精神生命的觉醒和独立意识,并进而理解在人类生命意识中对生和美执着追求的同时所产生的对死亡的超越意识。

一个作品可以教的内容,在特定时段、特定学科背景下不是都能够教的。这就要求教师一定要有语文的胸襟情怀,一定要有教育的识力睿智,在教学中进行审时度势的取舍,作出剪枝修蔓的抉择,是走进而非走近,是挖掘而非捡拾。

4.挖掘作品的空白,发挥文学想象

优秀的文本通常都会留白,形成一种极富魅力的"召唤结构",不断唤起读者的阅读期待,但唤起它是为了打破它,使读者获得新的视域。通过这留白处的挖掘,在言语的罅隙之间引导学生阅读发现,去表达文本未尽之言、未了之情。在教学过程中,要利用好文本留白,让学生在阅读中有所延伸有所拓展,细细咀嚼慢慢琢磨——读出文本的内涵,品出文本的价值,悟出文本的精髓。

多次讲授鲁迅的《祝福》,每次都能感受到作品巨大魅力。其中有一次专门就"留白"设计了一段教学环节,这是当时的教学实录(片段)。

师：下面和同学一起聊聊《祝福》作品中的留白艺术。什么是留白？请一位同学读一下课件上的解释。

生：留白是在艺术创作中为使整个作品画面、章法更为协调精美而有意留下相应的空白，留有想象的空间，它是中国艺术作品创作中重要的表现手法之一，被广泛用于研究中国绘画、文学作品和音乐戏剧等领域中。

师：你能举一两个例子吗？

生：比如国画中，在白纸上用墨画几条鱼，好像满纸都是水。

师：好，中国画计白当黑，无墨处皆有生机。文学作品有什么例子？

生：初中学过《湖心亭看雪》，记得老师说过，"天与云与山与水，上下一白。湖上影子，惟长堤一痕、湖心亭一点、与余舟一芥，舟中人两三粒而已"就是这样的手法。

师：不错，记得很牢，虚实相生，天人合一。那么在《祝福》中哪些地方也用了留白的方法呢？我先举一个例子，然后大家一起去发现。请看文中这一段："一边的对联已经脱落，松松的卷了放在长桌上，一边的还在，道是'事理通达心气和平'。"大家知不知道脱落的上联是什么内容？

生：（摇头）

师：是"品节详明德行坚定"。这副已经脱落的对联内容，鲁迅为什么不直接写出来呢？这副对联宣扬的是理学家的自我修养标准。鲁迅含蓄地告诉我们，在鲁四老爷的心目中，已经不讲求什么"品节""德行"了，表面上只标榜"事理通达心气和平"，而实际上他既不通情，也不达理，是一个地道的封建礼教的守护者。从他对祥林嫂的态度可以清楚地表明，这副不全的对联正是对鲁四老爷辛辣的讽刺。

师：好，下面给大家3分钟，小组讨论讨论，文中还有哪些留白？

生：（小组讨论）

师：时间到。谁先来说说。

生：我找到了一处。"'可恶！然而……。'四叔说。"谁"可恶"，"然而"什么，文中没有明说。我觉得他是骂祥林嫂婆家的人可恶，因为婆婆抢走祥林嫂，给他带来了麻烦，有损他家的声誉。"然而"的意思是，祥林嫂逃出来，是礼教不容的，婆婆处置守寡的媳妇，抢走祥林嫂是对的，是合法的，我鲁四还有什么话好说呢？这里反映出他的虚伪、假斯文。

师：好。这是人物语言的留白，注意言语中的省略号，留下了空白，却渗透着丰富的内容。继续。

生：我找到的是关于祥林嫂结局的一句："然而她是从四叔家出去就成了乞丐的呢，还是先到卫老婆子家然后再成乞丐的呢？那我可不知道。"既然"我"不知道，不肯说，我们读的人就更不会知道，但给了我们永远没有结果的悬念，人人可以根据自己的意愿，去寻找自己的答案。

师：不错，这是情节留下的空白，有点像《孔乙己》最后一句："大约孔乙己的确死了。"不确定中留着许多意味。还有吗？

生：我找到这一段："福兴楼的清炖鱼翅，一元一大盘，价廉物美，现在不知增价了否？往日同游的朋友，虽然已经云散，然而鱼翅是不可不吃的，即使只有我一个……。无论如何，我明天决计要走了。"觉得"我"的心情很复杂，没能回答魂灵有无的问题，他为什么会想到吃鱼翅？估计是心里不安，想摆脱困惑苦恼又终于摆脱不了，说明他的态度是软弱的，对这个社会，对祥林嫂的问题无能为力，要想逃避。

师：很好。面对尖锐的矛盾冲突，"我"只能采取逃避的办法，含蓄的内心独白中反映出人物的思想情感，这是情感的留白。西方接受美学理论家沃尔夫冈·伊瑟尔曾说："作品意义的不确定性和意义空白促使读者去寻找作品的意义，从而赋予他参与作品意义构成的权利。"

师：完成练习：在鲁镇的祝福声中，祥林嫂死了。但她最后究竟是怎么死，请续写一段不少于500字文字。

附学生作业一则。

穷途末路
——《祝福》续写

"啪——啪——"干裂的阡陌撞上开岔竹竿的声音并不好听，即使在余波未歇的鞭炮烟尘中，仍然那么清晰。

天渐渐黑下来，连眼前的空气都昏沉黏稠起来。祥林嫂机械地拿竹竿磕着地，身上的短布衣物早已褪得和冬草一个颜色了，人也如同路边的狗尾巴，摇摇欲坠。眼睛一轮，一缕发丝垂下来，遮住情绪。

不知不觉竟走到了贺村，破洞的栅栏，紧闭的门，和在北风中翻飞的茅草。

祥林嫂看得呆怔了，突然像发了疯似的闯进了她一直避之不及的屋子。"嘭——"昏暗的光灌进屋子，她一一望去，缺角的桌椅，挂着蜘蛛网的床，灰扑扑的窗子，凌乱的灶台和四散的柴火——"阿毛！你回来了吧！饿了吗？饭就快煮好了！"——她沙着嗓子，声带就像是被撕碎后重新拼装，摧枯拉朽。空荡荡的房子，连回声都被墙壁上的细缝吞噬了，烟囱漏进来的光，轻轻披上灶台，让那里看起来像圣洁的祭坛。

祥林嫂不甘心似的又唤了几声，声嘶力竭却眼角麻木一滴泪也落不下来，眸子是灰白的，连绝望都不再有。她跌坐在地上，已经动弹不得了。

钝住的脑袋突然可以运动了，她的眼前流过了她的一生。若是电影，那就是场黑白默片。她伸手挽上了香案的腿，另一只手在缺口的碗里失望着，她却只念着几句话——

"也许有罢——"

"地狱？——伦理，就该有。"

"唉？见面不见面呢？……说不清。"

那便是有可能了？她觉察着身上渐渐流失的温度和气力，第一次如此兴奋——"阿毛，娘来了，娘来赎罪了——"

夜色幽幽，鞭炮阵阵。

她阖上的眼，再没有睁开。

（李心筑）

古人有言："凡文之妙者，皆从题之无字处来，凭空蹴就，方是海市蜃楼，玲珑剔透。"所谓"无字处"的功夫就是设置"空白"的技巧。这些藏而不露的空白，打破了字面语言内涵的稳定性，适当地缓冲了节奏，使文章虚实相间，富有张力，从而让读者感受"弦外之音""言外之意"的魅力，作品的思想容量得到拓展，语言的表现效果更加丰富。教学中合理利用这些

"空白"，引导学生去思索、联想、理解，不但能更好的体会鲁迅作品深邃的思想性和高超的艺术性，还能收到"言虽尽而意无穷"的教学效果。

教语文，我们都知道品味语言的重要，但如何品味，常常又让我们束手无策，于是，我们就放手让学生多读，变着花样读，美其曰书读百遍意自现；或者任由学生说，他们说什么都是很好很好。其实反映出是教师个人学养不足，功力不够。优秀的教师，应当在充满着对学生元认知尊重的同时，善于提出问题引领学生的认知方向，不断提升解读文本的适宜高度；优秀的教师，应当像一个高明的外科医生般，善于剖开文辞，缝合语脉，打通情脉，抽绎意脉。走进文本，挖掘文本，需要识力、魄力和功力。

与母语的运行规律契合，与民族文化心理层面相接，当是语文课的追求。

三、比较：发现阅读视角改变的差异

比较就是在思维中找到所研究对象的相同点和不同点，它是一种判断性的思维活动，类比、对比等都是比较。阅读教学中如果能教给学生比较的方法，在各种文本中淘洗、鉴选，有助于学生理解和掌握，获得新知，发展阅读思维和阅读能力。写作教学中运用比较的方法能使学生辨别是非，清楚优劣，增强分析能力，提高写作水平。

比较思维在高中语文教学中从来不缺少运用的领域。教师可以从文章的内容上去选取对比点；可从语言的运用上去选择对比点；比较阅读的范围，可以大到作家整个作品风格流派的比较，作家与作家之间的比较，小到某篇作品的某一侧面进行的比较；从阅读的时间上，还可以将不同时段阅读的相似内容放在一起比较，也可以将同一时段多个不同文本聚拢到一起比较。比较，不仅仅是阅读元素、文本的增加，而且是让学生的思维从单一走向多元，由简单迈向丰富，从模糊变得清晰，让思维在发展中得以优化，让能力在鉴别中得到提高。

所以，著名教育家乌申斯基曾提出："比较是一切思维和理解的基础，我们正是通过比较了解世界上的一切的。"

1.比较方见广阔

思维的品质之一是思维广阔性，它是指在发现和解决问题的过程中，善于抓住问题的广泛的范围，从各个方面考察问题，又不忽略与问题有关的一切重要细节的思维特征。语文教学涉及范围很广、信息量极大，适当运用比较的教学方式可以提高思维的开阔度，学会全面地考虑问题，而不断开阔思维也不断丰富个体的知识和经验。

教学实践中运用比较，让学生调动知识储备，对同类文本或同时期的不同文本在充分比较、联想的基础上，进行比较阅读教学，发现两个文本、事物、现象之间的联系，培养学生学会由此及彼、触类旁通的思维方法，提升思维广阔性和敏捷性。我在教授王安石散文《游褒禅山记》的过程中，将《醉翁亭记》《登泰山记》提供给学生进行比较阅读，体会同是游记性的散文在写作上有着怎样的差别，丰富学生的古代散文的文学认知。下面是该课教学实录片段。

【比较：意之所至，笔致随之】

师：课前我给大家提供了三篇游记，一篇《醉翁亭记》，大家学过的；一篇是我们今天要上的《游褒禅山记》；还有一篇《登泰山记》，桐城派姚鼐的作品，请大家自学的。

师：大家都看过是吧！想问同大家看完这三篇文字后的感想是什么？或者你喜欢哪一篇？说出来和大家一起分享一下。

生：三篇看下来，我比较喜欢《登泰山记》。因为我觉得他娓娓道来，没有特别华丽的辞藻与铺陈，像一个亲切的长者向我们讲述到泰山游玩真实的经历，从哪里上去的，风景是什么样子，像"苍山负雪，明烛天南；望晚日照城郭，汶水、徂徕如画，而半山居雾若带然"，语言非常的简单，寥寥几笔，就勾勒出他登上泰山以后所看到的，夕阳照彻下的泰安城，云海云雾若带的那种美感，我很喜欢这种清淡的文风。

师：简洁的美，让你特别青睐。好，还有吗？

生：因为初中已经学过欧阳修这篇文章，不仅熟悉，也喜欢文章中用了很多的"也"字，特别有韵律感、音乐美。文中从早晨、四季、游人不同角度来形容自己体验、山上的美景，而且他表达的"与民同乐"的精神又历来为人称道。

师：熟悉当中一定有很美的地方，而且你恰恰被那些美丽的句子所吸引。还有吗？

生：我比较喜欢《游褒禅山记》，文章夹叙夹议，偏重议论，在第三段的议论中通过对"智""力""物"的分析，给我们阐释凡事都要百折不挠，要深思慎取的观点。我喜欢在游记中不光记游写景，还能给我们带来一些启发和道理。

师：思想是美丽的。好。刚才大家对三篇文章说出了自己最直接的感受：有人喜欢这种轻捷简约的记述，有人喜欢有诗意韵律的语言，有人喜欢有思想有内涵的文字。但是这三篇的共同点都是游记，既然是游记首先要写"游"，"游"是写作主要对象，因此对写作的对象有所选择，进行取材。三篇游记在取材上各什么特点？

生：都是围绕山写的。

师：对，写山。但写的过程中有什么不一样呢？

生：《醉翁亭记》主要是写山上的美景，文字秀美；《登泰山记》重在写登山过程，简洁干净；王安石这篇游记，记游只有两段，他主要通过景来表达自己某些方面的见解，自己的志向的。

师：很好。你讲得很到位。也就是说王安石的这篇游记，一半记游，另一半是在讨论。同样是游记，有的是从头到尾写游的过程，力求写出趣味，写出意境。有的写游着力表现自己的情绪和探求的快乐。好，我们总结一下。看表格，大家思考一下。根据刚才他们的发言，我们可以这样归纳概括。从记游的内容看，《醉翁亭记》"于所见兼抒其情"，在其所见过程中来抒情；《登泰山记》则单纯描写他所见的东西，到了王安石的笔下，"借所见阐发其理"。因此，在取材上，《醉翁亭记》《登泰山记》都写了游览的整个过程，线型结构；王安石写游呢？

生：他主要写了华阳洞，还有仆碑。

师：一洞一碑。褒禅山可能不止这些景点吧？

生：嗯。他是有选择的，好像就是为着讲道理而选的。与"线型"相对的大概是"点状"吧。

师：很好。前两篇是"因游成文"，作者醉心于"游"，所以把游览过程、景物特征都一一详尽道来；而王安石在这次并不成功的游览中有感而发，他选了两个记游的点：一是山名本末，二是游洞经历【板书：山名本末、游洞经历】，所以说是"因理成文"。

篇目	记游内容	取材方式	特点
《醉》	于所见兼抒其情	线型	因游成文
《登》	单纯描绘其所见		
《游》	借所见阐发其理	点状	因理成文

…………

【品文：忘形得神，自然成文】

师：接下来我们来讨论这三篇文章的语言特点。我从文章中各选了三段文字。

【PPT 投影】

文段一：若夫日出而林霏开，云归而岩穴暝，晦明变化者，山间之朝暮也。野芳发而幽香，佳木秀而繁阴，风霜高洁，水落而石出者，山间之四时也。朝而往，暮而归，四时之景不同，而乐亦无穷也。

文段二：山多石，少土；石苍黑色，多平方，少圜。少杂树，多松，生石罅，皆平顶。冰雪，无瀑水，无鸟兽音迹。至日观数里内无树，而雪与人膝齐。

文段三：其下平旷，有泉侧出，而记游者甚众，所谓前洞也。由山以上五六里，有穴窈然，入之甚寒，问其深，则其好游者不能穷也，谓之后洞。

余与四人拥火以入，入之愈深，其进愈难，而其见愈奇。有怠而欲出者，曰："不出，火且尽。"遂与之俱出。盖余所至，比好游者尚不能十一，然视其左右，来而记之者已少。盖其又深，则其至又加少矣。方是时，余之力尚足以入，火尚足以明也。既其出，则或咎其欲出者，而余亦悔其随之而不得极夫游之乐也。

师：请你们大家思考：文段一、文段二的语言有什么特点？

生：两段文字风格不一样。文段二句子比较短，长短结合，但多短语，像"山多石，少土；石苍黑色，多平方，少圆"等等，有一种节奏感；文段一读起来朗朗上口，有韵律美，比如用了很多"也"……

师：有"也"就有韵律，看来初中老师对你们影响得很深……（笑）光有"也"估计成不了千古名篇。

生：嗯，抒情性很强的并列的对称性的句子，语言优美典雅。

师：佳词丽句汩汩而出，清丽淡雅，婉转流畅。姚鼐写得就不美吗？（学生摇头）

生：姚鼐的文辞很简洁，用很短的话语来抓住主要特点，凝练纯净，很干净。

师：对，简约就是美！这是写作者的一种追求。那么，朗读起来有些什么不同呢？

生：欧阳修的文句要读得悠长一些，有一点喜悦感；而姚鼐的文句要读得铿锵一点，节奏感鲜明一些。

师：好，你试着把文段二读给大家听听，看看你怎么"铿锵"的。

生：（朗读文段二）

师：不错，节奏感还是读得很明显，速度上还可以放缓一些。（范读）我们可以细细体会一下这种简洁凝练、温润雅洁的语言特点。

师：好，文段三有什么特点。

生：我觉得这段文字相比于文段一、文段二更多的是记叙，所以我们读起来那种摇头晃脑的感觉，显得比较平淡些，记叙得很直接……

师：你觉得这里很平淡？

生：我觉得没有像前两段有那么多对景物的情感，没有对景物的细致描写。

师：对。比如说"其下平旷，有泉侧出"，如果要描写会怎么说？

生：嗯。会说"清泉侧出，细水潺潺，清冽见石，小鱼嬉戏……"之类吧。

师：类似的地方还有很多处，每到可以停留、可以描写的地方，他都不写；而且他自己说"其见愈奇"，那么"奇"在哪，他也不写，为什么？

生：我觉得可能是因为文章的侧重点不在于突出景色的优美，而是借游览要想讲道理，所以一笔带过，很快地引出他要表达的观点，就把其他给过滤掉、略掉了。

师：但他有一个地方写得很详细，哪一处？

生：就是写游后洞时，"有怠而欲出者"之后，有人的对话、洞两边记游的印迹等等。

师：对。你看他写了个细节："曰：'不出，火且尽。'遂与之俱出。"这个细节的意义是什么？

生：引出后文，他对于不能半途而废的反面例证。

师：想出去的理由应该很多，比如说怕了，洞里黑漆漆的，瘆人；累了，一路走来挺辛苦的，或者不想玩了，觉得这里没什么奇景……但他为什么不从自己主观上找，而要借他人的口吻说要出去呢？

生：我觉得作者是想游完全程的，但是物质条件可能不够充分，所以……

师：你认为是条件不够，说明这句话说得是有理由的；既然有理，后面为什么要"悔"呢？

生：其实从后文说"力尚足以入，火尚足以明"，条件还是有空间的，这句话实际是那个"怠者"为自己不能坚持的一个借口，一个理由……

师：很好。这个理由其实不充分，但我们常常会成为"怠者"，比如说你们考试考不好，你们或许会说"卷子太难了""老师没讲好""考试纪律有问题"……全是理由，全是人家的错，对不对？（学生笑）写这个貌似充足理由的目的是什么？

生："悔"，我随着别人跑出来了，"悔其随之"……

师：对，关键就在于点出"悔"。注意文章写法，一开始写"前洞"就是要对比"后洞"，写"后洞"就是为写"怠者"的一番话，而这段话就是想要说理，丝丝入扣，前后对应。这里究竟说了什么道理？我们一起读后面的文字。

生：（齐读）

师：大家能否找到从"后悔"后过渡到议论的关键点吗？

生：我觉得是"不随以止""不随以怠"。

师：很好。生命中很多的痛苦都是源自"随"啊，"随以止""随以怠"。由此文章的议论方可以看出王安石文笔的特点是怎样的？

生：前后勾连，说理缜密，先想到后文再经营前文，而是随便依次写就，包括一开始写"有碑仆道"，后面就谈对"仆碑"的感想。

师：对。我们写议论文就要建立这样的意识，写出第一句话的时候就把最后一句话想好了，这就叫作"构思"。如此看来，像王安石这样构思写文章该算是"老谋"……

生：（齐声）"深算"。

师：说到这里，我们总结一下这三篇文章的语言风格。首先看《醉翁亭记》的语言，用一个字来形容应该是……

生：（齐声）美！

师：具体一点。

生：很优美，很有韵律，很优雅……

师：嗯，也可以这样评价："秀美，清丽淡雅，婉转流畅。"那《登泰山记》用一个字？

生：简。惜墨如金，简洁淡雅。

师：不错。"简洁，精练隽永，温润雅洁。"说到王安石文章的语言呢？

生：深刻，议论得形象而且细致。

师：完全同意你的观点，我把他概括为"老辣，析理透辟，笔力雄健"。

篇目	语　言
《醉》	秀美:清丽淡雅,婉转流畅
《登》	简洁:精练隽永,温润雅洁
《游》	老辣:析理透辟,笔力雄健

教学中通过"比较：意之所至，笔致随之"和"品文：忘形得神，自然

成文"两个环节从两个角度对三篇文章加以比较：一是从记游内容、取材方式和记游特点的比较，看出《游褒禅山记》的写作特色；二是从语言风格的比较，从不同角度体会古代散文不同的语言特质。

2.比较彰显深刻

培养学生思维深刻性的方式有很多，比较就是很好的途径。通过对不同文本分析比较，同中求异，异中求同，透过表象抓住问题的本质，找出问题之间的内在联系，可以达到思维的缜密、精确和深刻。人教版第一册中，《小狗包弟》是一篇关于人性的回忆性散文，而《奥斯维辛没有什么新闻》则是以20世纪人类历史上的一次大劫难为背景的一篇新闻报道。二者都有着相似的主题：关于生命，关于人性。在教学中可以打破单元局限，组合在一起进行比较教学，站在审视历史、关注心灵的高度，引导学生进行阅读、体悟和思考，让学生在心灵震撼的基础上能有更深层次的追问和反思。同时可以比较不同文体的叙事方式和结构特点。

两篇本不在同一单元的文章，两个本不在同一时段发生的故事，当我们把它们合到一起，发酵出重大主题：生命的追问与人性的反思。超越了文本学习的意义，上升到对人性的剖析和对生命的尊重，其教育意义是显而易见的。

3.比较产生灵动

群文阅读教学是学生在一定的单位教学时间内，在教师的引导下，围绕一个或多个议题，对一组文本进行比、对、读、议和积极建构的整体性阅读过程。它有利于培养学生的发散性思维，其特点就是在文本阅读中多角度、多侧面、多层次、多结构去思考，去寻找答案，其思维路线是开放性、扩散性的。它解决问题的方法不是单一的，而是在多种方案、多种途径中去探索，去选择。

比较是群文阅读教学的基本行为和思维方式。比较，就是对群文的内涵主旨、文本体式、语言特征进行比较，让学生找到其中的异同点，进而求同存异或求异存同，为学生创新思维的发展提供了广阔的空间，可以有效地培养思维的灵活性。我的阅读教学中常常喜欢将两篇以上的文章放在一起，并为这样一个阅读群文起一个标题，定一个主题。比如教《辛弃疾词两首》，我改变一篇接一篇的教学方式，而是将《水龙吟》《永遇乐》进行比较教学，确定的主题为"英雄悲情空余恨"，作群文赏析，在比较中明词意、知方法、会鉴赏，既扩大了教学容量，也对辛词作的特点认识更加深刻，更提升了学生对宋词欣赏能力。下面是两首词作的教学设计片段。

英雄悲情空余恨①

——《辛弃疾词两首》教学简案及思路解说

【教学过程】

一、检查预习，知人论世

课前要求学生认真阅读两首辛词，了解辛弃疾其人其事，知晓作品中典故的含义。

1.齐读两词，了解作者。

2.对照表格（附后），明确相关内容。

	《水龙吟》	《永遇乐》
登临地点	建康(南京)赏心亭	京口(镇江)北固亭
登临时间	1174年秋,时年34岁	1205年,时年66岁
登临背景	任江东安抚司参议官,南渡12年之久,其间上给宋孝宗的《美芹十论》和宰相虞允文的《九议》都未受到采纳,尚未得到北伐抗敌的机会	镇江知府任上,执政的韩侂胄意欲以北伐巩固自己的地位,起用辛弃疾,积极作北伐准备,可其正确意见不能被韩采纳,并被降官,北伐愿望又一次落空了
所用典故	①为吃鲈鱼而还乡的张季鹰；②求田问舍、怕见刘备的许汜；③桓温的流年之痛	①三国时,孙权曾在京口建都,并击败北方曹操的军队；②南朝宋武帝刘裕曾在京口起事,大举北伐,恢复中原并建立政权；③刘裕之子、南朝宋文帝刘义隆,想以北伐建功立业但因草率而致兵败；④汉朝霍去病战胜匈奴,在狼居胥山举行封山大礼而还；⑤北魏太武帝拓跋焘追击刘义隆到京口瓜步山并在山上建立行宫；⑥战国时,赵国良将廉颇虽老思用

二、倾情诵读，整体感知

1.分别诵读两首词，体会两首词不同的感情基调。

《水龙吟》：高亢昂扬，悲愤激切。

《永遇乐》：感慨深沉，慷慨悲愤。

2.分别概括出两首词的三要内容。

《水龙吟》：作者通过写登建康赏心亭的所见所感，抒发作者收复失地，统一祖国的雄心壮志和功业未成的苦闷心情，表现对南宋统治者苟且偷安的批判，表达深沉的爱国之情。

《永遇乐》：作者旨在歌颂追慕英雄及其功勋业绩，感叹"时无英雄"，并借刘义隆、廉颇的故事，抒发对南宋王朝的愤感，和自己抗金救国、恢复中原的热切愿望以及希望不能实现的苦闷。

三、对比鉴赏，感受形象

1.两首词中，有许多令我们印象深刻的词语，其中各有哪个动词最富表现力？

《水龙吟》："拍"。栏杆拍遍是胸中有说不出来的抑郁苦闷之气，借拍打栏杆来发泄。一个"拍"，把作者雄心壮志无处施展的急切悲愤的情态宛然显现在读者面前。不仅是拍，而且是拍遍，是到处拍，足见胸中悲愤之深切、强烈。

《永遇乐》："觅"。"觅"字准确地表现了作者对英雄人物孙仲谋的崇敬、仰慕与向往，主观情感色彩十分强烈，更有寻觅不到的深深遗憾与苦痛。

2.同是写登临，词人运用了怎样不同的方法？

《水龙吟》：借景抒情。江月、山景、落日、断鸿、游子……词人由水写到山，由景写到人，由无情之景写到有情之景，"楚天千里清秋，水随天去秋无际"是词人在赏心亭上看到的江景，水天一色的辽远和如簪似髻的山影牵动了他久蓄的愁苦，气象阔大，笔力遒劲。由客观而及主观，感情也由平淡而渐趋强烈。一切都在推进中深化、升华。当夕阳西沉，孤雁哀鸣，赏心亭上的词人怎能不对远在北方的故乡万分思念！怎能不将其腰间空自佩戴的宝刀看了又看，悲愤地拍打起亭子上的栏杆呢！然而，这一切又有谁能领会呢？

《永遇乐》：借古讽今。作者登高远眺，但见山河长存，世事沧桑，不禁缅怀历史上两位在京口起步而建立丰功伟绩的英雄明君孙权和刘裕，作者慨叹乱世英雄难觅，表达自己决心恢复中原的宏大抱负，同时借两位古代帝王建功立业来讽刺南宋统治者屈辱求和的无耻行径。

3.同是登临，同是用问句结束，词人有着怎样的不同心境？

前者，正值壮年的词人，慷慨激愤，拍遍栏杆，忧愤难泄，恨恨地唱出："倩何人换取，红巾翠袖，揾英雄泪？"英雄无泪，只因未到伤心处，辛弃疾却黯然流泪，那是因为他的心在滴血！词人为山河破碎、朝廷偏安贪逸而落泪，为自己飘零失所、年华流逝而落泪，为壮志难酬且又无人理会而落泪。

后者，步入晚年的词人，屡遭打击，空怀抱负，雄心不死，渴望听到："廉颇老矣，尚能饭否？"已经到了这样的地步，辛弃疾仍不心死，做着英雄的"梦"，他做寻觅孙权的梦，是因为时无英雄；他做刘裕业绩的梦，是因为南宋萎靡，难成大器；他做元嘉草草败绩的梦，是为警戒时人，不要重蹈覆辙；他梦见中原的烽火，是因为他伤时忧国；他梦见廉颇待诏，是希望自己虽老也能被重用，一展夙愿。然而，梦终归是梦，辛弃疾心里也十分清楚，留给他的只有无尽悲痛。

四、赏析典故，涵泳深意

（略。见本书第一讲。）

五、总结方法，归纳全课

1.明确鉴赏的方法：知人论世，意象解词，揣摩典故，朗诵传情，比较赏析。

2.总结：辛词时而立意辽远、意境开阔，它仿佛令我们拔地凌空、极目游骋；仰则天高，俯则水远；天高水远，无边无垠。时而怀古忆昔，伤时讽今，它似乎让我们一气贯注，纵横捭阖；或唤英雄，或叹时局；沉郁苍凉，掷地有声。

3.泛读两首辛词。

六、布置作业，拓展延伸

南乡子登京口北固亭有怀

何处望神州？满眼风光北固楼。千古兴亡多少事？悠悠，不尽长江滚滚流。

年少万兜黎，坐断东南战未休。天下英雄谁敌手？曹刘。生子当如孙仲谋。

试将此词与《永遇乐·京口北固亭怀古》进行比较，分析异同。

古诗词教学中，坚持让学生多读、多比较，才能形成鉴赏的"眼力"。有了这样的眼力，学生在诗作的纷繁复杂、扑朔迷离中才不至于雾里看花、月迷津渡，而能够眼透纸背，辨真假、识美丑，从而对作品的内在价值作出正确的评价。高中语文新课程的这一单元将一位词人的作品两两编排设置，其间或许不乏这样的用意。

本课中辛弃疾的两首词，是词人在不同年龄段的写的立意志趣相近的作品，比较，能看出作者心迹变化的轨迹；两首词又都是登高望远的伤情沉思之作，比较，可以看出作者在同一行为方式下不同的表现手法；两首词又都运用了大量的典故，体现出辛词的风格，比较，可以体会出典故运用的意义与作用。

因此，全课贯穿比较，既感受到词人不变的爱国情怀，又领会到词作别样的抒情方式；既看到作者善于运用的作词手法，也感觉到其间细微的变化和内里不同的意义指向。总之，在比较中知人论世，在比较中体会诗情；在比较中整体把握，在比较中细部揣摩；在比较中强化知识，在比较中提升能力。

再如，同一单元的同类文体要通过比较发现各自的不同，可以在教学中特意为所教的文本再找一个比较的参照对象，来传授阅读方法，提升思维品质。我在教杜甫《登高》时，为了区别咏怀诗和咏史诗的不同、诗歌情与景关系的不同，特意选了杜甫《蜀相》与之作比较，下面是课堂实录片段。

师：大家在了解了《登高》所写内容后，请再读一首杜甫《蜀相》。并请大家完成这张表格。

生：（齐读）

师：这两首诗描写的景物分别是哪个季节的？

生：《蜀相》是春天，"映阶碧草自春色"；《登高》是秋天，重阳登高。

师：两首诗都是抒情诗，抒情特点有何不同？因何抒情？是什么引发了诗人的情感？

生：《蜀相》由武侯祠想到诸葛亮，又由此及彼，想到自己；《登高》由秋色荒凉，联想到自己老病孤独、长年漂泊。

师：我们把借古人古事抒怀抱的，称为——

生：（齐声）咏史诗；

师：我们把借个人行为来抒遣郁闷的叫——

生：（齐声）咏怀诗。

师：好，请看区别——

【PPT投影】

咏怀多因景生情、抚迹寄慨，所抒多为今昔感衰、人世沧桑之感；

咏史多因声兴感、抚事寄慨，所寓多为对历史人物的见解态度或历史鉴戒。

师：我们再来找找两首诗写景的句子，看看诗句中情与景的关系。

生：《蜀相》中"映阶碧草自春色，隔叶黄鹂空好音"是景色描写。

师：这两句中什么词能表现诗人心情？

生："空"和"自"，春色、鸟鸣都与诗人无关，诗人是孤独、寂寞的，诸葛亮也是寂寞的。

师：请大家齐读这两句。（生齐读）这叫乐景写哀情。《登高》呢？

生：《登高》中写景句为"风急天高猿啸哀，渚清沙白鸟飞回。"

师：这两句写了多少景物？

生：风、天、猿、渚、沙、鸟。

师：诗人的情感表现在哪些词上？给人的感觉是怎样的？

生：急、高、哀、回。

生："急风、高天、哀猿、清渚、白沙、飞鸟"给人的感觉：凄凉萧条。

师：这是景中含情。我们再来比较一下两首诗的感情基调。

生：《登高》悲壮苍凉，《蜀相》悲愤。

师：有"愤怒"吗？（生摇头）《蜀相》感伤叹惋，《登高》孤愁悲苦。下面我们带着这样的感情再读两首诗。（师生齐读）

师：文有文眼，诗有诗眼，你认为选择哪两个词，最能体现诗意？

生：《蜀相》的诗眼应是"寻"。因为杜甫在寻蜀相的过程中，他自己也是一直怀才不遇。

生：《登高》的诗眼应是"哀"。

师："哀"的主体是猿，有没有更好的词？

生："悲"。

师：杜甫一生都在"寻觅"，"寻蜀相"不得而"登高"，"悲"由"寻"来，因"寻"生"悲"。

师：好！我们一起完成表格。

【PPT投影】（表格是在学生的比较下逐步完成的）

比较点	蜀相	登高
季节	春天	秋天
抒情特点	借古人抒怀抱（咏史诗）	借登台遣郁闷（咏怀诗）
情景关系	乐景写哀	景中含情
感情基调	感伤、叹惋	孤愁、悲苦
诗眼	寻	悲

师：好，通过对两首诗参照比较，我们觅取了诗心。（板书：参照比较，觅取诗心）下面，我们继续分析诗人登高时内心因何而悲？共有几层"悲"？

这样的教学过程，不仅丰富了学生对杜甫诗歌的认知，更是在比较中，辨析了诗体特点、情景关系和感情基调，把握了诗歌的鉴赏途径，学生思维也得到了发展与提升。

新一轮语文课程改革致力于学生的多元化发展和综合型能力的培养，群文阅读教学以其培养学生阅读能力，开拓学生阅读视野，提高学生语文素养等优势，成为近年来备受推崇的阅读教学模式。这种阅读教学形式突破了传统阅读教学的某些局限，为阅读教学开辟了新的局面和道路。

四、批判：拥有善于独立思考的执着

批判性思维是一种思维模式，即一个人看待这个世界的一种方式或对待学术的一种态度。我们常常习惯地认为批判性思维的目的是挑错，就是找出别人说、写、做得不对的地方。事实上，批判性思维是一种以逻辑思维为基础的、理性的、反思性的思维策略，其根本指向是真实、公正和合理，其根本目的在于辨明事理，不断修正自我的信念与行动。这里就批判思维在阅读与写作教学中的运用谈一点个人的认识和实践。

1.批判思维的阅读教学运用

批判性阅读就是要不断拓展学生的思考空间，使其思维从一维进入多维，从浅层走向深层，从碎片化迈向系统化，寻求文本更深层的理解与认知，让思维过程得以全部展现。日常的阅读教学中，我们较多地习惯于浮泛和表面，少有审问与深究，尤其是文言文教学，大都陷于字句的漩涡中。具有批判思维的阅读教学要着力引导学生思考，引导学生进行文本细读，力求看清作者所构造的文本世界。我教王安石《游褒禅山记》，就是要引导学生发现作者是如何在"寻常山水"中发现"至理名言"的，从浅层走向深层，激发学生的思考。下面《游褒禅山记》教学实录的片段。

析理：借题写己，深情高致。

师：回到王安石，一处寻常的山水，一次失败的游历，诗人王安石却偏要从中发现人生的至理名言，我们一起来看看他究竟表达了哪些深刻的道理。

【PPT投影】

寻常山水——至理名言

师：文章表达的道理有很多。比如文章第三段开头"古人之观于天地、山川、草木、虫鱼、鸟兽，往往有得"，有没有哲理？好像有，观万物皆有得，仅止于此还不够，"以其求思之深而无不在也"，不是看了山水就有得，而是要有思考，思考要深，还要广，所谓"无不在也"，这样就出现这么一句名言："求思之深常有得。"好，文章中这样的哲理很多，照着这样的思路，我们大家一起来找找。

生：（思考）

生：文中有"世之奇伟、瑰怪，非常之观，常在于险远"句，可以得出：奇伟之景在险远。

师：不错。毛泽东主席就说过"无限风光在险峰"。还有吗？

生：非常之观非有志者不能至。

师：嗯，有志者方能至奇观。理想永远是我们奋斗的目标，一定要勇敢向前。还有吗？

生："尽吾志也而不能至者，可以无悔矣"。

师：能不能不用原文，自己概括一下？

生：尽志不至可无悔。

师：很好。还有吗？

生：有志而不随以止。

师：有志不随，才是成功的秘诀。还有吗？

生：学者要深思而慎取。

生：成功需要依靠志、物和力。

师：很好。志是我想的，力是我能的，物是我能依靠的。好，我们从文中发现了这么多的道理："求思之深常有得，风光常在险远处，有志者方能至之，凡事勿随之急止，成事有赖志力物，尽其志则可无悔"……还有，"力足未至可讥悔"，明明有力却退缩是可耻的，让我们想起《老人与海》中的桑迪亚哥，耗尽所有力量也要和鲨鱼战斗到底，那是真英雄啊。

【PPT投影】

寻常山水——至理名言

求思之深常有得

风光常在险远处

有志者方能至之

凡事勿随之急止

成事有赖志力物

力足未至可讥悔

尽其志则可无悔

凡事当深思慎取

师：王安石这些道理是随意提出来的吗？其中的侧重点在哪？这八个方面的逻辑关系是怎样的？

生：（小声）递进？

师：递进关系吗？仔细想想。

生：应该是总分关系，第一句"求思之深常有得"，应该是总，以下的都可以看作是"得"。

师：正确。其实王安石的这些想法都源自一"洞"和一"碑"，因此下面七点可以分为两类，针对一"碑"，得出了"凡事当深思慎取"，那对一"洞"呢，他思考的逻辑起点在哪里？换言之，是什么事件让产生了前后如此多的思考？

生：应该是他后悔随他人一起出洞吧。

师："凡事勿随之怠止"，为什么？

生：因为既然是要去游览总是要想法的，希望看到更美的风景，也总会抱有一定的志向的，所以就有了前面"风光常在险远处"和"有志者方能至之"的两个想法。

师：对。"随之怠止"是王安石此次褒禅山之旅的切齿之痛，很不爽，本想到达风光无限的远方，但因为"随"而没有到达，于是开始了对各种达到成功的要素（"志""力""物"）的分析，有了如何努力才可以做到无悔的办法。

【PPT投影】

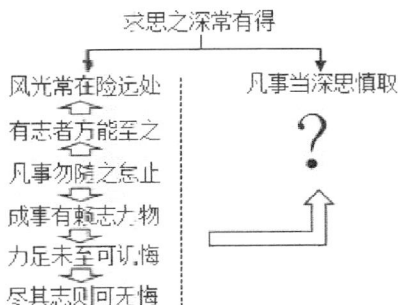

师：所以文章从一次游玩，得出了两个观点：一要深思慎取，二要尽志勿随。

【板书：深思慎取，尽志勿随】

师：问题来了，一篇文章为什么要写两个观点？它们之间有没有联系？

生：我觉得有关系，"深思慎取"讲的是我们对所做事情要想深想透，然后再进行做决断，而"尽志勿随"是指我们当决定要做一件事的时候要坚定执着，好像是一个问题的两个方面。

师：好，其实，作者是从"知"和"行"的角度进行思考的。【板书：知，行】这样一个理解，看起来是一个人的成长问题，或者是做学问的问题。但在王安石那里有没有别意思，别的联系了？

生：（思考）

师：想想王安石是一位怎样的人？

生：嗯，王安石不仅是文学家，还是一位政治家，大概与他的变法有关吧。

师：没错，请看背景介绍。

【PPT投影】

本文写于至和元年（1054年），当时作者刚辞去了舒州通判的官职。辞职后的王安石一连谢绝了当朝政要文彦博、欧阳修的种种举荐，放弃了馆职、谏官、群牧判官这样一些一般人求之不得的京官职位，最后他接受了朝廷对他的提点江东刑狱的任命。四年后的嘉祐三年（1058年），王安石进入了

"掌天下钱粮之数"的度支司担任判官，随即给皇帝上了变法理财的万言书。宋史上说："后安石当国，其所注措皆祖此书。"以上事实表明，辞去舒州通判之后，王安石即开始有意识地设计自己的人生道路，他放弃了一条条通达然而平庸的仕官道路，踏上了通往变法改革的艰险道路，写于辞去舒州通判之后担任提点江东刑狱之前的《游》文就是作者这一人生抉择的思想感情的反映。

师：34岁的王安石来到了褒禅山，这里，似乎成为他人生的一个转折点，他考虑的可能不仅仅是自己如何做事、做学问，他想的更多的是自己将踏上的通往变法改革的艰难之路。因此这次游历让他明白了两个道理，一是要懂得取舍，"深思慎取"；二是要学会进退，什么时候该进，什么时候该退，要有定力，勿随怠，要尽志无悔。

"求思之深常有得"作为王安石思考此次失败游玩的逻辑起点。思"碑"，进而得出"凡事当深思慎取"；思"洞"，告诫自己"凡事勿随之怠止"，于是，更进一层分析了失败的主客观原因，明白了"尽其志则可无悔"的道理。从简单的游览背后，一步步推想出王安石改革决心和人生轨迹。学生在学文言时，掌握的不只是相关文言词句，更是在体会古人的智慧，提升了自己观察事物时，精准分析和判断的能力。

批判性思维的一个重要特征是学生要有独立的思维以及自己思考问题的角度和方法。教学中，我常常鼓励学生在文本学习的过程中，不断突破思维的陈规，用于突破定式思维，不人云亦云，善于发表自己的观点看法，一旦学生勇于表达自己的观点，我更是认真加以肯定与保护。这里说一个我教《胡同文化》的小插曲。

课堂上，在和学生一起分析了胡同文化的总体特点是"封闭""忍"，具有安土重迁、自扫门雪、易于满足、不管闲事、逆来顺受等特点后，接着我们一起分析文章最后的一段话。下面是课堂实录片段。

师：面对如此衰败没落的景象，作者在最后一段用了哪些词语表达他的心情？请从这一段中找出三个词语。

【PPT投影】

看看这些胡同的照片，不禁使人产生怀旧情绪，甚至有些伤感。但是这是无可奈何的事。在商品经济大潮的席卷之下，胡同和胡同文化总有一天会消失的。也许像西安的虾蟆陵，南京的乌衣巷，还会保留一两个名目，使人怅望低徊。

生：（较整齐）怀旧，伤感，无可奈何。

师：这三个词加在一起，反映出作者对胡同和胡同文化是怎样的一种情感？

生：面对现实，作者有他冷静理智的一面，消亡是必须接受的现实，也有达观超脱的一面。

师：非常正确。所以这种心情很好的体现在结尾句"再见吧，胡同"……

生：（突然站起）我觉得不是这样的。

师：好，你说说你观点。

生：事物都有其两面性。我们认为可能是负面的特点，换个角度也许是有积极意义的。比如说胡同文化特点"安土重迁"，反映中国人热爱故土，有什么错？"自扫门雪"说明有责任意识啊，而"易于满足"说明知足常乐嘛，至于"不管闲事、逆来顺受"不正是中国人的生活智慧吗？所以从这个意义上说，我觉得汪曾祺先生可能包含着对"胡同文化"消失后的一种依恋、不甘心的复杂心情。不知对不对？

师：说得很有见地。汪曾祺先生之所以写下这些文字，本义有可能就是希望后人能在意传统文化的这种"危机"，当然，物质的没落不等于文化的消失，胡同文化作为传统的文化之一，也必将会转移、溶解到新的建筑形式中，或许今后我们还会重新发现胡同的文化价值。

在教学中的关于胡同文化讨论巧妙引发学生的认知冲突，以导致"新大陆"的发现，有效地搭建学生问题的生成和解决的平台，让学生理智地认识和看待传统文化，形成一种正确的文化价值观。

2.批判思维的写作训练运用

从人的认知方式和思维特点看，高中阶段是理性精神与批判性思维、抽象思维和逻辑判断力形成的关键时期。从这个意义上说，高中写作教学应该尊重学生的这个成长规律，努力去培育学生的理性精神、批判意识。在此介绍两个课例：一是我参与指导的马鞍山市第二中学贾洁老师上的《学会辩证分析》课例，二是我在工作室活动中上的一节市级观摩课《审题的智慧——焦点·角度·组合》。

贾老师上的《学会辩证分析》是参加省优质课赛课的获奖课例。她选择"小曾微博直播自杀"的时事新闻作为教学的材料，我是支持的，材料很适合比赛的课题"学会辩证分析"，但心里还是替她捏了一把汗的。她是坚定地要用这个材料。理由三个：一是刷微博微信已经成为人们生活的一部分，与之有关的新闻事件贴近学生的生活，这让学生有话可说；二是新闻事件的主人公与学生几乎是同龄人，比较容易引发学生的思考；三是微博自杀的事件，关乎生命，关乎看待生命的态度，对这样的事件进行深入的思考，实际上也是让学生对自己与他人的生命进行思考，语文课更要有温度。她的想法我也认可。下面是《学会辩证分析》的课堂实录。

《学会辩证分析》课例赏鉴①（节选）

【教学目标】

1.引导学生用全面的眼光看问题、用一分为二的观点看问题、用发展的观点看问题。

2.学会用具体的语言表现辩证的思维。

【教学重难点】

如何把辩证思维和写作理论落实在写作实践中。

【课堂实录】

一、联系生活，创设情境

师：上课前先作个小调查：我们班的同学中有QQ、微信、微博账号的同学请举手。（不少学生举手。）经常使用QQ、微信、微博的同学请举手。

———————

① 贾洁，郭惠宇.《学会辩证分析》课例赏鉴[J].语文教学通讯,2015(7-8).

（学生相视而笑，只有部分学生举手。）其实，在当今这个信息爆炸、科技高速发展的时代，写微博，刷微信，已经成为我们日常生活不可缺少的一部分，下面我们一起来看一则与微博有关的新闻。

【播放新闻视频《冷漠的围观》】

二、交流讨论，要用全面的眼光看问题

（一）事件评说

师：刚才有不少同学举手表示自己使用过微博，自杀身亡的小曾是你们的同龄人，那么你们在看了这段视频之后的第一感受是什么？你觉得谁该为小曾的死负责呢？

生：我觉得反映了人性的冷漠。因为在小曾直播自杀的过程中，网友看到了，评论了，说明他们是有机会帮他去报警的，但是他们没有。

生：我觉得小曾应该为自己的死负责，他虽然在感情上遇到了挫折，但也应珍惜自己的生命，就算他不为自己，也该为自己的父母想想，养他这么大也不容易。（学生笑）

生：我认为要说这件事中的网友都是冷漠的，是不恰当的。

师：哦？这怎么说？

生：我以前就曾看过一则借微博自杀直播博关注的新闻，我想有些网友可能并不是一开始就冷漠的，也许他们看过类似的新闻，只当小曾的微博也是博个关注，但没想到小曾是真的。

师：也就是有点类似"狼来了"的故事，网友们见了太多的假自杀，也就麻木了，是这个意思吗？

生：是的。

（二）思路引导

师：总结同学们的观点大致可以概括为三种：一是批评网友的冷漠无情，二是批评小曾不珍惜生命，三是认为太多的微博自杀秀造成了网友的冷漠。好，如果今天就以此新闻材料，写一篇题为"谁杀死了小曾"或"谁该为小曾的死负责"的议论文，我们把刚才三个观点连缀在一起，每个观点各写一段文字，再加上开头和结尾，是不是就是一篇议论文？

生：是的。

师：这样的文章有思辨性吗？

生：应该有，因为这是对同一个事情不同角度的观点。

生：我觉得这样的文章不具备辩证性，只停留在一个表层，还不够深入。

师：那怎样才算深入呢？如果我们以第一个同学的观点"小曾的死体现了人性的冷漠"为例，该如何写出一篇有辩证思维的议论文呢？如果写，你会怎么写呢？

生：如果我来写，我会先大致把事件介绍、概括一下，然后我就会写网友行为的冷漠，他们应为小曾的死负责，接着我还要写小曾，他不乐观，写他不应为一点小事就自杀。

师：好，还有不同的想法吗？

生：我会先把事件概括一下，然后侧重去写网友冷漠的表现。

师：那你在行文中对网友是什么态度？

生：批判的态度。然后会呼吁我们的生活中应该有一些正能量。

师：好，如果按照刚才两位同学的思路，我们的文章可以写成什么样的呢？可以写网友的语言冷暴力，甚至可以直接落在人性的冷漠上，列举一些生活当中冷漠的事情，如"小悦悦"事件老人摔倒了无人扶等。当然，觉得例子老旧，也可换些新例，如两天前在广西刚发生的一女子跳江事件，围观者甚众，但无一人施以援手，最终女子落江失踪。但顺着这种思路写下去，能不能体现我们今天所要讲的"辩证"思维呢？

师：有同学摇头，好像不能。因为我们只是从一个角度、一个层面、一种观点去作了些证明，没有真正体现辩证思维。我们怎样才能体现辩证思维呢？首先来思考一个问题：是不是所有的中国网友对这件事都是冷漠的，都是漠然的，都是视而不见的呢？

生：我觉得不是，有的网友还是有善意的，想帮他。

生：我觉得有三类：第一种是恶语相向的冷漠的网友；第二类是想帮助小曾的热心网友；还有第三类，这类网友没有恶语相向，他们只是冷漠的看客，就像是鲁迅先生笔下的看客一样。

师：好，总结一下，我们可以把同学们说的规劝小曾的和对小曾恶语相向的网友归为一类，因为他们不仅看了小曾的微博，而且还评论了。第二类，就像刚才同学们提到的鲁迅先生笔下的看客，只看不说的，只是冷漠地围观的。还有第三类，在我们生活中很常见，就是看到一件事，他也不清楚发生了什么，马上跟上去……

生：起哄的。

师：对，起哄，盲目跟风。

【投影】（1）恶意评论，善意规劝；（2）热衷围观，不表观点；（3）盲目跟风，不加思考。

师：你看，从同一个角度进去，我们也可以看到一个问题的不同的层面，这就是同学们刚才忽略的一个问题：即使是一类人，看待同一件事情也是有不同的立场的。这就要求我们写作议论文时看问题要全面，既要看到问题的不同角度，也要看到同一角度不同的方面。

三、转换思维，要用一分为二的观点看问题

（一）学生写作

师：但我们还能再深入一点吗？（有的学生摇头，有的学生沉默不语。）看来同学们遇到了难处。怎样突破这个难点呢？同学们注意到我刚才的问题中用了一个"但"了吗？这是一个表示什么关系的连词？

生：转折。

师：对，转折。这个词逼着我们要让我们的思维转个弯，让我们的思维转到我们未曾想到过的对立面上去，重新思考。下面请同学们从三个观点中分别选一个，这三个观点都是站在批判的立场上评论事件，你能换个思维，从批判的对立面再树立一个观点，重新看待这件事吗？下面给大家5分钟的时间，你可以从这三句话当中，挑选任意的一句在"但是"的后面加上新的观点，附上两三点简明的理由。下面请大家思考，动笔写作。

【投影】

（1）有人说是网友的评论尤其是劝死跟帖"杀"了他，但是……

（2）有人说是网友的冷漠特别是漠不关心"杀"了他，但是…

（3）有人说只是部分不理智不淡定的网友"杀"了他，但是……

（学生写作。）

（二）交流展示

师：时间到。写出来的，请你给大家分享一下；没写出来，也可说说写作中遇到的困难是什么。

生：我写的是第二句。有人说是网友的冷漠特别是漠不关心"杀"了他，但是如果我们换个角度来看，网友都不去关注小曾自杀直播，都不去评论他的微博，都没有人看他了，小曾可能也就会放弃自杀的念头了。

师：也就是说网友不关注、不评论可能也是对小曾的一种帮助，对吧！

生：我写的也是第二句。有人说是网友的冷漠特别是漠不关心"杀"了他，但是人本善良，为什么网友们会那么冷漠，也可能是因为像扶起了摔倒的老人反被索赔的事情太多了，伤害了善良热心的网友，所以网友们不敢表达爱心，不敢做好事。

师：也就是说，新闻中小曾之死，乍一看，冷漠的网友有推卸不掉的责任，但是一切事物的内部都包含着两个方面：网友冷漠固然有错，但小曾不珍视生命，也不值得肯定；网友冷漠中有恶的一面，但网友的恶从何而来？网友的善因何而消失？……网友与小曾，善与恶，这两个方面是不同的、相互对立的，同时又是相互依赖、相互统一的。这两个方面存在着既对立又统一的关系。这就涉及思辨的第二个方面——看问题要有对立统一的眼光：事物有对立的两极，在一定条件下可以相互转换。

四、打开思维，要用发展的观点看问题

（一）理论指导

师：刚才有同学说感到难以下笔，感觉"但是"后面接不上内容。除了要知道用对立统一的观点来看问题之外，我们该怎样展开议论呢？以第二句为例：有人说是网友的冷漠特别是漠不关心"杀"了他，"冷漠"是人性中不美好的一面，是"恶"的表现，那么"恶"的对立面是什么？是人的"善"。那么我们在"但是"的后面能不能把这个"善"表达出来呢？我们可以用孟子的"人性本善"来接，那么后面我们该怎样展开我们的议论呢？

我们先找一些哲理来认识一下什么是辩证思维。一是量变与质变。正如刚才最后一位同学说的，一些网友也并非一开始就冷若冰霜，对人毫不关心，而是太多的假丑恶的事情，特别是那些带有炒作性的微博自杀秀，让网友不再敢有善心，也不再敢行善举。"质"的变化，源于"量"的积累。二是原因与结果。今天小曾遇到的网友的冷漠是由于之前假丑恶的事情所导致的"结果"的话，那么下次再有人直播自杀，网友是不是还会这样冷漠，这不是又成了下一次事件的"原因"了吗？有时，原因和结果是可以相互转化的。三是偶然与必然。小曾之死看似是一个偶然事件，但是网络运营商只提供微博交流的平台，却没有建立行之有效的监管机制，对大量出现的"微博自杀"没能及时屏蔽，使小曾的"微博自杀"成了必然，也会让这个社会出现更多的"小曾"。

（二）写作指津

1.往回看，问"为什么"。

师：可能有同学说老师你讲得太抽象了，我还是不知道怎么去写，怎么办？写作中，我们如何能体现出发展的眼光呢？简单说，往回看，了解事物的"来龙"，以深刻理解事物的现状。问一问：网友为什么会这样冷漠呢？过去有没有这样冷漠的事情呢？

【投影】

暴君的臣民，只愿暴政暴在他人头上，他却看着高兴，拿"残酷"做娱乐，拿"他人的苦"做赏玩，做慰安。自己的本领只是"幸免"。（鲁迅《热风·随感录六十五》）

我们中国人总喜欢说自己爱和平，但其实，是爱斗争的，爱看别的东西斗争，也爱看自己们斗争。……任他们斗争着，自己不与斗，只是看。（鲁迅《伪自由书：观斗》）

师：这是不是就是我们今天这些围观网友的形象写照？往回看，原来不仅有还曾经有人写过，这是文化层面。再往回看，网友为什么会有今天的冷漠？是有过去的"假"，才有今天的"伤"，有其因才有其果，这是社会层面。

2.往前看，问"如果"。

师：这是我们往回看的结果。站在今天的角度，往前看，抓住偶然与必然的联系，思考这件事以后会不会再发生，如若发生该怎么办，还像今天这样冷漠吗？往前看，可以看到事物发展的"去脉"，正确把握当前的行动。我们可以用"如果""假如"等假设连词来引发对事物发展趋势的思考。

追过往，问"为什么"；看未来，用"如果"。善用这样的方法，能写出什么样的文章呢？我们来看个实例。

【投影鲁迅杂文《中国人失掉自信力了吗?》，内容略。】

师：你看鲁迅先生这篇小短文，不断用"但是""不过"，不断地看到事物的两面，不断地假设，不断地追溯，这就是辩证思维。

（三）修改升格

师：下面请大家用"不过""假如""为什么"，修改你刚才的语段，使之具有辩证的力量。

（四）交流反馈

师：下面请两个同学来读一下修改过的片段。

生：有人说是网友的评论尤其是劝死跟帖"杀"了他，但是责任真的只在网友吗？小曾自己不珍视生命，难道就不该批评吗？如果小曾能坦然面对生活中的挫折，还会用微博直播自己的自杀吗？还会有悲剧的发生吗？当然不会。师：很好，从小曾的角度来立论。

生：有人说是网友的冷漠特别是漠不关心"杀"了他，但是网友们冷漠也是有原因的。因为之前的虚假新闻让想帮助人的网友的热心渐渐淡漠，如果之前没有那么多的虚假新闻，网友们也许不会这样冷漠地看待这件事，也许就不会有小曾的悲剧了。

五、总结方法，展示例文

师：今天这节课借这一个新闻事件，明确了写议论文时，不仅要看到不同的角度，更要看到同一角度的不同方面。要想使议论文具有辩证性，可以用"但是"让自己的思维转个弯，站在对立面重新看待问题。我们既要向过去多问几个"为什么"，追溯事件发展的原因，也要向未来多问几个"如果"，设想事件发展的不同可能性。这样，我们才能写出有个性、有思想、有境界的文章。下面是老师写的下水文。仅仅是向同学们展示一种写议论文的范式。

【投影"下水作文"】

谁该为小曾的死负责

（略）

六、布置作业，学以致用

根据所给材料写一篇800字的议论文。

如何让写作与学生的思想和生命成长同步？如何在写作中学会理性表达，深入反思？贾洁老师的这节作文教学指导课有如下启发。

一是直面生活，培育公民意识。公民意识教育旨在使受教育者正确地认识、积极而负责地参与国家和社会公共生活，以发展国家和社会为己任。教育需要与开放的社会、变化的时代相呼应，无论是对社会的理性思考还是批判意识，都需要从学生时代培育。而写作是折射年轻人对社会和人生思考能力的棱镜，写什么的问题，在很大层面上反映了教育者在学生中倡导怎样的世界观和方法论。一次关于"学习辩证分析"的作文指导，应该甚至必须在价值观上作较为深刻的引导。我欣赏执教者在这节作文课上的选材：一则关于"微博直播自杀"的敏感新闻，一个关于如何对待生命的冷峻话题。这是一次在赛课上进行的挑战性冒险实验，执教者在课堂上的实际把控十分到位，而学生对新闻事件的认识也都朝着积极向上的路径推进，相信这对他们今后如何用辩证的思维看待此类问题，大有裨益。

二是打开思路，提升分析品质。既然要讨论"辩证分析"，自然要沿着"全面的、对立统一的、发展的"这样的概念推进，这类概念教学常常是从理论到理论，枯燥而鲜实效。贾老师在处理这三个概念上，既不回避说理，又灵巧自然处理。在首先聚焦"谁该为小曾的死负责"之后，她时而把抽象内容分解为不同步骤，从事件表层的举证到网友行为的分类，从一个角度推向多个层面；时而将连词巧用体现文意承转，在"但是""为什么""如果"

几个词语的串接中，巧妙地说清了什么是一分为二，什么是联系发展；时而以经典引路观照过去未来，运用鲁迅先生的名言名篇，直接将过去、现在、未来捏合一处，不仅让思路明晰，更将作文指导提高到深刻的平台。这种将思路打开、分解的方式，相信会让那些将议论文写作视为畏途的学生茅塞顿开。

三是亲自实践，树立作文标尺。作文教学指导中常常需要追问句："教师在哪里？"教师的角色不仅是指导者，为学生剖析，为学生引例；他还是一个欣赏者，为学生点评，给学生鼓励。但我以为，指手画脚不能只成为教师作文教学的常态，教师还应当成为实践者，你要学生写得生动，你自己就要具备锦心绣口的才情；你要学生写得深刻，你自己就要练就高屋建瓴的识力。贾老师敢于亮剑，下水试作，勇气可嘉，且行文也可仿可学，可圈可点。

高考作文是很能判断出一个青年学生的思维能力的。大多数的考生在写作上之所以想不远、写不深，很大的原因是从一开始的审题环节就出了错，他们在运用批判性思维的分析评价能力、归纳推理能力和想象发散能力等三方面上存在不足。因此，我曾以工作室的名义，组织了一次主题为"思维与写作"的全市语文教研活动。我们围绕着"作文前的作文——审题的智慧"（郭惠宇），"作文中的作文——辩证说理"（章荣勋）和"作文后的作文——从写对到写深"（江南）展开对作文教学的思考与实践。下面是我执教的《审题的智慧——焦点·角度·组合》课堂实录片段。

师：临近高考了，作文写作始终是我们大多数同学感到有压力的题目，而我们最担心的是万一题目看走眼了，一路写下去，多危险啊！今天就和大家聊聊论述类材料作文的审题，看看我们如何提高自己的审题智慧。首先我们来看一道模考的作文题。

板块一：旧题重温，发现偏差

【PPT投影】

【2017江南十校】 阅读下面的材料，根据要求写一篇不少于800字的文章。（60分）

因战胜世界围棋冠军李世石而名声大噪的谷歌机器人阿法狗（Al-phaGO）连续挑战人类高手，在击败众多顶尖棋手后，又迎来围棋泰斗——"棋圣"聂卫平的挑战。一番激战后，聂卫平执白告负，"阿法狗"赢得第54场胜利。获胜后，"阿法狗"在屏幕上打出了"谢谢聂老师"五个字。

要求：结合材料的内容和寓意，选好角度，确定立意，明确文体，自拟标题，不要套作，不得抄袭。

师：不知道你们觉得这道题应该如何立意。应试后，我整理出当时考场作文的各种立意，请看投影。

【PPT投影】

（1）人工智能：美丽新世界　　　（2）人机大战，胜者谁？

（3）保留那应有的骄傲　　　　　（4）科技进步需要人文精神

（5）竞争之下必有成长　　　　　（6）科技创造美好生活

（7）围棋的艺术　　　　　　　　（8）尊重对手

（9）警惕科技灾难　　　　　　　（10）失败的英雄

（11）送一轮明月给他　　　　　（12）新"师说"

（13）智能世界：让我欢喜让我忧　（14）人类是真正的赢家

（15）勇于挑战

师：下面请同学来判断一下哪几句是你认为符合题意的。

生：（迟疑）

师：太多了，可能拿不准吧！

生：（点头）

师：我们反过来问，你觉得有哪些立意是你觉得不对的。

生：嗯，第（7）、（9）、（10）……

师：就这三项？

生：有的不清楚会往哪个方向写，像第3、11、12……

师：谁再来说说？

生：我觉得这道题主要是与人工智能，也就是"机器人阿法狗"相关，那么其中的第（1）、（2）、（4）、（6）、（9）、（13）、（14），都可以吧……

师：这么多啊，大家都觉得他说得对，是吧。是的，乍一看，这里面除了第7条有点离谱，其他也的确似乎都与题意沾边，但要深究起来，立意最佳的只有两项，你相信吗？

生：（惊讶，议论纷纷）

师：好，我来揭晓答案。考后命题者公布的最佳答案是第4、8项。所以，审题的准确很重要啊。

【PPT投影】

友情小贴士：审题粗心，写跑题，这是最致命的。第一句就没在点儿上，后面的就更甭提了。

板块二：类型分析，明晰路径

师：好。下面我们来研究审题究竟审什么？刚开始，大家觉得这个审题很容易，是吧！

生：（都点头）

师：大家研究一下题目有没有在什么地方暗示，告诉你"我不简单哦"？

生：我觉得"要求"里有"寓意"两个字，可能有暗示。

师：看来你很聪明啊，一眼就看出了，刚才看到了吗？

生：没有。

师：你告诉大家，什么叫"寓意"？

生：寓意，大概是指内容比较深邃，有隐含的意思吧。

师：不错，寓意就是有所寄托、有所隐含的意思。命题者特意用这个词是有用意的吧！因此，审题的第一要紧的是不可放过每个细节。

【PPT投影】

友情小贴士：审清题目的要求、限制、提示等。

师：当然，审题主要还是要读明白材料。好，我们在注视这道题目。如果我们对这则材料做一些切分，你注意审题会发生什么样的变化。

【PPT投影】

片段一

因战胜世界围棋冠军李世石而名声大噪的谷歌机器人阿法狗（AlphaGO）连续挑战人类高手，赢得第54场胜利。

片段二

因战胜世界围棋冠军李世石而名声大噪的谷歌机器人阿法狗（AlphaGO）连续挑战人类高手，在击败众多顶尖棋手后，又迎来围棋泰斗——"棋圣"聂卫平的挑战。一番激战后，聂卫平执白告负，"阿法狗"赢得第54场胜利。

片段三

因战胜世界围棋冠军李世石而名声大噪的谷歌机器人阿法狗（AlphaGO）连续挑战人类高手，在击败众多顶尖棋手后，又迎来围棋泰斗——"棋圣"聂卫平的挑战。一番激战后，聂卫平执白告负，"阿法狗"赢得第54场胜利。获胜后，"阿法狗"乍屏幕上打出了"谢谢聂老师"五个字。

师：大家觉得不同的分解，可能的立意有哪些？

生：分解一，可能智能科技有关。

生：分解二，立意和挑战有关吧。

生：分解三的立意，命题者认为的最佳立意。

师：大家明白了吗？当材料的内容不同，就会有不同的意义指向。所以，审题要求我们全面地理解材料，而不能看一眼就以为是什么，要学会分析。

【PPT投影】

友情小贴士：完整地理解材料，挖掘题目中的隐含条件。

师：我们总结一下，对于具有寓意性的材料的审题要诀是：要找准焦点。如何找焦点？就是要抓住关键语句，要充分完备条件，然后我们适当地调适焦距，确定立意。

【板书】

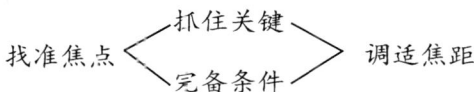

找准焦点 〈 抓住关键 / 完备条件 〉 调适焦距

师：论述类材料并不都是寓意深刻的，有些材料的开放性很大，请看这道作文题。

【PPT投影】

【2018山东卷】读下面的材料，根据自己的感悟和联想，写一篇不少于800字的文章。

某书店开启24小时经营模式。两年来，每到深夜，当大部分顾客离去，有一些人却走进书店。他们中有喜欢夜读的市民，有自习大学生，有外来务工人员，也有流浪者和拾荒者。书店从来不驱赶任何人，工作人员说："有些人经常看着看着就睡着了，但他们只要来看书，哪怕只看一页、只看一行，都是我们的读者；甚至有的人只是进来休息，我们也觉得自己的工作是有意义的。"

要求：选准角度，自定立意；自拟题目；除诗歌外，文体不限；文体特征鲜明。

师：请问：你觉得材料中有哪些要素，或者说涉及哪些人？

生：涉及的人员要素有读者和员工。

师：还有吗？

生：哦，还有书店领导，经营者。

师：好。如果从书店经营者的角度去，可以从哪些方面考虑？

生：嗯，24小时经营模式，书店从来不驱赶任何人，反映出书店尊重人的尊严、坚持全面服务……

师：如果联系一下现实，你还去书店购书吗？

生：很少，大都在网上购买。哦，他们坚守实体店，体现出一种文化的追求吧。

师：好的。谁来说说员工和读者？

生：我认为从员工的角度，有职责操守，很善良，很暖心。而从读者的角度，就是我们要多读书，不要被网络带走了灵魂。

师：好一个"不被网络带走灵魂"！大家都说很好，节省时间，我将可能的立意角度归纳出来，请看投影。

【PPT投影】

书店角度：以人为本、平等待人、尊重人的尊严和价值；企业当有社会担当和积极的文化与精神；适应市场需要，坚守纸质阅读实体店；注重书店转型，坚守全面服务等。

员工角度：社会需要温情、暖心的服务；有担当，守护灵魂追索；有职责操守，给读者精神食粮；体现奉献、敬业、善良、悲悯等品格等。

读者角度：倡导走进读书的行列，让书籍浸染自己的心灵世界，提升精神追求；读书能丰厚灵魂生活；在浮躁的碎片化、网络化时代，独守那份精神的富有；呼吁国家社会为读书提供更加合适的条件、环境等。

师：由此可见，这一类材料具有很大的开放性，随着材料中要素、角度的不同，呈现立意的多元化，开放性。

【PPT投影】

友情小贴士：差异化立意，但不跑题，是高分的基础。

师：这类材料还有一种呈现形式，就是材料要素是单一角度的，但立意可以多元化。请看下例。

【PPT投影】

阅读下面的材料，根据要求写一篇不少于800字的文章。

《中国诗词大会》第三季，来自杭州的外卖小哥雷海为一举夺得冠军，震惊四座。虽说工作十分辛苦，却丝毫没有影响雷海为对诗词的热爱。他常在工作间歇读诗词，他会随身携带一本《唐诗三百首》随时翻看，这样，一个外卖送到了，一首诗也背会了。

以上文字引发了你怎样的思考？请根据要求写一篇文章。要求：①自选角度，确定立意，自拟标题，文体不限。②不要脱离材料内容及含意的范围。③不得套作，不得抄袭。

师：大家觉得这则材料可以从哪些方面立意？

生：雷海为是外卖小哥，但成了总冠军，可谈谈平凡和伟大吧。

生：雷海为热爱诗词，兴趣是最好的老师。

生：雷海为很刻苦，可以从付出与成功的角度谈。

生:我觉得可以从学习方法着眼,你看他很会利用时间。

师:我们一下就找出了四个了,一定还有很多更有新意的。时间关系,这里我就公布一下我整理出的。大家想想是否合理?

【PPT 投影】

兴趣与学习	学历与实力	物质与精神	平凡与伟大
时代与梦想	付出与成功	内涵与外貌	坚持与夺冠
初心与内心	学习与方法	心态与成败	意外与意料
内因与外因	逆境与顺境	…………	

师:不知道大家有没有想到,像这样多元化的立意,如果我们没有打开思路,就很容易出现某个立意扎堆的现象,太多雷同的立意会有什么后果?

生:可能会影响评分,因为缺乏新意。

师:很好,所以教大家一招。看投影。

【PPT 投影】

友情小贴士:差异化立意,一定要试着多个角度去想,列出12345,划掉前四个,第五个就是特殊的。我们能想到的,也是别人能够想到的。

师:还要注意,因为立意多元,我们常常会把想到的每个观点都说说,这又有什么不妥?

生:可能造成观点不集中,分析不透彻,东拉西扯,多中心吧,还是应该集中火力,抓住要点。

师:我们再总结一下。对于具有开放性的材料的审题要诀是:要选好角度。如果要素多的注意横向拓展,如果元素单一就要纵向深思,对确定的主题要咬定不放,力求与他人的立意角度有差异。

【板书】

选好角度〈横向拓展 / 纵向深思〉咬定目标

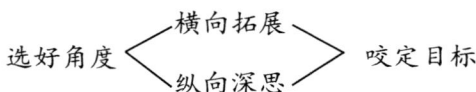

师:前面我们讨论的是论述类单则材料的审题,当材料变成多则,那么审题会有什么变化呢?我们一起先看一个有趣的例子。还是前面雷海为的材

料，当我们加一个材料，大家注意立意还会是多元的吗？

【PPT投影】

阅读下面的材料，根据要求写一篇不少于800字的文章。

1.《中国诗词大会》第三季，来自杭州的外卖小哥雷海为一举夺得冠军，震惊四座。虽说工作十分辛苦，却丝毫没有影响雷海为对诗词的热爱。他常在工作间歇读诗词，他会随身携带一本《唐诗三百首》随时翻看，这样，一个外卖送到了，一首诗也背会了。

2.清人袁枚《苔》："白日不到处，青春恰自来。苔花如米小，也学牡丹开。"

以上文字引发了你怎样的思考？请根据要求写一篇文章。要求：①自选角度，确定立意，自拟标题，文体不限。②不要脱离材料内容及含意的范围。③不得套作，不得抄袭。

生：加了袁枚的诗这个材料，好像角度一下变小了，前面那么多的立意，可能只有一两个可以用上。

师：哪几个可用？

生：好像"心态与成败""逆境与顺境"还行吧。

师：说得不错，也就这两个还比较切合题意。你看，当多了一则材料后，也就等于加了一个变量。因为袁枚诗的出现，立意立刻变得集中起来，我以为的最佳立意，用一句话概括就是在逆境中要有勇气实现自己的价值，充满自信，认真地把自己最美的瞬间，毫无保留地绽放给了这个世界。

师：所以，多则材料一定兼顾，它们可能相互制约，一定求同存异，找到合适的出口。

【PPT投影】

友情小贴士：多则材料要彼此兼顾，求同存异，形成合力。

…………

本课只是谈了高考作文□论述类材料作文的审题思辨，在论述类文章写作的每个环节都可以作拆解式、过程化的写作训练，以此锻炼学生的思辨能力和批判意识，进而学会有理慢慢说、有理好好说的审辨状态，以期提高其高考作文的写作水平，真实地反映其思维品质。

我们没有必要把批判性思维看得很神秘，事实上，在阅读与写作中培养学生批判性思维能力，离我们的教学并不是很遥远。只是不要一味地强调阅读与写作的求新与求异，而是更多地强调分析与论证、评估与判断，带领学生学会系统的思考、广泛而深入的探索，既形成阅读、写作的思维策略，又养成实事求是、理性、开放与公正的态度。

第四讲　缜密：要路愈远，幽行为迟

——环节手段的妙用

缜密，本指诗歌意境的细致周密，缜密的诗境如"水流花开，清露未晞"，一物一景都写得细腻绵密，犹如山林幽远的"要路"，蜿蜒曲折，漫步前行，则为景甚多，所谓"要路愈远，幽行为迟"（司空图《二十四诗品·缜密》）。灵动的教学也如诗境一般，要有环节的缜密，要有手段的使用，这样一路走来才会风光旖旎，美不胜收。教学环节是构成教学过程的基本单位，串联起整个教学，包括预习、课前预备、上课、作业布置、课后辅导、成绩检测与评定等；而教学手段是指师生实现预期教学目的、开展教学活动、相互传递信息的工具、媒体或设备，语文教学常用的手段是黑板、粉笔、计算机多媒体技术等。这些环节与手段构成教学的艺术细胞，运用之妙，存乎一心。本讲选择了自己在导入结课、板书设计、课件制作和作业设计等教学环节与手段的运用案例，谈谈它们对于构建灵动课堂的作用。

一、导入结课：淡妆浓抹总相宜

刘勰说："启行之辞，逆萌中篇之意，绝笔之言，追媵前句之旨。"（《文心雕龙·章句》）强调文章的开头、结尾在谋篇安章上要文气贯通，意脉不断，首尾照应，一气呵成。古人在诗文写作上比较重视开头结尾，认为"起句当如爆竹，骤响易彻；结句当如撞钟，清音有余"（谢榛《四溟诗话》），要有豹头凤尾一般的艺术效果。于写作如是，教课也是同理。要让学生乐于接受教学的内容，积极进入课堂情境，并且激发起他们的兴趣与热情，进而使所学内容成为他新的学习的开始，教学的导入与结课是值得讲究的环节。当然，导入与结课并不决定课的最终质量，也不是每一节课都必须着力费神的，对这两个课堂教学元素的态度，代表的是对课堂艺术的一种追求，且其形式也是多种多样，不一而足的，淡妆浓抹总相宜的。

1.导入：引人入胜

教学中的导入技巧是教学进入新课题时建立良好教学情境的教学方式，是"千里之行"的第一步。要达到引人入胜，总是在情、趣、理三方面着眼：以情入课，重在感人；以趣入课，重在激活；以理入课，重在启迪。因文而异，灵活运用。精心构思、充满激情的导入语，或形象生动，或激情澎湃，或小中见大，或气势磅礴，或引而不发，或诱人想象……

抒情导入，可以运用言语、音乐、视频、图画等方式，寻找与文本相关的某个切入点，创设情境，拨动学生的心弦，达到进入"角色"目的。在《登高/蜀相》教学中，我是这样设计导入语的：

这是一位距今一千二百多年前的诗人，一位用他的诗歌感染了一代又一代心灵的诗中圣哲。他是仁爱传统精神的集大成者，他是辉煌唐诗队伍的领军人物，他是目光敏锐烛照黑暗的歌手，他是上下求索壮志难酬的执着的斗士。今天我们通过杜甫的两首诗作《登高》和《蜀相》，一起走近他，去领略一位伟大诗人的人格魅力，去体会一位天才诗人的艺术天赋。

执教《一碗阳春面》的导语。我把自己的切身体验，用平实的语言传达给学生，调动学生的人生体验，使学生很快走进课文的内容。这个导语的好处在它源自自身的生活经历，与作品有机联系，发自肺腑，真切自然，教师与学生的心理距离一下子就拉得很近。

生活中常常有一些小事会让人难以忘怀，挥之不去。记得当年我下放农村，冬修水利，我和农民们一起肩挑人扛，生活异常艰苦。快到春节，生产队长放我们半天假，我徒步走了十里路来到离工地最近的一个镇子，用一毛二分钱买了一碗馄饨，当我吃着这热腾腾的馄饨，觉得鲜美无比。虽说是一碗普普通通的馄饨，但给身处困苦中的我留下了难以抹去的记忆，这也使我对日本作家栗良平的小说《一碗阳春面》感到特别亲切。今天，我们就一起来学习这篇小说。

教《兰亭集序》，自己被作者深沉的感叹所包含的人生眷恋和热爱之情感动，也试图将这份感动传递给学生，于是，上课的导语就是这样的：

十分偶然，某一天我们发现来到这个世界。我们感受阳光，经历风雨，触摸花草，结识朋友；偶然的偶然又让我们相聚于此，此刻当下在无法抗拒中到来。于是，我们的心中总有些愁苦、烦恼、郁闷……怀揣的许多梦想愿望都很难一一得以实现，看看周围又总是一张张成功得意的笑脸，会以为自己是天下最苦命的。其实，这样的伤痛在你、在我、在几乎每个人身上都有，即便是快乐之极、成就辉煌的先人。那就让我们一起走进1600多年前的经典聚会，走进一位伟大书法家的心灵世界。

教师用充满情感的语言，激发学生联想和想象，迅速调动起阅读和生活的积累，使学生很快沉浸在了生活的情境和作品所特设的情境当中，给学生以先入情感的熏陶，为整个作品的教学定下感情的基调；导语的设计围绕教学内容进行构想，突出教学重点，使学生能很快地走进本堂课的教学内容之中去。

激趣导入，可以通过设疑、故事、想象等方式，来进入学习状态。实践证明，疑问和矛盾常常是思维的种子，所谓"学起于思，思源于疑"。充分发挥激趣设疑导入的启发功能，引导学生通过主动思维去获取新知，扬起思维与想象的风帆。教余光中散文《听听那冷雨》以学生们熟知的余先生的诗入手。

我们了解余光中是从他的诗《乡愁》。一个人、一首诗、一个概念、一种情绪，弥漫在这世间，也因此诗歌的作者得到了一个名称，叫乡愁诗人。诗人有他独特的视野，关照世界，体察内心。那么他以诗的眼光、诗的语言、诗的心灵来看雨是什么样的呢？今天我们一起来品读余光中先生的散文

《听听那冷雨》，感受诗性的光芒。

在《祖孙之间》的教学导入中，就阅读纸质小说作了个小调查，看看有多少学生喜欢阅读小说，以此来引逗学生关注巴金的作品。

师：社会的发展，信息时代的到来，可能我们很难有那样的闲心来读小说，尤其是读纸质文本的小说。不知道今天在座的同学喜欢看小说吗？喜欢吗？

生：喜欢。

师：喜欢看的举起手（大部分生也举起手来）。

师：喜欢的人很多哦！难得，今天我遇到了一群小说的爱好者！说起小说，小说的作品，就会想到小说的作家，说到《红楼梦》，就会想到曹雪芹。说到《七剑下天山》，就会想到梁羽生。那说到《家》，我们会想到巴金。在这之前我们多少了解一点巴金，那么下面我们一起来谈谈"我们心目中的巴金"。

明理导入，可以借助警句名言、历史史实、哲理思绪等，来点明课文主旨，引发思考，吸引学生注意力。我在教《孔子世家》片段"困厄陈蔡"时，以讲述圣人周游列国的壮举入题，引发学生对孔子的敬仰之情。

【背景音乐：文王操】这个背景音乐传说就是孔子当年向师襄学的《文王操》。孔子一向好学，是个学者，也是仁者。就在他55岁时候，或许某一天他突然想：我有这样好的"道"，应该传扬出去，让各国的君主接受，于是就有了一次周游列国的壮举。【展示PPT：孔子周游列国路线图】后人根据他走过的足迹，作了一个统计，在他55岁到68岁的14年间，经过了9个国家，行程12000公里。可以说是一次历史上的文化长征。长征，对于革命者而言是如此的艰难，而孔子，一个已过知命之年的老者，一样备受艰辛，他的主张、思想屡遭各国排斥，面对如此困境，他和他弟子是如何突围的呢？让我们一起看看司马迁笔下的"困厄陈蔡"，他是如何弦歌不绝的？

在讲《游褒禅山记》时，则从"行万里路"的意义，和同学们一起去思考王安石在山水中得到的启发。

古人常说一句话，读万卷书，行万里路。很多人孜孜以求，但在古代人可能"读万卷书"相比"行万里路"要容易。今天我们倒是"行万里路"更便捷，高铁让我们一日千里。但我们"读万卷书"就显得有点"奢侈"了。其实，旅行也是一种很好的学习，我们打开书本是一种学习，把大地当成书本，然后在生活中、在自然里看人生、看社会，一样是一种很好的学习。所以，自古而来许多的仁人志士们他们都愿意到山水当中去……

古人云："诗文以起为最难，妙处全在此，精神全在此。"（方东树《昭味詹言》）教学尽管不全如写作，但导入不能是可有可无的引子，当是教学环节中不可或缺的部分，体现着教师对课堂的驾驭能力，西方教育家第斯多惠有言："教学的艺术不在于传授的本领，而在于激励，唤醒，鼓舞。"导入正有此意义。

2.结课：情余言外

教课如作文，文章讲究结句之妙，"结句贵情余言外，含蓄不尽"（陈廷焯《白雨斋词话》），甚至认为"一篇之妙，全在结句"（沈德潜《说诗晬语》）。结课同样是教学环节的一部分，需要通过结课，从整体上加深对所学内容的感受与理解，汲取教学文本的精华，激活探求的兴趣，形成新的学习的开始。灵动的教学艺术在教学结课上力求做到首尾呼应，蕴藉隽永：或总结升华，画龙点睛；或迁移推展，含蓄深远；或推测假想，留设悬念；或简洁利落，设疑解惑；或指点路径，延伸生发……

《听听那冷雨》的教学结课，着眼诗性的回应：

诗人用诗的语言、用诗的方式来关照那一滴滴冷雨，来研究那一个个孤独而寂寞的心灵，来书写自己内心的抱负，留给我们这样一篇非常美丽的文字——《听听那冷雨》。诗人说："杏花。春雨。江南。六个方块字，或许那片土就在那里面。而无论赤县也好神州也好中国也好，变来变去，只要仓颉的灵感不灭美丽的中文不老，那形象，那磁石一般的向心力当必然长在。因为一个方块字是一个天地。"

《登高/蜀相》的教学结课，充满深情和学生一起与伟大诗人告别：

请大家再注目这位伟大的诗人，他有热烈的感情，但不是屈原式的殉情主义者；他有自己的理想，但又不是李白式的幻想主义者。因此他无论遭受多大的困难，承受多大的委屈，他都能够坚韧自持，而不会步屈子后尘，痛苦绝望，投江自杀；也不像李白一样，腾云驾雾，飘飘欲仙。诗人是这样走完他生命的最后一刻……

（在播放一小段杜甫生平纪录片中结束。）

《游褒禅山记》的教学结课，推荐一文一书，激发学生阅读的兴趣：

最后推荐大家读一篇文章、一本书。一篇文章是他的政敌，也是他的好友苏轼写的《石钟山记》，也是写因游玩而生发议论的，对照着读一读，很有味道。一本书，是梁启超先生写的《王安石传》，我们可以更加全面地了解王安石其人其事。

以上略举几例，旨在说明个人对上好课的一种态度，对教学细节的一种思考。希望每节课都经过精心设计，都能完美的展现。

二、板书设计：张本继末明经意

板书，作为语文教学最基本的直观的教学手段，是教学过程中必不可少的重要辅助手段，优秀的板书设计与表现过程对于培植学科的教学氛围，优化课堂教学结构，出色地完成教学任务有着重要作用，成为教学艺术的有机组成部分。借助板书，教者可以将教材内容、结构、写法、语言等方面复杂、抽象和潜隐的问题，清晰、明确、直观地展现在学生面前，教学的实用价值（教学手段的完成）转化为审美价值，即学生的审美感知、审美想象、审美理解等的能力。其美感的形式可以调动学生的注意力，激发学习兴趣。灵动的板书是教师教学智慧火花的闪现，是对课文的"二度创作"，所谓"张本继末，以发明经意"，就是可以把文本的本末说明道清，生动体现教者对教材的深刻理解和巧妙处理，显示教师的教学思想和教学风格。

个人的教学历程中，相对比较偏好运用板书手段，以为板书设计清楚了一堂课也就出来了。这里借自己设计的一些板书案例谈谈适用板书的一些原则和设计板书的些许体会。

1.板书的原则：画龙点睛

作为"点睛"之用的板书，必须是科学性与艺术性的有机组合，其设计的原则大致有以下五点。

一是准确科学。板书无论是针对文章内容还是表现形式，无论是教学要点还是认知过程，都要在准确理解课文、明确教学思路后科学地表达，都要能够准确无误地表达教材的原意和相关知识，不能牵强附会，生拼硬凑，其一字一句、孰详孰略都要体现教学目的与用意，都要服务于本课的教学任务。请看下例。

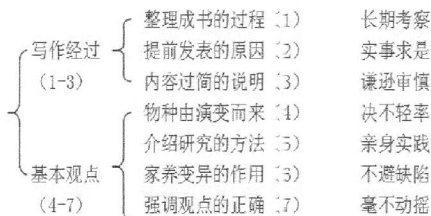

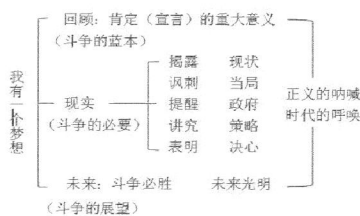

图1   图2

图1是《〈物种起源〉寻言》板书，结合课文段落，简要概括各段内容，并且从中提炼出达尔文的科学精神。图2是《我有一个梦想》板书，基于演讲的内在逻辑，梳理出纲要性的内容。这样的板书，对于学习者而言，就很清楚地知晓文章段与篇的关系，言语表达如何提炼出关键词，然后展开论述。

二是简洁凝练。板书追求少而精，讲究提要钩玄，所以设计板书要抓住要点，要以简驭繁，以少胜多。精要的板书常可以深入人心，有利于发挥学生的联想想象能力，加深对课文的理解与记忆，所谓"多则惑，少则得"。下面图3是我教《史记》《孔子世家》中孔子与弟子"困厄陈蔡"部分的一则板书，教学的内容集中在孔子与弟子颜回、子路、子贡的一段对谈。板书只出现了四个人名、两句话和几个箭头。借以突出了孔子"君子固穷"的教诲和颜回"不容然后见君子"的心得，希望学生能牢记这两句话。图4是我教巴金《家》节选部分《祖孙之间》的一则板书。板书以篆字"家"为中心，两边分别写了祖孙两人各自眼中对方的印象和态，显示了祖孙之间的误解与矛盾，上下各有两行字作品的叙说角度与阅读的心理感受，帮助学生理解作品。应该说达到了简处见丰的好处。

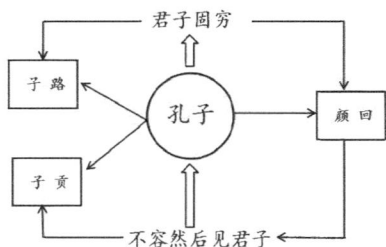

图3

图4

三是启发点拨。教学中的板书常是在动态中展现的，教师板书的过程就是教学思路推进的过程，学生随着讲课的进程不断地参与到教学活动中，因此，板书不只是课文内容的压缩简化，更应该让学生在板书中受到智慧的点拨，得到思维的启发。比如以下两例。

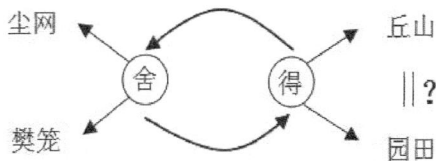

图5

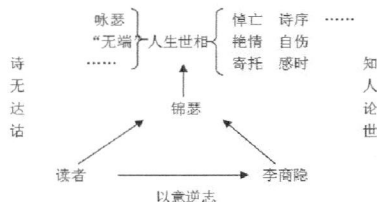

图6

图5是讲授《归园田居》的板书，教学中围绕陶渊明的"舍""得"解读其诗作，课的最后画了一个"？"，引出了思考问题："陶渊明是回到了他原本热爱的'丘山'，但诗人真正追求的'田园'就是眼前的"丘山"吗？"设疑激趣，引人入胜。图6是教李商隐诗作《锦瑟》一诗的板书，设计时借助了美国学者艾布拉姆斯的《灯与镜》中提出的文学活动应该有四个要素（世界、作家、作品、读者）这一说法，引导学生理解为什么"一篇《锦瑟》解人难"的道理，同时又渗入"以意逆志""知人论世"和"诗无达诂"等古代诗论的原理，提纲挈领，解疑释惑。

四是条理整饬。教学讲究思路，要求教师在教学过程中，将学生的学习思路、作者的写作思路和教者的教学思路三者有机接通，设计板书自然是接通三个思路的重要中介，是对这些思路的直观体现。因此，板书对于条理性和整体感的要求极为严格，教师要通过清晰的思路，用板书的形式，将课文深刻的思想内涵、复杂的感情意蕴、多变的结构框架、精妙的语言表达，由浅入深、由远及近、化难为易、化繁为简地一一加以呈现，成为纲目分明、脉络清晰、注重内部联系和逻辑关系的艺术整体。下面两则板书比较好地体现条理整饬的原则。

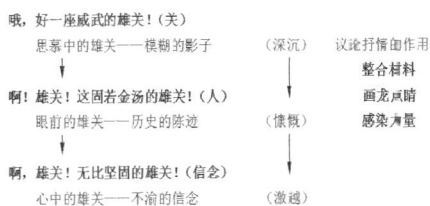

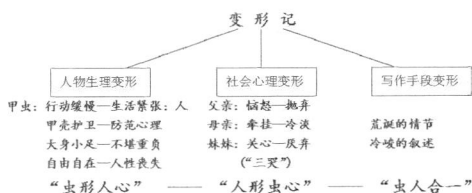

图7　　　　　　　　　　　　　　图8

图7是课文《雄关赋》的板书设计。它利用文中三句话纵向梳理出文章"关""人""信念"三方面的结构关系，点出三部分的情感特点，再总结出"议论抒情的作用"。图8是课文《变形记》的板书设计。从"变形"这一特点出发，横向概括出"人物生理变形""社会心理变形""写作手段变形"的基本特点，教学内容一目了然。

五是直观形象。悦目生动，是板书设计重要的原则，在我看来，使用板书就是要集智慧与美观于一炉，融有用与中看于一身。或讲究结构的匀称，解构文章的精妙之处；或勾勒图案的灵巧，再现文本的形象特征；或采用色彩的强调，显现讲述的要义重点；或表现文字的优美，示范学生的书写习惯。追求形式之美的板书，既可以吸引学生的注意力，也便于给他们留下深刻的印象。请看下面两例。

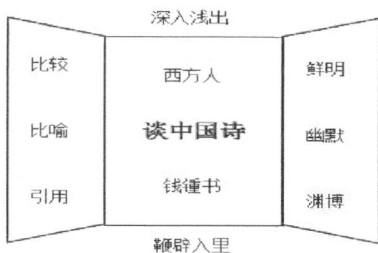

图9

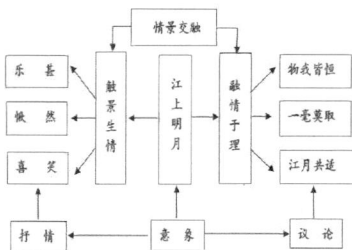

图10

图9是钱锺书《谈中国诗》的教学板书，其间既涉及了钱先生论及的中国诗的特征，也顾及了钱先生写作此文的两个特点"深入浅出""鞭辟入里"，板书的特点还在于最后勾勒的形状，像打开的书，也像打开的窗，以喻钱先生的观点既像是为我们打开了一本关于中国诗的书，也为外国人打开了一扇了解中国诗的窗。而图10更是将《赤壁赋》这样一篇语义丰沛、思想深刻的经典，从作法到文意，梳理有序，匀称精巧。

2.板书的设计：随机应变

板书的涉及教材内容、教学目标、教学重难点、教学进程和教学对象等多个方面，因而板书的设计也有着随文而定、因课而变的不确定性。但从构思到定型，从成型到呈现，体现的是教师的匠心独运和教学风格。如何设计好板书，我个人的体会有以下几个方面。

一是寻找文本的突破口。课堂板书主要是为阅读教学服务的，自然要从文章的内部联系去寻找突破口。

可以从文章结构入手，理清文章的段落关系，或概括文章的关键词（文眼）。如图11抓住《石钟山记》文意，提炼出四个关键词"疑""查""评""解"，将作者写作的内在逻辑厘清；而图12则抓住了《兰亭集序》的三个环节——"记会""感叹""明意"，梳理出全文的脉络，同时还不忘交代阅读的路径。

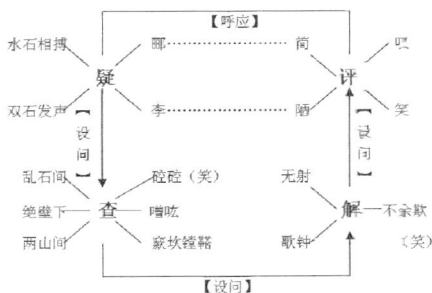

图 11

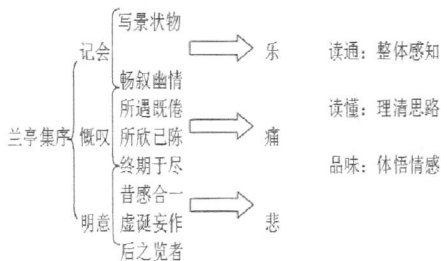

图 12

可以把握情感流动，寻找作者起伏不定感情线索，既能理清文本，也能了解主旨。图 13 是分析马丁·路德金在作演讲《我有一个梦想》时，情感起伏变化的状况，借以分析演讲何以有感染力；图 14 是艾青在赞颂《大堰河——我的保姆》时情感变化的周期，说明诗人围绕"情"字，从不同侧面表现自己对"大堰河"的深情。

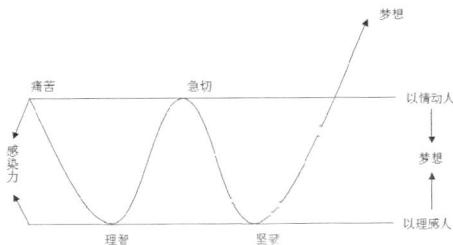

图 13

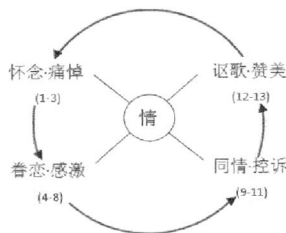

图 14

可以从人物特征和人物关系突破。教授《荆轲刺秦王》（图 15）自然要分析荆轲这一形象，针对荆轲是一个义士，总结出信义、侠义、仁义、忠义、勇义和壮义的不同表现，很好地展现出人物精神的多侧面。而讲授《失街亭》（图 16）自然少不得对"诸葛孔明""马谡"和"司马懿"的性格分析，板书将马谡与诸葛孔明、诸葛孔明与司马懿放在一起对比，都以"三"个行为为突破口，分析人物性格。

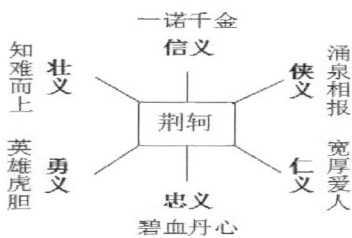

图15

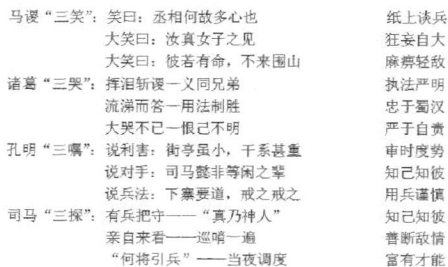

图16

可以事物间的对应关系入手。事物间的对应关系有很多，包括物与物、物与人、事与情、事与理、景与情等等。《胡同文化》的板书（图17）将胡同的特点"方正"和胡同文化的特点"封闭"这一对应关系并行列出，两两对照，文章内容一目了然；《红尘之上》的板书（图18），针对作者把"明月松间照，清泉石上流"作为赠言，在岁末寄给自己的亲友寄寓的希冀和祝福，勾勒出全文的结构。

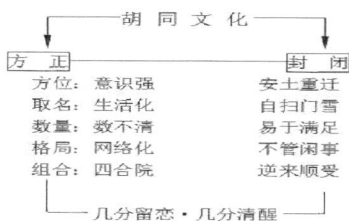

图17

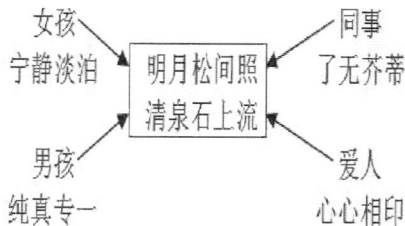

图18

可以按照时空转换来构想。时间和空间常常是文章结构的关键点，成为文章的线索，把握时空转换的规律，自然可以理出文章内容的内在联系和全文结构。以空间构思的如图19朱自清的《威尼斯》，作为对一篇游记结构的梳理自然可以观察它的空间位移关系，从外（水上之城）到内（文化艺术之城）；而图20苏轼的《定风波》，则是从雨中到雨后这一时间变化，来观察诗人情感世界的变化。

 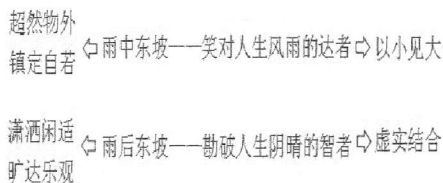

图 19　　　　　　　　　　　　　　　　　　图 20

可以在文本对比中找到突破。教学中我们常常会选择两篇或两篇以上的文本放在一起赏析，尤其是新课标后，主张大单元中的群文阅读，不同文本的对比成为教学中的常态。图21是辛弃疾的《水龙吟·登建康赏心亭》和《永遇乐·京口北固亭怀古》两首词的对比赏析，板书旨在寻找出同是登临意，其间表达出诗人怎样的不同的情感。

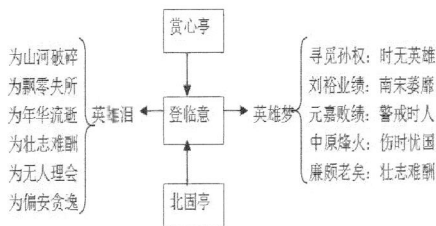

图 21

二是突出教学的实用性。板书一方面是对教学文本内容、写法的提炼概括，另一方面是因教而定型，随教法而动的。换言之，它既是揭示文章奥秘的导图，也是实现教学意图的手段。但板书不是静态的思维导图，而是流动的"渐入佳境"，板书只有在教学过程中一笔一画地绘出，在完成教学流程中自然而然地呈现，才是其生命力的体现。因此，我在设计板书时常常注意教学思路、教学重点和呈现美感，让它成为灵动课堂中有机的组成部分，也成为灵动课堂的一个亮点。

体现教学思路，让课堂有节奏地推进。好的板书就是一堂课的蓝图，当教师设计出精巧的板书，也就意味全课的设计已经了然于心。板书让教学有了预设，但同时也要给教学留出空间，留出施展教师才华的机会。请看下面的板书设计。

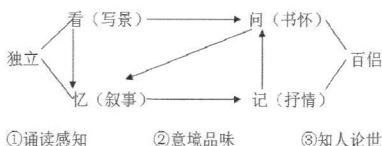
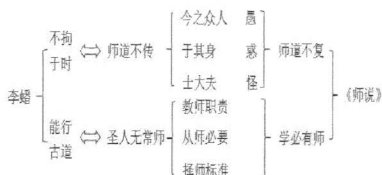

图22   图23

图22是《沁园春·长沙》的板书设计，其间文本的脉络、写法的概括、教学的流程一一呈现，教学中记住了这一简单而不失内涵的板书，一堂课是教学便能轻松完成。图23是《师说》的板书，整篇课文的教学是采用倒溯分析法，即从课文的最后一段往前逆推的方式进行教学的。板书将文章写作的因果关系，教学的推进流程显现得清楚明白。

突出教学重点，让学习有取舍地发生。一个单元、一组群文抑或一篇短文，都有着极为丰富的教学内容，板书无法穷尽可以教学的或已经教学的全部内容，只能作重点取舍，取舍的标准随教学目标、教学重难点、文本最经典核心的内容，甚至你希望学生应该掌握的。图24是《烛之武退秦师》的板书设计，没有把文章的前因后果都反映出来，而是对烛之武对秦伯一番劝说作了一次放大，分析烛之武游说的技巧和心理分析，因为本文的经典之处就是体现古代说客的言语艺术。图25是《锦瑟》的板书设计，这里对诗作中最难解的中间两联做一次"手术"，切开来慢慢看，由此来体会为什么《锦瑟》那么难解，这四个典故到底要出传达什么样的情感，以及这种情感是如何让不同时空的人产生共情的。

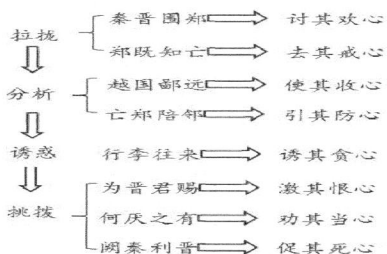
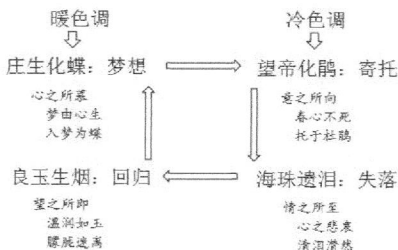

图24   图25

追求呈现美感，让板书有意味地留存。板书设计是为帮助学生解决文本理解的，是指导教师教学的行动路线，或许有人觉得无所谓一定要设计得那么讲究、那么精致，从实用的角度似乎不必过分要求美感。但"无用之用，方为大用。"美的内容应该与美的形式相互渗透、相互依存的，内容统摄形式，形式显现内容，教学是艺术，艺术就要遵循美的原理。更何况当美的板书存在本身就可能会给观者留下印痕，成为更有意味的实用价值。图26是我2000年参加第三届"语文报杯"全国中青年语文教师教学比赛所授《一碗阳春面》的现场板书，其中的"一碗""一碗""二碗""三碗"显示的是小说情节的推动，圆圈象征"一碗阳春面"，四方形象征"二号桌"，构图喻示母子三人围着一碗面头碰头吃面的情形，在"桌"的四边呈现的四句话，是根据作品和学生们一起概括的"阳春面精神"，左边的三句话是教学的流程。图27是我2011年代表安徽省参加第四届长三角语文教育论坛所授《听听那冷雨》的现场板书。图的中间是课题，教学沿着"雨"—"冷雨"—"那"—"听"—"听听"徐徐展开，分别从"意境""声韵""对称""错综"四个方面分析余光中散文的艺术特点，最后的"诗歌""散文""翻译""评论"是探寻余光中为何在汉语言的世界里玩得如此娴熟，是因为他自称是在"四度空间"中创作。整个板书层层推开，内蕴丰富，结构整饬。

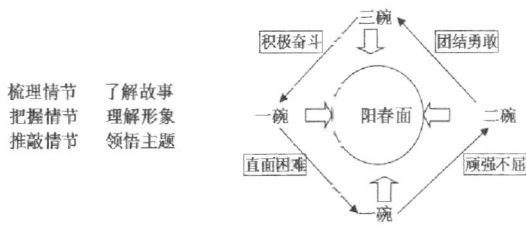

图26

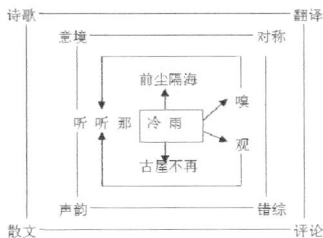

图27

三是提升课堂的学习力。板书不仅是为解文而设，也不仅是为教师教学服务，设计板书是要为学习者提高语文能力为出发点的，因此，板书固化的教学内容，既可以为当下的学习加深理解，也为今后的复习留下印记。一句话，板书是为学习而来的，为提升学习力而来的。图28是《念奴娇·赤壁怀古》的板书设计，板书中概括的内容除了词的内容、写法外，还有词中关键的句子，教师边讲也在帮助学生背诵词作，课讲完了学生也把词背会了。图29是《咬文嚼字》的教学板书，设计中按照写作的角度，从"是什么"—"为什么"—"怎么办"，在讲清文章结构和主要内容的同时，也是指导学生写作的训练，用课文勾勒出了一种写作模式。图30是《记梁任公先生的一次演讲》的教学板书，其设计似乎与梁实秋写的文章无关，但左边一图既简要概括梁文叙述的写法，也在教会学生如何叙述事件；右图是梁实秋先生对写文章的要求，正好拿来验证作者自己的文章，同时也是在指导学生的写作。讲文章与教写作一举两得，简约的板书帮助学生很快领会记叙类文字写作的要义。

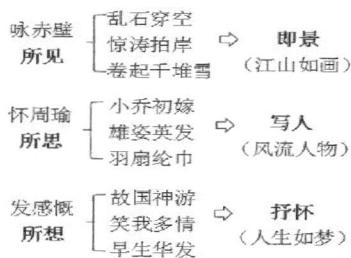

图28

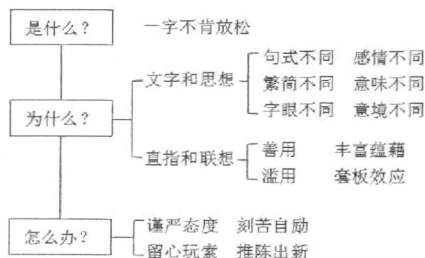

图29

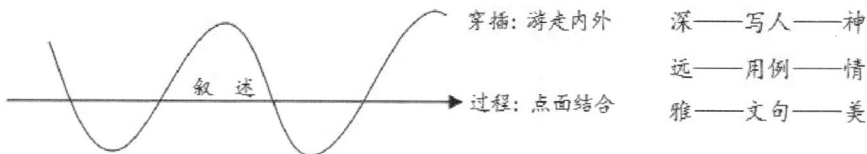

图30

图31是将杜甫《蜀相》《登高》对比阅读的板书，分别从两诗中挑出"寻""悲"二字，以字领诗，反复比对，来回揣摩，让学生体会杜诗风格：沉郁顿挫。或许学生会对此四字难以忘记；图32是王安石《游褒禅山记》一文的板书，试图从记事的表层去深刻体会作者当时面对"取舍"与"进退"的心境和悟出的其中道理，或许对学生认识人生有所领悟。

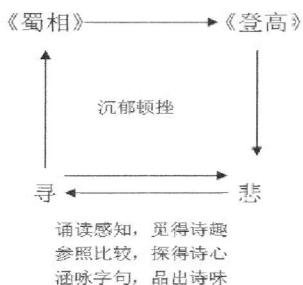

图31

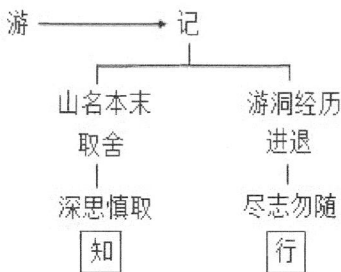

图32

板书设计只是教学中的一个细节，但我从不放弃对它的精心构思，做到胸中既有教学设计的全局，又能机智灵活地把握教学过程中的灵动，使课堂教学中板书设计手段，像行云流水般的巧妙安排：时而是流动的山泉，时而是飞动的莺燕，时而是闪耀的火焰，时而是蕴涵的诗篇，时而是跳动的脉搏……时时处处闪动的是一种画意的美，灵动的美。

三、课件：赡博精致见巧思

如今，教学中使用课件，已经是稀松平常的事了。一则可以增加课堂的容量，提高教学效率；再则能够丰富教学的形式，活跃课堂氛围；三则便于学生自主学习，固化学习内容。对于这样一个习见的教学元素，如何更好地发挥其积极作用，实现教学效益最大化，当是我们值得研究的问题。因此，追求精致，不失为课件教学运用旳一种品质。

1.课件制作的要素

一要简约，不要繁杂。课件的文字、图片过于繁杂，既增加视觉疲劳，也不利于学习。新知的获取，是受时间和注意力的限制的。课件翻片过于频繁，文字过于密集会引起学习者的心理烦躁，进而抑制其学习欲求，导致学习效益的低下。实际的教学中，有的课件成了讲话稿，把要说的每一句都呈现出来，实在是对运用课件的一种误读。

二要悦己，更要悦人。既然是一种教学的呈现方式，制作者在关注自己的同时，一定要想到受众。许多教师在制作课件时，只注意到自己面对电脑看到的效果，而忽视了你将要呈现的客观环境。事实上，运用课件进行教学的目的主要不是为自己教学提供路径和内容，而更重要的是一种提供给学生或听众的转播方式。因此，学生或听众的对课件内容的感觉如何决定着教学或报告的成功与否。所以，制作课件时，需要仔细考虑用多大字号、什么字体、什么背景，精心设计图片视频的大小长短。最起码的要求是让人看得见、听得清，以促进教学活动的开展；当然要是画面优美，构图清晰，形式多样，自会让人啧啧赞叹，印象深刻。

三要链接，但要节制。课件运用最大的好处，是能够提供更大容量；也正因为能够有大容量、多手段，给课件带来恶评。过于多的内容就会有很多的链接，链接一多极易手忙脚乱，也极易把本来准备好的内容给忘了。同时，因为链接过多，也直接影响教学的流程，教师始终被课件牵引着，围着团团转，因而把课堂、把学生甚至教学的核心内容丢在了一边。这种买珠还椟式的课件运用实在为有效的教学所不容。

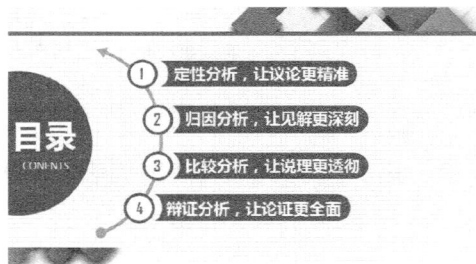

2. 课件内容的选择

一是因文本决定选择。课件运用有鲜明的学科性，因此不主张过多链接、粘贴学科以外的内容，这容易引起人们对该学科"姓什么"的追问。但它也同时受到特定文本的影响，那些利于学生对知识理解、涉及文本相关内容的链接还是十分必要的。比如教《米洛斯的维纳斯》一课，少不得链接于此雕像以及相关美学理论，进而探究文章写作的技巧和策略；教《威尼斯》，增加一点介绍威尼斯的视频，提供一张圣马可广场的地图和照片等等，对于体会朱自清文字表现力的高超还是很有必要的；讲述《孔子世家》涉及其周游列国，放一张动态的行进路线图，增加学生的地理方位和空间感。

二是因流程决定选择。课件不是资料的堆叠，当然能够成为菜单式的、可供多样选择的教学资料包更好。一般地说，一课一件，自是围绕着教学流程来设计的，有时候，课件本身就成为一首诗、一篇文章，首尾兼顾，环环相扣。比如教《我若为王》，教学中采用渐进式的方式，想把最深刻的放在最后，因此关于作者聂绀弩的人生际遇、鲁迅的相关观点以及现实中皇权意识的弥漫直到最后才一一呈现，以体现思想的力量；再如我在教《锦瑟》时，课的中间段分析意象的表现力对于流行歌曲的影响时，找一则方文山写的《东风破》歌词，再放一段周杰伦的演唱片段，既调节了课堂氛围，也验证了文化经典的文字魅力。

三是因课型决定选择。不同的课型对课件也有不同的要求。写作课可能更多的是提供一些素材和范文，文字量相对要多；课堂讨论课可能是菜单式的，可供多元选择性的；复习训练课可能讲究知识系统性的内容庞杂的；比较性阅读课可能是双轨并行、交错展示的……

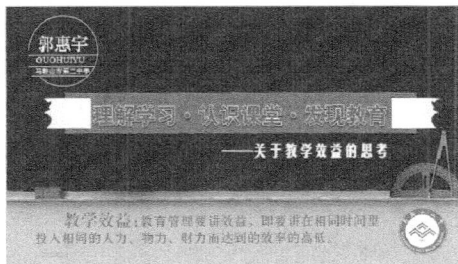

3.课件艺术的追求

为课堂添彩。今天的教学，或许已经离不开课件。课件，作为教学中呈现的一个重要的手段，本应该成为课堂教学的有机组成部分，也因此课件应当成为为课堂添彩的重要元素，它既是保障教学能够行云流水般进行的发动机，也是学生获取知识提高能力的助推器。

显审美趣味。一个小小的课件，其实所能反映的远不止你的教学内容，更可以体现教师教学的思维空间、审美趣味、知识视野，以及在多大程度上给学生带来视觉冲击和审美熏陶。一个优秀教师对于课件运用过程中，要追求属于自己的特定的色调，优雅的构图，多样的形式，要逐步形成自己的风格，成为教学艺术中不可或缺的内容，这是时代所决定的，是现代技术的发展决定的。

扬个性风采。许多教师视课件制作为畏途，以为技术复杂，困难重重。面对今天媒体技术的进步，面对一群在现代媒体技术背景下成长的一代，作为一名现代教师无法也无从躲避，必须去努力制作出更加精彩的课件，以赢得你的学生。同时，一个在现在教学技术面前可以游刃有余的教师，一定是极具个性、神采飞扬的教师。给我们一个舞台，那就舞出最美的姿态。

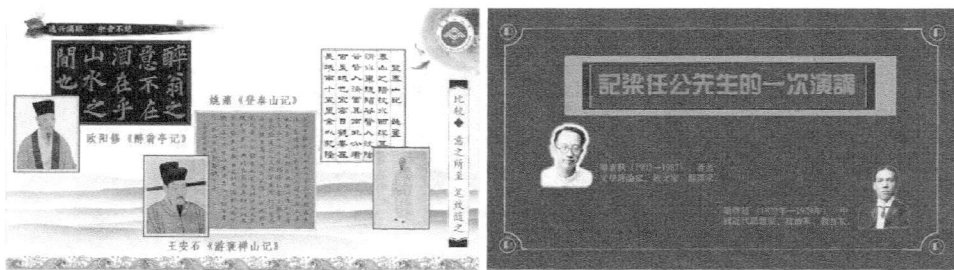

追求精致的语文课堂，是试图要求教学的每个环节甚至是细节更加合理；小到一个开场白、一张幻灯片、一种提问方式、一个肢体语言，大到教学目标的精准定位、学习内容的有效整合、课堂结构的合理安排，等等。要做到精致，就要善于简化、巧于整合、精于取舍。于课件制作也如此。

精致是一种格调，精致是一种气质；精致是一种专业素养，精致是一种职业精神。

四、创意作业：玩出别样的精彩

作业是教学引发且有教师布置的需要学生自主完成的学习任务。[①]应当说，作业是一种学习方式和学习过程，作业的质量很大程度上取决于教师作业设计与布置的质量，而学生学习掌握的情况也很大程度取决于其完成情况。因此，作业是语文教学活动不可或缺的一部分，也是教学艺术值得追求的一种手段。这里，就自己教学实践中尝试的一些作业形式作一简单介绍。

1.重视课程延伸，设计多元作业

作业是课堂教学的延伸与深化，是教学的有机组成部分，旨在学生通过作业的实操加深知识的理解，能力的提高。它不仅达到对课堂教学的巩固、强化和转化，也是课堂教学的补充。这种延伸性作业，根据学习目标、训练要求的不同，呈现多元特征。如我在上完《小狗包弟》与《奥斯维辛没有什么新闻》后，依据两篇文章表达的思想，设计了拷问心灵的与学生实际贴近的拓展延伸性作业。

1.人有时是脆弱的。生活中我们也时常会做一些连自己都感到脸红甚至耻辱的事，你有勇气去面对吗？如果有，请拿起你的笔勇敢地把它写出来！

2.人有时又是容易忘记的。如果你去南京游玩，你有没有自己要去南京30万同胞遇难纪念馆看一看的念头？为什么？

写作训练的目的就是想听听学生的心声，提醒要有勇气面对自己的过错与失误，同时要学会铭记，而不是那么善忘，时常警醒自己。

小说教学，常常有许多的空白点，这些空白给读者带来了极大的想象空间，努力去补出这些空白，可以帮助读者加深对作品主题、人物塑造等方面的理解，而且，续写本身的写作训练意义也十分丰富。比如我在讲授鲁迅小说《祝福》后，为了加深对人物悲剧命运的理解和认知，布置学生尝试这样的续写训练作业。

在鲁镇的祝福声中，祥林嫂死了。但她最后究竟是怎么死，请续写一段

[①] 黄伟.素养本位下的语文作业改革与创新[J].语文建设,2022(1).

不少于500字文字。

下面学生的作业案例。

祥林嫂之死

"那是，……实在，我说不清……其实，究竟有没有魂灵，我也说不清。"

趁祥林嫂愣神的当儿，那个读书人匆匆地逃走了，也是为了避她的晦气，他给了个模糊的答案，可却一个字一个字地敲进了祥林嫂的脑子里，敲得她一阵战栗，不过这个木刻似的东西突然有了一丝存活的气味才更叫人觉得悚然吧。

"他见识得多……但说是说不清？连他都说是说不清，可见是多可怕的事情了。魂灵，魂灵，这样一来大抵是有的吧。"

她喃喃说道，也不知道是向哪个方向或者是哪个人，也许是她自己，但已经完全不受控制了，她拄着那根下端开裂的拐杖直愣愣地站在风里，四周竟闻不到一丝送灶的火药香。祝福的鬼神们大概也看出人间已容不得这样的秽物存在，恐沾染了尘芥堆的灰气，所以一毫也懒得靠近。

一个女人带着一个白胖的男孩经过。男孩先看见那个木雕的乞人，他似乎把她当做一件有趣的玩意儿了，蹦蹦跳跳地走过来打量了她几眼，大声向女人喊道："阿妈阿妈，你快来，这个人好奇怪啊！"原来心在男孩身上的女人仅仅瞥了祥林嫂一眼，就赶忙把视线移开，仿佛怕害了眼疾，同时一把把男孩扯开，捂住眼睛："叫你乱跑，难道想像她一样被阎王锯开吗？以后不要到处沾惹晦气的东西……"话音未落，便逃也似的将男孩拖走了。

"祥林嫂，你实在不合算。再一强，或者索性撞一个死，就好了。现在呢，你和你的第二个男人过活不到两年，倒落了一件大罪名。你想，你将来到阴司去，那两个死鬼的男人还要争，你给了谁好呢？阎罗大王只好把你锯开来，分给他们。我想，这真是……"

这时柳妈那一席话又清晰了起来，那一个一个字似乎已经将她一点一点撕开了。祥林嫂感觉自己像被烈火灼烧着而后猛然抛进了冷水里，瞬间升腾起的白色水汽消融了她剩下的一点形状。但她一点也不觉得疼，她看着那具污秽的躯壳冷冷地讥讽道：

"你那时怎么就肯了？索性撞一个死，让那阴间小鬼完完整整地把你送下去，那你就不会克死阿毛……对阿毛一定是你这个丧门星害死的，罪过啊罪过，若有地狱，你大概会在十九层——连十八层都容不下你了，尽早去吧——"

"无聊者不生，厌见者不见，为人为己，也都还不错。"

渐渐地，她什么也看不见了，但手里仍握着那只空的破碗。其实大抵没有必要，人们的怜悯总是展示给神明来看，而不是给人间。

（陈欣媛）

学生续写的过程，不仅是提高其写作能力，也是对文本阅读后的再次提取与加工，对进一步深入理解文本，提升思维能力很有裨益。

2.重视学习过程，设计动态作业

学生作业完成的过程是自主学习、自我实践的过程，也可以是互助合作、彼此分享的过程，因此，作业不单纯是学生回家以后完成的学习任务，完全可以将学生完成作业的空间与课堂学习空间交互联动起来，也可以将学生个体独立的学习与学习共同体或互助学习小组的学习彼此加以深度交往。

盛庆丰老师在教茹志鹃的小说《百合花》时，避开了小说比较传统的教法，关于情节梳理、人物分析、主题探究等，而是对叙事视角产生了兴趣，在学生熟读小说的基础上，课前直接布置阅读小说的作业，要求学生改写《百合花》：

（1）以小通讯员为第一人称，改写原文，不超过1500字。

（2）以新媳妇为第一人称，改写原文，不超过1500字。

学生在改写的过程中，对小说为什么以"我"（女文工团员）作为叙事视角，这种视角对情节发展、情感抒发、人物塑造甚至小说的风格有什么益处，便会产生至少这样五个疑问。

（1）以小通讯员为叙事视角改写《百合花》，当他牺牲后，原小说后面的内容怎么写？

（2）以新媳妇为叙事视角，小说前半部分小通讯员护送"我"的那么多内容，怎么办？

（3）小通讯员去借被子，初见新媳妇，就描写她的外貌，符合小通讯员害羞的性格？

（4）以新媳妇为叙事视角，直接写借被子，是否有点突兀，且夸大了两人的争执？

（5）写新媳妇边缝肩上的那个洞，边哭诉边自责是否把原著唯美的诗意给破坏了？

这些疑问的思考解答，也许就是对作品最有意义的阅读。他的设计，其实是以学情为起点，提出了写作角度和相应的评价指标，放手让学生自我阅读，自作各种写作尝试，突出学习中心，之后，回到课堂让学生积极参与评价。下面是两则是盛老师学生的改写片段：

片段一

"快趴下！"我对担架队大喊一声，便纵身一跃，扑到那个呲呲冒烟的手榴弹上。

"轰！"的一声，我死了。

我的魂却在飞……

我现在终于可以好好看看这位姐姐了，她在给我缝肩上那个洞：高高的鼻梁，弯弯的眉，额前一溜蓬松松的刘海。

我也看到盖在我身上的那条被子，枣红色的底色上撒满了白色的百合花，我仿佛听到同乡姐姐在唱"月亮堂堂，敲锣买粮，月亮嬷嬷，照你照我"……

月亮很高，也很亮，我飞走了，到很远的天目山去了。

片段二

中秋节到了，我们这里却要打仗。

他去做支前民工了，家里只有我。我有点害怕，总在担心着什么，一会儿到门口张望一下，一会儿又回到屋里。

"家里有人吗？"我听到门外有人叫门，便掀开门帘。

院门外站着一个穿军装的小伙子，高挑挑的个子，厚实实的肩膀，绑腿直打到膝盖上。肩上的步枪筒里，居然插了几根树枝。我看见他那张十分年轻稚气的圆脸，顶多有十八岁。他看到我，立即张皇起来，脸涨得通红，两手局促不安地搓捻着。支吾了半天，他终于开口了，低着头说："部队上的被子还没发下来，但伤员流了血，非常怕冷，所以就得向老百姓借"，还说"打仗是为了老百姓"诸如此类的话。

他身板子像我家那个人，年龄跟我弟差不多，心中自有一分亲切。看他紧张的样子，心中暗笑，就想逗他一下……

两则片段，一是借助浪漫主义的方式，将故事的结尾诗意化，颇具创意；二是背景交代自然，人物刻画与原著较吻合，将人物外貌描写巧妙转移到这里，语言符合人物身份。所以，盛老师认为："改写其实是一种创作，它融合了小说鉴赏中的多要素，比静态的小说分析更能发展学生的综合学习能力，提升其鉴赏水平。这不是简单的教学选择，是在遵循学习之道。"[1]这样的作业比教师口干舌燥地讲析，来得更有意义。师生在课堂上共同探讨、交流、完善，集体诊断和分析作业落实指标的多少或程度，来细化评价学生的学习水平，这样的学习过程就是一种享受的过程。

除学情起点之外，作业还有以课程教学目标为起点来设计。课程教学目标其实就是学生课程学习要达到的程度，这样设计的作业实际上就是"以终为始"的逆向式设计。例如我在教《〈史记〉选读》选修课程时，第一课就给学生布置一个研修作业，要求课程结束后，每位同学需交一篇2000字左右的研习《史记》的文章，内容可以是人物系列评论、《史记》写作艺术分析、改编于《史记》的文学创作、由《史记》生发的评论等，强调原创，上交后我给这些文章汇集印行，作为学习《史记》学习的"礼物"。这样，我教了三届，就有了三本《史记》研修作业：《拂去历史的尘烟》《经典，为你点亮一盏灯》《我们为什么需要记忆》。下面是2017届一位学生的作业。

---

① 盛庆丰.上出学生喜欢的语文课[J].语文学习,2021(12).

《史记》中的"互见法"艺术

"互见法"，本指司马迁所创作的一种述史方法。旁见侧出法，又称互见法，即在一个人物的传记中着重表现他的主要特征，而传主在其他方面的性格特征则放到别人的传记中显示。

于我而言，最早接触的"互见法"是诗歌中被称为"互文见义"的修辞手法。在《木兰辞》的"将军百战死，壮士十年归"中，学龄尚浅的我们能够了解到，并非将军历经百战而战死沙场，壮士们历经多年征战回到故乡，这里所使用的"互见法"体现在了古代诗文中的前后呼应，相邻句子中所用的词语互相补充，结合起来表示一个完整的意思。而这，也正是"互见法"后来在诗歌领域的发展。

那么就让我们从诗歌回归到《史记》本身，探索两千多年前司马迁为后世创造的宝贵文学财富——"互见法"的艺术。

一、省略艺术

《史记》并非使用"互见法"的第一文，民间认为，早在司马迁之前，"互见法"的艺术便已然产生，但"互见法"真正的传承是于《史记》之后。而"互见法"艺术的本质功能或者说是"第一特性"要数其省略艺术。

"一事所系数人，一人有关数事，若为详载，则繁复不堪，详此略彼，详彼略此，则互文相足尚焉。"这是靳德俊先生在《史记释例》中对"互见法"的概括总结。

对于《史记》这样的叙事性很强的文学作品，其中人物众多，同一历史时期的人物更是有着千丝万缕的联系。在这样的文学叙事中，"互见法"能够将一人一事所牵连出的繁琐众多的情节变得清晰简略，详略得当。为突出一个典型人物的个性特征，往往描写的侧重点不同。例如，在秦朝末年，汉高祖刘邦与西楚霸王项羽的江山争夺战中，《高祖本纪》中着重描写了刘邦礼贤下士、勤政爱民等正面性格特征，而同一时期的《项羽本纪》中却从反面描述其贪财好色等陋习，使得刘邦这一人物形象横加立体、饱满，从历史的不同角度评价同一历史人物，也更具历史感和真实性。

二、对比艺术

再说刘邦和项羽的鸿门之宴，《史记》中分别是这样描写的：

沛公从百余骑，驱之鸿门，见谢项羽。项羽曰："此沛公左司马曹无伤言之。不然，籍何以生此！"沛公以樊哙、张良故，得解归。归，立诛曹无伤。

——《高祖本纪》

张良出，要项伯。项伯即入见沛公。沛公奉卮酒为寿，约为婚姻，曰："吾入关，秋毫不敢有所近，籍吏民封府库，而待将军。所以遣将守关者，备他盗之出入与非常也。日夜望将军至，岂敢反乎！愿伯具言臣之不敢倍德也。"项伯许诺，谓沛公曰："旦日不可不蚤自来谢项王。"沛公曰："诺。"于是项伯复夜去，至军中，具以沛公言报项王，因言曰："沛公不先破关中，公岂敢入乎？今人有大功而击之，不义也。不如因善遇之。"项王许诺。

——《项羽本纪》

传评互补，既避免了重复，又体现了历史的真实性，最关键的是，在同一历史事件中，不同人物对待其不同的态度表明其内在的性格特征，也同时深刻地揭示了人物最终的命运和结局。正如苏洵所说："本传晦之，而他传发之。"片面的评价往往不具有代表性，对人物的多角度深入剖析才令曾经辉煌的他们跃然纸上。

在《高祖本纪》中，无疑，我们认识到了一个机智、狠辣、毫不留情的刘邦，这样的性格暗示也为后文他对待韩信等人时果断、不心慈手软，最终开创大汉王朝的光辉结局。而《项羽本纪》中着力描写项羽偏听偏信项伯等人的"耳边风"，使得本来处于有利地位的鸿门宴最终错失良机，也奠定了项羽四面楚歌、乌江自刎的悲壮结局。

性格决定命运，刘邦和项羽这两个人物在历史上一直备受争议。司马迁在《史记》中巧妙使用"互见法"，呈现出两个栩栩如生的英雄人物。

三、详略艺术

《史记》包括十二本纪、十表、八书、三十世家、七十列传共130篇，526500字。在这样一本鸿篇巨著中，司马迁先生当然不会随意堆砌材料事件，要么，估计这本传世之作就能达上百万字以上了。

详与略、疏与密，这是构造文章的重要写作技巧。在长篇巨著的写作中，详略有当，疏密相间，波澜起伏，缓急有致，方能达到强烈的艺术效果。司马迁的《史记》就在详略的处理上巧妙运用"互见法"，这不仅体现在选材上，更体现在篇幅的删减和主次的选择中。

齐鲁夹谷之会，孔子摄相以礼使齐诛杀齐淫乐之人并归还侵鲁之地一事在《孔子世家》《齐太公世家》和《鲁周公世家》中的叙写形成的"互见"，也是典型的详略处理艺术非常得当的例子。《孔子世家》中以460多字的篇幅具体、详细地叙写了整个事件的经过，有发生、发展的过程，有人物的对话、行动、心理、细节的描绘等，有声有色，充分表现了孔子的从容不迫、不亢不卑、以礼制人；而《齐太公世家》中只用106字的篇幅简要地叙述事情的过程；《鲁周公世家》更简略，只以54字的篇幅交代事件而已。三篇文章三种处理方式，详略对比鲜明，体现出极强的艺术性。

还有上文曾提到的"鸿门宴"的故事叙述，在《项羽本纪》《高祖本纪》和《留侯世家》中也形成"互见"，详略更加悬殊。《项羽本纪》以1825字的漫长篇幅进行详叙，而《高祖本纪》只用200字简要交代过程，《留侯世家》更是以"语在项羽事中"一句省略了对整个事情的叙述，该详的详，该略的略，该省的省，毫不含糊，详略的艺术性更鲜明、突出。

从以上例子可以发现，《史记》中形成详略艺术的"互见"叙事，有的属于隐性"互见"，有的属于显性"互见"。

四、存疑艺术

《史记》以"史家之绝唱，无韵之离骚"遗响千古，"互见法"的首创之功，也成就了《史记》古典正史之楷模的地位。在这样一本史书中，令后世深入研究的另一原因就是其通过"互见法"展现的存疑艺术。

"孤证难以成立"，大家所熟知的赵氏孤儿的故事在《赵世家》中有详细的记载：晋景公三年，赵朔、赵同、赵括、赵婴齐及族人被诛杀之后，赵朔门客公孙杵臼和赵朔朋友程婴共同收孤救孤并扶孤成人而先后死节，挽救了赵家，使赵氏家族烟火能继续沿袭。这则故事在《晋世家》中有所"互见"，但所载有所不同："（晋景公）十七年，诛赵同、赵括，族灭之。韩厥曰：'赵衰、赵盾之功岂可忘乎？奈何绝祀！'乃复令赵庶子武为赵后，复与之邑。"两处记载各有不同，但又不能否定任何之一，司马迁使之存于不同篇章中，既保存了不同的历史所载，又形成了"互见"叙述的存疑艺术。启示后人细致研读，深入探究。

在《史记》中，我们不难发现"互见法"的使用，也正是司马迁创造性的叙事手法，让这本"通古今之变，成一家之言"的史书给予人们全方位的视角，增强了《史记》在中国文学历史上无可撼动的地位，也增加了其深厚的文学价值。或许今后谈论起"互见法"，我们不仅仅能够想到"秦时明月汉时关"这样"互文见义"的古诗词，更能够在司马迁《史记》的熏陶下，重返历史的长河中，认真追寻前辈们的写作艺术。（戴慧娴）

3.重视实践能力，设计情境作业

语文课程是综合性、实践性的课程，作业设计可以挖掘教学中的实践活动因素，提供一定生活情境，让学生在活动中提升认知、发挥潜力、拓展空间，实现主动发展情境性的作业。既有趣味性，也有创新灵动的特点，值得多加尝试。

我在教《记梁任公先生的一次演讲》时，为布置同学预习，事先布置了一个作业：在了解课文的基础上，为梁任公先生演讲设计一份海报。（海报见本书114页）

我的初衷就是希望设计时，学生会去阅读完课文，对梁启超先生也应多一点了解，其演讲的题目、时间、地点等也应十分清楚，初步达到了解教学内容的目的，同时，设计海报也让一些有一定美术天赋的同学有一个展示的机会，课堂的互动分享，自然也是一次很好诊断与欣赏。一份作业多个目的，一并实现。

再如教巴金《家》的节选《祖孙之间》后，布置了这样一道作业：

照片记录着我们的生活。请你从家庭相册中选择家人（包括自己）的一组照片，并结合照片写一篇讲述家庭变化的散文。

作业上交后，还在班级办一次专栏，增进了同学间彼此的了解，其更深的意义在于教会学生学会关心他人、关心社会。

4.重视思维发展，设计融通作业

汉语有着无限的魅力，那错错杂杂的组接，那长长短短的排列，每一种不同组合都会给读者带来或古雅或时尚、或清新或温婉的感觉。高一第一册诗歌单元教学结束后，我随性给文科实验班布置了"将词作改为自由诗，将自由诗改为旧体诗"的作业，不想，同学们的创造力竟是如此让人惊叹，他们做得用心，也做得出彩。下面是部分改写作业：

《沁园春·长沙》改写版

在这寒风中兀自站成一道风景

湘江怒流它一去不复还啊　一去不复还

橘子洲头　眼下　霜残

万山嵯峨连亘不绝红透了苍穹大半

晕染盛秋独好的风光　风光无限

满目碧色溁溁　有猛浪堆叠　惊涛拍岸

千舟扬帆相竞　有旌旗飘飘　鼓声点点

雄鹰盘旋展翅　欲将凌霄击长空

锦鳞抻鳍摆尾　欲将海阔任逍遥

万类霜天竞自由　旧潮远

心怀思绪万般　意不平　乍起波澜

试问万里神州　何人宰　股掌天下

携来百侣曾游　把酒　相留

且将惄惄作惊惊　只争朝夕

忆往昔峥嵘岁月　半生戎装　一骑骋天涯

风华正茂正当时　意气风发　抽刀断流水

挥毫泼墨笔走龙蛇　笔下山河险

追溯往事　重叠案前　何人忆及

激流勇进　浪遏飞舟　共挽人间新颜

（王亚楠）

《再别康桥》改写版

改写一：

轻迎彩云梦，一临康桥茫。

柔波弄青荫，艳影和与窗。

金柳入风来，青荇舞霓裳。

汪潭沉虹间，清月戏桥霜。

梦寻逸舟驻，映曦无需舫。

撑篙难放歌，星辉斑斓朗。

夏虫夜不语，笙箫环波漾。

轻远彩云梦，再别康桥殇。

（李晶晶）

改写二：

水调歌头·再别康桥

桥上几十驻，招手问谁留？不知何处云彩，错把艳阳收。既见夕晖归去，又睹月华升起，青荇悄然油。出没柔波里，碧影望神州。

榆阴下，浮藻内，也筹谋。景中寻梦，青处漫溯放歌游。千里星辉满载，万片斑斓依旧，清韵染桥头。沉默别离久，挥手物华悠。

（陈仙烔）

改写三：

欲折金柳归期至，

愿撑长篙寻梦迟。

忆昔天朗云舒日，

正是河畔读书时。

（曹梦棋）

《雨巷》改写版

改写一：

逢

丁香

青石巷

黛瓦粉墙

提灯驻足凉

飘细雨如初酿

风吹散发间暗香

寻觅探深巷独彷徨

看不穿轻烟蔓上高墙

檐角边天涯一望断人肠

雨潇潇油纸伞人往往

奈何漫步夜色未央

盼相依不知何方

终是梦醒荒唐

擦着过身旁

谁在轻唱

似惆怅

迷茫

望

（许亦凡）

改写二：

古巷雨楚意佳人，

蹙额只闻丁香芬。

最是巷深凄寥处，

倩影只为雨中存。

（孔维政）

改写三：

临江仙·雨巷

执伞彳亍雨巷，青阶沁泞留伤，期遇佳人如丁香。两鬓鸦雏色，步紧鸣玉瑝。

静婉消梦迷茫，太息散空惆怅，影氲烟雾篱墙颓。徒留两哀泣，默立凭神殇。

（计欣然）

改写四：

蝶恋花·雨巷

纤手持伞步幽巷，沥沥微雨，愿逢故相惜。颜如丁香苾芬色，静默过往语未讲。

低眉锁黛轻太息，哀哀愁怨，远去觅无影。巷长雨悠心迷茫，梦里犹记醉丁香。

（纪紫薇）

《大堰河——我的保姆》攻写版

> 暗窗飘雪冷，
>
> 忽忆吾母寒。
>
> 数载凄惶处，
>
> 唯伊手中暖。
>
> 凌辱何时尽，
>
> 风雨入土安。
>
> 紫灵无可见，
>
> 替汝尊严唤！

（曹梦棋）

汉语就是这样神奇。这倒让我想起余光中先生的一段话："杏花，春雨，江南。六个方块字，或许那片土就在那里面。而无论赤县也好神州也好中国也好，变来变去，只要仓颉的灵感不灭，美丽的中文不老，那形象那磁石一般的向心力当必然长在。因为一个方块字是一个天地。太初有字，于是汉族的心灵他祖先的回忆和希望便有了寄托。"

第五讲 勇改：知一重非，进一重境
——课堂诊断的实施

何为"诊断"？"诊断"这个词来源于医药上的一个专用术语，指从医学角度对人的精神和体质状态作出判断。借"诊断"一词移至教学，其意在通过评价者的课堂考察和教学分析，在理性思考的基础上，探究发现执教老师的教学经验、特色和在教学过程中暴露出来的问题，以及提出解决问题的方法。

清人袁枚说："知一重非，进一重境。"（《续诗品》）意思是说知道这一层做得不好，那么你的认识就会进入一层新的境界。只有不断否定过去，境界才能常新，同时也应不畏错误大胆承认错误，并在吸取经验教训中开创新境界，达到新高度。创作如是，教学艺术的追求亦如是。苏霍姆林斯基指出："只有善于分析自己的工作的教师，才能成为得力的、有经验的教师。在自己的工作中分析各种教育现象，正是向着教育智慧攀登的第一个阶梯。""一个教师只要善于思考事实的本质，思考事实之间的因果联系，它就能预防许多困难和挫折，避免一种对于教育过程来说很有代表性的而又非常严重的缺点——即令人苦恼的意外情况。"[①]灵动而智慧的语文课堂需要这样的

[①] 苏霍姆林斯基.给教师的建议[M].杜殿坤,译.北京:教育科学出版社,1984.

"第一个阶梯"，课堂教学艺术的追求中也期待我们不断地通过观察、调查、分析和行动的方式进行他诊（听课评课）和自诊（教学反思），以期可以从课堂里站起来，走出来。

一、寻找课堂成长的力量——课堂诊断的意义

课堂诊断是在教学实践中产生、发展的，它借鉴了其他学科的成果，是理论和实践的结合，是有一套教育教学自己的话语系统、理论体系和操作模式。课堂诊断使教师专业具有了自身独特的专业理论和技能，它基于教师学习观念与行为改进的立体整合，基于教师素质与教学全面质量的同步提升，基于教师保持教学特色和消解问题的协调统一。教师课堂诊断技能的形成和运用，对维护教师职业的专业边界，提高教师的专业地位具有决定性的作用。因此，我认为课堂诊断的意义有以下几点。

1.实现学生的学习成长

课堂教学的根本目的是要实现帮助学生学习的成长，促进学生发展，教师在课堂教学中的一切行为是为学生的学习而来的。西方教育家认为："教师是设计师。该职业的一项基本工作就是精致地设计课程和学习体验以满足特定的教学需求。我们也是评价设计师，诊断学生需求以指导我们的教学，使我们自己、我们的学生，以及他人（父母和管理者）能够检验我们是否已经达到了预期的目标。""良好的设计，不仅仅是为了让学生获得一些新的技术技能，而是为了以目标为导向，产生更全面、更具体的学习。"[1]

我们在设定教学目标时，常常是站在教的角度，教会学生如何如何，而不是从学的角度考虑，让学生学到什么。所以有些课是很精彩，但精彩是教师的，杜威曾提醒过教师："有些教师能够激发热情、传递伟大的观念和唤醒活力。但是，仅仅这些还很不够，最终检验还要看他能否把学生这种对伟大事物的热情转化为掌握手段的力量。"[2]

---

[1] 格兰·特威金斯,杰伊·麦克泰格.追求理解的教育[M].闫寒冰,等译.上海:华东师范大学出版社,2017.

[2] 约翰·杜威.我的教育信条——杜威论教育[M].王承绪,赵祥麟,编译.上海:上海人民出版社,2013.

所以，课堂诊断首先就要站在学生的立场，以学生为中心来思考。一是在确定教学目标、制定教学方案、安排教学内容方面，诊断其是否从学情出发，更多地考虑到学生的实际和需要，更好地贴近学生的学习能力和知识背景；二是在教学过程的展开、教学手段的选择以及作业和评价上，诊断其是否关注到学生的特点、需求和兴趣，充分考虑学生的作用和学生活动的实效，激活学生的参与积极性，鼓励学生主动积极地学习，提高学习的自主性和合作意识；三是在学生状态和学习效果方面，诊断其是否尊重学生学习的认知规律和习得规律，思考有效地改善和优化学生学习行为，帮助学生实现经验与知识的相互转化，并提高学习转化率。总之，课堂诊断就是要努力让学生真正成为教学主体，帮助学生通过深度加工把握知识的本质，在教学活动中模拟社会实践，引导学生对知识及知识的发现、发展过程进行价值评价，让课堂成为形成学生核心素养的重要途径。

2.实现教师的素质提高

课堂诊断是一种教学研究活动，它在教学实践和教学理论之间架起一座桥梁，教师借助合作的力量在实践性知识、自我反省能力等方面获得新的发展，教师的教学智慧得到增长，是教师专业化发展的很重要的成长途径。

课堂诊断有助于教师发现和把握课堂教学的问题与不足。课堂诊断重在对问题、病症的辨析与判断，教师在日常的课堂教学中，不可避免地会存在这样或那样的问题和不足，这些问题和不足是教师在专业素养上的一种不良反映，也常常成为制约自我发展的"盲区"或"盲点"。能够及时发现、时常警醒并能消除和克服这些存在问题和不足，是一个教师走向成熟的标志之一。许多教师正是在不断地发现他人和克服自身在课堂教学中存在的这样或那样的问题和不足中，一步步走向成熟，走向优秀的。

课堂诊断有助于教师发掘和积累成功的教学经验与特色。大家都清楚，教师的教学经验与教学特色不是天生的，而是在长期的实践中不断摸索、不断修正中得来的。无论是诊断者还是被诊断者，无论是处在哪个发展阶段的教师，都可以根据自己的实际需要，有针对性地进行课堂观察，经由观察他人课堂或接受同伴的诊断，反思自己的教育理念和教学行为，形成新的认识回路，进而改善课堂教学行为，增强课堂教学信心，发挥课堂教学优势，让这些经验与特色得到总结和提炼。

课堂诊断有助于教师提炼和升华个人的专业素养和教学智慧。教师职业专业化的最大特点及其最有效的途径之一，就是教师参与研究，课堂观察与诊断是成为研究者的起点。课堂诊断正是引导教师更好地去关注和分析各种教育教学现象，学会去深入"思考事实的本质，思考事实之间的因果联系"，促进其系统地、批判性地反思自己的教育和教学行为，发展其自主性的专业判断力，并通过观察研究改进教学，有效地提高教学质量。

3.实现教育质量的提升

课堂诊断直接指向的是教师课堂教学行为的改进和改善，其实际是教育行动研究是一种实践形式，对学科课程发展、学科研究质量、教师队伍建设以及学校教育质量都有着密切的关系和积极的意义。

课堂诊断旨在优化课堂教学品质。叶澜老师说："教学改革要改变的不只是传统的教学理论，还要改变千百万教师的教学观念，改变他们每天都在进行着的、习以为常的教学行为。"改进课堂教学，创造高效优质的课堂教学生活，是教育教学改革的核心。我们在课堂教学中存在的最主要问题是，一些教师忽视教学科学性，不从学生的认知规律出发，课堂教学的随意性大，课堂教学的气氛僵滞、呆板，缺乏应有的灵动和生气……课堂诊断研究的目标指向是发现存在问题，分析产生原因，商讨和提出解决问题的路径和方法，使课堂教学从结构到流程，从教法到学法，从预设到生成，都行走在科学的轨道上，都符合教育教学规律，符合学生身心发展规律。

课堂诊断旨在提升教育的效益。课堂是学校教学工作的主阵地，提高教育教学质量，关键是提升课堂教学质量，抓有效教学，根本的是要抓课堂教学的有效和高效。要形成有价值、有效果、有效率、有魅力的有效性教学，需要教育科研的引领和支持，而课堂诊断所指向的是课堂教学质量的全面提升，也就指向了有效教学的根本，抓住课堂这个中心环节，其他环节也就能被带动起来，学校的教育质量也会因此得到提升。

课堂诊断旨在促进教师专业成长共同体的发展。课堂诊断的过程是一个双向互动的过程，无论是自我反思、同伴互助与还是专业引领，都决定着需要平等对话、相互合作的学科教研氛围，需要强化教师的合作意识和团队意识，建立教师学习共同体。教师借助于课堂诊断这一团队合作纽带，探究、应对具体的课程、教学、学习、管理上的问题，开展自我反思和专业对话，在改进课堂教学的同时，促使该共同体的每一位成员都得到应有的发展，真正实现了教育科研的校本化、师本化和高效化。

二、建构好课的教学参数——课堂诊断的标准

一堂好课标准众说纷纭，站在不同角度都可以说上一二三，于是乎，好课又似乎没有了严格的标准，但是一堂课上下来，流不流畅，舒不舒服，听者（学生、教师）总会感到的，既然好坏是鲜明截然的，那么一定有其基本的技术参数，有着共同的评价标准。梳理教学的相关要素，我以为应从教学目标、教学内容、教学节奏、学生活动四个方面着手，参之于文本与生情的变量，最终取决于教师的素养（如下图）。

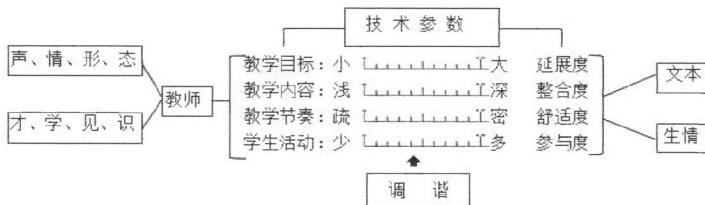

1.延展度：精准的学习方向

课堂教学目标是指教学活动预期达到的结果，是教育目的、教学目标和课程目标的具体化，也是教师完成教学任务所要达到的要求和标准。一节课，课堂教学目标是其灵魂，是一切教学活动的方向和归宿。有些课把一节课的教学目标定得与语文教育目的、课程目标混为一谈，诸如："通过对课文的学习，培养学生热爱生活、关心他人的品质""通过教学提高学生的阅读、写作能力""培养学生的审美能力、提高学生的语文素养"，这样的课堂教学目标定得"放之四海而皆准"，千篇一律，与其说有目标，倒不如说没有目标；还有一些教学目标确定的同质化倾向严重，一教散文就是形散神聚，一说诗歌就是情景交融，一遇小说就是形象特点，一见古文就陷进古汉

语知识丛林等，这些目标都失之于空泛或重复。我们所缺的，就是针对一篇课文的一个课时来实实在在地找准一个具体的或大或小的目标，从而导致语文课热热闹闹地上了那么多，可学生的知识和能力并未相应地得到增长和提高。所以，在设定教学目标时，目标无论是大还是小都要根据学习能力的序列和学生语文学习的状况，进行合理的调谐，在大与小之间找到一个适合教学的平衡点，在学生学习的方向上体现出相应的延展度，以使课堂教学最优化。

2.整合度：灵活的文本处理

时下的课堂，当我们强调专业化、技术性的时候，执教者往往热衷于"高大上"，追求把课教得更有学术性，更加深刻，尤其在选修课的教学表现尤为突出。文本解读越来越新奇前卫，方法指导越来越玄妙深奥，知识传授越来越冷僻高端，我们似乎忘记了教授对象的特定年龄，忘记教学内容的有效适切。决定教学内容是否有效，不在于深浅，而是要看它是不是高中学生语文能力需要的，是不是切合了不同学习程度的学生的需求，教师的任务就是要根据不同的文本、不同的生情，制定切实有效的教学内容。一句话，确定内容比教学方法要重要。确定适宜的教学内容，是进行有效教学的核心环节，教师在备课时，主要精力应该花在教学内容的确定上，教学内容深有深的理由和需求，教学内容浅有浅的好处和目的，适时适当地掌握好"度"，有效地根据自己的知识结构和教学重难点整合教学内容，在课堂上合理调谐，灵活操作。

3.舒适度：自如的教学流程

课堂教学应该是在教师有意识的指导下，教学双方、师生双方共同配合有规律、有秩序地进行的课堂活动，应当具有一种愉悦的、轻松的旋律感。语文课堂教学本身就是一门艺术，因此也要讲究节奏美。教师的讲解、提问的设置、学生的活动、内容的安排、进程的快慢等都要注意把握好节奏。适度的课堂节奏能自始至终地牵动学生的注意力，最大限度地维系学生的热情，使课堂教学跌宕起伏，张弛有度，错落有致，给学生以美的艺术享受，让学生在轻松愉快中将学习的效率提到最高，从而使教师轻松愉快地实现教学目的，很好地完成教学任务。如果课堂节奏过疏则可能导致课堂沉闷乏味、效率低下；课堂节奏过密则可能导致学生应接不暇、疲于应付。真正优秀的教师要善于学会在疏密之间自由游走调谐，营造一个节奏舒适的有效课堂。

4.参与度：有效的课堂互动

传统的语文教学中，学生活动少，老师讲析过多，以致课堂气氛沉闷无趣，成为学生的创造性思维生发的桎梏。新课改以来，课堂上尤其是公开课上，都会有热烈的学生活动。有的教师将应试教育下的"满堂灌"变为毫无实用价值的"满堂问""满堂活动"，以为这样就是提高学生的参与度，就是让学生成为课堂的主角。事实上，过多、过滥、不必要的学生活动，只会让课堂气氛表面上火爆异常、热闹有加，但教师和学生仍然缺乏思想和感情的沟通，学生仍然是老师的"思想玩偶"，被动地跟从老师完成一个个彼此孤立的活动，学习者没有真正进入学习的状态，这并不是真正的高效课堂。因此，学生活动的多少并不从根本上决定学生课堂参与的有效性，即学习的有效性。合理的学生活动，是学生主动参与课堂的需要，是教师主导作用得以展现的需要；优化课堂活动，是引导学生主动参与的动力。所以教师要把"活动什么、为何活动、怎样活动"作为一门艺术去钻研，使学生活动真正成为学生主动参与的"催化剂"或"导航罗盘"。一堂好课应该依据不同教学内容和学生状态，进行适宜适度的互动活动。调谐好学生的参与度，使之恰到好处，让在课堂中的每个参与者都所收获感悟，一定是理想的课堂。

一节课，如果能很好地在以上四点的变量之间调谐合适的度，营造和谐的课堂，那么这节课我以为可以算得上是一节好课了。但这些技术参数的合理调谐，决定因素在于教师。教学目标的设定、教学内容的确定、教学节奏的掌控、学生活动的设计，这一切都要教师从文本出发、从学情出发，因地制宜、因时而动，因材施教，教师的素养是核心因素，就其外在的呈现体现在教师的声、情、形、态上，而就其内在的品质体现在教师的才、学、见、识上。所谓声、情、形、态，即教师在课堂上传递的声音、展现的情绪、出境的形象和表现的教态；所谓才、学、见、识，是指教师的教学才情、学术学养、洞察能力和教育视野，声、情、形、态则是高超的教育技艺的体现，而才、学、见、识是灵动的教育智慧的彰显，二者完美结合，便是一个具有专业品质的优秀教师，也有可以得心应手驾驭的课堂。

三、凝神晤对课堂的启示——课堂诊断的案例

语文课堂教学是复杂而动态的系统，全面的诊断头绪繁多、错综复杂。这里选取了本人在《中学语文教学》相关栏目中发表的有关课堂诊断的五个案例，试图从目标、内容、过程、方法和效用等五个方面，大致描述一下课堂教学诊断的基本内容。

1.目标诊断：回归教学的本真

能把语文课上得简约，上得实用，我以为是一堂好课的重要指标，也是对教学本真的一种回归。

之所以认定简约实用是回归教学的本真，是因为日常的教学中，我们见惯了教师没完没了地讲解，他们用自己的"讲"代替了学生的"学"；我们迷失在由文本原点向外无限延伸的拓展中，以至于课上完了学习者始终没有弄清学习的重点和目标；我们腻味了教师繁复驳杂眼花缭乱的多媒体手段，各种声光电淹没了言语习得的特质；我们陶醉在精致玲珑的教学表演中，在热闹喧嚣之后什么也没留下……是的，我们太想在有限的教育时空里安放下太多太多的学习内容，想方设法让教学的路径变得曲折，彼此交错，相互错杂；我们常常自己都弄不清所教内容的实用意义，以至于学生学了那么长时间的语文却不知如何运用，连最常规的应用文也写不出写不好。

把课上得简约，就是在教学目标的设定与实施、教学内容的确定和教学方法的选择上，力求简洁明了，以自然、朴实的教学追求高效、灵动、和谐的课堂。

把课上得实用，就是在关注学生语文素养的养成，使之具有丰厚的词语积累、娴熟的语言运用、缜密的阅读能力和良好的写作技能，甚至包括熟练的应试技巧的同时，还关注他们语文能力的发展和精神生命的成长。

教师把课上得简约实用，是一种智慧、一种艺术、一种能耐，它决不是

把教学简单化、功利化了，而是艺术化、精良化、高效化。

【问诊案例】

读懂马克思，读出恩格斯①

——《在马克思墓前的讲话》课堂实录

绍兴鲁迅中学　彭玉华

一、读懂悼词，读懂马克思

师：同学们好，课文大家都已经预习过了，课文的体裁是什么？

生：悼词。

师：对，我们首先来读懂悼词。

　　板书：读懂悼词

师：悼词这种文体会写一些什么内容，它的结构有什么特点？

生：悼词主要抒发了对死者的悼念之情，对死者的生平进行总结评价。

师：好，主体内容是这样。大家看看老师课件中关于悼词的内容和结构。

投影：

开头：介绍死者的生前身份、逝世时间、地点、原因及其享年等。

主体：追述死者的经历及一生中主要成就和贡献。

结尾：对死者表示哀悼之情，对悼念人提出希望和要求等。

师：这三个部分，哪一个部分最重要？

生：主体部分。

师：是的，悼词最主要的是追述死者的生平经历，并对他一生的成就做出评价。马克思一生主要有哪些成就呢？

生：马克思发现了人类历史的发展规律，发现了现代资本主义生产方式和它所产生的资产阶级社会的特殊的运动规律。

生：他通过写文章推翻了资本主义社会。

师：在第7段吗？大家觉得她的回答准确吗？

生：不准确，只是讲他以这种或那种方式参加推翻资本主义社会及其所

---

①郭惠宇.简约实用：回归教学的本真[J].中学语文教学,2015(9).

建立的国家设施的事业，并没有推翻。

师：很好，注意语言表达要准确。

生：马克思在其他领域也有新发现，如他曾经密切注视电学方面各种发现的进展情况，他还密切注视德普勒的发现。

生：马克思是一个革命家，很少有人像他那样满腔热情、坚韧不拔和卓有成效地进行斗争。

师：嗯，作为一个革命家，马克思有哪些斗争方式？

生：他创办了许多报纸，还有国际工人协会。

师：既有舆论宣传，也有革命实践。小结一下，一共谈了五点马克思的贡献……我们能否把这五点进行一下概括呢？课文其实有段落对这些内容进行了概括。

生：主要有两个方面，第2段，"这个人的逝世……都是不可估量的损失。"可以看出一是战斗方面，还有是历史科学方面。

师：好，上面五点前三点是历史科学方面的，也就是理论上的贡献；后两个方面是战斗方面，也就是实践上的贡献。这样，我们对马克思的生平和事迹有了一个概要的了解。

板书：读懂马克思

二、读懂"这一篇"悼词，读出恩格斯

师：我们刚才读到的这些东西，只要在百度搜索一下，马上就会有的；但是我们这篇课文是一篇经典作品，它的经典性主要表现在哪呢？我们要读懂"这一篇"悼词。

板书：读懂"这一篇"悼词

师：如何读懂"这一篇"呢？大家可以从作者、死者的身份以及作者与死者的关系等角度进行思考。从两个人的关系来看，马克思和恩格斯是什么关系？

生：无产阶级革命战友。

师：马克思、恩格斯的身份职业有什么特点呢？

生：哲学家。

师：是的，有人说"哲学是思维的体操"，哲学家有着特别缜密的思维。那么哲学家恩格斯给亲密战友哲学家马克思的悼词中应该有什么不同的特点呢？因此，我们在读懂马克思的基础上，还应该读出恩格斯。

板书：读出恩格斯

师：我们下面结合文本，试着读出恩格斯和马克思之间深刻的友谊，读出恩格斯深刻、严密而智慧的表达。任务有点挑战性，我们先交流一下。

生：第8自然段结尾：千百万革命战……他可能有过许多敌人，但未必有一个私敌。这句话既表明了马克思具有高尚的人格，也可以看出恩格斯对马克思逝去的痛惜。

师：这句话找到很好，你也读出了这句话的内涵，如果我们把"他可能有过许多敌人，但未必有一个私敌"这句话中"可能""未必"去掉，表达会有什么变化？

生：去掉以后，就显得有些绝对，语言表达就不严密了。

师：是的，这样品读，我们就能读出恩格斯语言表达严密，用词考究。

板书：用词考究

生：也是第8段，"他对……蛛丝一样轻轻拂去，……才给以回敬。"表现了马克思的大度，体现了恩格斯对马克思的赞扬。

师：仅仅是大度吗，"拂去"可以看出大度，那"回敬"呢？（学生答不出来）我们一起来品读一下这句话。这篇文章的翻译有两个版本，一个是1972年的，一个是1995年的，你们现在看到的是95版的；而72版中这句话的翻译是："他对这一切毫不在意，把它们当作蛛丝一样轻轻抹去，只是在万不得已时才给以答复。""抹去"改成"拂去"，"答复"改成"回敬"，这样改动后情感有什么不同呢？

生："拂去"比"抹去"动作要轻微，表现了马克思的从容以及对敌人的轻蔑。

师：好，还要联系动作的对象想一想，"蛛丝"用"拂去"比"抹去"更加准确。

生：把"答复"改成"回敬"能够体现马克思对敌人的态度，面对资产阶级对他的诽谤，坚强不屈，决不动摇，坚持自己的立场，和他们斗争到底。

师：好，从这句话，我们还能读出恩格斯对马克思的什么情感？

生：敬意，敬佩！

师：嗯，请你把这句话读一遍，读出敬意和深挚的情感。

板书：情感深挚

师：这样品一品，读一读就很有意思了。下面老师投影几句话，我们来品读一下。

投影：

3月14日下午两点三刻，……但已经永远地睡着了。

师：课文的第一段，如果我们把它压缩一下，大家看表达效果有什么不同？

投影：

1883年3月14日，伟大的思想家马克思因病在自己的寓所中去世，享年65岁。

生：原文恩格斯对马克思的评价很高，表达了对马克思离去的哀痛，而改过以后很客观，没有什么感情。

师：嗯，改过以后似乎谁逝去都可以适用，而原文用"当代最伟大的思想家停止思想""但已经永远地睡着了"委婉地说出了马克思死去的事实，这种手法叫"讳饰"，更能够表达恩格斯对马克思的敬意和不舍、惋惜，字里行间蕴含着深沉真挚的情感。战友的离去，恩格斯十分悲痛，但他克制住伤感，严密而富有逻辑地发表演说，我们来看看文章段落之间的联系。

投影：

（第4段）不仅如此。马克思还……

（第6段）他作为科学家就是这样。但是……

（第8段）正因为这样，所以……

师：找到这些段落，看看这些句中的"此、这样、这样"分别指代什么，然后结合后边的关联词"还、但是、所以"说说这些段落之间有着怎样的联系。

生："不仅如此"中的"此"指"马克思发现了人类历史的发展规律"，"还"表示这两段之间是递进关系。

生："他作为科学家就是这样"中的"这样"指"马克思在他所研究的每一个领域，甚至在数学领域，都有独到的发现，这样的领域是很多的，而且其中任何一个领域他都不是浅尝辄止"；"但是"表示上下文是转折关系。

生："正因为这样"中的"这样"指马克思的革命斗争实践，包括舆论宣传和创建工会；"所以"表示上下文是因果关系。

师：回答得很准确，结合关联词就能发现文段之间内在的逻辑联系。有人认为，这篇课文是高中阶段所有篇目中最具有逻辑之美的文章。

板书：逻辑严密

师：其实这篇课文不仅段落之间逻辑严密，句子之间、句子内部用词也十分严谨。

投影：

人们的法的观点、国家设施、艺术以致宗教观念，就是从这个基础上发展起来的。

师：大家看这句话和原文有什么区别？哪一种顺序更好？

生：原文是"人们的国家设施、法的观点、艺术以至宗教观念，就是从这个基础上发展起来的。"我认为原文更好，"国家设施、法的观点、艺术以至宗教观念"是按照主要到此要的顺序排列的，改了以后就打乱了这种顺序。

师：好，能从逻辑角度来进行辨析，还能说出其他的原因吗？（学生答不出来）刚才说了，这个版本是1995版，我们再看看1972版是怎样翻译的。

投影：

人们的国家制度、法的观点、艺术以致宗教观念，就是从这个基础上发展起来的。

师：大家比较一下这两个版本的翻译有什么不同。

生：主要是"国家制度"和"国家设施"的区别，可能"设施"更准确一些吧。

师：为什么？（学生回答不出来）问题是有点难，我们类比一下，"教室里的设施"与"教室里的制度"有什么不同？

生："教室里的设施"应该是指具体的物件，桌子、椅子什么的；而"教室里的制度"应该是指一些规则和公约吧。

师：也就是说前者是物化的具体的，后者就较为抽象了，这样来看上面两种版本的翻译会有什么启示？

生：翻译成"国家设施"，与后面"法的观点、艺术以至宗教观念"之间的关系是从具体到抽象，而翻译成"国家制度"就看不出这种关系了。

师：很好，这里貌似有点钻牛角尖了，恩格斯本意是否如此也不得而知；但这样的一番品鉴后的确能让我们感受到作为哲学家的恩格斯语言表达的精准，而语言的准确是得益于思维的严密。

师：金无足赤，这么经典的文章也有一些地方有点小问题，大家课后可以找找看；但瑕不掩瑜，这篇文章让我们见识到了语言表达的逻辑之美，以及语言背后的哲学家的思维之严密；当然我们也通过文章的学习感受到了马克思的伟大，获得一些做人的道理。

【诊断意见】

《在马克思墓前的讲话》是一篇经典的文本。惟其经典，故而一次次被解构讲析，文章被越教越复杂，也似乎越教越深刻，甚至越教越变形。能否回归教学的本真，真正实现文本的教学价值？彭玉华老师的教学实践或许能给我们一些启示。

至简：寻求教学最清晰的路径

日常的教学中，有些老师常常试图在有限的教育时空里安放下太多的学习内容，想方设法让教学的路径变得曲折，甚至彼此交错，相互错杂；就本文而言，可以拉进马克思、恩格斯的光辉一生，引入马克思主义的相关理论，增加悼词的相关知识甚至著名的悼词篇目，纠缠于语法分析和文章分析……学习者会因此而变得浑浑噩噩，难以理清头绪，也难以产生较好的教学效果。本课设计者从一开始就为教学确立的主题——"读懂马克思，读出恩格斯"，这就十分清晰地明确了教学的主要思路。所谓"读懂马克思"，理清悼词文本中关于马克思的评价，对马克思的生平和事迹有一个概要的了解；而"读出恩格斯"，研读文本中充满情感文字，体会恩格斯深刻、严密而智慧的表达。任务简约，路径清晰。

至用：抓住文本最实用的知识

作为一篇应用类文本，既有着一般悼词的基本要领，也有着议论类文本的逻辑力量，因此，就本文教学内容的确定也应据于此而定，让教学的意义直接指向实用的价值。语文教育的许多失误就是我们常常弄不清教学的实用意义，以至于学生学了那么长时间的语文却不知如何应用，连最常规的应用文也写不出写不好。

彭老师的设计瞄准文本的实用价值并围绕它精心设计。首先不回避悼词可能带给人的忌讳，着眼教会学生写作悼词的要领，明确开头、主体、结尾各部分写作内容。其次，在提升学生阅读文本的能力上下功夫，本文作为议论类又是极具深情的文字，其阅读训练的价值是很典型的。针对文章词语考究，老师从不同角度加以细细品味：一作有和没有的比较，如对"他可能有过许多敌人，但未必有一个私敌"一句中"可能""未必"去掉后，表达变化的推敲；二作换和不换的掂量，如对"他对这一切毫不在意，把它们当作蛛丝一样轻轻抹去，只是在万不得已时才给以答复"一句，将"抹去"换成"拂去"，"答复"换成"回敬"的改动后，情感不同的琢磨；三作用与不用的区分，如"当代最伟大的思想家停止思想""但已经永远地睡着了"运用"讳饰"来委婉地说出了马克思死去的事实，感受文中具有的恩格斯对马克思的敬意和不舍、惋惜，以及字里行间蕴含着深沉真挚的情感。

至智：推进语言最思辨的训练

作为悼词，读出恩格斯和马克思之间深刻的友谊应该不难，但如何读出作为哲学家的恩格斯所作的深刻、严密而智慧的表达，是有一定思维质量和挑战性的。

彭老师十分智慧地从文章段落之间的联系来研究这篇严密而富有逻辑的演说。他抓住第4段、第6段和第8段段首的"不仅如此。马克思还……"

"他作为科学家就是这样。但是……""正因为这样，所以……"这几句话，仔细分析前后的指代性关系、句子的逻辑关系，形成学生建构文章段落的意识，同时，又通过不同的翻译版本来比较恩格斯语言表达的精准，进而体会语言准确背后的严密思维。另外，在教学行将结束时，彭老师又抛出一个文本可能有瑕疵的问题，来激发学生进一步探究思考的兴趣。有智慧的表达与训练，自然会培养出善于思考的学生，思维的能力就是从教学的这些点滴做起的。

【专家处方】

提倡语文课的简约实用不是简单粗糙，不是功利至上，而是举重若轻、化难为易，是删繁就简、活学活用，把非课堂的因素、非学科的本质尽可能地摒除，把语言习得的能力、审美品质的培养尽可能地落实，使语文学习归于本真的境界，让语文课兼具语文味与艺术美。

（1）目标简明，直指语文能力的要处

实际的教学中，一些教师就唯恐目标不全、不细，把每个文本都当作起始课教，把每个学生都当作以前从没学过语文似地教，希望三维目标各个都能落实，于是，造成信息拥堵，内容庞杂，自然就收效甚微。其主要原因是没有把握文本的特点，确定合适的教学内容和教学目标。其实，有时学习目标的制定比语文教学本身要难。每篇课文不要一味地堆砌知识点，学会有针对性、有重点地讲清一两点，有机整合整个单元的教学目标。本课在学习演讲辞的单元，具体到本文是一篇悼词，因此，彭老师基于悼词的特点，教会一种文体写作的基本要领；基于演说需要条理清楚概括准确的特点，教会如何厘清演说结构；基于悼词在用语上的考究，教会学生如何辨析语言的细微差别。可谓着眼能力，直指要处。所以，教学内容目标的制定一定要鲜明突出，不同文本有不同的目标趋向，不能把一类文体所涉及的所有内容都列入当作目标，也许讲清一点比讲到过十点要有效得多。

（2）流程简捷，调谐精准流畅的节奏

课堂教学是教学的基本组织形式，是学习知识、培养能力、开发智力、提高认识的主要渠道和途径。课堂教学应该是在教师有意识的指导下，教学双方、师生双方共同配合有规律、有秩序地进行的课堂活动，其流程应当具有一种愉悦的、轻松的旋律感。追求简捷的课堂节奏需要教师在知识讲解、提问设置、学生活动、内容安排、进程快慢等环节上注意控制与把握好。适度简捷的课堂节奏能自始至终地牵动学生的注意力，最大限度地维系学生的热情，使课堂教学跌宕起伏，张弛有度，错落有致，给学生以美的艺术享受，让学生在轻松愉快中将学习的效率提到最高，从而轻松愉快地实现教学目的，很好地完成教学任务。就本课而言，两个板块的目标清楚，简明而显豁，也使得教学的流程变得干脆利落，而不拖泥带水。但在两个板块的教学内容上有前轻后重、前疏后密之嫌。第一板块的过于简约，学生是否真正"读懂马克思"是值得推敲的，事实上，文本中恩格斯就马克思对人类贡献的表述方式，一些评价性的语言都值得涵泳揣摩，完全可以让学生对马克思的了解更深一层，教学中轻轻带过，力度不够。所以，我们要追求疏密有致、高效实用的课堂节奏。如果课堂节奏过疏则可能导致课堂沉闷乏味、效率低下；课堂节奏过密则可能导致学生应接不暇、疲于应付。真正优秀的教师要善于学会在疏密之间自由游走调谐，营造一个节奏舒适的有效课堂。

（3）问题简要，打开思考探究的天空

新课改以来，课堂上尤其是公开课上，都会有热烈的学生活动。新满堂灌的教学的形式基本上是以教师的问题串起来的——大问题套着小问题；学生课堂上的主要活动方式，是在猜测、捉摸问题的答案。课堂上，他们与静思默想基本无缘，和潜心会文近乎绝交，有的只是热闹、肤浅、无聊地回答老师的问题。师生间缺乏思想和感情的沟通，学生仍然是老师思想的玩偶，学习者没有真正进入学习的状态，这并不是真正的高效课堂。因此，要让教学活动变得有意义，教师必须精简问题，问出质量，问出思路，通过有效的问题要引导学生亲近文本，做文本的知音；同时，必须留出整块时间给学生，给学生留下点悬念和思考的空间，就是给学生自由和发展。切记，不要试图用一个一个的问题把课堂填满，当你填满的同时，课堂的生机和生命也就此枯萎。针对文本的语句推敲，彭老师提出了一系列有挑战性的、角度多元的问题，诸如通过词语的去留，评析语言表达的严密；借助讳饰的修辞手法，读出敬意和深挚的情感；利用关联词语和代词在文中的作用，体会作品逻辑严密的特点；根据翻译的不同，理解如何精准的表达。在这里，有一个值得商榷的问题，彭老师把译文的优劣、词语的表现力都指向了恩格斯，以为如此丰富的语言表达可以"读出恩格斯"，读出恩格斯遣词用句的独特匠心，读出恩格斯文本背后的那份深情厚谊，问题的提出似乎游离了关键点，忘记了译者的存在，或略了汉语言表意所具有的丰富性，有意无意地拔高了伟大人物，抬升了外国作品。这一点也提出了如何看待和处理外国作品的教学问题，提醒我们在教学中如何体现译者的作用，如何区分不同语言的表达功能。

总之，今天的语文课堂需要简约，削枝去叶，凸显主体，由热闹归于平静；今天的语文教育需要简约，追求朴素，清晰目标，由简约抵达丰满。

2.内容诊断：确立精准的定位

一篇课文可以进行教学的内容很多，这也就使得我们一直纠结于教学内容的确定，尤其是篇幅长的文章，集合了作为语文知识和能力的诸多元素，任意选定一点都可以成为教学资源，这些资源是否都可以列入教学内容取决于教者的取舍。在给教学内容的定位上，我以为，原则也可以是多元的。教师既可以按照教材编写的意图来决定教学内容，因为教材编写本身就是按照一定的知识序列和能力要求编排的；也取决于教师依据课程安排，结合文本特点，自行取舍、整合，来决定相应的教学内容；当然，还可以取决于学生学习实际，依据不同的学习能力和水平来决定提供相应的教学内容。

因此，一个优秀的语文教师对教学内容的定位一定有着自己的考量与设计，一定要学会建构起个性化的符合教学规律的教学序列，从某种意义上说，定位的精准与否决定着教学效率的高低。

当教学的目标明确之后，如何围绕既定目标进行细化，将目标有层次地展开，有效地实施教学，这体现出教学的技术含量。常常是我们意识到了文本教学的核心内容，而教学中却肤泛地流于表面。事实上，讲到了与讲透了，存在着不同的境界。讲到了，仅仅是概念的呈现和意识的到位；而讲透了，则是知识的细化和能力的提升。教学的意义在于将宏大的加以细化，隐秘的加以显性，复杂的加以解构，让学习者得到能力提升的可操作的阶梯与支架。

【问诊案例】

《为了忘却的记念》教学实录①

北京工业大学附属中学　王晓军

环节一，理解"悲愤"之情

师：《为了忘却的记念》这篇文章纪念的是什么人呢？

生：（齐）"左联"五位青年作家。

师：这五位青年作家牺牲了，作者在文章中反复表达的是什么样的情感？

生：（齐）悲愤。

师：这种感情和我们学过的鲁迅先生在哪一篇纪念性文章中表达的情感是一致的？

生：（齐）《记念刘和珍君》。

师：1926年"三一八惨案"发生之后，4月1日鲁迅先生就提笔书写了悼念文章《记念刘和珍君》，表达因为反动政府凶残杀戮刘和珍等青年学生的行为所带给作者的悲伤愤怒的情感。可是，1931年2月7日夜，"左联"五位青年作家遇害之后，和白莽、柔石等青年作家关系密切的鲁迅先生却没有立刻就写纪念文章，而是在两年之后才写，这是为什么呢？

生：柔石被抓的时候，身上带着鲁迅出书的合同，政府当时正要抓捕鲁迅，鲁迅逃跑，不便写文章。另外，那个时代，政府禁锢得很严，作者写了文章也发表不出去。

师：很好。能从文中找到依据吗？

生：有。"可是在中国，那时是确无写处的，禁锢得比罐头还严密。"

师："无写处"是什么意思呢？

生：指的是没有安静的写文章的环境，也没有可以发表文章的地方。

师：不错，"无写处"还指当时的社会黑白颠倒，作者感觉没有伸张正

---

① 郭惠宇.教学内容的定位与展开[J].中学语文教学,2016(6).

义的地方，没有可以表达愤怒的地方。整整两年过去了，作者提笔写这篇文章时，"无写处"的情况改变了吗？

生：没有。文章最后部分说："要写下去，在中国的现在，还是没有写处的。"

师：五烈士的牺牲留给鲁迅先生无尽的悲哀和愤怒，这种悲伤和愤怒因为现实中的"无写处"只能埋积在心里，找不到感情的出口，两年的时间里，这种悲愤的情感与日俱增，咸倍地增长着。同学读文章的时候体会到先生心中日益悲愤的情感了吗？

生：体会到了。文章开头，作者说"我很想借此算是悚身一摇，将悲哀摆脱，给自己轻松一下"。正因为鲁迅先生非常悲愤，他才想化悲痛为力量，写文章纪念这些青年。

生：还有标题，也能体现作者的"悲愤"之情，写文章本就是为了纪念逝者的，作者却说"为了忘却的记念"，因为不忘却的话，这种悲愤的情感对作者来说太沉重了。

师：很好。其中的关键词有两个，"忘却"和"记念"，作者说想"忘却"是因为这种"悲愤"的感情太浓重太痛苦了。

生：还有结尾，作者说"即使不是我，将来总会有记起他们，再说他们的时候的"，到那个时候人们对烈士的纪念才能够尽情抒怀，这句话是作者抑制住心中强烈的悲愤对反动政府的警告和宣言。

师：文中这种"悲愤"情感的传达，可以说是贯穿全文，比比皆是。大家理解鲁迅先生"悲愤"的原因吗？

（学生阅读）

生：第四部分，鲁迅先生说"我沉重的感到我失掉了很好的朋友，中国失掉了很好的青年"，因为他的好朋友、中国的好青年被杀害了，所以鲁迅先生特别"悲愤"。

师："左联"五位青年作家被杀害，先生说"我沉重的感到我失掉了很好的朋友，中国失掉了很好的青年"。第五部分，当他提笔写这篇文章时，就是五位青年作家遇难两年后，先生又说"我又沉重的感到我失掉了很好的朋友，中国失掉了很好的青年"。对这两个反复出现的句子大家是如何理解的呢？请同学们交流一下。

生：第四部分，柔石等五烈士刚刚被反动政府杀害，鲁迅先生原本和柔石等进步的青年作家是并肩战斗的战友，也是好朋友，所以鲁迅先生为烈士的死难感到非常悲哀。中国有这样好的青年却被反动政府杀害了，对中国来说非常可惜，因为失去的是很好的青年。两年后，作者写这篇文章时又沉重地感到"我失掉了很好的朋友，中国失掉了很好的青年"，说明很长时间过去了，作者的内心沉痛依旧，五烈士的牺牲是中国很大的损失。

师：说得很好，清楚地解说了鲁迅先生反复书写的这两句话的含义。那么，这两个句子是什么关系呢？

生：作者先说"我失掉了很好的朋友"，后说"中国失掉了很好的青年"，我感觉后面的语义更重。作者要突出强调的是"他们是中国的好青年"，歌颂他们。

师：好。对于一个国家来说，什么样的人算是"好青年"呢？

生：为国家、为人民做有意义的事情。

师：作者悼念"左联"五烈士，不仅仅因为他们是作者的好朋友，更重要的是"他们是中国的好青年"。"中国失掉了很好的青年"，惟其他们太"好"，所以作者才为失去他们而非常"悲痛"。

环节二，围绕"悲愤"感情组织内容

师：作为一篇回忆性的文章，回忆这些青年作家"之优秀、之美好"是理所当然的，应该是这篇纪念文章主要的写作内容。可是这篇文章中，通过作者的回忆，除了写左联五位青年作家之"好"以外，第三部分还写了他们被捕的情况，第四部分还写了他们被杀害的内容，请同学们思考，为什么鲁迅先生要写他们被捕、被杀害这两部分内容呢？前后桌同学交流一下。

生："七日夜或八日晨"，这个时间表明左联五位作家是被秘密杀害的，反动政府没有公开的审判，不敢公开处决，所以外界不知道准确消息。

生："中了十弹"这个细节描写表现了反动派的凶残狠毒。

生：写鲁迅的好友、中国好青年的被捕、被杀，主要是为了表现反动政府的冷酷、凶残与罪恶，从另一个侧面表现五位青年作家的美好，他们理想坚定，宁死不屈，英勇就义。

师：好青年、好朋友被杀，作者内心悲痛，反动政府滥杀无辜，作者无比愤怒。文章内容的组织安排都是为"悲愤"情感这条主线服务的。文章围绕"悲愤"情感叙写的两部分内容——五位青年作家之美好与反动政府之罪恶形成了强烈的对比，不禁使我们联想到鲁迅先生的一个著名的文学观点：把人生中有价值的、美好的东西毁灭给人看。

生：（齐）悲剧。

师：对。文中，先生就是要把血淋淋的事实展示给我们看，"我很好的朋友""中国很好的青年"是怎样被毁灭掉的！文章读来感人至深，令人非常震撼，是因为文章回忆的两部分内容"善恶美丑"的本身形成了强大的张力，强烈地冲击着我们读者的内心。

环节三，在平静的叙述中传达强烈的情感

师：大家还记得吗？写到反动政府的凶残杀戮，在《记念刘和珍君》中，作者大声地控诉：这是什么样的"脸上沾满血污的刽子手"！这是何等黑暗的"非人间"！这是多么"浓重的悲凉"！这是《记念刘和珍君》式的抒情。强烈的情感喷薄而出！但是本文却不然。好朋友、中国的好青年柔石等人被凶残地杀害，此时作者该有多么强烈的悲痛和愤怒之情要表达啊！可是作者写至此处，只有四个字"原来如此！"，后面就是省略号。请大家体会一下这句话的表现力。

生：这四个字，两个标点，看似非常简单的文字表达，但是效果却很不一般。每一个字和标点，都好像在我们心中投下了一枚石子，形成一圈又一圈的波浪和涟漪。

师：很好！太形象了！这就是经典文字带给我们的震撼力！这样的文字，细细读来，还有很多，我们一起读一下文章结尾段。

生：（齐读结尾段。）

师："这是怎样的世界呢"，这句话应该怎样读？（学生朗读，教师指导学生要体会文字传达的感情。再读，效果好了许多。）大家读出了感情，说说你们是怎么理解这句话的呢?

生:这是蕴含了作者强烈感情的一个句子。

师:对,的确是强烈的感情!但是请同学们注意这句话后面用的标点,先生用的是句号。为什么用句号传达强烈的情感呢?请大家品一品。

生:如果用问号,"这是怎样的世界呢?",表明作者对这个社会的黑暗还有疑问,还没有清醒的认识。

生:如果用感叹号,表明作者还很震惊于这样的事情,说明这样的事情发生得还不多。而作者在这一段的前面已经写了"而在这三十年中,却使我目睹许多青年的血"。

生:用问号和感叹号都不如句号。用句号恰恰写出了这个世界是"真正的非人间",这种凶残杀戮不是一次两次了,作者已经见得太多了。

师:很好。这样看来,同样是纪念、悼念青年的文章,《为了忘却的记念》和《记念刘和珍君》在传情达意的手法上大不相同,这种不同当然与反动政府统治的严酷程度是不无关系的。大家能不能用简短的语言概括这节课我们学习的《为了忘却的记念》这篇文章抒情的特点呢?(生讨论)

师:这篇文章,关键处语言文字极度简省,千言万语尽在不言中,留给读者广阔的理解、感知作者情感的空间,这让我想到了白居易听琵琶女演奏乐曲时的感受,"别有幽愁暗恨生,此时无声胜有声"。虽然无声,却依然能够深入人心,二者是不是有相似之处呢?

生:(齐)是。

师:这篇文章,鲁迅先生"在平静的叙述中传达强烈的情感"这种深沉含蓄的写作方法,使我想到了一种自然现象"静水深流"。希望我的话抛砖引玉,能引发同学们对这篇经典文章更深入的学习和思考。

【诊断意见】

《为了忘却的记念》是鲁迅杂文作品中精品,作品中严谨有序的结构,洒脱自如的笔法,委婉曲折的抒情,巧妙精当的衔接,乃至韵浓味长的细节,都构成了文本解读的无限可能。面对如此内容复杂又篇幅较长,如何有效地取舍教学内容,是对教师教学智慧的一种考验,教学眼光的一种甄别。

王晓军老师的教学实践给我们呈现了以下特点。

定位：明确合理。日常教学中，常常有教师面对教学文本会罗列一串他能想到的教学内容，但到教学实施的时候，或是蜻蜓点水，对罗列的目标逐一讲述；或是干脆把自己设定的目标抛在一边，很少涉及而去教游离目标之外的相关内容，设定的目标俨然成为摆设。

王老师设定本课的教学目标十分清晰，即围绕着"深入认识本文深沉强烈的情感"和"探究本文表情达意的方法"两个方面展开，这就使得如此一篇长文在教学有限的时长内，得到有效的控制。这个设想是基于鲁迅先生作品特点而设定的，鲁迅的作品向来以深邃见长，其深邃的重要原因是其表情达意的含蓄隐晦，尤其对于今天的青少年这种含义隐晦多少有几分隔膜。探讨文章情感表达方式不仅有利于理解鲁迅作品，也对学生学习写作有极大的帮助。因为文章的意义就在于写作者借事借人传达自己的态度与情感，尤其是如何通过字里行间透露出深刻而隽永的情感，当时年轻学生的弱项，读鲁迅作品可以裨补其不足。

明确的目标，不仅便于学生认识鲁迅，读出鲁迅作品文字背后的意趣，同时，也抓住了学生写作运用中的难点，学会如何更加巧妙地通过文字来表达深邃的意思。

切口：小巧别致。王老师设计的教学切入点自然准确，一上来就直入学生读完文章的基本感受，以"悲愤"作为教学的基本路径，一路推开，将两个教学目标与之勾连，形成了本课教学的三个环节：环节一，理解"悲愤"之情；环节二，围绕"悲愤"感情组织内容；环节三，在平静的叙述中传达强烈的情感。

对于《为了忘却的记念》这样的长文，如果我们纠缠于文章的大段叙事，苦心于文章结构的梳理，甚至我们去追溯历史事件的背景和考稽人物的事迹，都可以洋洋洒洒地铺开去，但这与学生的阅读体验甚远，而只是教师作为知识传授者的强势行为。王老师站在学生即阅读者的立场去体察弥满在文章里的情绪，进而思考鲁迅为何事何人而"悲愤"，去理解鲁迅先生"悲愤"的原因，这样，写作的背景出来了，所写人物的事迹也清晰起来了，似乎我们一起回到生活现场，回到写作者的身边去感受他的情感变化。

善于从小处着眼，可以说是王老师在教学中的一种追求。教学过程中时常能找到老师设计的匠心。比如探讨鲁迅为什么反复出现"我沉重的感到我失掉了很好的朋友，中国失掉了很好的青年"这两句，借以表达作者对失去他们后悲痛的深切。再如，老师和学生一起探究"'这是怎样的世界呢'，这句话应该怎样读?"分析出用问号、感叹号和句号的不同情感，从而得出作者使用句号的合理性。

展开:自然流畅。基于教师设定的清晰目标，教学过程围绕着情感的这一主线，不枝不蔓，不疾不徐地自然推进。从写作的对象、时间、题目，娓娓道来，直到推究出悲愤的原因;再从写作内容的选择，看作者如何围绕情感主线安排的;最后推敲几句话语，体会言语背后的力量。三个环节，环环相扣，在随意随性的交流中，将教学所涉及的主题探讨、结构方式、叙述特点等内容，从容不迫、浑然无迹地传达了出来。

展开的自然还体现在三个教学环节的衔接上，从第一环节揭出痛失青年的悲痛心情，自然地过渡到作者如何取舍对这些青年回忆的素材，再从五位青年作家之美好被反动政府毁灭的悲剧，进入到第三环节，探讨作者是如何在平静的叙述中传达强烈的情感。衔接流畅，全无斧凿之痕生拉之嫌。

【专家处方】

语文教学内容的教学定位，一段时间里成为业内热议的话题。一篇或长或短的文本究竟可以上多少节课?可以讲哪些内容?文章涉及的阅读与写作的内容其典型性有多大?从一本课文中我们究竟要解决什么问题，又能解决些什么问题?这些教学的常识性问题，常常是一线教师不曾、不愿、不会甚至不屑想的问题。这里就教学的定位与展开谈一点个人的看法。

(1)精准的教学定位决定着语文教学的效率。

所谓教学定位的精准，是指教学的内容是所教学生语文能力发展最需要的，是文本的教学价值最大的。对于《为了忘却的记念》这样一篇经典文章，可以有不同的教学目标定位，但必须控制在一定范围内，笔者在网上简单搜集了关于此课的教学设计，发现其各自的教学目标定位就五花八门。这里随机出若干目标。

1.结合中心和语境，理解文中重要句子的深刻含义。

2.掌握揣摩字词的方法，进一步品味语言，体会遣词造句的精妙。

3.学习本文以记叙为主，结合议论和抒情的夹叙夹议的写作方法。

4.理解本文在线索的确定、段落的衔接和首尾的呼应上都作周密安排的结构特点。

5.了解五烈士献身无产阶级革命事业的崇高形象，学习鲁迅爱憎分明的感情和不屈不挠的斗争精神。

6.分析探讨课文题目的意义，了解写作背景和写作目的，体会课文所表达的思想感情，学习梳理文章的行文线索。

7.引导学生学习为追求真理、为进步事业而舍生忘死、勇于献身的崇高精神。

8.归纳课文各部分大意，并能说明各部分之间的内在联系。

9.学习运用课文主次勾连前后照应等写作手法，把零碎的材料结构成篇，使文章自然熨帖，紧密严谨。

10.学习伟大导师和革命作家献身理想，追求和捍卫真理的精神，陶冶情操，提升人生境界。

…………

在这些设定的目标中，不难看出，有些失之于空洞，可以作为许多不同文本的共同目标，有些则已经超出语文教学研究的范围，目标的合理性值得怀疑。从这些目标的比较上看，王老师的设定是有其合理性的，因为他抓住了理解鲁迅作品的一个关键点，体会文章深沉的情感。但是否就是精准的定位，属于"这一篇"的目标，也许尚待商榷，因为它或略了本文作为叙事文学典范的许多特性，而这些特性又是学习写作的很好"模板"，当然也许王老师会在另一课时里再作探究。这也提醒我们教师，教什么有时候真比怎么教重要。教得有用，自是效率高的体现；而教得内容游离于文本、学科之外，就没有实际用处，何谈效率？

（2）完整的教学展开体现出教学技术的含量。

说到教学内容展开的完整性，是指教师对教学的要点要能够清晰有序较为完备地教授给学生。换言之，写的文章可以静水深流，而教学则不然，它需要教师将深流的状态像抽丝剥茧一样揭示出来，呈现给学习者，以资借鉴。

以"探究本文表情达意的方法"这一目标而言，王老师重点讨论了"围绕悲愤感情组织内容"和"在平静的叙述中传达强烈的情感"，前者侧重于文章材料组织，但似乎过于简单，没有勾连起全文；而后者的讨论又失之于琐碎，只着重讨论了"原来如此""这是个怎样的世界"两句的句末句号，由此证明叙述得平静，有牵强之处。何况教学要讨论的是"探究本文表情达意的方法"，仅就两个标点是不够的。不错，"平静的叙述"固然是表情达意的方法之一，但鲁迅在此文中所使用的方式是多样的，既利用内心的矛盾冲突，来凸显悲愤交织的心情，又采取旁征博引的手段，来借古讽今催人思索，还巧施借题发挥的叙述，来咀嚼复杂的弦外有音……正是这多样性的组合，才使得"平静的叙述"具有由此震撼人心，才体现出鲁迅独特的表情达意方式。

所以，在语文教学中，教师在与学生一起感性地沉浸文本、体察文心时，还应该理性地从中抽绎出若干阅读或写作的道理和方法，剖解出作家为文的肌理，让学生不仅知其然，更能知其所以然，这是教师专业的职责所在。

3.过程诊断：追求精致的流程

教学过程是指师生在共同实现教学任务中的活动状态变换及其时间流程，其基本内容就是教学环节和教学活动的安排是否合理，它由相互依存的教和学两方面构成，是课堂上师生之间相互交往的活动过程。

精致的课堂流程，需要有环环相扣的布局。我们常说的教学匠心，就是要遵循教学逻辑，合乎学习规律，教学中每个环节、每项活动都指向教学的目标，其教学内容安排的先后、详略、主次都是合理妥帖的，而不能是简单拼凑，随意捏合。

精致的课堂流程，需要有行云流水的过程。教学过程中始终贯穿交流、沟通、合作和参与，课堂时间的安排流畅有致。时而曲径通幽，耳目一新；时而步步登高，渐入佳境；时而波澜起伏，高潮迭出。文路、教路和学路相互融合，充满教学的艺术与创意。

精致的课堂流程，需要有得心应手的调控。课堂教学既然是一个动态的过程，自然会不断出现预料之外的状况，教师的调控就显得尤为必要。出现启而不发，可能要适当降低思维难度；遇到生涩难懂，可能要随机改变讲述角度；产生意外变故，可能要改变方法，另辟蹊径。调控的得当与否常常决定着学习的质量。

精致的课堂流程。需要有生动有趣的互动。教学过程中的师生，理应成为一个学习共同体。教的过程就是学的过程，学生不是被动、消极的学习客体，而是学习的真正主人；课堂互动，构建起平等和谐的学习关系，才能保证相互促进，教学相长。关注师生互动的时机、状态、质量。

下面的案例，是通过教学设计来诊断其教学流程的优劣，实际的过程诊断更多的是观察在教学动态化过程中的控制与调节。

【问诊案例】

《鸟啼》教学设计① (节选)
南京大学附属中学　窦建丽

教学目标

1.体会文章不同情境下鸟啼的特点及其蕴含的深意。

2.学习将抽象道理具体化的方法。

教学过程

一、情境导入

《鸟啼》是英国作家劳伦斯的一篇散文，在浩如烟海的世界散文名篇中，《鸟啼》凭借什么被选入我们的中学教材呢？细细品味一下，原因至少有两个：其一，它是一曲别具一格的有感召力的生命的赞歌；其二，它的行文笔法独特。今天就让我们随着作者的聆听、思考、礼赞的脚步一起走进这首生命的赞歌。

---

① 郭惠宇.精致课堂教学的追求[J].中学语文教学,2011(12).

二、文本研习

（一）聆听：鸟啼

1.文中怎样写鸟啼？

默读课文第一部分（1-5段），画出文中表现"鸟啼"的句子，体会这些句子的含义。

学生表达交流，教师点拨：这些或微弱或清越的鸟鸣，显示着作者笔下的小鸟充满了生命的冲动。

2.鸟啼在什么环境下出现？

学生自行从文中勾画相关语句，学生交流，教师点拨：这些描写展示了一个鲜血淋漓的场面：严寒持续，鸟尸横陈，鸟儿死亡的场景凄惨至极，让人倍感凄凉。

3.鸟啼又是如何变化的呢？请用课文的语句予以描述。

提示：从鸟啼的强度、数量上品味体会：由弱变强，由少变多，由微弱归悦耳。

学生交流，教师点拨：在这里，作者运用了对比的手法，把象征死亡的严冬的鸟尸与象征新生命的暖春的鸟啼进行对比，肯定了生命冲动的力量不可阻挡。

小结：作者首先以细腻的笔触给我们展示了一幅严冬生命消沉图，真是令人触目惊心。但接着于一片萧瑟中突然让我们听到了清脆的鸟鸣声，让我们感受到生命在欢呼。在鸟儿越来越欢快的叫声中，在花朵开放得越来越鲜艳中，作者唱出了生命的赞歌。聆听美妙的鸟啼，我们禁不住张开想象的翅膀……

（二）想象：色彩及含义（冬—春）

同学们，色彩本身是没有灵魂的，但人们却能感受到色彩的情感，这是因为色彩会在人的心理上引出某种情绪。"日出江花红胜火，春来江水绿如蓝""两个黄鹂鸣翠柳，一行白鹭上青天"，色彩词都使这些诗句更能表达出诗人的思想感情。那么，你能凭借文中的色彩来把握作者的情感吗？请你找出文中涉及色彩的语句并进行分析。

1.黑色与红色

学生分析交流：黑色是毁灭与绝望的象征；红色是热烈、冲动的色彩，是胜利、希望与生命力复活的象征。在这里，红色与黑色是两种对立的颜色。

2.银色

作者为什么喜欢用银色来修饰泉流呢？银色有什么象征意味？

提示：在西方社会中，银色是纯洁、博爱、美德和富裕的象征。银色在作者眼中，不单单是纯洁的象征，还是一种生命力的体现，是一种纯洁的生命力的展示。当春天来临，"深埋着的春天的生机""喷涌而出"，展现了强大的生命的活力，谁也无法阻挡它蓬勃而茁壮地成长。

3.其他颜色："血色""黄色"

想象着这些五彩的颜色，感受着生命的绚烂多姿，我们也会像作者一样坚信：冬天必将过去，春天定会到来，生命的冲动谁能阻挡？让我们随作者一起礼赞生命吧！

（三）思考：为生炽烈歌唱（死—生）

1.倾听鸟啼，引发作者对生命的感悟。劳伦斯在本文中对死亡与再生有着自己的独特思考，你能找出这些语句，并说说你的理解吗？

2.介绍海德格尔的哲学理念"向死而生"。

【PPT投影】

海德格尔提出的"向死而生"不失为一种大彻大悟的人生态度。正视现实，直面人生，这种"向死而生"的生命解读，实际暗含了知死守生、视死而生、轻死重生的哲学理解和积极用世的人生态度。

正像海德格尔辩证分析的那样：理解了死，才能理解了生；看清了人生的有限，才能看清人生自身发展的无限。

3.劳伦斯怎么会有如此深刻的生命体会？让我们一起了解作者。

【PPT投影】

劳伦斯：英国作家、小说家、散文家，被称为"英国文学史上最伟大的人物之一"。20世纪英国文学史上最独特、最有争议的作家，一位难容时世、难容于常人的特立独行的鬼才、怪才、奇才。他的散文是一个孤独者在他那个喧哗的时代和骚动的文化氛围内发出的生的感叹，字里行间渗透着哲学的思辨和诗的意境。他曾说过，我的文章是写给50年后的人看的。

学生交流，教师点拨小结：这些关于生与死的思考，正是作者对鸟啼的一种心灵感受。那困境中的鸟儿分明就是他自己，漫长而残酷的严冬则是他当时所处的困境惨境。当作者诅咒死亡诅咒寒冬时，当他倾情讴歌生命讴歌春天时，我们能感受到他对新生命、新世界的强烈的渴望与追求，能真切地触摸到一颗不屈的灵魂。鸟啼这一动物的本能行为由此获得了意义的升华。

三、体悟：发现、体会鸟啼（你—我）

1.生命中存在很多的神奇，在你的经历中，有过这样的发现和体会吗？

学生可从生活、电视、书中选择材料谈自己的体会。

学生交流：面对苦难，我们应该是承担苦难而不是屈从苦难，应该是创造新生而不是沉湎于死亡……

2.探讨生与死原本是一个抽象的问题，为什么本文我们读来并不觉得枯燥？

学生交流：作者运用拟人、象征等手法，托物言志，将鸟人格化，把自然当人看待。

学生交流：将自然人格化，是人与自然建立生命对话的有效途径。

学生交流，教师点拨：句式整齐而抑扬顿挫，在素朴纯粹的文字下面，跳跃着诗意。或白描，或比喻，或拟人，使人们从鸟儿美妙的清音中听到自然的消息，听出欢乐和自由，感悟到生活的哲理。它记录了作者对于生命感悟的心路历程。

小结：劳伦斯发现并描写了鸟儿勃发的生命力，赞美了大自然的蓬蓬勃勃的生机。更可贵的是，他使我们体会到了生命的另一重要意义，即只有创造的生命才是有价值的生命。当那些坚强的鸟儿经历了严寒的洗礼迎来了春天之后，它们以美妙的歌喉宣告春天的到来，并为春天增添了光彩。这不由让我们想到：生命是自己的，生命也是美丽的，人总在经历了一定的磨难以后，才能格外地珍惜自己所拥有的一切。所以，我们不应拒绝死亡，病痛……因为那也是生命的不同表现形式。

四、总结：倾听鸟啼

《鸟啼》是一篇人与自然的对话，是人与大自然里的生命的对话。生命充满神奇的力量。当我们处于生命的低谷时，我们要学会去寻找生命中的"鸟啼"，把它们作为我们的精神支柱，去接受生活暴风雨的洗礼，倾听鸟啼！

作业：写出你自己灵魂的感悟，并试着把你的生命感悟通过象征的手法写出来。

【观察人语】

《鸟鸣》一课的教学设计，教学内容完备，教学思路清晰，整个设计中规中矩，且不乏新意。

教学流程的四个板块规划，可以说几乎涵盖这篇散文能够教的全部内容。其中的亮点是文本研读的设计，从"聆听""想象"（我以为用"凝视"或许前后更协调，也切合所讨论的内容）"思考"三个不同的向度去把玩文章：从冬到春的聆听，不仅疏理了文章脉络，也体会了文字背后作者情感的变化；从暗到明的凝视，旨在对关键句的解读，和对文章象征意义的探索；而从死到生的思考，则是对文章主题的把握和作者内心世界的寻绎。设计者特意将对劳伦斯的介绍放在对生死思考、主题探究之后，文与人相通相融地理解，思考与社会相比相对地参照，更好地帮助学生理解文字，了解作者，认识社会，体味人生。

客观地说，本课的设计已经颇具匠心，但细细推敲还是有许多不那么精致的地方。

就教学目标而言，我以为劳伦斯的这篇《鸟鸣》十分细腻地表现自然界从冬到春、从暗到明、从无声到有声的变化，因此体会作者对物象细微的观察力和对生命深刻的洞察力，当是教学的主要目标，也是单元"珍爱生命"所要达成的能力。散文写作的基础是观察，而缺乏发现、不善观察正是学生写作的软肋。

就语言揣摩，可以再细致一些。比如我们可以用这样的句子，"春天不能抑制，任何力量都不能阻止生命的复苏与回归；无论人们情愿与否，一切生命体都会有自己的新的天堂和新的大地"，来和作品中的话语来比较：

春天不能抑制，任何力量都不能使鸟儿悄然，不能阻止大野鸽的沸腾，不能滞留美好世界中丰饶的创造，它们不可阻挡地振作自己，来到我们身边。无论人们情愿与否，月桂树总要飘出花香，绵羊总要站立舞蹈，白屈菜总要遍地闪烁，那就是新的天堂和新的大地。

重要的是教师要教会学生善于用局部的细节刻画来代替整体的评价，进而学会细腻地去表达自己的情感。

事实上，文本可以教的，教师并一定都要教。就文章表达的生死哲学观，教学中要不要拓展，拓展多少为好，是个值得研究的问题。有些文本的意义不是一次阅读、一节语文课所能读得清、弄得明的，需要时日，需要环境。对于高一的学生，我个人认为可以涉及得少一点，给学生心里种下种子就够了，不要过度阐释。某种情形下，海德格尔也非几句话讲得清楚，不说也无不可。

设计中第三个板块"体悟"有重复之嫌，前面的"文本研读"就是一种体悟，这部分可渗透到研读文本中。

追求精致的语文课堂，是试图要求教学的每个环节甚至是细节更加合理；小到一个开场白、一张幻灯片、一种提问方式、一个肢体语言，大到教学目标的精准定位、学习内容的有效整合、课堂结构的合理安排，等等。要做到精致，就要善于简化、巧于整合、精于取舍。精致，体现的是教师的专业素养与职业精神。

4.方法诊断：有助能力的养成

教学活动本身是一个由多种因素相互作用着的一个动态结构，教学方法是教师指导学生实现预期教学目标过程中所采用的一系列办法和措施。诊断方法关键是看方法的使用是否适用和有效。所谓适用，就是使用的方法，切合具体内容、对象、情景与环境，同时可以创造性地运用多种方法，发挥整体综合效应。所谓有效，教师的教法归根到底是通过学生主体活动来获得效能，方法的运用能够更好地发挥其潜力，高效率地学习，使学生知识、能力及心理品质得到协同发展。总之，教师要努力由知识的传授者、灌输者转变为学生主动建构意义的帮助者、促进者。下面是对运用批注评点方法教学的诊断案例。

批注评点是一种中国古代传统的读书方法，始于宋，盛于明清。其特点是阅读者在细读与鉴赏过程中，以标志符号和文字评论的形式把读书感想、疑难问题，随手批写在书中的空白地方，以帮助理解，深入思考。与西方文学阐释理论重视体系建构和逻辑推理不同，批注评点的阅读直入文本，阅读者将自己的才、学、识融入其间，构建起读者、文本、作者及其他读者之间深度对话的阅读的交流场，加之阅读者笔录感受，足以彰显阅读者别样的阅读品质和阅读个性。这样的一种阅读方式对于解决当下中学语文阅读品质下降、个性缺失的问题极具启发性。

首先，网络阅读的普及，浅阅读、碎片化阅读盛行，学生细读能力明显下降。缺少了对文本深切体验的阅读，其课堂中阅读活动自然多流于表面的华丽形式，由此带来的是学生主动阅读、自由阐释、自主评价的意识萎缩。因此，借助批注评点的形式，可以唤醒学生积极主动参与、乐于表达的意识。

其次，在阅读教学中，我们见过太多的标准答案，规定动作，以考试来代替阅读教学，用练习来取代阅读实践的行为，成为语文学习的常态。汉语的多义性、学生感受的独特性在教学中被严重忽略，如何培养学生的阅读能力，尤其是阅读的悟性，我们似乎一下遁入了纯理性的空门。评点批注，可以满足学生自由表达的愿望，也让阅读的丰富性得到充分体现。

在浅阅读、微阅读盛行的今天，将批注这一符合中国文化和思维习惯的读书方法引入语文教学，尤其在初中阶段——学生阅读习惯养成的关键期，老师的教学实践值得肯定。它既是提升读写教学的效果一种途径，也是传统教学法与理念相融合一种尝试。

【问诊案例】

《〈散步〉词语批注》教学实录[①]

深圳高峰学校　江细凤

一、词语圈画有选择

师：一个个精妙的词语就如同散落在字里行间的一颗颗晶亮的珍珠。阅读时，我们要带上一双慧眼，用圈画的方式把它找出来，再用批注法，将它好好把玩一番。下面大家默读作家莫怀戚的《散步》，边读边圈画出你最有感觉的三个词。好，同桌交流一下，说说你为什么要选这三个词。（三分钟交流）

师：我先问问大家，平时你们一般会选择怎样的词语写批注？

生：好词。

师：怎样的词是好词？

生：很优美，用了修辞方法的。

师：还有呢？

生：用得很准确的词。

师：还有吗？（生沉默）哦，有时只是感觉它好，但又说不出理由，只可意会不可言传，是吗？阅读本来就是一种个性化的感受，跟着感觉走，没错。来，说说按你的感觉，圈画了哪些词语。

生：咕咕。

师：能说出理由吗？

生：因为这个词很生动。"口"字旁，跟声音有关。

师：请大家把这个句子读一遍，注意体会"咕咕"这个词。（生读）读到这个词，我们仿佛……？

生：听到了水的声音，看到水在冒泡。

师：对，很形象。你的感觉非常准，这个词的确很精妙。还有吗？

生：一霎间。

师：你以前见过这个词吗？

---

① 郭惠宇.批注:彰显阅读的品质与个性[J].中学语文教学,2017(9).

生：见过。

师：这里的意思和你以前见过的有没有不同？

生：没有。

师：这是你学过的一个词，这里的用法没什么特别的，那这个词还需要特别圈画吗？

生：不用。

师：对，我们还是要找一些特别有感觉的词语来批注。看来，选择也是一种智慧。圈画，也要惜墨如金啊。你还圈画了哪个词语？

生：信服。

师：你知道它的意思吗？

生：相信服从。

师：你以前学过这个词没有？

生：没有。

师：好，生词是一定要批注的。其他同学呢？

生：第③段的"随意"。

师：理由？

生：因为这个词本来是写人的，这里不是。

师：感觉用法有点特别，是吗？终于找到知音了，江老师在读这篇文章时，也圈画了这个词。另外老师还圈画了第②段的"总算"和"熬"。大家也把它们圈起来，认真读一下，想想老师为什么要圈画这个词。

生：这两个词好像包含了好几层意思。

师：看来，我们之所以对这些词"一见钟情"，多少还是有些理由的。下面归纳一下，究竟哪几类词语最值得我们批注呢？（师生一起小结：①准确生动的；②用法特别的；③含义丰富的；④从没见过的……）

师：同学们，批注词语第一步是用心选择，用心选择的过程其实就是训练语感的过程。当然，我们不能仅仅满足于把它圈画出来，贴上"准确生动""含义丰富"这样的标签，还要结合文本进行深入理解，下面就学习如何给词语写详细批注。

二、词语批注有方法

（PPT投影：今年的春天来得太迟，太迟了，有一些老人挺不住。但春天总算来了。我的母亲又熬过了一个严冬。）

师：请大家按照自己的感觉给这两个加点的词写出详细的批注。（五分钟后）好，先看"总算"这个词，谁愿意给大家展示一下？

生："总算"写出了春天来得很晚。（板书：春天 来得晚）

师：哦，这个词写的对象是"春天"，春天的"特点"是"来得晚"。还有吗？

生：这个词表达了作者对春天的盼望。

师：盼望的心情强不强烈？

生：很急切！

师：那你把急切的感觉读出来。（生读，板书：作者 急切盼望）哦，"总算"背后隐含的对象还可以是作者，突出了作者急切盼望的心情。还有吗？

生：作者对母亲能够度过一个冬天感到很庆幸。（板书：作者 感到庆幸）

师：看来大家批得越来越深入了。还有吗？

生：这个词还暗示了母亲身体很虚弱，作者很担心母亲的身体。（板书：母亲 虚弱 作者 担忧）

师：你怎么知道母亲身体虚弱？

生：前面说"有些老人熬不住"。后面说"我的母亲又熬过了一个严冬"。

师：你真厉害，还会联系上下文。看来，写批注时不仅要看表层意思，还要联系上下文，想想深层意思，这样才能理解到位。谁来把刚才的几层意思整理一下。

生："总算"一词表面上写春天来得太晚，实际上是表达作者盼望春天的迫切心情，暗示母亲身体极度虚弱，也表现了作者内心对母亲身体的担忧，为母亲又度过了一个冬天感到很庆幸。

师：能写出这么完整的批注，算是很有深度地阅读了。再看看"熬"这个词是怎么批的？

生："熬"写母亲冬天很难过。

师：还有呢？（生沉默）你过冬天，会用熬吗？一个"熬"字，还能读出什么？

生：母亲身体很不好，冬天过得很辛苦。

师：不仅是不好，而且是极度虚弱。用一个成语来形容？

生：度日如年。

师：是啊，一个"熬"字突出了母亲身体的极度虚弱。除了指向母亲，还有没有其他隐含的对象？

生：还指向作者。作者对他母亲能度过这个冬天感到很庆幸。

师：这个漫长的冬天，母亲终于挺过来了。作为儿子，心中一块石头落了地。他为母亲感到庆幸，也感到很欣慰。谁来完整批一下？

生："熬"写出了母亲这冬天很艰难，暗示母亲身体极度虚弱，也表现了作者为母亲能度过一个冬天感到很庆幸，很欣慰。

师：非常到位。通过批注这两个词语，我们发现，词语批注一般可以从哪些方面来写？

生：要写这个词语指向谁。（板书：对象）

师：例如"总算"的对象是"春天"。还可以指？

生：母亲、作者。

师：是的，要注意这个词指向的表层对象和隐含对象。

生：还要写出这个词突出了这个对象怎么样？

师：也就是针对这个对象重点表达了什么，我们就把它统称为"特点"（板书）吧。值得注意的是，在揣摩所指的对象要注意联系上下文，例如刚才批的"总算"。联系上下文才能找出隐含的对象"母亲"及"作者"。除了写对象及特点，这两个词批注时都批出了一个共同的点？

生：写出了作者的情感。（板书）

师：看来，词语批注有一些规律的。我们把这几个要点整理一下。为了便于记忆，老师把它编成几句顺口溜，大家读一读。

【PPT投影】

批注词语要牢记，联系上下有深义。

找准对象想特点，细品情感要补充。

三、学以致用当堂练

师：下面我们就运用上面的顺口溜，给"随意"这个词写批注，先找对象。

（PPT投影：这南方初春的田野，大块小块的新绿随意地铺着……）

生：这个词写的对象是"田野"。

师：还有吗？

生：不对，是田野中的"绿"。

师：究竟是田野，还是田野中的"绿"？大家再读一下。

生：田野中的绿，其实也是写田野。

师：没错。"随意铺着"可以看出"田野中的绿"有什么特点呢？

生：就是绿颜色的植物很多。

师：哦，明白了，还有别的吗？

生：绿得一大片一大片的，绿得很自然。

师：绿很多，绿得很自然。这就是"特点"。刚才说，这个词也是写"田野"，写出了"田野"什么特点呢？

生：田野充满生机。

师：还有别的隐含对象吗？

生：也是写"春天"，表现了春天生机勃勃的景象。

师：那再往深处读，看看还能读出作者什么情感？

生：作者对春天的到来感到欢喜。

师：很好。大家再琢磨下，"随意"用法是不是有点特别？

生：本来是写人的，作者用拟人的手法把春天或者是大自然想象成一个人。

生：这个人可以随意在田野里涂抹绿色。他应该是个什么人？

生：画家。

师：你的想象真丰富。作者把大自然比作一个画家，可以看出他喜欢春天，喜欢大自然。春天来临，到处生机勃勃，作者内心是欢喜的。谁来把"随意"的批注再整理一下？

生："随意"本义指人，这里用了拟人的手法，写出了田野的绿，绿得自然鲜亮，也表现了春天来了，田野生机勃勃的景象，表达了作者对春天到来的喜悦心情，显得富有情趣。

师：发现了吗？品析这个词，除对象、特点、情感外，多了两个角度。

生：指出了修辞手法。

生：还写出了词语的本来的用法。

师：真厉害。是的，批注一些用法特别的词，还可以加上手法和本义两个角度。看来刚才的顺口溜还得完善一下：

【PPT投影】手法本义加效果，深入品析要到位。

四、词语批注可多样

师：批注词语是有方法的，记住顺口溜，批注时就有方向了。那么，我们再想想，批注词语是不是只有这个角度呢？（学生沉默）能不能换个角度去批？例如，有没有同学觉得这个词用得不好？或者说由这个词，你联想到了别的，例如你"家乡春天的田野"？

生：可以。

师：是的。词语批注角度可以多样。刚才提到的就是质疑式和联想式批注。这节课我们重点学习的是赏析式批注。赏析式批注可以帮助我们更深入地理解文本，是我们常用的批注方式。当然我们也可以适当尝试从别的角度去写批注。

【诊断意见】

《散步》是一篇语言朴实、文笔清新，却内涵丰富、耐人寻味的散文。文虽不长，却写得情趣盎然，很有波澜，很适合初中低年级作批注教学的入门文本。江老师在教学中做了以下三方面的努力。

选点集中，落实到位。批注作为精读文章常用方法，其涉及的批注对象是多元的，如文章的内容、写法、结构、语言等，都可以揣摩咀嚼，加上评语；单就语言而言，也可关注到词语、句子、段落等各个方面。很多时候，我们在教一种方法或知识时，由于内容的复杂性，会笼统含糊地进行教学，造成目标多元，方向游离。本课例，江老师对一篇课文只选择了"批注"中的一个观察对象——词语，这就让教学的针对性更加突出。何况，词语是文章中最基本的语言单位，文中的许多词语都是作者精挑细选的，不仅形象生动，而且蕴含了作者强烈的感情色彩与丰富的思想，在文章中起着关键性作用。充分挖掘文中的词语，让学生通过不同的形式感受词语在文中的作用，对于提高文章的感悟能力，体验语文学习的生命力是大有裨益的。

在教学过程中，老师始终围绕词语批注推进教学，从批注词语的选择原则到批注词语的基本方法，最后的批注词语的多样形式，抓住一点，深入开掘，把问题说清说透，较好地落实了教学任务。但是具体到文本中词语的选择上，选点是集中了，但选点尚有推敲余地，文本中还有一些更为精彩、耐人寻味的词语没有在教学中呈现，这对完整丰富地理解《散步》留下些许遗憾。

氛围轻松，自由随性。批注，似乎是很专业的知识，如果把它当作纯粹的知识教，可能会教得很沉重，对于初一的学生也会感到很生涩。江老师在教学中显然没有把批注当作单纯的知识来教，也没有将自己定位为知识的权威，而是努力创设一个氛围轻松的课堂，让学生在放松的学习状态下获得阅读能力。如课文中哪些词值得批注，教师不是急于给学生结论或答案，而是让学生自我体会、自己发现、自由寻找，学生们对圈出的词语："咕咕""一霎间""信服""随意"……自由发表个人的看法，教师积极引导，和学生一起甄别扬弃，逐渐让学生明白选择词语的规律和要领。

这种轻松还体现在江老师随机总结与概括。在和学生一起圈画出选择词语后，很自然地总结理由："①准确生动的；②用法特别的；③含义丰富的；④从没见过的……"在探寻批注方法后，及时生成，用顺口溜的形式加以归纳："批注词语要牢记，联系上下有深义。找准对象想特点，细品情感要补充。手法本义加效果，深入品析要到位。"轻松中获得知识，随性时提升思维。

这样一种轻松的学习氛围，也正符合了批注本有的自由随性的特点，不疾不徐，张弛有度，以一种安静的阅读心理营造共同学习的愉悦的阅读环境。

注重实用，讲练有序。教师在围绕批注进行教学时，没有去纠缠批注产生的渊源、批注操作的要领以及批注呈现的方式等等，而是避开名词术语，始终注意培养学生的观察能力和实际应用能力。一方面放手让学生自由寻找，另一方面又注意典型引路，有重点地剖解展开。抓住"但春天总算来了。我的母亲又熬过了一个严冬"一句中的"总算""熬"两个词语，作深度解读，在此基础上，进而"学以致用当堂练"，再以"初春的田野，大块小块的新绿随意地铺着"一句中的"随意"拈出供学生练习，讲练结合，展开有序。

遗憾的是，二、三板块的讲练形式稍感缺少变化，形式单一。如果针对若干学生的不同批注，加以比较、鉴别、修改，也许练习的效果更有效。客观地说，批注本身是一种写作行为，应该教会学生用文字固化思考的内容，呈现彼此不同的批注内容，体会不同批注的优劣，进而学会推敲自己的批注，努力从语言形式上进一步提高思维质量。

【专家处方】

（1）回归细读，注重涵泳咀嚼

在应试状态下的阅读教学，把本应安静愉悦的阅读变得充满博弈焦虑，把个人与文本的对话简化为单调的信息筛选，把阅读丰富多彩的可能蜕变为试题解答的标准答案。其后果是学生失却了阅读的兴趣，缺乏了发现的眼光，语文素养的提高自然就无从落实。因此，在阅读教学中从传统中寻找方略，回归传统，回归细读，在涵泳咀嚼中体察文本，体悟人生。批注，便是一种很好的细读方式。

批注，可以获得发现的快乐。文字之妙、章法之巧、手法之精，所有为文的匠心需要通过局部的体察、勾连来发现。在批注的过程中，学生的关注点从整体到部分循环往复的交替，不知不觉地就会深入到文本的内里、文字的意蕴层面，"每有会意，便欣然忘食"。《散步》中母亲选"大路"，儿子选"小路"，看似简单的分歧，恰反映出年龄不同选择的道路也不一样：年小好奇，喜欢冒险；年老求稳，习惯平常。散步的路本身就充满了值得发现的哲理。

批注，可以得到探究的趣味。文章阅读只有虚心涵泳，熟读深思，独立思考，反复参悟，才能欣然感悟，作出精妙评点。《散步》全文仅580字，但"我"字就出现24次之多，尤其是结尾，"我蹲下来，背起了母亲，妻子也蹲下来，背起了儿子。我的母亲虽然高大，然而很瘦，自然也不算重；儿子虽然很胖，毕竟幼小，自然也轻。但我和妻子都是慢慢地，稳稳地，走得很仔细，好像我背上的同她背上的加起来，就是整个世界"。三句话中一连用了四个"我"，寓意深刻，以轻衬重，不仅突出了中华民族的传统美德，更含蓄地写出了"我"——一个站在生命之链连接点上的中年人，对生命和社会的责任。如果不是如此的细加揣摩，我们就很难发现一个代词"我"背后的意蕴，这种探究的趣味正是批注点评的过程中慢慢获得的。

批注，可以提升品读的格调。批注式阅读为学生留出了充裕的时空，使学生在接触文本、思考文本、感悟文本的同时伴随丰富的想象、积极的思维、愉快的情绪，养成主动地加工阅读材料，提取意义，体验情感。学生在比较推敲、补充联想、比对照应、猜测确证、反躬自问中，不断逼近和把握文本的原意，甚至超越文本的原意；在情感体验中，或驱遣想象，进入情境，再现作者的所见所闻；或设身处地，换位思考，与作者的心灵相契合；文本不再是取得高分的媒介，而是活生生的灵魂对话的场所。

不仅如此，批注式阅读以个体阅读为基础，更是教师指导下的群体阅读，在师生、生生之间的沟通与交流中，能够在一定程度上使各自的认识偏见得以纠正，能够努力发现别人发现不了的文本的其他价值意义，从而克服由于个体知识经验、认识水平、阅读心境以及阅读技能等差异所带来的理解结果的差异，使自己的阅读理解不仅准确而且深刻。由此，阅读眼光发生变化，品读文章格调上升提高。

（2）升华讨论，提升思考质量

在应试背景下的阅读课堂，多的是答案的记录，多的是教师的一言堂，多的是得分踩点的技巧。在批注评点的阅读教学中，讨论是其教学的主要方式，而讨论的前提和基础是阅读，让学生"潜心会文""切己体察"中走进语言深处，触摸作者心灵，体验文本情感，获取讨论的"资本"，只有准备得愈充分，讨论才愈充分。因此，我们在江老师的课堂里发现教学的内容并不多，但学生的讨论和研读却给足了时间，也为课堂的多元对话提供了基础。

自由对话，还课堂以活力。批注重直觉和主观感受，学生沉浸于作品营造的具体情境或逻辑关系，对作品的感受是即时、真切而细腻的，随手记下心弦被拨动的瞬间。学生不必因权威解读而改变个人理解，不为获得标准答案而纠结难断，尽可以用短小精悍的文字，自由活泼的表达，来阐发个人独特感悟，进而体味到读书的趣味。

平等对话，还课堂以灵动。学生课前就可以批注课文，如此可摆脱课堂上的被动状态，在轻松的状态下主动发现问题，顺手而评，便能较为准确地抵达个人阅读能力的最近发展区。于是到了课堂上，教师适时调整教学设计，利用学生之间差异，设计活动，相互启发，将文本解读推向深入；同时，适时推动学生讨论、碰撞，或达成共识，或求同存异，或主动求助。教师由文本解读的"垄断者"变成深读对话的引导者和促进者，促进课堂对话得到升华，变得灵动；而学生则成为课堂的主人，他们在彼此的碰撞、交锋和沟通中，锤炼自己的思想。

深入对话，还课堂以思想。批注能使学生更有参与对话的底气，批注也点燃了学生参与对话的热情。指导学生把阅读的触角伸入到文本局部中，在字、词、句、段中注入自己的思维和情感，去体验、感受文本的语言，以使自己读有所获、所疑，促成自己的原初感悟，再围绕一定的话题，深入探究文本，挖掘文本的蕴蓄，透彻地去追寻、理解、把握文本的内容意义和表达形式，师生对话、生生对话必然是思想的交锋、思维的碰撞和高质量的讨论，每一个参与者都会有所收获，在合作分享、反思批判中不断丰富自己的理解。不难看出，这些任务和目标会使学生义无反顾地萌生"不用扬鞭自奋蹄"的阅读内驱力，它能够激活学生感觉和思维、想象、记忆等活动，从而守住心灵的宁静，提高阅读的品质与个性。

5.效用诊断：达成教学的意图

效用诊断，主要关注教学的有效有用的程度。参考的主要指标有：教学内容的完成情况，教学问题解决的程度，教学环节安排是否适当有效，课堂中学生参与学习的状况，学生的收获能否得到最大化的保证，教学资源的利用是否最优以及教学时间的分配和利用合不合理等等，一句话，就是教学意图的达成度是多少。达成程度高的语文课堂教学无非是在以下几个方面做得比较好。

合乎学科教学特点。每个学科自有其学科的特点，语文教学就要充分体现作为学科特点的学科特质，做到拓展有度，内容姓"语"，而不能模糊了语文的边界，还认为在培养学生的综合素养。

遵循文本教学价值。一个单元、一组群文或一篇文本，不是所有的内容都要变成教学内容，其组合与编入教材是有其各自重要的教学价值的，教师要看得准、理得顺、讲得清，充分体现其在培养学生语文核心素养方面的积极效用。由"教教材"变为"用教材教"。

体现学生主体原则。一切学习的发生都源自学生，课堂要改变传统单一的讲授式教学模式，激发学生自主学习的意识，提供学生展示的机会与平台，强化师生、生生的多元互动方式，创设宽松、平等、民主的学习氛围，从而提高学习效率。

丰富课堂教学方式。创造性地运用灵活、多样的教学方式，有效地利用多媒体手段，积极地拓宽语文学习渠道，组织好有效、精准的课堂交流形式，这些都是教师教学智慧的生动体现，教师是课堂教学的组织者，组织者的状态、水平和技术决定着课堂教学效用的优劣。

【问诊案例】

《烛之武退秦师》教学设计①

金华一中 李朝

【教学创意】

《烛之武退秦师》是一篇经典课文，但我们常常由字词到人物再主题。这样教文言文很规矩，却了无新意与深意，无法激发学生阅读文言文的兴趣。故我有意改变策略，鼓励学生自读课文，到课本中发现问题，再进行探究式教学。没想到学生发现了一个很有价值的问题，学生不能理解"以乱易整，不武"中"武"的意义。因此在第二课时，抓住"武"问题展开教学，挖掘"武"的文化内涵，进一步探讨烛之武的谋略艺术及其形象。此设计让学生真正成了问题的主人，通过"一点突破，遍及其余"的方式教学，使他们整体把握人物形象与主题，并深刻感受到了经典作品的恒久魅力——中华文化的普世价值。

【教学目标】

1.挖掘"武"的深刻文化内涵，把握人物形象。

2.领会烛之武高超的谋略艺术。

【教学过程】

一、导入新课

在人类发展的历史长河中，战争始终伴随着人类。中国历史就是一部战争史。在冷兵器时代的中国涌现出大批优秀的外交家，他们凭着三寸不烂之舌、纵横捭阖的外交智慧让战争呈现出别样的意义。今天我们就随着鲁国史官左丘明的脚步，穿越历史的隧道，去探究一下大家关注的"武"的真正内涵。

二、质疑问难，合作解疑

对文学作品的探究有很多种方式，质疑就是其中一种。大家预习时，发现了一个很有价值的问题，接下来细读相关段落，共同探讨"武"的真正内涵。

---

① 郭惠宇.追求自然的文言教学[J].中学语文教学,2012(8).

探讨一：以乱易整，不武。

课外查找了对这句话的各种翻译，苏教版译为"用混乱相攻取代联合一致，是不勇武的"，人教版解为"用散乱代替整齐，这是不符合武德的"。两种翻译说明"武"是"勇武"，"武"即"武的精神或原则"。

1.学生质疑：

士兵打仗不论用混乱或整齐方式都应该有武的行为，有武斗的性质，是用武力去解决问题，很勇武；去攻打背叛自己的盟友，完全符合武德，"以乱易整"何以不武？

明确：不管是不勇武、不威武，还是不符合武德，都带有"用力量去打击敌人"这层含义。如果从这个层面去理解，是回答不了"何以不武"的问题，肯定还存有其他层面的理解。

2."武"还有其他层面的理解吗？

在此环节，引导学生借助注释和工具书，找出"武"字的详细解释。

明确："武"为会意字，从止，从戈。据甲骨文，人持戈行进，表示要动武。本义：勇猛；猛烈。

《左传·宣公十二年》："止戈为武。夫武，禁暴戢兵，保大定功，安民和众，丰财者也。"由此表明用武的目的是止息干戈，防止战争，止戈为武，武以止战。

看来"武"不仅有直观的表面上的含义，而且有更深层的文化意义，即为达和平不要战争才是武。所谓"以乱易整，不武"的"武"应属这种意思，只有达到了和平的目的才叫武。

3."武"明明用武力，后来解释成止戈为武，达到和平。为何会出现"打仗"不算勇武，和平才算勇武这样截然相反的意思呢？

（学生思考并合作探讨，教师补充说明。）

明确：和平是要通过武力来达到（转化为）和平。这是一种奇特而复杂的思维方式。这种思维方式在先秦时代的诸多作品中有体现，反映了时代思维的特征。

4.你们能从先秦时期的作品中，找出有这种思维特点的例子吗？

明确：老子的这种思维方式很明显。《道德经》："将欲翕之，必固张之。将欲弱之，必固强之。将欲废之，必固兴之。将欲夺之，必固与之。"由此看出"张"即"翕"、"强"即"弱"、"兴"即"废"、"与"即"取"，这不正是一种截然相反思维方式吗？它与"武"的解释都属于典型的逆向思维。武就是和平，只是表述不同而已。

《孙子兵法》中也有大量类似的论述，"乱生于治，怯生于勇，弱生于强"，"敌佚能劳之，饱能饥之，安能动之"。它强调了事物的一面可以从它的对立面相互转化而来。按照这种思维，和平也是可通过它的对立面战争转化而来。

可见"武"因当时已形成的逆向思维或辩证思想，从而产生"战以止战""杀以止杀""止戈为武""武以止战"的文化意义。

儒、道、墨三家都非常推崇勇武的精神，但都不是字面意义上的武力。他们说的"武勇"都排除用武力去解决问题的要素，把勇武建立在和平的高度来认识的。

探讨二：在"武"的背景下，作品中的人物形象该如何理解？

作品的思想总是寄托在人物形象上，此环节引导学生再次关注文本，从"武"的文化背景去理解人物形象。

事件中出现的郑伯、秦穆公、晋文公、烛之武，他们共同参与，并最终消除了一场战争，达到了和平的目的。你们能从"武"的文化内涵来理解人物形象吗？

郑伯：为了和平，郑伯对烛之武表现出谦逊态度，就是"武"的体现。

秦穆公：秦国虽冲着利益来，但最终化敌为友，让一场即将降临在郑国身上的灾难得以消除，维护了和平。这也是"武"的体现。

晋文公："因人之力而敝之，不仁"——秦国有恩于自己，攻打秦不符仁义。

"失其所与，不知"——多一个朋友总比多一个敌人好。

"以乱易整，不武"——此举不勇武。

教师补充：按常理，看到盟友反叛维护郑国安危，晋文公本应生气，甚至可以凭借当时的实力对秦国和郑国大动干戈。可他表现出了遇事冷静,理性分析问题的良好素质,这应当和先秦时期整体的"武勇"文化意识分不开。晋文公深谙此道,具备这种高度觉悟的素质,证明了他最后能称霸一方,不是偶然的。

探究三:烛之武出使前,郑国有累卵之危。烛之武出使之后,情况发生了逆转,使郑国化险为夷,最终实现了郑国的和平,你能从"勇武"角度来分析烛之武的军事谋略吗?

明确:

1.若亡郑而有益于君,敢以烦执事。越国以鄙远,君知其难也。焉用亡郑以陪邻?邻之厚,君之薄也。——灭郑对秦有害。

2.若舍郑以为东道主,行李之往来,共其乏困,君亦无所害。——存郑对秦有利。

3.且君尝为晋君赐矣;许君焦、瑕,朝济而夕设版焉,君之所知也。

4.夫晋,何厌之有?既东封郑,又欲肆其西封。若不阙秦,将焉取之?阙秦以利晋,唯君图之。

——举两例,挑拨离间之法。进一步说明,灭郑不但无利反而有害于秦。

谋略小结:1.隐蔽目的——凡事为人谋,无一字为郑国谋。2.争取主动——把郑国困境有效转移为秦国困境。3.存异求同——避开矛盾,寻求共同利益。

烛之武于纵横捭阖间,无声无臭地化解了郑国一半的危机,这种谋略在《孙子兵法》中就有阐述:"微乎微乎,至于无形;神乎神乎,至于无声,故能为敌之司命……故形兵之极,至于无形;无形,则深间不能窥,智者不能谋。"

综上所述,烛之武不失为高明的谋略大师。

三、课堂总结

我们通过古代优秀作品的学习,认识了一个年迈却只身前往敌营,依靠外交谈判手段,智退秦师,让郑国躲过了一场血战之灾的智者,同时通过

"武"的探究，发现在古代文化孕育下，烛之武、晋文公身上的"武"就是大智、大仁、大义的"武"。中国古人追求和平，"道""德""仁""义""和"自然不必说，即使是"武"，它的终极指向也是和平。我们今天有幸发现了中华文化中的这种普世价值。

【观察人语】

对于文言文教学，一直困于"文"与"言"的脱节：沉浸于"言"，可能变得死板；游荡于"文"，则又会虚浮飘忽。于是，文与言总在纠结与矛盾中曲行，很难自然流畅。李老师的设计力求有所突破，以激趣为旨归，想法很好，设计也有一定创意。其"一点突破，遍及其余"的教学方式也是许多优秀课例屡试不爽的成功模式。但是具体到教这篇文言文，其教学内容的选择是否合理，其常规突破的方法是否妥当，其教学流程的安排是否自然，我以为值得商榷。何为教学的自然？就是不无端牵强，不刻意夸大，不越位提升，能体现文本传统的核心价值和文体的习得规律，符合学生当下的接受程度。

自然的文言教学，遵从顺理成章的原则。其实，不管是文言文还是现代文，教学中都需要顺文理，顺事理。所谓顺文理，就是要整体把握文章，而不刻意夸大只言片语。客观地说，设计中"不武"一词的解读，只是这篇课文的一个小问题，作为一篇训诂的小文章或许值得一说，但要串联起全文并作为教学的主线，恐违文理。且"武"的诠释在训诂上尚存争议。

而所谓顺事理，就是解读文本不牵强附会，要尊重史实，更不能曲解历史，贻害后生。本来就是一出晋文公为泄私愤而发起的企图扩大威势、征服异己的阴谋，终因彼此的勾心斗角、相互猜忌而彻底瓦解的闹剧，没有必要为这场纷争乔装打扮，一定要在"武"的号令下，将郑伯、秦穆公、晋文公并轨分析，认为他们都是爱好和平的主，这实在难以让人信服。评价历史人物对既不要歪批，也不能谀批。即便是从"勇武"角度分析的烛之武军事谋略，也难顺事理，到底是"智"还是"勇"，抑或"武"呢？

自然的文言教学，谋求文言习得的规律。文言习得需要求其声气，悟其文理，品其谋篇，重其道德。就语文而言，前三者更为紧要。烛之武故事本身就极具趣味：富有戏剧性的情节，意蕴丰富的人物潜台词，随处可以捕捉的伏笔与照应，还有复杂多样文言现象……这些无论是"文"还是"言"，都是可以成为研习探讨的有趣元素。那又何苦兜个大圈子，跑题太远呢。在文言教学上，需要教师深问的是：我们是否拥有足够的古文功底？我们是否真正掌握了文本的义脉文理？我们是否明白文言习得规律？如果有，那么即便研读几句话，解析几个字，一样会使课堂意趣无穷，新意层出。

自然的文言教学，实现经典文本的价值。《烛之武退秦师》是一篇经典的记述行人辞令的散文。旨在赞扬烛之武在国家危难之际，能够临危受命，不避险阻，只身去说服秦君，维护了国家安全的英勇壮举。同时也反映了春秋时代各诸侯国之间斗争的复杂性。后人对此文津津乐道的便是烛之武以其三寸不烂之舌，不露出一点乞怜相，利用秦晋间的矛盾，动之以情，晓之以理，分化瓦解，头头是道，从而解除了郑国的危机。这是文本的焦点，也符合经典作品的阅读接受史，同时也是作为一个中学生对这样一个经典作品应当存储的信息和印记。而一旦把注意力放在秦穆公是为和平而单方面撤军，晋文公有大智、大仁、大义的"武"，等方面，则未免有些舍本逐末，取小舍大了。

总之，自然的文言教学源自视野的开阔、规律的体悟和功力的深厚，如此则中规中矩依然出彩，求新求奇未必有理。

沉潜篇

所谓"沉潜"者，就是专注、深入。沉就是锚定，不虚浮，不东飘西荡；潜就是深入探究一个领域的本质、系统和细节。"沉潜刚克，高明柔克。"（《尚书·洪范》）"理以心得为精，故当沉潜。"（《格言联璧》）"夫学者欲学古人之文，必先在精诵，沉潜反复，讽玩之深且久。"（清·方东树《书后》）古人说的意思都是做人做事要集中精神、潜心笃志。所以，沉潜就是要保持一颗平常心，相信自己努力的每一天都是在为未来积累；沉潜就是要投入实践，真正了解自己从事领域当下正在发生的事情和变化，去包装去经营，去做有正效应的事情。它既是一种态度，也是一种行动，有目标、有热情、有坚持、有学习、有实践、有反馈地投入到自己热爱的事业中。在专业发展上要专心致志、聚精会神，心无旁骛地学习积累；在事业的追求上要有面对困难的勇气，有持之以恒的锐气，有淡定自若的心气；在教育的生涯里，耐得住寂寞与痛苦，积蓄力量，磨砺自强，静待花开……所以说"最是沉潜见底色，春秋涵蕴磨刀功"，一个语文教师能在讲台上挥洒目如光辉照耀，必得有沉潜而来的底气，必得有涵蕴而来的功夫，成为终其一生的生命存在和生命状态。

第六讲　从课本到课程：
建构教学的立体空间

　　教师的课程意识，是指教师在课程实施中，在对课程目标和课程价值认同的基础上，自觉地将课程目标细化为教学目标。且在教学过程中不断审视教学目标的合理性，根据教学情境的变化灵活地选择教学方法实施教学，在课程情境中寻求教育意义，从而真正走向课程实践的自觉。

　　很长一段时间里，我的眼中也只有课本，只有课本规定的课程内容，很少考虑学科课程的整体构想，也缺乏课程意识。对课程重要性是随着对教育的认知的深入而慢慢认识到的，也慢慢地用课程的眼光审视日常的教学，在教学中"塞"进文本延伸的课程内容，在课堂上有意创设一些新的课程内容，从课内走向课外，从校园内走向校园外，尝试着构建属于自己的立体的语文课程。

一、探究学科，尝试多彩的语文课程

　　我们常讲的课程意识，就是指对课程的敏感程度，它蕴涵着对课程理论的自我建构意识、课程资源的开发意识等几方面。处于教学第一线的教师，其课程意识的强弱程度直接影响着教改的成败及质量的高低。教学意识更多地关注教学的技术问题，而和教学意识相比课程意识则更多地关注教学的价值问题，即关注教学究竟是为了什么的问题，还关注实现教学目标的过程是否有教育意义。基于此，我们教授每篇课文、每个单元都应该思考其学习的价值问题，不断延展出具有生长性的学习；我们在规划学生每学期、甚至三年的语文课程时，可以根据学生学习需要尝试增加、创设一些课程。

1. 从语文的生长点延伸课程

一是以课文为支点，定向辐射。在实际的教学过程中，可以根据文本自身内容特色拟定学生阅读学习课题，与学生共同在文本中积极合理探寻学习能力生长的支点，发现提升语文学习品质的有利因素，以构建起语文阅读能力提升的平台。以下是根据语文教材必修一、必修二部分延伸性学习课题，以引导学生有选择性地针对某些课题加以研究。

	课　文	延伸性学习课题
必修一	沁园春·长沙（毛泽东）	毛泽东诗词与他的哲学
	雨巷（戴望舒）	诗词意象、意境的研究
	烛之武退秦师（《左传》）	古代对人的称谓研究 谈古代说客的论辩艺术
	鸿门宴（司马迁）	论《史记》刻画人物的艺术
	记念刘和珍君（鲁迅）	鲁迅杂文风格的研究
	记梁任公先生的一次演讲（梁实秋）	对提升演讲能力的研究
	包身工（夏衍）	包身工现象与打工妹现象的比较 现代"包身工"现象思考
	飞向太空的航程（贾勇、曹智、白瑞雪）	当今中学生科普知识和科普兴趣的现状调查
	荷塘月色（朱自清）	朱自清散文作品的研究 文学作品中"月光"的审美意义
必修二	故都的秋（郁达夫）	中学生审美趣味的现状分析 秋意审美研究
	游褒禅山记（王安石）	文言文翻译之策略研究 当代中学生质疑品质的现状调查
	归园田居（陶渊明）	陶渊明隐逸思想之继承与创新 古人的出仕与归隐
	涉江采芙蓉（《古诗十九首》）	古诗中"芙蓉"意象的溯源与流变
	就任北京大学校长之演说（蔡元培）	当今中学生对名牌大学期待心理的调查
	赤壁赋（苏轼）	苏轼文学成就的研究 江月对中国文人的写作意义

从这些由文本出发提出的延伸性阅读学习的课题中，我们不难发现，教师和学生基于文本而衍生出来的和深入探讨的课题是非常丰富的，培养学生思维品质的元素也是丰富的，许多问题都可以引发学生的学习兴趣和研究动力。这些资源的有效利用，丰富了语文阅读教学的内容，促进了教学方法的改革，更能有效提升学生思维的创新性灵活性、深刻性批判性、敏捷性和系统性，希望它能对教师如何在激发学生的学习兴趣中提升学生思维品质，起到抛砖引玉的作用。

二是以教材为框架，纵横覆盖。当我们建立了"用教材教"这样的理念后，我们就不再纠结先上什么后上什么，不再苦恼课文上不完怎么办，不再担心课时够不够……总之，我们需要有足够的信心和能力去"装修"属于我们自己教学时空。当然对于必修教材，我们要对教材编写者葆有足够的尊重，而对选修教材，我们可以放手的空间很大。

这里以《〈史记〉选读》（苏教版）为例。首先，我们在研究教学这个模块时，宏观的框架是这样的：我们以基于思维的文本阅读为突破口和核心内容，以文言阅读能力和写作训练为两翼构思教学，同时，在研读《史记》的每一周里，都推荐与《史记》相关的诗文供学生阅读，为调动学生兴趣提供延伸性阅读材料；再则，从开始进入《史记》教学时就给学生布置相关基于思维的研学要求，如下图所示：

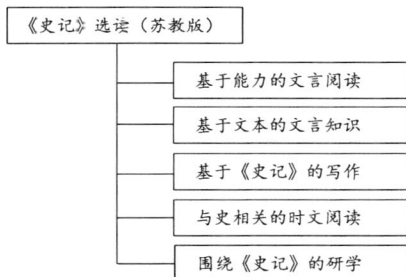

然后，我们再对本册书八个单元19篇选文进行"瘦身"，也就是目标的取舍。整合语文教学各方面的内容和思维训练各方面的层次，有选择、有重点地讲授课文，以完成教材的单元构想和教学内容，也满足单位时间的合理分配。下表就是对各单元文本教学取舍的构想：

单元	篇目	文本教学取舍构想
唯倜傥非常之人称焉 ——司马迁其人其事	太史公自序 报任安书	重点讲授《太史公自序》,《报任安书》略有提及
学究天人 体贯古今 ——《史记》的体例	夏本纪 鲁周公世家 河渠书 六国年表	重点讲清《史记》体例特点,对四篇文本只重点讲授《六国年表》,其余摘取片段讲授
不虚美 不隐恶 ——《史记》的史家传统	高祖本纪 李将军列传	重点讲授《高祖本纪》,略讲《李将军列传》
读其书想见其为人 ——《史记》的人格理想	孔子世家 管仲列传 屈原列传	重点讲授《孔子世家》《屈原列传》。学生自学《管仲列传》并尝试交流
摹形传神 千载如生 ——《史记》的人物刻画艺术	项羽本纪 廉颇蔺相如列传 滑稽列传 刺客列传	《廉颇蔺相如列传》《刺客列传》必修已学,略去。重点讲授《项羽本纪》,《滑稽列传》选取两个人物讲授
善叙事理 其文疏荡 ——《史记》的叙事艺术	秦始皇本纪 赵世家 魏公子列传 淮阴侯列传	重点讲授《魏公子列传》《淮阴侯列传》;其余两篇选择片段讲学
正宗鼻祖 文章大宗 ——《史记》的影响		以自学为主

在作了这样的"手术"后，再进行要素分解，确定若干重点话题，真正实现"用教材教"的目的。

三是以研修为手段，深度浸润。为了能让学生积极参与到课程中来，采用任务驱动的方法，通过研修项目（作业）多角度全方位地激励学生主动地投入学习。我在给每届学生开始上《〈史记〉选读》时，都预先布置研修作业。作业要求是每位同学在结束课程前，针对《史记》、司马迁或书中的某个历史人物作深入的探究思考，写出不少于2000字的文章。同学们作业交来后，我将他们的文章分门别类编订成册。《〈史记〉选读》，课程我教了三回，也就为每届同学编了三本关于《史记》的研修作业——《拂去历史的尘烟》《经典，为你点亮一盏灯》《我们为什么需要记忆》。下面是为2017届2班同学编辑的研修作业《拂去历史的尘烟》目录。

《拂去历史的尘烟》目录

卷首语

有你在，灯亮着   陈首丞

史迁光焰

1.一个人的路   鲍　蕾

2.历史永记司马迁！   沈瑞雪

3.以文字的名义——看司马迁的背影 郭　晓

4.顶天立地太史公   辜君龙

5.何处是岸   周媛媛

6.真的勇士   吴泽晨

7.属于昨天的结局   李元媛

8.司马迁：走出自己的圈   陈硕豪

9."史者"留其名   付东方

巨著探微

10.聆听历史的赞歌   胡惠卿

11.《史记》中人物传记的记史与叙情 周毅慧

12.千载犹觉剑气寒——《史记》中的战斗锋芒 桑蔚然

13.《史记》写法心得   彭基翔

14.《史记》的叙事艺术   赵婉如

15.论《史记》的人物描写   朱　璠

16.《史记》中人物性格对人物命运影响 袁　欣

17.《史记》人物随笔   韦何一郎

18.从刘邦形象的塑造看《史记》刻画人物的艺术 许　强

19.史公写的不是史，是寂寞——戏说《史记》 王　禄

后记：拂去历史的尘烟（郭惠宇）

为此，我为本书写下了后记《拂去历史的尘烟》。

后记：拂去历史的尘烟

两个多月的时间，54个同学，19篇《史记》选文，我们跟着司马迁，穿越千年的时空，试图伸手去触摸被司马迁复原了的那一个个鲜活的人物，蹑足走进司马迁用文字营建的历史空间。

有人说："阅读历史等于游历人生。"在这条历史的条河中，蕴含着无数文明智能的浪花：一幕幕王朝帝国的兴衰成败，一个个历史人物的功过是非，重大事件隐含的曲折内幕，伟大创新背后的艰辛努力，无不折射出做人与做事的道理。在司马迁思想经纬编织的恢弘的历史空间中，无不展现出人格与灵魂的震动、美丽与感动的撞击、文化与艺术的完美结合：《史记》，是用灵魂与命运争斗作出的一部千古流传的精神史诗。在与学生一起翻阅沉甸甸的历史中，蓦然看见，那一抹带着成熟稳重、披荆斩棘的鲜艳，那一种历经磨难、千锤百炼的坚强，那一曲经由灵魂冲击、史家绝唱的不朽乐章。

也许是因为参与这本教材编写的缘故，教起来自己特别有感情，也教得特别快，一路拉着我的学生，像是摁着他们的脑袋往书里塞，全然不顾他们的感觉。因此，我真的不知道我的学生到底收获有多大，或许对《史记》仅仅有点印象，或许被当作一种折磨，尤其对于这些钟爱理科喜欢做题的学生来说。但依然做着这样的奢望：有一天他们长大了，可以再也不做数理化题目了，会在某个清晨或黄昏，突然想起我曾和他们一起读过《史记》，便翻检出发黄的课本，或买上一套《史记》，认真地寻绎起曾经有过的片思断想，然后觉得挺有滋味。我以为自己就很满足了。

需要解释的是，在今天，一个习惯了"复制"＋"粘贴"做学问的时代，这些在高考利斧下偷生的高中理科实验班学生，他们的文字中若是塞进了别人的成果，我也就无法苛求了。我关心的仅仅是一种存在，一个过程，一份心情；我想做的仅仅是想拂去历史的尘烟，告诉这些吃披萨饼、KFC长大的90后，在他们的身后，有《史记》，有司马迁，有历史的经典，有文化的高峰……

为学生做点事，给他们的学习成果留点印迹，我乐此不疲。

2.从学生需求出发研发课程

课程是教师、学生、教材、环境四因素动态交互作用的"生态系统"。学生与教师的经验即课程，生活即课程，社会即课程，自然即课程。分门别类的教材只是课程的一个因素，这个因素只有在和其他因素整合起来，成为课程生态有机构成的时候，它才能发挥应有的作用。课程最具意义的作用，是要符合学生的需求，或者说是学生喜欢，并对学科能力发展有帮助，对他未来成长有益处。所以，我在探索课程的过程中就是照着这样的想法实施的。

一是以文学为范围，自主选择。

针对高中学生的语文水平和文学作品学习的积累，我进行过阅读研讨的活动。要求学生自由组成5人左右阅读小组，寻找自己喜欢的文学话题进行研究，既可在课外选择研究对象，也可对课文进行深入探讨，然后通过网络，将同学们的研究结果设计成网络论坛，借助网络平台，研究者可以不断地点击、发帖，以丰富研究的内容，进而不断提高探究的能力。下面是我所教班级高二阶段文学欣赏研究课题一览表：①

---

① 郭惠宇.立足课堂放飞思想 构建研究性学习的有效平台[J].安徽教育科研,2003(4).

序号	课 题 名 称	研 究 文 章
1	《红楼梦》人物谈 ——金陵十二钗	1.《金陵十二钗性格琐谈》 2.《金陵十二钗的"薄命"》 3.《钗黛性格辨》 4.《画里红楼》
2	再别志摩 ——徐志摩作品研究	1.《多情的志摩》 2.《徐志摩早期作品的特点》 3.《一片春光一团火焰——谈徐志摩散文》 4.《徐志摩诗歌赏析》
3	亦刚亦柔真性情 ——苏轼词作研究	1.《谈苏轼的豪放词》 2.《苏轼词中生命意识》 3.《苏轼词作风格谈》 4.《东坡与酒与渊明》
4	网络文学研究	1.《与网络文学亲密接触》 2.《网络小说带给我们的……》 3.《网络文学的瑕疵》 4.《飘散在网络中的文学气息》
5	影视与文学关系研究	1.《文学中的影视元素》 2.《谈谈历史剧的文学虚构》 3.《理解两种媒介的同题表达》 4.《影视的生命——文学》
6	我眼中的《射雕英雄传》	1.《我看〈射雕〉中的英雄》 2.《〈射雕〉中的历史》 3.《说说〈射雕〉中的"情"》
7	眺望神奇的土地 ——南美文学研究	1.《〈百年孤独〉的"孤独"》 2.《现实与幻象的结合》 3.《我看南美文学》 4.《守望拉丁文学》
8	勃朗特姐妹作品探索	1.《初读〈简爱〉》 2.《善良与真诚的呼唤》 3.《夜读〈呼啸山庄〉》 4.《永远的"简爱"》
9	生命和真理的智慧箴言 ——纪伯伦作品研究	1.《东方赠与西方的最好礼物》 2.《浪漫的咏叹调》 3.《走近纪伯伦》

续　表

序号	课题名称	研究文章
10	"你像雾像雨又像风" ——当代歌词的文学价值	1.《流行歌曲的魅力谈》 2.《当代歌词的"雅"与"俗"》 3.《从宋词的繁荣说起》 4.《"涛声依旧"说歌词》

从中我们可以看到:学生的兴趣是多元的,有时出乎教师的意料。事实上,他们对文学包括对纯文学,同样充满热爱,关键在于引导,给予相应的生成空间,那么,学生们的学习热情自然会释放出巨大的能量来。显而易见,这些研讨话题,思维多元,内容丰富,形式活泼,这对学生的创新精神和实践能力、想象能力、思辨能力和批判能力的培养,效果是较明显的。

二是在课前腾空间,分享交流。

课前演讲是我的语文课坚持最久一项语文活动课程。从最初的尝试一两次、一两个学期到一届学生三年贯穿始终,我认为课前演讲有六大好处:①锻炼学生说的能力,弥补语文学习口头表达训练的不足;②教会学生守时的习惯,要求5分钟,就必须在规定时间完成,也学会如何精简内容(不过,在操作中我允许分若干次讲,但每讲必须5分钟);③演讲内容要求不能重复,提高了个性化发现的能力,培养了力求创新的精神;④每次演讲要求必须用PPT,锻炼了学生做课件的能力;⑤活跃了课堂气氛,增加了学习的内容;⑥有限的课堂时间"挖"走了5分钟,教师自己就必须想办法提炼教学内容,提高讲课效率。

课前分享的内容,一般是我先提出若干主题,然后由学生自己选。这些年来,我给定的题目大致有:我喜欢的一本书(一句话、一首诗、一首歌、一种颜色、一个汉字、一部电影……),我崇拜的一个人,我向往的一个地方(城市、国家……),我关注的一件事情(一个热点、一种现象……),我心仪的一个职业(一所大学、一座建筑、一种生活……),我熟悉的一种手艺(一个民族、一款游戏……)等等,不一而足;但第一次是我限定的,必须是分享一本"我喜欢的书",而且必须从我开始。学生轮流上讲台,从高一直到高三。他们中的多数是喜欢我放手给他们的这5分钟,以此作为展示自己的舞台，精心选题，认真做课件。其实，获益的又何尝不是我呢。他们列的书单，成为我一度时间的必读书目；他们看的电影、歌曲，打发了我业余的消遣；他们关心的事件，成为我指导他们写作教学的素材；他们赏析的诗歌、名言，充实了我课程的内容……而更重要的是我在其中发现学生，体会教育，和学生一起的日子让自己始终有颗年轻的心，这也许就是所谓的和学生一同成长吧！

每次演讲结束我都要留下学生的课件和讲稿，2014年我给所教的文科实验班学生"读书"话题的演讲，编了一本全彩印刷的小册子《挑灯心录》，从书名、装帧到封面设计都是学生们自己做的，受邀为他们的书写了一篇后记——《读书，开启每一课》。

后记：读书，开启每一课

这是一本2014级创新人才文科实验班同学课前演讲的文稿的汇编。演讲的内容是推荐一本自己读过并喜欢的书。

课前让学生上台作5分钟演讲，是我十多年来上课的一项规定动作。之所以这样安排，用意起码有三：一是想了解学生们关心些什么，对于我这个上了年纪的人而言，也许这是了解年轻人最直接的窗口；二是作为语文课程的一种拓展，课前聊的话题自然多半与语文相关，诸如爱读的一本书，铭记的一句话，喜欢的一个地方，爱看的一部电影，神往的一种职业，关心的一桩热门事件……试图以此来裨补语文的学习；三是弥补说话教学的空缺，在教材界定不明、教学实施乏术、考试检测缺位等种种不利条件下，任性地让学生们去说，也算不是方法的方法。

虽说课前演讲实施了十来年，也一直想把学生们演说的精彩记录下来，或许是自己的倦怠，或许是整理的繁难，或许是兴趣的阑珊，总是未能如愿。2014年，恰好与文科实验班相遇，与一批有志文科的学子相识，同时也承担着省级立项的"中小学语文教育生态的实证性研究"课题，本着课题"亲近母语，灵动课堂，探寻规律，坚守文化"的主题，整理出这样一本小书，成为我们一段时间共同回忆：我们用读书，开启了高中语文的学习，也开启了每一节语文课，其间，记录着那年我们一起读过的书。同时，也为课题提供相关的佐证。

既是演讲，本应是声像俱全、直观生动的，遗憾一变成文字就无法真切地还原演讲同学的慷慨激昂、风趣幽默、滔滔不绝甚至磕巴拖延，加之同学们制作的很多精美的幻灯片也无法动态地呈现，但依稀想见课堂里有趣而精彩的情形，仿佛听见学生们不羁且放浪的笑声。同学们所推介读的书也超乎我平日的预想，既有经典高雅也有随性通俗的，既有小众前卫也有习见平实的，丰富而多彩的内容一如这变化着时代，给人惊喜也催人思索。当然一本好书想在3～5分钟就能讲清道明，是难以做到的，所作介绍也都只从私见出发未必全都正确，但这都不重要，重要的是我们有了一种姿态，一种愿意将读书作为一生之事的姿态，一种愿意彼此互换交流的姿态。

读书，开启了课堂的每一课，也将开启生活的每一刻，这便是顶好的事儿！

我还把整本书阅读与课前演讲结合起来。2019年我和所教的国际班学生共读黄仁宇的《万历十五年》，其中有一个环节就是课前的读书分享，每个人都从书中找到一点自己感兴趣的内容，谈发现，谈心得。

三是编写校本教材，丰富课程。

从2006年起马鞍山二中兴起了开设校本课程的热潮，语文组就有十多项的课程，我们做课题、编教材、开课程，摆开阵势，轰轰烈烈，若干年后我们的课改成果《高中语文校本教材的开发与实施》一路获奖，有安徽省基础教育课程改革教育教学成果奖一等奖，国家基础教育课程改革教学研究成果二等奖等。出版的校本教材有《诗词欣赏入门》《古风晨读》等，我是其中主要的策划者、编写者。

其中使用最广、最具规模、最近理想的当是主持编写的校本教材《诗词欣赏入门》（安徽教育出版社），全书共分题材篇、技法篇、风格篇和欣赏篇，共24课，涉及谈宋诗词100多首。24课的课题目录如下：

题材篇

1.位卑未敢忘忧国——政治与社会

2.六朝旧事随流水——咏怀与咏史

3.青山着意化为桥——山水与咏物

4.人生自是有情痴——亲情与爱情

5.明月千里寄相思——羁旅与闺怨

技法篇

6.一枝一叶总关情——叙事与抒情

7.蓝田日暖玉生烟——意象与意境

8.浓墨点染云托月——渲染与烘托

9.语不惊人死不休——炼字与炼意

10.善恶显分明　前后巧勾连——对比与照应

11.风暖鸟声碎　日高花影重——哀景与乐景

12.应似飞鸿踏雪泥——比喻与用典

风格篇

13.长风出谷月初升——豪放与婉约

14.百战山河见落辉——壮美与优美

15.晓处窥风情　通俗见绮丽——含蓄与明快

16.浓妆淡抹总相宜——绮丽与平淡

17.夕阳衰草没　清水芙蓉出——沉郁与清新

18.工于发端，余音绕梁——开头与结尾

欣赏篇

19.千里莺啼绿映红——诗情与画意

20.卖花声里梦江南——形似与神似

21.诗家清景在新春——想象与创新

22.水流心不竞，云在意俱迟——理趣与情趣

23.天淡云开今古同——时间与空间

附录：

一、中国诗歌发展简史

二、古代诗词格律常识

课程试图通过指导高中学生阅读古代诗词，使他们初步了解古代诗词的

相关知识和欣赏原理，拓宽他们的知识视野，提高他们理解欣赏古代诗词的能力，培养良好的审美情趣，进而养成阅读古代文学作品的兴趣和习惯，激发学生的民族自豪感。教师可以有选择地进行教学，以学生自学为主，教师通过必要的点拨，指导学生阅读欣赏诗词作品；注意突出重点，不求全面，可适当加以扩展和补充；也可根据需要进行专题讨论或吟诵活动。在读教过程中，力求提高学生欣赏的品位，激活学生欣赏的兴趣，养成欣赏习惯。下面是我撰写的一课。

8　浓墨点染云烘托
——渲染与烘托

【知识导读】

渲染与烘托本是古人作画的技法。画家对所需强调的物象，如果采用浓墨点染使其突出，便称为渲染；如果描摹周围的物象来烘云托月，就叫作烘托。用这样的方法来写诗词，所谓渲染就是正面描写，而所谓烘托就是侧面描写。

宋人贺铸《青玉案》下阕："飞云冉冉蘅皋暮，彩笔新题断肠句。试问闲愁都几许？一川烟草，满城风絮，梅子黄时雨。"词中说到"闲愁"，本可一句作结，诗人此时偏偏要一而再，再而三地描述，以"一川烟草""满城风絮""梅子黄时"三种物境，同时渲染其愁之浓重：黄梅季节，天下细雨纷纷，溪边烟草蒙蒙。愁深似海，层现迭出，气氛的渲染达到极致，难怪贺铸因此而得一"贺梅子"之名。再如柳永《雨霖铃》"念去去千里烟波，暮霭沉沉楚天阔"，点明"去去"后，用千里烟波暮霭沉沉、楚天空阔三样景物来渲染远别的离情。接着，"多情自古伤离别，更那堪冷落清秋节"，点明"伤离别"，便用"冷落清秋节"来渲染，在这一重渲染之后，又说"今宵酒醒何处？杨柳岸晓风残月"，再用三样景物：杨柳岸、晓风、残月，构成一种凄清的意境，层层渲染清秋伤别的感情，收到了情景相生的艺术效果。

其实，对同一事物，不仅可以正面进行渲染，也可以从侧面加以烘托，烘托得好，效果并不比渲染差，甚而有过。同是写美女，在《孔雀东南飞》里是这样写刘兰芝的美貌："足下蹑丝履，头上玳瑁光。腰若流纨素，耳着明月珰。指如削葱根，口如含朱丹。纤纤作细步，精妙世无双。"从下到上，由静到动，细描精绘，竭力渲染其美。到了《陌上桑》写秦氏美女罗敷却是这样表现的："行者见罗敷，下担捋髭须。少年见罗敷，脱帽著帩头。耕者忘其犁，锄者忘其锄。来归相怒怨，且坐观罗敷。"这里不去写罗敷脸蛋如何漂亮，也不去写眉眼如何传情，而是写这种动人美貌是怎样直接作用于各种人的：行人下担，少年脱帽；耕者忘犁，锄者忘勤，耽误了各自的活计，制造了家庭的"纠纷"。罗敷的美丽在这样的一种烘托中突现出来，留给读者更多的想象余地，其艺术效果往往是正面描写难以达到的。

此外，烘托的方法多种多样，如陪衬（正衬）、反衬等等。"回眸一笑百媚生，六宫粉黛无颜色"（白居易《长恨歌》）以皇宫中所有美女作为陪衬来烘托杨贵妃的美丽，以美衬美，更显其美。"蝉噪林愈静，鸟鸣山更幽"（王籍《入若耶溪》），因为有了噪鸣，山林非但不显得吵闹，反而更显林静山幽，比起直接写山林的幽静也许更为生动，更胜一筹。

【作品欣赏】

美女篇　曹植[1]

美女妖[2]且闲[3]，采桑歧路间。柔条纷冉冉[4]，落叶何翩翩[5]。攘袖[6]见素手，皓腕约[7]金环[8]。头上金爵钗[9]，腰佩翠琅玕[10]。明珠交[11]玉体，珊瑚间[12]木难[13]。罗衣何飘飘，轻裾[14]随风还[15]。顾盼遗光彩，长啸气若兰[16]。行徒用息驾[17]，休者以忘餐。借问女何居，乃在城南端。青楼[18]临大路，高门结[19]重关[20]。容华耀朝日，谁不希[21]令颜[22]。媒氏何所营，玉帛不时安[23]？佳人慕高义，求贤良[24]独难。众人徒嗷嗷[25]，安知彼所观。盛年处房室，中夜起长叹。

【注释】[1]曹植：192—232，字子建，曹操第三子，曹丕同母弟，有《曹子建集》。[2]妖：艳冶。[3]闲：幽静。[4]冉冉：柔弱貌。[5]翩翩：飞动貌。[6]攘袖：卷袖。[7]约：缠束。[8]金环：金镯。[9]金爵钗：钗头上做雀形的发钗。爵：同雀。[10]琅（láng）玕（gān）：一种似玉的美石。[11]交：缠绕。[12]间：夹杂。[13]木难：传说为金翅鸟沫所结成的碧色珠。[14]裾：衣服的大襟。[15]还（xuán）：转。[16]长啸气若兰：吹气若兰。若兰，形容其芬芳。[17] 驾：车驾。这句说走路的人因她而停车。[18] 青楼：涂着青颜色的高楼，为古代女子居处的通称，和后代以青楼为妓院的意思不同。[19] 结：关闭。[20] 重关：两道门闩。[21] 希：钦慕。[22] 令颜：美好的容貌。[23] 媒氏何所营，玉帛不时安：这两句是说，媒人在做些什么呢，为什么不及时地用玉帛来聘娶她呢？[24] 良：诚然。[25] 嗷嗷：众口喧哗声。

【欣赏提示】

这首托喻抒情之作，成功地塑造了美女的形象，写她因不遇理想的配偶而盛年不嫁、独处房室且甘守寂寞的情状。作品以此为喻，表现了作者以才德自负的心理，以及抱负不得施展，虚度年华，功业无成的哀怨之情。

开头两句，"美女妖且闲，采桑歧路间"统摄全篇，给读者一个总体印象，"妖""闲"二字，概括说明了这位"采桑"的美女既艳丽又雅静。接着分别加以描绘。先写美女的丰姿艳彩，即"妖"。"柔条纷冉冉，落叶何翩翩。"以物衬人写采桑女奇巧优美的动作。因为是采桑，便从"素"手"皓"腕、"金"环着眼，色彩鲜明，加之"见""约"二字，则妙趣横生，生动传神。再写"头上金爵钗"，写"腰佩翠琅纤"，写用"明珠""珊瑚""木难"来打扮，身穿着"罗衣""轻裾"，通过渲染服饰装束的美丽，来衬托身着这种装束的人的艳丽、高雅，隽俊、生动。到这时，再看美女的神采风韵："顾盼遗光彩，长啸气若兰。"回眸顾盼之间，光华四溢；长啸抒情之时，吐气芬芳。最后，再用烘云托月的手法来展示这艳丽绝伦的美女："性徒用息驾，休者以忘餐。"

但这还不够，自"借问"以下，着意描绘美女的"闲"，层层渲染。一写美女出身门第的高贵，二写美女容颜的美貌，三写美女软慕的贤良之士。"盛年处房室，中夜起长叹"，一声长叹，点明了"怀才不遇"的主旨，正是本诗的点睛之笔。

长信秋词五首（其一）　王昌龄

金井梧桐秋叶黄，珠帘不卷夜来霜[1]。

熏笼玉枕[2]无颜色[3]，卧听南宫[4]清漏长。

【注释】[1] 珠帘不卷夜来霜：表明时间已是深夜。[2] 熏笼玉枕：室内的两件用具。[3] 无颜色：形容用具已年久陈旧，色泽黯淡。[4] 南宫：皇帝的居处。

【欣赏提示】

这是一首宫怨诗。这首诗四句二十八个字，试图传达出一个被剥夺了青春、自由和幸福的少女在寂寞深宫中的满腔怨情。按理说，即便字字句句都写怨情，恐怕也不能写出其怨情于万一。可是，作者竟不惜把前三句都用在写景上，只留下一句写到人物，且这一句没有明写怨情。乍一看以为此诗离题了，其实，从艺术表现的效果上看，这种以景托情、借景写人的表达方式，则更加深刻地表现了主题。

诗的开篇，就以井边梧桐、深秋黄叶来烘托气氛，渲染色彩，一开头便把人带到了一个寂寞清冷的环境之中。接着，在这冷寂的氛围上，又重重地描画了一笔，把时间推到珠帘不卷、夜寒霜重的深夜，使得环境更加凄凉。接着再换一景，由外入内，从远到近，选择了两件年久色黯的用具，既烘托深宫寒夜的清冷，又分明感觉到器物主人的黯淡心境。最后，随着宫漏声声，读者才看到了一位孤眠不寐、愁肠似结的少女。

本诗遥遥落笔，逐步收缩，运用深婉含蓄的笔触，采取以景托情的手法，句句腾挪，层层渲染，浓墨重笔点染背景，描画环境，直至逼出人物。

悲陈陶[1]　杜甫

孟冬十郡良家子[2]，血作陈陶泽中水。

野旷天清无战声[3]，四万义军同日死。

群胡归来血洗箭，仍唱胡歌饮都市[4]。

都人回面向北啼，日夜更望官军至[5]。

【注释】[1] 悲陈陶：至德元年（756）十月，宰相房琯自请带兵收复京都，得到肃宗允许。房琯率领新招集的义军，分兵三路，自将中军，为前锋，杨希文将南军，李光进将北军。房、李两军先和安禄山部下安守忠军遭遇。房琯虽有平叛的壮志，却缺乏军事才能，他用车战古法迎敌，被敌人火攻，大败溃乱，几乎全军覆没。陈陶泽，在今陕西咸阳东。当时，杜甫在长安，听到这个不幸的消息，又目睹敌人骄横的情况，写了这首诗以表痛心。[2] 良家子：汉代把医、商贾、百工以外的平民称为"良家"，这里用"十万良家子"说明这批为国牺牲的战士是西北一带民间好弟子。[3] 无战声：指战事结束后，战场上一片寂静凄凉。[4] 群胡归来血洗箭，仍唱胡歌饮都市：这两句写安部叛军在陈陶泽一番屠杀之后回到长安时的骄横得意。群胡，指安禄山的军队。血洗箭，意即箭上都带着血，不言而喻，这些箭是从战死者尸体上收回来的。[5] 都人回面向北啼，日夜更望官军至：这两句诗人如实地写出了沦陷区人民的心思。当时肃宗从灵武进驻彭原（今甘肃宁县在长安西北）。

【欣赏提示】

这是一场遭到惨重失败的战役。来自西北十郡的良家子弟，血染陈陶，横尸郊野，景象惨烈。诗人没有客观主义地展示伤痕，描写溃败。

开头第一句十分庄严地点明了这场悲剧事件发生的时间、死难者的籍贯和身份，又以一句"血作陈陶泽中水"相承，冷峻而沉重，让人耳不忍闻，目不忍睹。正因如此，诗人便不从正面去描写血肉横飞的惨烈情状，把视线移向了空旷的原野、清虚的天空，"野旷天清无战声"，静寂的野外一点声息都没有，似乎天地也在为"四万义军同日死"而沉痛哀悼，烘托出天地同悲的气氛和感受。接着，笔锋一转，写了两种人：一是胡兵，一是长安人民。叛军扬扬得意，"群胡归来血洗箭，仍唱胡歌饮都市"，那种骄横之态表现得何其充分；长安百姓失声痛哭，"都人回面向北啼，日夜更望官军至"，其心底的悲伤体现得如此鲜明。这一"唱"一"饮"与一"哭"一"望"从不同角度烘托出悲愤的情绪。

诗人杜甫从战士的牺牲中，从大地的沉默气氛中，从敌人的张牙舞爪中，从人民悲哀的心底中发现并抒写了悲壮的，正是通过这样的烘托渲染，才真切地体现了人民的情结和愿望，给人以战斗的力量。

微雨　李商隐

初随林霭动[1]，稍共夜凉分[2]。

窗迥侵灯冷[3]，庭虚近水闻[4]。

细雨 李商隐

帷飘白玉堂[5]，簟卷碧牙床[6]。

楚女当时意，萧萧发彩凉[7]

【注释】[1] 林霭：笼罩在树林上的雾气。此句是说微雨初起时，随着林霭的浮动悄然飘洒，浑然一体，几乎莫辨。[2] 稍共夜凉分：渐渐地它才和夜间的凉气有了区分。[3] 窗迥侵灯冷：窗户虽离室内的人尚远，却隐隐感到一股寒凉侵入户内，使孤灯明灭闪烁，透出冷意。[4] 庭虚近水：虚，空。此句说，庭空夜静，依稀可以听到近处水面的细微淅沥声。[5] 帷飘白玉堂：这句既形容飘洒的细雨像帘帷飘拂在白玉堂前，又写出细雨灵风中堂前帷飘的景象。[6] 簟卷句：此句由堂而室，说是因雨洒天凉，竹簟已从碧牙床上卷起。[7] 楚女当时意，萧萧发彩凉：楚女，巫山神女；萧萧，形容头发纷枝疏散；发彩，形容头发滑润富于光泽。两句因细雨加丝，进而联想到神女新沐后纷披的发丝。

【欣赏提示】

这两首咏物诗，体物工切，摹写入微，善于通过多方面的刻画，传达出物象的内在神韵。

写微雨不易，写夜间微雨则更难。因为，微雨是不易察觉的，一般的视听难辨，触觉又与夜凉难分，怎样才能把它真切地表现出来呢？《微雨》一诗，描写全向虚处落笔，借助于周围的有关事物和人的主观感受作多方面的陪衬、渲染，写出静夜中变得细致敏锐的触觉感受和听觉感受，以捕捉微雨的形象，传出微雨之神。一、二句写薄暮时视觉浑然莫辨到入夜后触觉由不辨到辨的体物过程。三句写触觉的细微感觉，因窗迥灯冷而得。四句写听觉的细微感受，因庭空人静而闻。四句诗写出了从黄昏到夜晚间微雨由初起到落久的过程，写得十分细腻而熨帖，但又没有一个字直接刻画到微雨本身，仅是从林霭、夜凉、灯光、水声诸物象来反映微雨带给人的各种感受，体现了诗人写景状物细微入神的本领。

如果说《微雨》的妙处在于避免从正面铺写雨的形态，只是借人的感受做侧面烘托，那么，《细雨》的笔法则全属正面铺写，只是发挥了比喻及想象的功能，同样写得灵活而新鲜。

诗中把细雨从天上洒落，想象为犹如天宫白玉堂前飘拂下垂的帷幕，又像是从天空这张碧牙床上翻卷下来的簟席。这比喻既体现出细雨的密致形状，也指画了细雨随风飘洒的轻灵姿态。接着，进一步引发对"楚女"的联想。披拂的长发，熠熠的光泽，萧萧的凉意，想象中神女的意态不就同眼前洒落的细雨相仿佛？整首诗联想丰富，意境优美，极具韵致，逗人遐想，尤其是神女意态的虚拟摹想，构成了一幅神奇谲幻、瑰丽多彩的画面。

【思考与练习】

一、结合诗词作品，说说渲染和烘托的区别。

二、比较下面两首诗，简要说明各自所使用的表现手法。

> 人闲桂花落，夜静春山空。月出惊山鸟，时鸣春涧中。
>
> ——王维《鸟鸣涧》
>
> 旧犬喜我归，低徊入衣裾。邻舍喜我归，沽酒携葫芦。
>
> 大官喜我来，遣骑问所须。城郭喜我来，宾客隘村墟。
>
> ——杜甫《草堂》

三、阅读下面这首古诗，回答问题。

> 台城　韦庄
>
> 江雨霏霏江草齐，六朝如梦鸟空啼。
>
> 无情最是台城柳，依旧烟笼十里堤。

这首诗在抒发感情上颇具特色，请简要分析。

四、下面这首诗写出了盛夏季节难得的清幽之境和悠旷之情。请从语言运用的角度简析该诗是如何体现"清幽之境"的。

> 夏意　苏舜卿
>
> 别院深深夏席清，石榴开遍透帘明。
>
> 树阴满地日当午，梦觉流莺时一声。

校本教材的编写和课程的开发，收益的不仅仅是学生，也直接推动了学校教师队伍的建设，成为学校教改的亮点。

四是讲授校本课程，与生同乐。

除了全组同人一起开发课程，共同讲授校本课程如《诗词欣赏入门》外，我个人认为一个优秀的语文老师要善于设计属于自己也符合自己学生兴趣爱好的语文校本课程。这些年来，我一直努力探索个性化的语文课程性活动，试图构建出自己的课程匿谱。

2005 年我发现爱好武侠小说的学生很多，当时武侠文化成为人们生活中的一个重要元素；武侠文学俨然成为文学领域的一个重要分支。我连续在两届学生中开设了《神奇的武侠（上）——走进武侠文学的世界》和《神奇的武侠（下）——武侠文学的欣赏与写作》，深受学生欢迎，也因此学生喜欢称呼我"大侠"（也许还是沾了郭靖的光）。我是基于以下原因开设此课程的。

首先源自学生对武侠小说的热爱。学生爱看武侠，这是不容回避也不可争辩的事实，因此，学生关注的、感兴趣的当是我们亟待思考和关心的事。长期以来，我们对学生爱看武侠，总是采取"堵""禁""没收"等方法，但实际的效果很差，非但没有堵住，禁绝，反而是"野火烧不尽，春风吹又生"，更使得师生间关系紧张，彼此怨恨。其实，学生的热爱不是没有缘由的，武侠作品除了本身的艺术魅力外，对于处于高度紧张学习的学生的精神放松，情绪缓解，都会起到积极的作用。视武侠为禁忌，在今天的时代看来，是十分幼稚的，也是不可取的。但这并不意味着武侠就没有副作用，对其过于沉溺会影响学习也是不争的事实；且武侠类作品参差不一，好坏参半，不加引导无疑是教育者的失职。开设这样的课程，就是想让热爱武侠文学的学生能够较为理性地审视武侠，正确地看待武侠积极的一面，进而提高自己的文化品位，借以促进自己的学业，成为一种很好的精神寄托。

其次源自时代、社会对武侠小说价值的重新认识。随着时代的发展，武侠文学曾经不登大雅之堂的地位发生了巨大的改变。文学界、学术界都开始关注并加以研究，不仅有大量的研究著作问世，也走进了大学的讲坛，进入了高中的教材；加之影视艺术的推动，武侠作品已经成为当今社会文化生活的主流品种之一。武侠作品的价值在不断地发现，不断地发展，高中语文的校本课程内容也需要与时俱进，引领学生感受到文化发展的足音。

再次源自语文能力的培养和文学欣赏写作能力的养成。武侠作品以其奇特的想象，创造了一个无比神奇的虚拟世界。想象能力是体现创新精神的重要因素，也是语文学习最为可贵的品质。因此，将武侠小说作为语文学习的文本，无论就其写作的元素还是其精神引领都有积极的作用。今天的语文教学常常被应试牵着走，文本的分析越来越细密，文章的写作越来越程式，学生的想象能力越来越弱化，想象空间越来越局狭，而阅读并尝试武侠作品的写作，则无疑是很好的矫正策略。

最后也是源自对智力的多元理论。学生的兴趣爱好是多元的，如何引导良好的审美情趣，使学生的爱好始终朝着有益有趣有利的方向发展，这不能不说是我们教育者的责任。

我设定的课程计划如下。

《神奇的武侠（上）——走进武侠文学的世界》

课题	教学用时	教学方式	呈现方式
开篇　浪迹天涯仗剑行 ——武侠文化面面观	2课时	讲析讨论	课堂教学
第一讲　千古文人侠客梦 ——古代表现侠义精神的诗文欣赏	4课时	网络搜索 讨论赏析	课堂教学 网络讨论
第二讲　笑傲江湖侠骨香 ——武侠小说的欣赏	4课时	课堂讨论 小说阅读	课堂教学 网络讨论
第三讲　天地英雄镜像中 ——武侠电影的欣赏	6课时	影视欣赏 影评写作	观看影视 网络讨论
尾声　快意潇洒走一回 ——武侠作品的写作尝试	4课时	写作训练	《雏鹰》开专栏 网络专页

《神奇的武侠（下）——武侠文学的欣赏与写作》

课题	教学用时	教学方式	呈现方式
一、抚剑悲歌气冲天 ——武侠诗歌的欣赏与写作	4课时	讲析讨论	课堂教学
二、磨剑十年初试刃 ——武侠小说的"语言招数"	4课时	网络搜索 讨论赏析	课堂教学 网络讨论
三、霜刃出鞘风云动 ——武侠小说的情节	4课时	课堂讨论 小说阅读	课堂教学 网络讨论

课题	教学用时	教学方式	呈现方式
四、剑气碧烟凝冷月 ——武侠影视的镜头语言	6课时	影视欣赏 影评写作	观看影视 网络讨论
五、挑灯看剑神逸飞 ——武侠影视的评论写作	4课时	写作训练	《雏鹰》开专栏 网络专页

实施过程中，我尝试着将武侠文化和写作、评论、网络、影视等多种形式捏合到一起，将阅读、欣赏、写作等多种语文能力联系起来。聚拢那些热爱文学尤其是武侠文学的同学，以积极健康的心态认识武侠，体会武侠精神，感受中华传统文化的博大与精深，并由此观照人生世相，培养良好的欣赏趣味和欣赏品位，并且给他们展示才华的机会。下面的一份教案是《武侠文学的欣赏与写作》第二讲，其实和平常的语文没什么多少差别，只是内容（例子）换了，但学生学习的热情似乎比平日高了。

第二讲　磨剑十年初试刃
——武侠小说的"语言招数"

【教学目标】

1.阅读目标：欣赏武侠小说中动感语言、典雅语言和写景语言的特点。

2.写作目标：学习武侠小说写作的语言方式，并运用到写作实践中。

【教学设想】

试图通过武侠小说的语言分析，帮助学生学会欣赏并尝试写作。

【教学准备】

提供若干篇武侠小说，事先发给学生阅读，要求将关注点放在语言上，并作相应的评点。

【教学过程】

一、导入：典型引路

2005年高考江苏卷为话题作文，话题：凤头、猪肚、豹尾。下面是2005年江苏一考生以此话题写的一篇高分作文，请思考其成功的诀窍。

剑，悲情人生
——记刺客之死

它的名字叫落吟，一把至幻至真的宝剑，青灰色的剑光，是死神残酷的微笑。因此，江湖人称"死神之吻"。

但，它从未饮过血，即使是动物的血。老人悠远地看着前方。

哦，少年不羁的眼神有一丝迷离，妖异的眼睛有了一丝与往日不同的光芒。

相视，无语。少年接过剑，痴迷地盯着青色的剑身，眼中的一团火在燃烧。

老人在少年手中写下：碧渊，50万两黄金。少年的眼中，闪过一瞬的恐惧。碧渊，魔教护教三大长老之首。当今天下，罕逢敌手。老人眼睛深处有一种似笑非笑的深意。他拔出腰畔的匕首，一把平常的无一特质的匕首。

少年面露鄙视之色，匕首与宝剑，价值相差，岂可衡量。 但老人一定有他自己的理由。他接过匕首，收入怀中，看一眼老人，离开了。他没有回头，因为刺客没有七情六欲，也不敢有。

三天后，江湖哗然，碧渊陨落。一招"天外飞仙"，成就了一个冷漠的刺客，一把异色的落吟，除去了魔头中的龙头。

没有人知道他的名字，他只有代号"落吟"。

十年间，落吟杀了无数江湖高手，血流成河，江湖人闻风丧胆。

当年的少年已成长为一个有着络腮胡子的汉子。依旧不变的是冷峻的眼神和凌厉的招式，"天外飞仙"犹盛。

一封拜帖，鲜红的血，像情人的泪混着分离的血，落吟的嘴角有了一丝抽搐的苦笑："这一天，来了。"佩上落吟，孤寂地走向华山之巅，一个白色的身影像冰矗立山顶，未出招已让人心寒。

我叫莫言，挑战当今武林第一刺客落吟先生，但求赐教。少年语气中有尊重，更有挑衅。

你？有把握吗？落吟的脚有点抖。

试试看吧。

莫言抽出剑，是一把银灰色的亮剑，薄刃异常，可折弯。

落吟长啸而出，莫言捉剑而上。

剑光，人影交织，繁杂却艳丽。

落吟的胸口有了一大摊血，像盛开的红玫瑰般娇艳。

你，为什么不用"天外飞仙"？莫言惊诧道。

一个将逝之人，生命已如临风烛火，稍弄即灭。但他没有说。

他为自己的死赢得了尊敬和骄傲，赢得了一生的无怨无悔。

灿烂辉煌的开头，石破天惊的结束，一个刺客的生命悄然绽放！

明确：这是一个刚硬凄绝的武林故事。小作者仿武侠叙事的风格，简洁间隔，抑扬顿挫，跳跃蓄势，语言内蕴而多气，很有个性。特别是选择"传主"生命旅程中的一个片段，始于除暴时"天外飞仙"的怪招，终于与人比武时的诚信，演绎了与文题高度吻合的主旨，也是一种思想和精神。应该说，撇开选材老套和俗气，本文是难得的好文。

二、"招数"拆解

招数一：动感语言，追求描述的速度感

韩志邦在旁边看来，只见万点银星从剑端飞舞而出，又像万朵梨花，从空撒下，遍体笼罩，哪里还分得出哪个是桂仲明，哪个是易兰珠。余势所及，周围的白草黄沙，都随风颤动飞扬，草上的积雪，也给震得纷纷飞舞，盘旋天空，雪花剑花满空交战，幻成奇彩。韩志邦看得目定口呆，到了后来，连两人头上缤纷飞舞的是剑花，是雪花，也分辨不出了。刚叫得一声"好"字，忽听得"当当"两声，火花乱射，倏地两道白光迎面射来，韩志邦一矮身时，已是风定声寂。

——梁羽生《七剑下天山》

活动一：分析栗辰《剑》一文的语言特点，选出你觉得感兴趣的一句或一段加以赏析。

栗辰《剑》（略）

招数二：典雅语言，追求故事的柔软度

杨过剑走轻灵，招断意连，绵绵不绝，当真是闲雅潇洒，翰逸神飞，大有晋人乌衣子弟裙屐风流之态。这套美女剑法本以韵姿佳妙取胜，衬着对方的大呼狂走，更加显得他雍容徘徊，隽朗都丽。杨过虽然一身破衣，但这路剑法使到精妙处，人人眼前陡然一亮，但觉他清华绝俗，活脱是个翩翩佳公子。

——金庸《神雕侠侣》

这时已是月过中天，在万籁俱寂之中，忽听得有人长啸，朗声吟道："不负青锋三尺剑，老来肝胆更如霜！"一人弹剑而歌，渐行渐近，竟就是铁镜心的师父石惊涛！

——梁羽生《散花女侠》

瞬息之间，火焰已将她全身裹住。突然火中传出一阵凄厉的歌声："问世间，情是何物，直教以身相许？天南地北……"唱到这里，声若游丝，悄然而绝。

——金庸《神雕侠侣》

张丹枫、铁镜心、毕擎天的影子又一次的从她脑海中飘过，自从来到义军军中之后，她和铁毕二人朝夕相见，已是不止一次的将他们二人与自己师父比较，又将他们二人比较，越来越有这样的感觉，如果把张丹枫比作碧海澄波，则铁镜心不过是一湖死水，纵许湖光潋滟，也能令人心旷神怡，但怎能比得大海的令人胸襟广阔；而毕擎天呢？那是从高山上冲下来的瀑布，有一股开山裂石的气概，这股瀑布也许能冲到大海，也许只流入湖中，就变作了没有源头的死水，有人也许会喜欢瀑布，但却不是她。

——《散花女侠》

活动二：请同学们阅读李成懿《剑》一文，分别从用词特点、长短句组合、整句运用、诗词引用等四个方面分组讨论。

李成懿《剑》（略）

招数三：写景语言，追求江湖的画面感

这时，潮声愈响，两人话声渐被淹没，只见远处一条白线，在月光下缓缓移来，蓦然间寒气逼人，声若震雷，大潮有如玉成雪岭，际天而来。月影银涛，光摇喷雪，浪卷轰雷，潮声如万马奔腾。

——金庸《书剑恩仇录》

这时，朝日方升，彩霞满眼，俯视山谷，郁郁苍苍，深幽难测；仰视峰颠，则云气弥漫，迷离变幻。玉罗刹吸了一口晓风，情思惘惘，携了卓一航的手，悄然问道："你真的要回武当山去当什么牢什子的掌门吗？"

——梁羽生《白发魔女传》

绣槛雕栏，绿窗朱户，迢迢良夜，寂寂侯门。月影西斜，已是三更时分，在沐国公的郡马府中，却还有一个人中宵未寝，倚栏看剑，心事如潮

——《联剑风云录》

像一枝铁笔，撑住了万里蓝天。巨匠挥毫：笔锋凿奇石，洒、墨化飞泉。地点是在有"山水甲天下"之称的桂林，是在桂林风景荟萃之区的普陀山七星岩上。

——《广陵剑》

这时正是红草成熟的季节，一望无涯的荒原，都在茂密的红草覆盖之下，红如泼灭大火，红如大地涂脂……

——《弹铗歌》

活动三：阅读武侠小说《樵子的刀》（周迅），完成题目。

1.画出文章写景的句子，分析"树叶"的表达作用。

2.写作训练：如果将文章第一段"深秋。"改为"雪夜。"，请尝试把文章中与写秋季的写景部分做一次替换。

周迅《樵子的刀》（略）

暗算

侠的诱惑

清晨，一位身着青色纱衣的女子骑着马奔驰在乡间土路上，扬起一阵灰尘。她叫空瞳，是名杀手，这次的任务是刺杀宏剑山庄庄主的义子袁南萧。虽然空瞳没有绝对的把握能杀掉袁南萧，但一千两黄金的报酬太诱人了，有了这笔钱，她就可以收手不干，舒舒服服地过奢华的生活了。

一路快马加鞭，空瞳在傍晚的时候来到了宏剑山庄的山脚下，客栈的小二把马牵到马房，空瞳抖了抖身上的尘土，走进客栈。一夜安睡。

空瞳是江湖上十大杀手之一,以善使毒针著名。因淬剧毒,针尖闪着幽蓝的光,空瞳总能准确无误地把针射出,钉在对手的咽喉上,中毒者当场面色青紫气绝而亡。袁南萧也非等闲之辈,一套宏山剑法练得出神入化炉火纯青,几乎达到人剑合一的境界。宏剑山庄戒备森严,四周有大量弟子日夜巡逻,使刺杀袁南萧难上加难。好在空瞳轻功了得,只要在夜间借助高大的树木就可以潜入山庄。

第二天一早,空瞳用过饭,来到集市上悠闲地逛着,像一个平常女人一样看看胭脂首饰纱衣绸裙。街上的人都在注意她,这样一个清秀绝伦的女子。逛到河边,空瞳租了一条船,撑一支竹篙,在江南碧绿的潺潺流水上缓缓漂行,习习微风吹起她长长的青丝,氤氲的水汽夹杂着芳草鲜花的幽香扑面而来,将她笼罩。空瞳陶醉在其中,事成之后就在这儿定居,与青山绿水作伴也不错,她想。行动之前游山玩水逛街市是空瞳的习惯。

不知不觉就到了傍晚,空瞳回到客栈稍做准备,等天完全擦黑,她一身夜行衣上了山。不久就看到山庄四周火光点点,不停移动。空瞳悄无声息地从一棵树飞到另一棵树,最后稳稳地落在一座假山后面,趁周围没有巡逻的人,她立即跃上房顶,然后趴下来观察情况,再跃上另一个房顶,反复几次终于到了袁南萧的房间。

空瞳揭开一片瓦,借着里面微弱的烛光看见袁南萧正坐在桌前看书。其实袁南萧的心思根本不在书上,因为他之前收到一张纸条,告诉他今晚有人要取他的命,此人善使毒针,叫他加强警惕。就在这时,袁南萧感到一阵浓浓的杀气,空瞳已经取出了针夹在指间。袁南萧以最快的速度离开座位,抽出剑一个闪身来到门外,并随着杀气看到了房顶上的空瞳。空瞳一惊,跳了下来,她怕在房顶上杀人会被发现,手中的针同时射了出去却被袁南萧的剑挡掉了。袁南萧在心中对给他纸条的人千恩万谢,否则这一针是绝对躲不过的。空瞳本想利用出其不意来战胜袁南萧,可他好像早有防备似的,这下只能背水一战了。今晚也真是奇怪,袁南萧的房间周围竟然久久没有巡逻的人经过。袁南萧的剑闪着寒光,在剑尖凝成一个闪亮的星,一瞬即逝。

"来者何人?"

"杀你的人。"

"我与你有多大的仇恨让你非杀我不可？"

"没有，我只知道杀了你会有一千两黄金的进账。拿命来吧！"

空瞳再次射出毒针，袁南萧出剑挡住，一个漂亮的转身回旋，把剑直直地送入空瞳腹中。一口鲜血喷出来，袁南萧抽出剑，空瞳倒了下来。在袁南萧转身的一刹那，空瞳射出最后一根毒针，正中他的咽喉，袁南萧带着不可思议的神情气绝而亡。空瞳想着我总算保住了一定完成任务的英名，永远地闭上了眼睛。

这时，从黑暗处走出两个人，是宏剑山庄庄主和他的心腹助手。助手看着两个人的尸体赞叹道："庄主真是英明，不费一厘钱就解决了两个人。"庄主捋着胡子说："谁叫南萧不听命令，我不喜欢不听话的狗。至于空瞳，她只是一颗棋子。""是是是！"

两人笑着走了。只剩下天上冰冷的月亮幽幽地照着，袁南萧、空瞳、剑、毒针。

课程学习中，学生们乐听乐看，兴趣浓了，参与感强了，还尝试着评说武侠小说、武侠电影和编撰武侠故事，校刊还辟专栏刊登他们的作品。

2018年学校文科实验班举办"人文系列讲座"，校学生会的干部找到我，希望我这个校长去给他们开个系列讲座。大凡学生的邀请我是不会拒绝的，便欣然接受。我选了中国书院这样一个话题和学生们交流。讲座分10讲，设定了"四个一"，即介绍一个书院、分享一个故事，评说一个人物，讨论一个话题，无非是想让今天的中学生可以眺望过去的年代，传承历史文化。

中国书院的故事

序号	书院	故事	人物	话题	地点
1	岳麓书院	山长的故事	张栻	培育英才	湖南长沙
2	白鹿洞书院	李渤故事	朱熹	书院规程	江西庐山
3	嵩阳书院	程门立雪	程颢 程颐	祭祀制度	河南嵩山
4	睢阳书院（应天府书院）	范仲淹的故事	晏殊	私学与官学	河南商丘
5	东林书院	东林党事	顾宪成	政治影响	江苏无锡

序号	书院	故事	人物	话题	地点
6	鹅湖书院	鹅湖之辩	吕祖谦	教学特点	江西上饶
7	古紫阳书院	龙兴独对	王阳明	科举制度	安徽歙县
8	石鼓书院	雅集与战火	周敦颐	书院建筑	湖南衡阳
9	东坡书院	春梦婆的故事	苏东坡	文化传播	海南儋州
10	莲池书院	末代状元刘春霖	吴汝纶	藏书印书	河北保定

每次开课，学生爆棚的情形，不失为对我的褒奖。

二、延伸课外，拓展无限的生活外延

教育的任务在于提供有助于学生成长和发展的环境，在于组织学生参与能够实现成长和发展的教育活动。学生生活其中的课程是真正对学生成长有帮助的东西；延伸课程内容，就是延伸教育的宽度和领域，一个优质的学校是以课程作为学校的产品而立足的，课程的丰富性决定是学校的品牌优势和核心竞争力；换个角度，课程是教师劳动成果的外在形式，是教师生命活动的痕迹，教师掌握运用课程和开发课程的能力，也决定着自己在校园中地位和能量。

1.利用语文资源，创新研学的思路

语文课程不仅仅从课内，还可以延伸到课外。研究性学习就是一种可以很好利用语文资源，创建语文学习课程的方式。所谓研究性学习是指学生在教师的指导下，从自然现象、社会现象和自我生活中选择和确定研究专题，并在研究过程中主动地获取知识、应用知识、解决问题的学习活动。

做好研究性学习，要善于充分利用语文课内课外的学习资源，利用好研学这一课程平台，积极放飞学生的思想，踏踏实实地带领学生参与实践活动，或许会达到当初设计时所意想不到的效果。下面是我的一个研学案例，由于从设计到调研、从理论到现实、从结题到提炼，每个环节都积极调动学生的思维，并把思维的结果一一落实到实际的行动，研学课题的价值有了实际的成效，而不止于纸上谈兵。

【案例】

1.缘起

高一阶段（2002年），在学习了汪曾祺先生的《胡同文化》后，课堂上，师生针对城市文化问题作了相应的引导，由此，班级中的许多同学开始关注起自己生活的城市，萌发了探讨城市文化的热情，于是便有了《如何发展马鞍山的李白文化》这一研学课题。

2.精心安排课题设计的起点

起点的高低，决定着一个课题研究的最终走向。研究李白文化，其研究的视野不能仅仅停留在对一个历史文化名人的深层探究，更是把学生视野引向社会，把眼光投注到自己生活的城市，站在构建城市文化的高度来进行研究。理解了这层意义，学生们对马鞍山发展李白文化的兴趣是空前的，他们为自己生活的城市寻找文化根基，为提高城市品位、塑造城市的形象进言献策，为此所进行的设想也是极具创新性的。该课题涉及文学、文化、地理、历史、建筑、旅游、管理等多项领域。不但达到了研究性学习的诸多目标，而且让今天的学生更近距离地接触了唐代诗人李白，更大范围地去关注自己的生活世界，能够提高他们的社会责任感，加深他们对家乡的亲和力。

课题研究经过了准备—实施—总结三个阶段。从了解城市文化的知识，进一步熟悉李白和他的作品到完成资料搜集、问卷调查、走访专家以及实地考察等任务，一直到最后完成了论文撰写、课题报告、汇报课件的制作。两个月的课余研究，小组成员不仅加深了对诗人李白的了解，加深了对所生活城市的亲和力，而且大家学会了如何研究，并试着去写研究论文，同时，在研究课题完成后，又把眼光再投射到语文教学，把兴趣再拉回到母语学习，一篇一篇关于李白、关于城市文化的优秀散文汩汩滔滔，不断产生。

3.积极调控课题活动的运作

在指导课题的研究活动中，作为课题的指导者，教师始终将课堂—活动—研究三者紧紧联系在一起。在课题的准备阶段时，通过课堂教学引导学生认识城市文化的意义，让同学们展开充分的讨论，激活思想，打开思路，同时，借此让学生更进一步地去了解李白及他的作品，发动全班同学利用练笔为课题研究出谋划策，一度引起了全班同学的研究热情，最后有十名同学加入研究学习的课题组中，他们在组长的带领下制定出详尽的研究方案。到了课题研究的实施过程时，我便带着课题组的同学走出校门，一边思考着文化的理念，一边沿着李白在马鞍山及周边地区的足迹进行实地考察，在大街小巷里，在风景名胜中，去接触市民，去结识专家，来锻炼能力，开阔视野。当课题进入总结评价阶段时，同学们提出了构建城市李白文化的许多设想：从旅游开发到城市形象，从市政建设到商业氛围；小到一条路的命名，一个灯箱的创意，大到李白广场的设计，城市文化的整体运作等等。这些本该是城市决策者思考实施的内容，甚至是具有前瞻性的内容，都开始进入到学生们的视野中，他们成了学习、研究的主人，也成了这个城市的主人。

4.努力提升课题研究的价值

要让学生产生探究的兴趣，就必须让他们真切地感受到研究的功效和价值，产生相应的成功感。该课题刚结题，小组成员就有幸参加了全省研究性学习现场会的交流活动，面对来自全省的专家老师，他们侃侃而谈，指点江山，受到一致好评，并获省一等奖；不仅如此，研究的意义还在于是否有实际的效用，它能产生多大范围的影响。为此，学生们把他们研究的成果寄给了城市的决策者，在市政府的批示和关注下，由市委宣传部、文化局、教育局和广电局组织，政府专门为课题小组成员组织了一次"爱我家乡"的夏令营活动，并在全市开展了征文比赛和知识竞赛等一系列的活动，研究小组获市政府部门颁发的特别荣誉奖。一段时间，关注城市文化成了钢城的一道风景，也令同学们异常地兴奋，体会到了研究学习的意义，感受到了不同寻常的成功喜悦。

每年学校组织学生外出的研学旅行，常常是旅行多于研学。对于这样好的学习资源，我们应当很好地利用和策划。因此，我就事先制定好研学方案，规定外出前读几篇与旅行地相联系的诗文，旅行途中拍一组照片、写一篇日记，回来后至少写一篇感悟的文章，制作一个班会分享的PPT，然后利用班会或课堂时间进行旅行分享，大家写的文章收录成册。我的这些做法，后来也就成为马鞍山二中研学旅行的统一要求。下面一文是2014年为高一年级编写的游学文集《阅旅途，悦成长》写的序言。

"慢慢走，欣赏啊！"

"慢慢走，欣赏啊！"据说这是插在阿尔卑斯风景极美的山谷路旁的一个标语，旨在提醒游人能稍作停留欣赏美景。现如今，在这车如流水马如龙的世界过活，多少人在奔忙急驰，多少人在潜心埋首，再精彩的瞬间也无心关注，再美丽的风景也无暇流连，丰富多彩的世界似乎成了一个毫无生趣的囚牢，生气活泼的校园俨然成了充满杀伐气息的战场。这是一件多么令人扼腕叹息的事儿！

"慢慢走，欣赏啊！"这是一份生活的心情。被誉为20世纪拥有最纯净心灵的印度哲学家克里希那穆提说："只要心不再困惑而彻底清明时，美就出现了。"有时候我们孜孜以求的东西也许并不在其所追求的本身之中，构成成长的因素是复杂而多元的，教育就要试图把这些元素发掘、丰富起来，还一个生长着的伊甸园。带着这样本真的愿望，在甲午年的金秋，三天，七条路线，一千多位师生，我们冲破雾霾，我们怀揣梦想，一起出发！行走徽杭古道，我们寻绎前人的足迹；漫步青桥石路，我们触摸先贤的情思；聆听琴韵书声，我们感受文化的悠远；俯仰灵山秀水，我们体味自然的伟力……正所谓阅旅途，悦成长。

"慢慢走，欣赏啊！"这是一种人生的姿态。人的成长永远都是一件不急于求成的事情，一生一如一场旅行，真的可以不必在乎目的地，而在乎沿途的风景以及看风景的心情；说到底，做人的过程，才是真正的"目的"。既然如此，我们对于人生的每一步，都要"慢慢走"，而且还要慢慢"欣赏"。这就意味着我们要跳出"原我"，而变成"另一个我"，对"原我"进行审美，所谓"日三省吾身"，让自己的行为日渐端正，人品日臻高尚，心灵日趋纯净。从这个意义上说，一段旅行胜过一节课程，一本好书超过一套试卷，一次触及心灵的交流重于一夜的挑灯苦战。这才叫阅成长，悦"旅途"。

纪伯伦曾说："我们已经走得太远，以至于我们忘记了为什么而出发。"一路跋涉，不断追赶，蓦然回首时，我们才发现生活的所求，其实不过是一切简简单单……我想，生活如此，我们的教育亦是如此。那就让我们挣脱羁绊，放松心情，把求学之路当作一次旅行，用心发现你路途中经过的每一站风景，或美丽、或温暖、或忧愁、或喜悦。请记住——

"慢慢走，欣赏啊！"

2. 参与语文社团，与学生生活同频

在学校文化建设中，学生社团是重要载体，语文教师与学生社团有着天然的联系。在我做语文教师的日子里，似乎从来都是与学生社团联系在一起，直到离开那个校园；我总来都觉得参与到学生社团的建设中其实是在帮助我成长，因为社团为我的学科专业辟出了另外一条学生学习提高的途径；因为社团对我个人理解语文教育、专业成长提供了独特的认知窗口；因为社团给校园生活涂抹了绿色，增添了学校的含氧量，可以成为学校课程的重要组成部分；因为社团把我和我的"客户"学生圈到了一起，和他们的生活同频，带给我教育的成就感。

记得刚工作不久，我就和一帮文科班学生办起当涂一中历史上第一个文学社——"望曦"文学社。那时，我们以热爱文学为契机，一起组织郊游，一起办讲座，一起油印文学刊物《望曦》，直到今天，参与的同学聚到一起还津津乐道，引以为豪。

从此，办文学社，出校园刊物成为我语文教师生活中很重要的一部分。历时最长的要数《雏鹰》了。2001年和几位二中同人相约，办起了马鞍山二中第一份校园文学刊物——《雏鹰》，我们约定刊物每学年出刊四期，分春、夏、秋、冬季号，每期80页左右，彩色封面和内页。学校专门成立了校刊编辑部，采用责编制，我既是编审也担任责编，虽说只是四期杂志，但对平时的工作比较忙的我们而言，策划征稿、编辑校对、辅导组织学生、跑印刷厂……还是够我们忙活的。我们俨然像专业的编辑，干得不亦乐乎，而且一干就是20多年，不离不弃，始终坚守，待我2020年退休离开二中，我总共参与编辑了77期《雏鹰》。在我和我的同事的努力下，二中文学社团、《雏鹰》杂志已经成了学校文化建设的一道风景，一个重要的校园文化符号，校刊多次在全省、全国学生刊物的评比中屡屡获奖；但更重要的是我们培养出了一批又一批文学爱好者，让他们从此起飞。

记得2011年我们曾经为刊物创办10周年作了一次小小的纪念，邀约了文学社的骨干们写点纪念文字，消息一发出，世界各地校友的文字奔涌过来，毫不掩饰地表达出对刊物的溢美，足见《雏鹰》在他们心中的分量。

我庆幸有这样一个十年，见证《雏鹰》，见证二中，见证一种被翻来覆去地赞美还要继续被追捧的抽象概念一青春。历经十年的一本校刊，如老校区的雄鹰雕刻，从最初的"生人勿近"之态，到习以为常，今又成为可供怀念的对象。好比聚会饭局上一句戏言罚酒一杯，先前滴酒不沾的自制力被绵长后劲击破，滋味无穷。

校刊这种能让人迅速熟知各路人士的文化载体，在我此刻龟缩的大学中不过是风花雪月八卦消息充斥的劣质报纸，比不得当年每季新鲜出炉的《雏鹰》。细想起来，大约就是从这本书起，渐渐明白"文如其人"之意。封底的获奖专业户照片，文笔优美的卷首语，每刊一人或二人的文字专栏，还有至今让我念念不忘的某位校友不间断的诗作，是此刻能拾起的印象。二中一直是马市学生向往的圣地，哪怕看似无足轻重的一本校刊，也能让我幻想自己的只言片语占领一角，生个根，安个家。

好在十四岁时的虚荣心得到了满足，其后几年，更换3次笔名，用幼稚粗糙但尚算真诚的笔调絮絮叨叨。

原来十年已过。

——胡梦捷《旧梦重温》

毫不掩饰也不夸张地讲，我们高中时候那一代人看到的《雏鹰》，无论从形式内容还是质量数量上都远远超过了现在大学高校里的主流媒体。那些从《雏鹰》中走出校园迈向大学的学长学姐和我们同届的那些作者，在不同的校园不同的平台发光发热，甚至在不同的国家里展现着各自的优秀。那时候的《雏鹰》办文学沙龙，做讲坛，请过严歌苓做嘉宾。那时候的我，带着《雏鹰》北上考试，去北京电影学院去中央戏剧学院面试，去北京师范大学给于丹看，这是我的骄傲，我们的骄傲。

是的，文章的题目叫作《它的十年，我们的青春》，无论是作为当年的编辑，作者，还是读者，我们都被这样一本杂志紧密联系在了一起。当它的十年纪念到来的时候，每一个从二中走出的人心中都有无限的感慨和期待。那些纸上的文字如今看来可能稚嫩又青涩，但都是真实的我们的青春。在人人网上发状态说《雏鹰》十年了，征稿了，激起的何止是一代人的强烈呼应和回忆。我们有太多太多可以慢慢道来诉说的故事，有太多太多需要回来书写的理由，可是收拾好心情，端坐在电脑前对着屏幕安安静静的敲字时，一些话语和心情却难以表述与形容。只知道我们开始怀念，我们开始回忆，我们的话题里偶尔掺进某篇文章某个故事某个作者，去猜想当年是否真的有这样一段不为人知的感情。又或是我们现在玩人人，刷微博，惊喜的找到当年的某个作者激动的加为了好友，去悄悄围观如今他或她的文字与生活。

接手《雏鹰》的时候，我觉得我还年轻，距离高中毕业还有两年，再写与《雏鹰》的有关的文字的时候，我依然年轻，距离大学毕业还有两年。时光没有催促着我们离开向前，只是我们有很多不得不去做去经历的事情在前方等待。风景再好总要出发。

——俞乐和《它的十年，我们的青春》

春夏秋冬。那么巧，都已临近《雏鹰》十周年。充北的且二十舞善每当谈及《雏鹰》，总有特别的情怀。尽管没有加过文学社，没有投过稿，我也有着同样的感动。从最初膜拜学长学姐的文笔，到看见同学文字里我们的班级，再到此时回忆那些桌上杂乱摊着语数外政史地各种卷子目光却垂在膝盖上的日子，我有点不敢想象，如此逝去的流光。

作为一个不怎么会文艺也很少文艺的人，躲在文科实验班那样一个集体中，我总觉得惭愧。从拿到第一本《雏鹰》，到藏起属于我的最后一本，我始终只是一个读者，或者说旁观者。而现在，我终于有机会，做一回参与者。

——陶润雨《好久不见》

我们把所有纪念的文字编了专辑，起名为《沙漏时光》，希望与学生、刊物的那份爱，如沙漏中白色的沙，带着时光的厚重感无声落下，堆积成悠悠绵长的岁月，留存在生命的记忆中。

做社团，最具挑战的还数话剧社。话剧是综合的舞台艺术，以语言、音乐、动作、舞蹈、美术等艺术手段表达叙事目的的。学习话剧表演可以调动学生综合运用各方面的知识和才能，让更多的学生在自己擅长的领域发挥自我优势。他们需要分工合作，精心组织：编剧组改编原剧本，或创作新作品；导演组选择演员，全程计划安排，指导排练；演员组熟悉台词，展开舞台想象，为剧中人物设计舞台动作；配乐组寻找合适的背景音乐；剧务组联系好排练场地、确定每周的排练时间，准备剧本需要的道具和服装；舞美组绘制人物舞台造型，设计舞台背景；宣传组策划宣传方案，设计海报，运用网络平台跟踪报道活动进程和相关花絮。他们都需要读透原著剧本，查找相关背景资料，领悟作者的创作想法，熟悉故事情节，想象人物形象，揣摩作品丰富内涵。这样才能创造出切合文本但又富有个性化的作品或舞台形象。所以说，话剧舞台的表演是真实语文生活情境中的深度学习，是以学生的语文实践为中心的项目化教学过程，是最有价值的语文实践活动。

每次到剧艺社看到同学认真投入的样子，看到他们青春阳光的样子，觉得这是教育应有的样子。他们在这里成长，在这里收获。请看一位剧艺社演员写的心得。

小角色也有大功夫
——《雷雨》仆人演出心得

高一时作为普通的观众观摩了剧艺社演出的《雷雨》，高二时因机缘巧合参演其中，虽然是作为一个龙套角色——仆人。在鲁大海与周朴园的冲突中，仆人作为一个近距离的"观众"，在鲁大海情绪爆发、舞台气氛上升到高潮时为其"添油"。

这个角色的戏份不多，台词也只有几句简简单单的"是！""老爷！"。然而我认为，这样一个龙套角色，也并非"念台词"式的表演，作为一名青年演员，应当有对任何一个角色都要有全身心投入的精神，以最认真的态度去研究整个剧本，只有通晓了整体的剧情，才能把自己代入到与自己有关的剧情中，才能做到真正的表演。任何一个动作，任何一句话都要反复琢磨，这样才能带给观众最完美的体验。

虽然说戏份不多，但是我认为，在鲁大海与周朴园在场上针锋相对、剧情跌宕起伏之时，即便是场上最不起眼、观众也不会注意的仆人，也应该有自己想法。他并非站在那里的"思想者"雕塑，只待鲁大海情绪激动时便按照剧本所示，两人准时且精准的如机器般将鲁大海拉住。这只会让观众觉得仆人的可有可无，就像是把一块柔和的海绵撕裂，向中间强加进一块冰冷的铁块，令观众观感不佳。这样的小角色应该是剧情的润滑油，使剧情变得更加顺畅。在鲁大海和周朴园的矛盾中，作为仆人应该随着剧情的跌宕，表情与动作有所起伏，不要做面无表情的雕塑，这是小角色常常陷入的囚笼；但也要注意对自身角色的理解，这也就体现了研读整个剧本的重要性。

小角色其实比主要角色更难演，更需要琢磨。主要角色经过作者、导演以及前辈们的雕琢，如何演其实已经有了明确的规范和套路。而小角色因为在剧情推动进程中处于次要的地位，所以相对来说不被重视，这就需要演员们自己去定位好角色，演出属于自己的风格来。也正因此，小角色其实也是比主要角色更容易演的。小角色给予演员自由发挥的空间比主要角色更大。评判主要角色的演技一般是"这个感情表达得到不到位""这个动作是否符合人物彼时的情感"，而小角色们则可以在更自由的空间里创造性发挥。

很多著名演员，从小角色做起，一步一步脚踏实地走向了艺术的高峰。这也正说明了小角色中有大功夫。只有对小角色投入大功夫的演员，才能成为出色的演员，才是真正的演员。

小角色有了大感悟。都说语文的外延就是生活的外延，作为语文老师参与到学生们五花八门的社团中，其实都是在教语文，都是在和青春生命对话，和他们同频成长。在二中，很多社团一旦有困难了就会想到来找我这个语文老师、校长寻求帮助，我一般都是有求必应，学校中的国学社、汉服社、剧艺社、朗读社等许多社团都是在我的支持下成立或壮大的。

第七讲 从经验到科研：
增强学科的专业成色

英国教育家斯腾豪斯强调"解放"在教师专业发展中的重大意义，对把教育视为机械地传递文化的趋向和"遵照执行"的教学观提出了严厉的批评，而主张"教师成为研究者"。他认为教师即研究者的意思不是要教师在教学之外从事传统的教育研究，而是要教师透过教学中的行动研究，怀着改善教学目标，扩展自己的角色和视野，并对自己的教学实践随时作批判式反省思考，而反省思考的结果再转为教学实践的依据。这样教师一方面得到学习与成长，一方面教学也获得革新与进步。

一、把学习当作生活的习惯

读书学习算来是我生活中的爱好之一。尽管书读得不多，但还是很喜欢用书来装装门面，似乎一直在读书、买书、教书、编书，甚至写书。记得曾写过一篇小文章《与书有缘》，大致表达过自己因为所处时代的缘故，在读书上有着先天的不足，但还是感谢书本给予我此生的快乐。

西人吉本有言："有创见的书籍传布在黑暗的时代里，犹如一些太阳光照耀在荒凉的沙漠上，为的是化黑暗为光明。这些书是人类精神史上划时代的作品，人们凭借它们的原则，向种种新的发现迈进。书本是将圣贤豪杰的心照射到我们心里的忠实的镜子。"正是在书本的光芒照耀下，我一路奔跑，给我快乐，给我养分，给我力量！①

教书先生要读书，本就是天经地义的事儿，是读书滋润了我的心田，装饰了我的皮囊，也成就了我的教书生涯。

1.不断充电，提升专业素养的底气

当前中国高等师范院校汉语言文学专业较为通行的课程体系，其知识结构大致包含语言、文学、写作这三方面的序列课程（见下图②）。

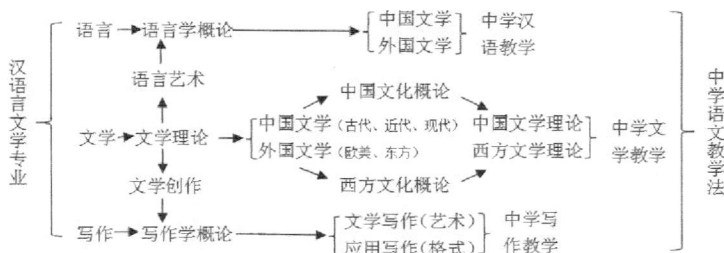

要把学术的资源转化成教学的资源，要把学科的知识转变为教育的能力，不断充电，继续学习，是自不待说的从业必修课，当然还有很多诸如教育学、心理学、教学法、考试学等被我们在大学忽视的课程需要补课，专业知识其本身也在不断发展、变化和更新过程中，需要我们不断关注和跟进。

进入新世纪初，随着语文教改的推进，我曾撰文《文学教学呼唤教师的文学素养》，就语文教师的文学素养提出私见，因为只有队伍素养的提升才会有学科的发展，教育的发展。

文学教学呼唤教师的文学素养③

在上世纪二十年代，中国教育史上有这样一个的经典。

浙江上虞白马湖畔，一所私立的春晖中学，集中了一批博学有识之士，经亨颐、夏丏尊、冯三昧、杨贤江、朱自清、匡互生、丰子恺、王任叔（巴人）、刘薰宇、朱光潜以及何香凝、柳亚子、蔡元培、黄炎培、张闻天、李

---

① 郭惠宇.与书有缘[J].中学生阅读,2008(10).

② 陈文忠.中华传统文化与语文教学[M].南宁:广西教育出版社,2021.

③ 郭惠宇.文学教学呼唤教师的文学素养[J].中学语文教学,2005(2).

叔同、叶圣陶、陈望道、吴稚晖、俞平伯、吴觉农、蒋梦麟、于右任等来此执教或讲学。一时间那里英才荟萃、名人倾慕。区区白马湖畔，养育着不同风格、各种流派，参差互见，相得益彰，余韵源远流芳，至今犹令人回望不已。

语文新课标和正在实施的高中语文新课程，对文学作品教学的重视是前所未有的。于是，一些十分严峻的问题就摆在了我们语文教师的面前：我们教师的文学素养真的能够适应新课标、新教材的要求？我们的语文教师在"谋稻粱"之余，还有多少人喜欢阅读文学作品，还有多少人动笔写作，还有多少人在研究文学现象？……这不由得让人想起"白马湖现象"，让人为之唏嘘感慨。

面对文学教育的现状，一个不容回避的事实就是中学语文教师文学素养普遍偏低。具体体现在——

首先许多教师自进入教师角色之后，已经失去了关心文学发展、文学现象的兴趣，他们不知道也不想知道文学研究的进展，其知识仅仅停留在大学读书时的知识阈内，他们对文学的了解有的甚至落在学生的视野后面；其次在进行文学作品教学时，习惯于现成的结论，一切以教参为依据，不愿也不会去认真品味文学语言；再者，当今中学校园里绝少有乐于写作的语文教师，教师出身的作家或是写手凤毛麟角，偶有一二，也成为校园的独特风景。许多中学语文教师避重就轻，大搞自己熟悉的三大文体教学，漠视文学教育这块博大而丰美的领地。

语文新课标确立了新教育理念及开放性育人目标，我们在强调教师努力更新自己的人格结构，以崭新的眼光、襟怀和气度去实施教学，去评价学生，并且通过营造民主和谐、开放的课程氛围来释放学生的生命潜能、升华其人格品位的同时，自然也要求语文教师要有持续发展的专业知识和技能。也就是说语文教师作为学生健康的现代人格的塑造者，既要注重不懈的优化自己的人格素养，又要在新课标背景下，明确自己职业角色及其教育职能，努力提高自己的职业技能和水平。其中，文学的教学就亟待教师的文学素养的提高。

一、教师要努力提高自己对文学的感悟能力。作为文学教学，其本质是审美的，理应以感性为主，以促进想象的灵活性和丰富性的提高为己任，而不能听任理性的分析取代感性的领悟。因此，我们就要从文学的特点出发，树立起审美的观念，在这种观念下去进行文学教学，使美回归文学教学的课堂，把文学教学活动成为一种审美享受的活动，一种再创造的活动，让涌动着生命激情的文学作品，唤起学生的生命的激情，用美点燃美。

很难想象一个缺乏文学素养、缺少感悟能力的语文老师能够把语文课上出滋味，上出精彩。那种絮絮叨叨地提问，匠气十足地诠释，是无法唤起学生的联想和想象，无法唤起他们对文学的激情。文学作品教学的课堂里，应当充满文学味儿的话语，这里有精心营造的幽雅氛围，有极富语言张力的讲述；有对优美诗意的捕捉，有对深邃哲理的提炼。让学生置身于令人陶醉的意境画景，让学生的心灵沐浴着明媚的文学之光，从而激发出对语言文学由衷的热爱。

二、教师要养成勤读文学作品的习惯。当一名有"文学味"的语文教师，广泛的阅读是基础。试想教师不博览古今中外的文学名著，怎会有课堂上旁征博引的机智、信手拈来的潇洒呢？教师远离了文学作品的浏览，势必会在文本中兜圈子，也势必会语言枯涩，见识浅陋。只有自己成为精神世界"美食家"，才能构建起丰富的精神世界。事实上，学生大凡都喜欢知识面广、文学素养高的语文教师；而教师自身素养的匮乏，展现于学生自然是面目可憎了。同时，阅读实践的丰富，对教师自我读解文本的能力起到积极的作用。一些教师疏于读书，懒于阅读，造成在教学的过程中出现了种种不认真读解文本的现象，或是别人代读的，或自己没有读懂，或是对文本庸俗的读解，更有甚者对文本作出错误的解读。

所以，语文教师应当把广泛阅读书籍作为应当备的第一课，只有备好这一课，你的语文课堂才有可能闪现文学光彩。诚如于漪老师所言：语文教育质量说到底是语文教师的质量。要造就合格的优秀的语文教师，必须下工夫培养其进行课堂教学的真本领。要提高语文教师修养的方法和途径就是要读书，语文教师应该把阅读和写作视为自己生命的体现形式。

三、教师要努力成为文学作品创作或其他写作的行家里手。可以这样说，不会写作的语文教师，是不称职的语文教师。写作是一种生命的运动，也是一种自我丰富与自我发展的过程，是对人的思维和语言的综合训练，语文教师要保持业务优势，要特别注意提高写作水平。它是语文教师职业技能的一种基本要求，我们不仅要会写下水作文、教学论文，还要会写散文小品甚至小说。只有当自己感受到写作的艰辛，体会到写作的秘籍门道，你去指导学生才会有的放矢，才能让学生心服口服。"出口成章，下笔能文"一直是语文学习追求的目标，在实现这个目标的过程中，教师能够率先垂范，其引领作用无疑是巨大的；反之，教师连这一点都做不到，我们的语文教育将很难有发展。

让我们再回到白马湖畔，有如此学识渊博的名人曾成为教师中一员，是我们今天从事语文教师这个职业的人的一种骄傲，也是一种鞭策；而能领受这些大师教诲的学生该是怎样的一种幸福啊！但愿"白马湖文化"不要成为中国教育的绝响！

于文学素养如此，对于吾文学科发展的每个领域亦如此，我们从业的行囊里各种本领装得越多，那么我们前行的力量就更充足，脚步就更坚定。

2.跟上节拍，保持学术的前沿意识

一个优秀的教师，一定是始终有所追求，保持和拥有学科研究发展的前沿意识，与国家的教育方针相向而行，与学科学术的发展同频共振的思想者、行动者。那么，跟踪学术前沿的途径有哪些呢？除了大量阅读尤其是阅读专业著作外，一是通过订阅几本较高水平的学术期刊，关注学科学术期刊刊载的前沿动态信息；二是参与一些高规格专业学术活动，关注学科知名专家的学术研究动态；三是结交一些同行中有专业研究兴趣的朋友，定期开展"头脑风暴"式的无限制的自由联想和讨论活动。

跟踪学术前沿，保持学术前沿的意识，是现代教育发展的需要，也是教师个人专业成长的需要。其意义在于：可以让自己自觉地、有创造性地将新课程理念践行于教育教学活动中，形成自己专业领先的优势；可以让自己保持基础问题与前沿问题之间的张力，进而保持学术生命上的活力。

这里以2011年10月13日工作室召开的一次"语文沙龙"为例。活动主题是"高中语文前沿动态综述"，工作室六位成员围绕"课本：我们在习见的文字间有哪些发现？""课堂：我们在自己的田地里能做些什么？""课程：我们在职场上有多大的技术含量？"等三个主题进行分享。下面是语文沙龙的活动纪要。

语文沙龙：高中语文前沿动态综述（活动纪要）

时　　间：2011年10月13日

地　　点：马鞍山二中学术报告厅

主持人：郭惠宇

主讲人：徐建国　桂　芳　孙　旺　曹淑芬　鲁　峻　鲍先学

参加人员：全市高中语文教师

活动内容：

一、课本：我们在习见的文字间有哪些发现？——重点研究文本细读与教学内容的确定。

【关于文本细读】

文本细读就是倾听文本发出的细微声响；文本细读就是在语言之河中畅游；文本细读就是在文本解读中安置人文的关怀；文本细读就是在发现文本的同时发现自己；文本细读就是逐字逐句的摸索别人的行文思路；文本细读就是徜徉在语言之途。在语言之途散步，悠闲地散步。

徐建国（安徽工业大学附中）："嚼"出文本的真滋味

（一）"文本细读"的由来。

（二）重提"文本细读"的原因

1.新课标的催化。

2接受美学等西方文论观的影响。

3.主流语文教育教学类刊物的推动。

（三）文本细读的两个案例。

（四）几点建议和思考。

1.解读文本要有丢开"教参"的勇气。

2.解读文本需要储备一些文论知识。

3.解读文本要养成步步设疑的思维习惯。

【关于教学内容的确定】

语文教学内容的确定是语文教学有效性的基础，也是一个永恒的话题。作为一名一线教师，只有在明确的课程意识、正确的文本解读、有针对的学情把握中，不断唤醒学生沉睡的记忆，调动学生已有的积累，让学生通过已知来认识未知，在不断反复的过程中巩固旧知，建构新的知识体系，才能真正使学生"可持续发展"。

桂芳（马鞍山市红星中学）：淘沙炼金俱风流——选定教学内容

（一）教学内容的概念

（二）教学内容确定该关注什么

（三）不同教学内容确定的不同标准

1.散文教学内容。2.小说教学内容。3.古典诗歌教学内容。4.说明文教学内容。5.说理文教学内容。6.文言文教学内容。7.戏剧教学内容。8.新诗教学内容。9.作文教学内容。

（四）确定教学内容的思路

（五）我是如何确定教学内容的

二、课堂：我们在自己的田地里能做些什么？——重点介绍观察课堂和有效教学。

【关于观察课堂】

观察课堂，就是在尘嚣中，将清宁的心灵徐徐盛放，聆听阳光行走的温暖与足音；观察课堂，就是在不断地积蓄，生命中爱与智慧的元素，凝神晤对来自星辰的启示；观察课堂，就是在艺术的顿悟间，酝酿汩汩诗意和殷殷依恋，创造理想的教育与美好的人生。

孙旺（马鞍山市第十二中学）："课堂观察"：一项被遗漏的教师专业能力

（一）"课堂观察"的涵义和学术价值

（二）课堂观察的研究情况概览

1.课堂观察的"描述—相关—实验"研究模式。

2.论指向教学改进的课堂观察LICC模式。

（三）教学实践、研究与思考

1.弄清课堂观察的指向分类

2.了解并熟知"课堂观察"——推荐阅读理论书籍和相关学术成果。

3.亲身实践"课堂观察"——最常用的课堂观察的方法。

4."课堂观察"的实际操作方法举例。

——4个维度，20个视角，68个观察点的课堂观察方法

——"课堂素描"式课堂观察与记录方法。

5.充分利用"课堂观察"的成果——感悟自身的课堂教学行为，提高教学水平。

（四）结束语——与大家共勉

观察课堂，就是在尘嚣中，将清宁的心灵徐徐盛放，聆听阳光行走的温暖与足音。观察课堂，就是在不断地积蓄生命中爱与智慧的元素，凝神晤对来自课堂的启示。观察课堂，就是在艺术的顿悟间，酝酿汨汨诗意和殷殷期待、依恋，创造理想的教育与美好的教育人生。

【关于有效教学】

有效教学是新课改以来人们谈得最多最长久的话题，人们曾寄希望新世纪语文课改，结果发现问题更严重且难以收拾。尽力使语文课堂教学有效甚至高效，是所有语文教师都追求的目标。但问题并没有那么简单，有效教学是一个系统工程，它不仅体现在教学环节，而且关涉课程与教材层面，甚至与教育体制有关。

曹淑芬（安徽工业大学附中）：追求有效教学，达成高效课堂

（一）有效教学的理论价值

（二）有效教学的研究简介

1.共识。

一是学生的进步和发展是有效教学的根本体现；二是有效教学必须合乎教学规律；三是有效教学要能满足特定的社会和个体的教育需求；四是有效

教学是一种理念。

2.论文论著。

（三）个人体会

1.有效教学与传统教学不对立。

有效教学与传统教学在内涵上并不矛盾：都主张教学必须促进学生的发展，以满足社会和个体发展的需要；都要求依据和达到一定的教学目标；都强调教与学的统一；都蕴含着教学要遵循的规律。只不过有效教学更侧重从学生的角度看待教学，而传统教学更侧重从教师的角度看待教学。

2.教学有效性没有现存模式、套路，但有基本思路。

3.从职业自觉走向专业自觉，加强教学反思。

对语文教师来说，专业自觉不是指一般的教师素养有多高，而是对课程实施的理解、判断和把握。对一个达到专业自觉的语文教师来说，上课前至少要考虑并能回答以下几个问题：

（1）我知道这个阶段（如初中阶段、高中阶段，或一个学年、一个学期、一个单元）语文课程的目标吗？本堂课是否选择了一个相对集中的目标？我选定的教学目标是否在总的语文课程目标的框架体系内，且该教学目标是这篇课文所蕴含的核心价值之一？

（2）我想通过哪些学习活动使学生来获得这些知识，达成设定的某个目标？这些学习活动之间、这些活动与学习目标之间有内在的逻辑关系吗？教学目标的达成是不是通过具体的教学活动过程自然而然地得到实现？

（3）学生在这堂课上可能有哪些收获？这些收获与教材所隐含的主要价值、与教师课堂设计的出发点是否一致？学生获得这些知识是不是有较高的效率？

三、课程：我们在职场上有多大的技术含量？——重点探讨课程意识与选修教学

【关于课程意识】

课程意识：课程是教育的核心，课程无处不在，有课程理念的人，可以很容易地把教学的"案头戏"变为一种"舞台剧"。课堂产生课程，冲突产生

课程，学生独特的故事产生课程，社会生活产生课程，甚至教师的举手投足都能产生课程……

鲁峻（马鞍山市第二中学）：课程意识面面观

（一）课程意识的基本含义

（二）课程意识的构成要素

基本要素	主要含义
课程主体意识	教师认同自己和学生都是课程的主体,并在教学过程中真正体现这种主体地位
课程目标意识	教师能正确解读课程目标;能在课程目标的指导下有效教学;能根据学生的情况对课程目标做出必要的调整和修订
课程资源意识	教师对教材的态度和处理方式,教师对其他教学资源的开发和利用情况
课程生成意识	在课程实施的过程中,教师能关注学生的经验,对预设课程进行批判与创造,动态地生成课程内容和意义
课程评价意识	教师对评价功能、评价标准、评价主体、评价内容和评价方法等的认识
课程反思意识	教师对本人的课程设计、课程实施等过程不断地进行反思,以期改进教学,提升教学水平和科研能力

（三）课程意识的意义

（四）课程意识的生成与培养

【关于选修教学】

选修教学：选修课不是必修课的陪衬，更不是必修课的附庸，它是一个独立的课程领域。在选修课教学时，应该使必修课与选修课优势互补、动态平衡，重构高中课程结构。

鲍先学（马鞍山市第六中学）：乱花渐欲迷人眼，浅草才能没马蹄——说说高中语文选修课程

1.选修课最大亮点"亮"在哪里？

2.选修课最大难点"难"在何处？"选修课怎么选？选修课怎么教？选修课怎么学？选修课怎么考？"

3.选修课程的研究情况。

（1）选修课程的课程意识方面研究。

（2）关于语文选修课教材的研究。

一是介绍各种选修教材的特点。

二是介绍对某和选修教材的教材处理方法。

主持人：今天，我们如何当好教师？——关于教师专业发展随想

1966年，联合国教科文组织和国际劳工组织就提出《关于教师地位的建议》，对教师专业化作了明确说明，提出"应把教育工作视为专门的职业，这种职业要求教师经过严格的、持续的学习，获得并保持专门的知识和特别的技术"。

《关于教师地位的建议》：教师专业发展与教师专业化关系：教师专业发展是指教师个体曰非专业人员转变为专业人员的过程，由新手教师转变为专家型教师的过程，强调立足于教师内在专业特性的提升及职业专门化规范和意识的养成与完善。而教师专业化主要是对教师整体队伍而言，是指教师职业不断成熟，逐渐获得鲜明的专业标准，并获得相应的专业地位的过程。

面对时代的挑战，体制的缺失，语文新课改的问题与困境，在语文课改史上，社会从来没有像21世纪的今天这样如此重视语文教师的专业发展。

于漪老师说："一个好的语文教师，既要有学识又要有胆识。教学的自信力来自教师深厚的学养。一个有胆识的教师必然是好学深思的，能够身体力行的。"《语文教师必须有教学自信力》（《语文学习》2010年第1期）

1.研究语文教师专业化发展阶段。

2.研究语文教师专业化素养内涵。

3.研究语文教师专业化发展的途径。

让我们一起思考：我们在习见的文字间有哪些发现？我们在自己的田地里能做些什么？我们在职场上有多大的技术含量？

时隔多年，当初我们关注讨论的内容依然是高中语文研究的热点。相信一个能始终关注学科前沿，始终保持研究温度的教师，在职场上一定会无往而不胜。

二、让研究成为工作的追求

对于教学研究，很多老师存有误区，认为教好书不必作科研，科研就是

写论文，写论文只为评职称。所以大多数教师是为了评职称而作教学研究，一旦职称评审上，研究也就几乎停滞。而我恰恰是成为高级教师后，才开始真正自觉地作教学研究。因为，研究有利于提升自身的专业判断力，帮助我们拓宽专业视野，发现自己工作的价值；研究有利于改善课堂教学效果、提升教学质量，帮助我们发现课堂和教学中的盲点，透过现象抓住本质；研究有利于自身职业领域获得一项终身受用的技能，帮助我们从经验型走向科研型的教师角色转换，并从中找到某种乐趣与快感。总之，研究可以助力我们成为一名合格的教师。

1.随处留心：寻找甜美的果子

"研究"，在很多教师看来，似乎是个高大上、遥不可及的事儿，其实研究并不神秘，它就在身边，也许你之前做过，只是没有意识到。

在教学活动中发现。教学本身就是研究，但研究的前提要学会独立思考。对教学文本不依傍教辅书籍自己研读，对教学设计不先收集被人的设计自己思考可的路径，起手写论文不要过于追求宏大话题，不妨从写"豆腐块"开始。20世纪80年代，没工作几年，我也开始尝试写论文，过于专业的话题，让退稿成为家常便饭；后来开始学会把心放平，从简单入手，第一篇发表的文章，就是源于教学中总结，在一家不起眼的小刊物《高中阅读指导》登出的。

取以为喻，不一而足
——高中语文第一册中博喻用法举证

所谓博喻，简单地说就是用几个比喻来比人或事物。多种多样，多姿多彩的比喻，带来了文章形式的整饬有序，文章内容的形象丰富，它是文学表现手法中常见的一种。在高中语文第一册的课文中，此类修辞法，俯拾皆是。系统地整理归纳这些方法对学习语文大有裨益。

这里简单地把它们分为三类情况。

一是把多种比喻合在一起，来比一种事物或人的一个方面。像《明湖居听书》："那双眼睛，如秋水，如寒星，如宝珠，如白水银里头养着两丸黑水银……"选用四个喻体极写人物眼睛的神采。又如"声音初不甚大，只觉入耳有说不出来的妙境：五脏六腑里，像熨斗熨过，无一处不伏贴，三万六千个毛孔，像吃了人参果，无一个毛孔不畅快。"连用两个通感手法把听者的感觉形容得无以复加。类似这样的博喻，在《明湖居听书》中还有几例。除此，像《荷塘月色》中有"正如一粒粒的明珠，又如碧天里的星星。"《雨中登泰山》中的"云海的银涛像镀了金，又像着了火，烧成灰烬，……"等等。这类博喻，犹如特写镜头，抓住事物的某一方面特征加以精雕细刻，突出放大，不断变幻喻体对象。形象纷至沓来，造成鲜明印象。

二是把多种比喻来比一种事物的几个方面。与前者相较，前者的目的为了以多取胜，极写对象，是特写镜头，那么这一类便是分镜头，通过角度的不同，使一事物（人）的各方面呈现出各自不同的色调。如朱自清《绿》中："这平铺着、厚积着的绿，着实可爱。她松松的皱缬着，像少妇拖着裙幅；她滑滑的明亮着，像涂了'明油'一般，有鸡蛋清那样软，那样嫩；她又不杂些儿尘滓，宛然一块温润的碧玉，只清清的一色……"这里四个比喻妥帖地拟写出了绿潭流动的绿波、柔亮的波光、清澈的碧水。再如《荷塘月色》中："叶子和花仿佛在牛乳中洗过一样；又像笼着轻纱的梦。"两个比喻前者喻月光照射下花叶的色调，后者着眼于此情此景给人的一种朦胧感，一实一虚，虚实共生，趣味盎然。再如《雨中登泰山》摹写山之石叠用了八个比喻，勾画了积石的千姿百态："有的石头像莲花瓣，有的像大象头，有的像老人，有的像卧虎；有的错落成桥，有的兀立如柱，有的侧身探海，有的怒目相向。"有动有静，相得益彰。整齐匀称的句子表现了千变万幻的描写对象。此外《悼列宁》中也用博喻手法来说明苏维埃共和国伟大作用的几个方面，它这样写道："全世界工人和农民都想保全苏维埃共和国，认为这是列宁同志用他百发百中的妙手射入敌人阵营的一枝箭，是他们希望摆脱压迫和剥削的靠山，是给他们指出解放道路的可以信赖的灯塔。"

三是用几个故事、寓言和比喻交错起来说明一个道理。这种方法在古代散文中是极常见的。采用这样的手法往往使其内容更深刻，说理更有力。如《察今》《邹忌讽齐王纳谏》等文章。《察今》连用了"循表夜涉""刻舟求剑""引婴投江"等三个故事及"堂下之阴""瓶水之冰""一镬之味"等多个比喻集中说明了"世易时移变法宜矣"的道理。《邹忌讽齐王纳谏》一文则以三类人（妻、妾、客）对自己不同的态度来喻国事。这些博喻的运用使说理入情入理。

总之，博喻运用得好，会令人产生痛快淋漓的感觉，行文上造成汪洋恣肆的气势。但并不是所有事物的比喻都可采用博喻。用与不用的原则，首先在于比喻对象在文中的作用，《荷塘月色》的荷花、《梅雨潭》里的绿、《明湖居听书》的王小妮的眼睛以及泰山上的石头等等，这些无疑在各自的文章中占着非常重要地位。其次，则在于写作者对所写内容的体会来决定。

现在看起来，这文章幼稚之极，但在那会儿自己教学上的小发现变成铅字，可算是让我自信心爆满，从此便一发而不可收，一连发了很多诸如《难老泉》《货殖列传》《答韦中立论师道书》等课文的导读。然后，向研究的更深处、更广处出发。

在理论阅读中发现。要做研究，就少不得要看一些专业的理论书籍，从教以来，自己没少读过各类国内外教育理论，也养成了一个习惯：在读到理论书中与教学有相关之处，随手会做一些批注，写一点心得。一旦得空我就会翻翻这些读过的书，找到一个写论文的话题。比如一段时间我对现代阐释学感兴趣，海德格尔、伽达默尔、尧斯、伊瑟尔等人和他们的著作很让我着迷，于是就有了下面一篇论文。

寻找穿行于文学欣赏之林的路径[①]
——谈高中语文文学欣赏教学的策略

在高中语文教学中，面对为数不多的质量上乘的文学作品，学生在阅读欣赏中并没有表现出特别的热情，激发出浓厚的兴趣，相反有时显得十分的冷漠和厌倦，缺少年轻人对文学作品应有的阅读欲望和阅读热情。面对这些现今吃惯了文化快餐的学生，大多数的语文教师在如何让他们的学生接受文学的熏陶并从艺术作品中获得教益方面感到束手无策。

产生文学欣赏教学被动局面的原因是多方面的，可能是现行教材的陈旧老化，可能是学生的审美趣味的不同，可能是受教学空间的限制等等，但从

[①] 郭惠宇.寻找穿行于文学欣赏之林的路径[J].学语文,2001(4).

教学的角度来审视，一些高中语文教师并没有在文学本文和文学接受者（学生）之间架起有效的桥梁，真正起到沟通的作用可能是更直接的原因。一些教师死抱着前人对作品的评价观念，忽视了作品的接受者——学生的阅读欲望和需求，使文学本文越来越远离学生的"期望视野"，直接造成学生在情感上的冷淡和漠然；同时，一些教师在教学理念上迂腐陈旧，教学模式上单调乏味，在教学手段上单一刻板……都是造成文学欣赏教学乏术低效的重要原因。从文学接受美学的角度看，文学作品"象一部乐谱，时刻等待着阅读活动中产生的、不断变化的反响。只有阅读活动才能将作品从死的语言材料中拯救出来并赋予它现实的生命"（尧斯语）。可见，作品的价值只有通过读者的阅读活动才能体现出来，文学作品的生命力正在于它能不断被人接受。就文学欣赏教学而言，欣赏主体——学生的感受如何决定着教学的成败，所以，高中学生对教材中的文学作品缺乏阅读热情，产生抵触情绪，这不能不说是教师教学上的一种遗憾，应当引起我们语文教师的深思。

这里，值得一提的是西方接受美学理论中的某些观点，对解决阅读欣赏教学中出现的种种问题有着极大的启发性，从中或许可以帮助我们找到一条穿行于文学欣赏之林的路径，找到一些进行文学欣赏教学的相应策略，进而找到一片欣赏文学作品的新天地。

策略一：营造情境，激活欣赏兴趣

从某种意义上说，文学欣赏教学中，教师的教学对于文学本文而言，犹如二次创作，因而，教师对学生（欣赏者）的"期待视野"要作出相应的预测，做到真正了解教学对象的兴趣爱好、欣赏水平，使自己对作品的阐发能适应学生"期待视野"的变化，力求让学生进入某种情绪状态，借以激活学生的欣赏兴趣。因为，理解总是受特定的历史文化环境、思想观念和语言形式等制约。但是，这并不是意味教师要一味地迎合学生的欣赏品位，而是在充分了解学生的基础上，增强学生对阅读某一作品的感性认识，通过多种方法来拉近文学本文和欣赏者之间的距离，使学生的"期待视野"保持在"有无"间的适度距离上，由此，不断引导学生的阅读兴趣，不断提升学生的欣赏品位。

从这个意义上说，教师在进行文学作品的教学中，要通过各种教学手段来营造氛围，创设情境，借以调节欣赏者的期待视野，让学生在适度的距离间产生求知的欲望和阅读的兴趣。例如教唐诗宋词，可以通过音乐语言尤其是流行音乐的欣赏来体会诗歌的意境；教古典小说，可以通过影视作品的观看来加深对形象的认识；教长篇小说节选，可以通过了解全书故事情节来丰富对作品的了解。在学生获得了相应的知识经验和有了一定的熟悉程度后，更有利于对作品进行深层次的探究。在学生进入了相应的情境，有了浓厚的兴趣后，欣赏的意义才能充分体现出来。

策略二：寻找空白，拓展想象空间

教学中，教师在深入理解作品的基础上，应当努力寻找到作品中更多的空白点，不断发展学生对文学作品的想象空间，培养他们的想象能力。接受美学认为，"作品的意义不确定性和意义空白促使读者去寻找作品的意义，从而赋予他参与作品意义构成的权利"（伊瑟尔语）。引发思考，激起联想，是文学欣赏得以有效进行的重要条件，而对作品中的空白点发现正是达到此目的的途径。文学作品中空白点大到故事情节的推进、人物命运的发展，小到人物对话的神情、细节产生的缘由。

莫泊桑的《项链》、欧·亨利的《警察与赞美诗》，其故事都是在高潮中戛然而止，人物命运的未来发展有着许许多多的不确定性，要充分利用好这些空白点，引逗起学生探究的意趣，进而加深对作品的理解。

巴尔扎克的《守财奴》其人物对话的最具性格特征，然而又少有说话时的神态描写，让学生试着去补写，描摹出人物的种种神情，也许就是一次很有意义的鉴赏活动。

欣赏唐诗宋词，可以进行文字的转换练习，将其改编为散文、流行歌词等，这种转换正是在对诗词的种种空白进行扩展和填补。学生对作品想象空间的扩大，无疑是欣赏的能力提高的重要标志。

策略三：重温复读，挖掘深层意蕴

从文学欣赏的意义上说，对一篇作品的全部含义不必要也不可能在很短的时间内进行穷尽似的阐发，学生在不同年龄阶段中对作品的理解可能有很大的差异，其审美接受具有历时性特点，文学作品的艺术魅力，有时需要被读者（学生）逐渐地发掘出来。因此，这就要求教师，一方面文学作品的教学目标应当设计得尽可能单一一点，不必面面俱到；另一方面还可以把学生以往学过的文学作品进行复读性训练，使他们对自己熟悉的作品产生新的认识、新的理解，进而提高自己的审美能力，丰富自己的审美经验。

朱自清先生的《背影》一课，初中读时，对作品中情感的把握未必准确，也体会不深，到了高中阶段，随着年龄的增长，涉世的深入，一定会在年青的心中产生不同的感受，读出生活，读出成长，读出思想。高二时读《一碗阳春面》，可能对于在困境中母子三人那种奋争向上、顽强不屈的精神感受不深，到了为高考拼争时再读，给予人的激励，获得的美感一定有别于初读之时。

事实上，一篇作品的全部意义不会也不可能被某一阶段的读者读解完，只有在不断延伸的接受链条中，作品的深层意蕴才能逐渐被读者发掘出来。教学过程中注意适时提取学生熟知的作品，从不同的角度加以观察，温故而知新，便会获得新的审美感受。古人云："涵泳工夫兴味长。"在文学欣赏中，不断地"涵泳"是达成欣赏目标的重要手段。

策略四：敢于质疑，培养创新意识

学会欣赏，教师要充分发挥阅读的功能，积极调动学生的想象力，启发他们善于从不同的角度去观照作品，鼓励他们在文学作品中发现问题，提出新见，敢于对传统的观念做补充或修正，并进而指导他们落实到写作的实践中去，用文字来发表自己的独到的见解。

阅读《装在套子里的人》，一般的认识是看到别里科夫这个人物形象的可笑、可怜、可恨之处，但如果从更深的社会文化背景出发，我们还会发现这一形象的可悲之处。评价《项链》中的玛蒂尔德，总是把她当作了虚荣心的代名词，我们能否发现人物一些闪光内容呢？分析《雷雨》中的周朴园，常常把他视之为冷酷无情、阴险毒辣的代表，其实，在他身上多发现一点人性的东西，或许可以使人物形象更加丰满些。

质疑能力，是阅读的生命，是创新精神的体现。文学作品的读解，应该调动一切可以调动的方式，把死的文字材料变成活生生的艺术形象，变成充满哲理光辉的思辨材料，因为，"文学作品的历史生命没有接受者能动的参与是不可想象的"（尧斯语）。这种能动作用既体现在对学生写作实践的指导，同时，文学作品的道德功能与审美内涵的实现也有待于能动的接受，"接受者从阅读中获得的经验进入实践的期待视野，修正他对于世界的理解并且反过来作用于他的社会行为"（尧斯语）。

总之，高中文学欣赏的教学，不能死抱着现成的结论，不能只会重复前人已经重复了的观点，更不能习惯于对作品的方方面面作贴标签似的评价分析。作为语文教师要积极探索，勇于实践，带领着学生有步骤、有方法地穿行在文学欣赏之林，切实提高当代中学生对文学作品的审美能力、审美品位和审美追求。

把学科理论、教育理论拿来和自己的教学作比对，总结出一点规律性的方法与策略，并且对其他老师还有一定的启发，我以为这是中学老师做教研写论文的常态与初衷。

2.带着任务：听见沿途的风声

所谓任务，就是在教育教学过程中不断寻找研究的"兴奋点"。这些任务可能出自日常的教学，也可以出自开设的课程讲座、编写教材、试题分析等等，这也是教师业务成长、专业进修的重要通道。

教学中不同的文本类型、不同的选修课、不同的语文能力培养，都可以成为研究的任务。以选修课《史记选读》为例，除了充分了解教材，熟悉《史记》，精读教材18篇选文外，教师可能还要阅读大量关于《史记》的著作，如李长之的《司马迁之人格与风格》韩兆琦的《史记通论》《史记评注》等，还有收集秦汉战争挂图、王立群《百家讲坛》等图像影像资料。有老师玩笑地说：教完《史记选读》，自己都成了半个专家了。

开设课程讲座是不断给自己加任务的好办法，它可以帮助自己拓宽研究领域、提升研究水平。比如开设人文讲座"中国书院"，为此，我阅读了许多关于书院的专著和资料，还实地走访了许多书院，这样大致对中国书院的方方面面都有了深入的了解，也催进自己思考书院制度与现代学校管理、书院学习方式与深度学习理论、书院培育方式与现今教学改革等等深层的教育问题。再如开发"神奇的武侠"校本课程，让自己有机会深度接触武侠文化，读金庸、梁羽生、古龙等武侠名家的许多武侠小说，读陈平原、严家炎等学者的多本武侠研究著作，课程教学完成的同时，自己对武侠文化的收获也是满满的。

2004—2005 年，我有机会参与苏教版的国标高中语文选修课《传记选读》和《〈史记〉选读》的教材编写工作。尤其是编写《〈史记〉选读》，几经周折，编委会最终采纳了我拟就的体例，不仅完成了教材中两章的编写，还为全书写了卷首语《致同学》。

致同学①

在我国灿烂的古代文明中有这样一本书——

它是由一位两千一百多年前生在黄河龙门的"倜傥非常之人"写就的，

它是父子两代人用生命和热血铸成的，

它记述了华夏文明五千年历史的五分之三，

它使一个古老的民族从此有了自己的"家谱"，

它传神的笔墨写活了一个个历史人物，

它以取之不尽的历史文化源泉，滋养着中华文化的沃野旷畴。

这，就是司马迁的《史记》。

《史记》是一部体系完整、规模宏大、视野广阔、见识超群的百科全书式的历史巨著，蕴涵着深邃哲理，融会着民族精神。从这部书中，我们可以感受到一个博大心灵跳动的节律，瞻仰到一位中国古代良史的楷模；从这部书中，我们可以感受到司马迁天才的语言艺术，领悟到衣被后世的文章大宗。

让我们舒展宏伟的历史画卷，登上文史经典的殿堂，拜读不朽的名著——《史记》！

在《〈史记〉选读》的编写过程中，让我有机会能系统地阅读完了《史记》的绝大多数内容，还翻阅了大量有关《史记》的集注、汇评和研究著

---

① 普通高中课程标准实验教科书语文选修.《史记》选读[M].南京:江苏教育出版社,2005.

作，对《史记》这样一部伟大著作有了较为深入的思考和认识，也为日后课程的教学提供了深厚的基础，能够得心应手且游刃有余。

对作文教学的研究一直是我教研中最为关注的内容。原因是作为教师的我们，拥有大量的研究素材——学生习作，有年年翻新的研究话题——高考作文，有丰富而有创意的研究实践——作文指导研究。所以围绕作文教学，写了很多论文，也主编或参与出了很多书，如《材料议论文写作入门》（胡钟业、许良主编，河海大学出版社，1994年）《高考作文》（曹勇军主编，江苏教育出版社，1998年）《高一作文老师来示范》（黄厚江、周兴富、郭惠宇、刘斌著，苏州大学出版社，1999年）《高考名师锦囊·寻找作文的亮点》（郭惠宇主编，安徽教育出版社，2004年）等，几乎每年都要在不同刊物报纸上发表有关文章，尤其在《语文学习》连续多年评析高考作文，下面是发表在《语文学习》的若干篇高考作文评析文章的节选。

【2020年全国I卷】

选择·交流·融通①

融通：虚实相生，内外兼通

面对一个意料之外的作文题，很多考生的第一反应便是慌不择路，进而怀疑先前的作文备考。事实上，面对全国高考作文题又有哪一次是意料之中，即便是押中了就一定得高分？其实我们大可不必为押中押不中而纠结，倒是需要一点解读题目的能力，一点融通材料的技巧。

融通古今，抓住当下。思考材料针对什么，指向何方，要始终牢固的坚信所有应试的作文都有其当下的意义，关键是你有没有发现。面对三位杰出的历史人物，突出他们的品行、格局、人格境界、为国为民的情怀，他们在历史上曾经发挥重要作用，展现出独特人格魅力和思想价值，在今天仍有现实意义，并一定能从中获得启发。从这个意义，现实中发生的每一个重大事件都可以与此找到联系与通道。从历史中探索、思考、提炼，这正是时代赋予我们的自觉和责任。

融通事理，辩证分析。从材料的人物关系看，包含着君与臣、信任与被

---

① 郭惠宇.选择·交流·融通[J].语文学习,2020(8).

信任、欣赏与付出、识才与荐才、格局与担当、个人与国家、个体贡献与共谋大业等多重关系，立意方向多元。融通事理，就是抓住所选人物的特点提炼出论证的观点，由事入理，依理展开，进而有层次地分析，合理地讨论。写作者要善于将握在手中的观点，分开说，慢慢说，形成表达个人见解的逻辑思路和文章框架。

融通主客，摆进自己。既考验了学生对当下材料的分析能力，也在测试其阅读经验和知识储备，相信读过与鲍管故事、齐桓称霸相关典籍的学生，一定有一种邂逅的欣喜，进而影响自己的写作。同时，作文题的任务旨在引导考生聚焦个人感触，突出写作主体性，以引发真实写作，话题涉及的唯才是用、谦虚礼让、审时度势、志向高远、恪尽职守等等，无不与考生个人成长和时代发展紧密相连，写作者要清晰地认识到每个历史人物所能给予自己的力量，寻找自己人生成长的榜样；这里，还需要考生将议论的语言情景化、情绪化、情感化，在情感上与听众产生很好的共鸣。

【2019年全国I卷】

回归写作的本真：价值观、思辨力和情境化（节选）①

留足立意空间，建构立体思维。热爱劳动，这是一种愿望，一种共识，停留于共识，作文只能平面性铺展，难以深入挖掘，高考作文命题中，任务指令使开口无限的作文材料得以收束，主题、对象、体式等多方面限制成为作文试题的有力收口，提高了高考的信度和效度。"体现你的认识与思考，并提出希望与建议。"这种非强制性的主题性命题，在规定性之下，留下广阔的自由发挥的空间；"热爱劳动"这一写作对象，偏偏与一系列轻视劳动的反面素材放在一起，既有感性的怕苦怕累，也有理性的人工智能替代，这些使得写作空间变得更加立体；至于演讲稿的体式，把一个涉及全人类的极宏观话题，落到了一个学校的操场，一群本校同学，放在了一个特定的交际场中。这些任务指令给了考生在开放性和导向性统一下写作立意的有效出口，特别是那些富有创意、激发潜能的任务，往往利于考生彰显理趣的个性化说理。所以，在平时作文教学和备考中，应该重视培养考生的任务意识，

---

① 鲁峻,郭惠宇.回归写作的本真:价值观、思辨力和情境化[J].语文学习,2019(8).

只有读懂了任务指令,才能创造性地完成任务,提升学生的思辨能力。

【2018年全国I卷】

思维,决定应试作文的含金量(节选)①

拓宽思维的张力有助于放大构思的空间,让文章变得通透而有品质。大话、套话和空话作文的存在与泛滥,究其原因就是缺乏思辨能力,缺乏对材料意蕴的拓展与挖掘。一个观察敏锐的人就是要善于利用材料的多侧面性,以此发现材料的价值和写作的力量。汶川地震,公路"村村通"接近完成,"精准扶贫",网民规模达7.72亿,……考生如能加以思考,就会发现,自然灾害的不可抗性,通往小康的路还在延伸,贫困人口还很庞大,发达的网络也衍生出诸多麻烦……当考生能切身感受到国家在这十几年内所发生的巨大变化的同时,还存在一些不可忽视的真正现实问题,也许就不会沉浸于盲目的喜悦中,心中产生的恰恰是一份沉甸甸的责任,一份世纪青年的担当。所以材料中的关键词"使命"与"挑战","逐梦"与"圆梦",就不是可有可无的了,什么才是当代青年的使命?我们又面临什么样的挑战?我的梦是什么?我们的梦是什么?这些问题,足以使善于思辨的考生,打开思考的闸门,撑起文章的空间,让所叙有真事,所抒有真情,所议有真感,写出有立体感的文章,也就自然提升了文章的立意与品位。

【2015年安徽卷】

点亮思维之灯,寻找多元路径(节选)②

教授多向思维方法。培养学生多角度思考的能力,要教给他们多向思维的方法,如顺向思维、逆向思维、侧向思维等。顺向思维,就是按照材料的指向从正面去思考。这种指向"一般来说是材料主旨,但又不仅仅限于主旨"。如今年安徽高考作文题中"用扫描电子显微镜观察蝴蝶翅膀显现出奇妙的凹凸不平的结构",循着材料的这个指向,我们可以看出换了一个观察蝴蝶的角度就会有惊奇的发现,可以从"角度的变化往往会带来结果的变化"立意。逆向思维,是指把问题倒过来想,从与问题相反的角度对原意质

---

① 盛庆丰,郭惠宇.思维,决定应试作文的含金量[J].语文学习,2018(8).

② 鲁峻,郭惠宇.点亮思维之灯,寻找多元路径[J].语文学习,2015(7-8).

疑。这就需要激发学生的好奇心，鼓励学生打破常规思维，大胆提出新见解，勇于向传统观念挑战。如蝴蝶翅膀的美丽原来是虚幻的假象，没有颜色，凹凸不平才是蝴蝶翅膀的真相。考生可以从"假象和真相"的角度去思考，得出"莫被美丽的假象所迷惑"的结论。侧向思维，是指从一些次要、局部的方面去思考材料的内涵，从而发现新的意旨。如关注第一段中"亲手操作"四个字，可以得出"实践出真知"这一立意；如抓住材料最后一句"因为具有特殊的微观结构，才会在光线的照射下呈现出缤纷的色彩"，可以看出蝴蝶的美丽有两个条件，一是外在光线，二是内在的奇妙结构，我们就可从"内因与外因"的关系来立意。

在高中阶段，学生的自我意识高度发展，他们善于思考问题，思维敏捷，有着强烈的好奇心，这个阶段是其思维能力发展的黄金时期。我们在教学过程中，应充分关注学生的思维发展，构建科学的思维能力训练体系，将学生思维能力的培养落实在具体的阅读与写作教学活动中，引导学生认识思维规律，形成良好的思维能力，从而实现学生写作能力的有效发展。

【2014年安徽卷】

坚守与突破：回归写作的本真（节选）[1]

从命题的沿革角度考量，从强制性主题性命题走向非主题性命题，从侧重抒情性的命题走向议论性，也就是理论性的命题。这是我们高考命题改革的突破与创新。我们知道，情感的审美逻辑以主观、片面和极端见长。命题过度偏重抒情，考生会迷恋于文字的华丽，矫情、滥情随处可见，考生不会写议论文，理性思维窒息则成为通病。而理性的逻辑，以客观、全面和哲思见长。放眼国外的命题，美国、英国的命题是理论性的，法国的命题是哲学性的，新加坡规定只写议论文，不能写抒情散文。培养学生对一切现成的、权威的共识挑战和质疑的能力，是课程标准核心精神的体现。这一点上中外的命题理念是相融相通的。安徽今年的高考作文命题，选用关于演员改动剧本台词的争议的感性材料，把检测考生理性思维的能力放在重要位置，小而言之，这是接地气的做法，接中学生生活视域实际的地气，接中学写作素养

---

① 张陈，郭惠宇.坚守与突破：回归写作的本真[J].语文学习,2014(7-8).

培养的地气；大而言之，符合世界各国高考命题的共同取向，更符合我国高校选拔在理性思维方面有前途的学生本意。

【2013年安徽卷】

高考作文，需要怎样的视野？（节选）[①]

材料摄入的质量决定着考生对问题认识是否能做到看得准、看得远。习惯于到古代去寻找写作素材和灵感的考生，面对这样一个多少与现实贴近的话题，一个相互间有所关联的内容，变得十分茫然，不知道用什么材料才能与话题匹配，材料选用的准星发生偏差，简单地在古代或当今某个人物身上寻找关于创新、勇气、信心、理想之类的事迹作简单化的标签粘贴。过于单调的生活状态和机械的写作训练，使得今天中学生失去了关注生活的敏感，观察社会的热情，学会了总是用一种腔调去写不同的题目，迷失自己，迷失生活，视野狭窄，腔调单一。

事实上，对于本题，不仅可以从类似萧伯纳一样善于探索的人物身上找到对应点，也可以从国足的失利、食品的监管、信任的危机等等社会现象中去思考，与其被动地总结教训莫如积极地去寻找出路对策的道理，当然也可以从自己的学习经历中明白追问探寻的可贵、敢于梦想的价值。

【2012年安徽卷】

"梯子风波"为哪般？[②]

所谓联系意识，就是要善于从一个举止、一句话语、一种做法等方面出发，努力在现实生活中、哲学道理上和历史烟云里找到相互对应的事理。联系就意味着既要跳出材料，又不能脱离材料。联系视野的高下也往往决定着这类文章的优劣。相当一段时间以来，缺乏生活的高中生一直习惯于膜拜古人，不断地在故纸堆里找灵感，在古代名人中找替身，缺少对正在发生的事件的了解，他们的视野很难离不开课本、试卷。联系的意识就需要考生放眼生活，就此则材料而言，可以联想现实中频发的安全事故，可以列举问题处理中的各种形式主义，可以追寻重大事项上预判能力不足的后果……当然也

---

① 郭惠宇.高考作文,需要怎样的视野?[J].语文学习,2013(7-8).

② 郭惠宇."梯子风波"为哪般?[J].语文学习,2012(7-8).

可以赞颂脚踏实地、乐于奉献的英模人物。联系的意识也需要考生深究事理，从哲学中寻找逻辑关系，善于有层次地阐发道理。

【2011年安徽卷】

创设写作自由的空间，探寻自由写作的路径（节选）[①]

命题（话题）作文的关键点在题目的延展性。"时间在流逝"，是一个描述性的命题，它隐含的内容，正是审题立意之所在。它或者可以用这样的表述形式："时间在流逝，……"。这里，省略的内容是无限的，显其"开"的特点，而考生填补的内容，是其"合"的一面。不同的填补正见出审题立意之高下。因此，填补内容选择的确定，决定着文章写作的重点，所填补的内容，可以充分展现出考生世界观人生观价值观、理想情操志趣等人文精神。

围绕"时间"，可以多方面选取材料，可以引发太多需要倾诉的话语，这是"开"；而在太多的感悟和思考中集聚到一个怎样的话题，众多材料中抽取哪些新颖切题的素材，便是"合"，这正可以考查出考生积累、筛选、整合、运用材料的能力高下。

就"时间在流逝"这一命题而言，没有了明显文体倾向，是"开"；但选择什么文体写作是"合"。其间考量着写作者是否有自己的写作特长和体裁运用的独门功夫。

应当说，2011年安徽高考作文题给考生写作提供了相当大的自由空间，如何去掌控这样的自由，如何在偌大空间里营造出考生自己的"七宝楼台"，是需要考生拿出实力来回答的。

同时，这样的考题似乎也向我们的作文教学、作文命题以及语文教育提出了诸多问题。诸如作文写作的自由是否真正意义上能带来考生自由的写作呢？过于宏大的题目是否会被简单的套作所代替，为宿构提供了广阔的空间呢？缺乏审题难度的写作，是否给今后日常作文写作训练带来浮躁与懈怠呢？在太多滥情与虚浮的表述背后，是否会失却了思考的力量与写作的意义呢？……一个如是的高考作文题，也带给了我太多的疑问，但愿这仅仅是杞忧。

---

① 郭惠宇.创设写作自由的空间,探寻自由写作的路径[J].语文学习,2011(7-8).

【2010年安徽卷】

回归与创新（节选）①

情理相融，让写作视野多样化。近些年，安徽卷作文题常常徘徊在情与理之间，要么过于强调情感的抒发，如"提篮春光看妈妈""带着感动出发"，要么过于强调逻辑说理，如"弯道超越"，可供考生选择的体裁宽度明显不够，可让考生放飞思想的空间稍有不足。今年则不同，围绕着人才培养、体制改革、职业规划、均衡发展、和谐社会等等，情理两者得以兼容，可作出多样的选择。或议论或抒情，或叙事或说明，表达的方式自由了；可以是故事新编，可以是戏曲片段，可以是日记书信，可以是杂文小说，文体的样式多样了；既能畅想理想，也能评说古今，既能深究事理，也能剖析个案，思维的空间放大了。

但就是这样以一首似乎不难理解的小诗命制的作文题，在阅卷完毕后，发现学生跑题现象依然严重，文章出彩者寥寥，这一现象恰恰击中了高中作文教学的软肋：没有了相应的审题意识与训练，助长了一些放言大话者的勇气，以为写什么都可以；学生阅读面狭窄逼仄，面对一个相对陌生的话题，一时间无法找到合适的写作素材；缺乏对人生世相的了解，习惯了没完没了地做题，堵塞了联想的空间，失却了思考的力量；加之功利至上，实用为先，更难唤起学生内心的真情实感，更难激活学生对语言文字热爱的情感。从这个意义上看，高考"指挥棒"或许会引起我们对作文教学与研究的重视，重新审视每个学生心灵成长的过程。

【2009年安徽卷】

"弯道超越"谈何易？（节选）②

命题者本想跳出了以往空泛的话题，试图引发考生从生活、从社会经验出发，提炼对生活、对时代的看法，真正实现让考生有感而发、有话可说。但考生将"弯道"与人生的"困难"嫁接后，一般围绕"面对弯道，超越弯

---

① 郭惠宇.回归与创新[J].语文学习,2009(7-8).

② 盛庆丰,郭惠宇."弯道超越"谈何易?[J].语文学习,2009(7-8).

道"这方面来写。从呈文内容和形式上看，基本上是观点材料犹如油与水的组合，所用事例近似，思维方式雷同，少有新意。问题的根子在考生的思维向度是单一的。高考作文，同样在考查学生的思维能力，由此照出了许多考生思维单一和思想贫瘠的缺憾。其实，这个材料蕴含着多维的思维层次：什么是我们面对的弯道？我们想不想超越？为什么要超越？我们凭什么去超越？当然，也可以逆向思考："在人生的弯道中是不是就一定要超越，""对人生弯道所持的态度如何"等等。

同时在表达并不深邃的思想时，贫乏单调的语言表达成为顽疾，难以改变。我们常常看到这样的作文语言状态：流利而熟悉的大话套话，华彩而不实的铺排之语，断裂而跳跃的错言乱语，幼稚而低级的童声语。说起腔调语是一套一套的；总以为诗性语句能打动人，就不顾内容地分行排列语句，以求得视觉效果；高中学生还眼盯着小兔子、小乌龟、太阳公公，说起来没完没了；更有相当多的考生是语言表达没有连贯性，东一榔头西一棒，不知所云。

由此看来，我们的作文教学离学生有多远？我们的学生离现实生活又有多远？这应当是命题者深入思考的问题。

【2007年安徽卷】

重真情·求实效·讲技巧（节选）①

题目之于文章，常常是文章主旨所在。对题目相关要素的认识和提炼，决定了文章立意的高下。不会提炼的人常常会对文题中的次要信息反复琢磨，进而陷入误区，而对关键词语却不能很好地审察。就本题而言，关键的概念应当是"春光"和"妈妈"，"春光"代表美好的事物，妈妈代表自己的亲人，这一虚一实两个概念，应当把"虚的"往"实处"想，把"实的"往"虚处"引。将"春光"看作是一份成绩单，一件有意义的事情，一个美好的人生愿景，一番实现了的成就；而"妈妈"则看作深爱自己的母亲（家人），从小生活的故土，以及大地山川、祖国民族……有了这样提炼的意识，就能很快抓住要害，提升文章档次。

---

① 郭惠宇.重真情·求实效·讲技巧[J].语文学习,2007(7-8).

当然，今年安徽的考题也有值得商榷之处。文题追求诗意无不可，但要尽量自然，本题显得诗意不足，而实在有余；同时，学生对"提篮"一词的陌生，对"看"字意义的多解，都在实际写作中阻塞了学生思维。再则，如果就"妈妈"写"妈妈"，觉得琐屑小气；如果一味上升至祖国民族，又显得空洞；文章写作中容易进入尴尬两难的地步。

当然，作为一线教师的我，除了对每年高考作文关注有加外，对考试的研究也始终伴随着我教学的经历，发表过多篇考试分析的文章，参与过全省初高中的各类考试命题，算得上命题高手，考试理论中统计分析我也玩得挺溜。

3.专项研究：看见高处的风景

我最早参与课题研究，是在2000年左右，那时在市教研员马云霞老师的带领下，研究省立项课题"高中语文选修课的实践研究"，她领着全市的学科精英一起忙得热火朝天，对马鞍山语文教育有着革命性的改变。

之后，我参与的大大小小课题有20多项，涉及语文教育、学校发展，等级从教育部到省级到市级，直到退休后还坚持把省立项的"中学语文阅读教学中提升思维品质的策略"课题作了结题工作。2021年依然作为主持人之一申领了省教育科学研究项目"深度学习视域下的初中生学科思维养成路径的循证研究"，开始新的课题研究。

之所以乐于做课题项目研究，我以为主要的意义在于：一是可以在一段时间持续关注一个教学项目或教育理论，推动自己的阅读与思考；二是课题研究可以扩大理论视野，提升学科教学的专业水准；三是通过课题可以带动周围的同伴，引领队伍的发展壮大。下面介绍我主持过的几项省市级立项课题，从中可以了解我不断探索的努力愿望。

2007年省立项课题"高中语文新课程中选修课的教学策略与教学实践研究"（项目编号：JG07293），该课题旨在落实新课程的理念，探讨选修课的教学策略，实施选修课教学的行动研究，积极指导高中学生学习选修课，使选修课课程朝着良性的方向发展，在培养高中学生语文能力、文化精神，丰富高中语文课堂教学的形式，推动高中语文教师个体发展等方面有着重要的意义。课题研究的主要内容：（1）研究高中语文选修课的开设门类，探索地方性高中语文选修课程的开发；（2）研究高中语文选修课的教学策略，对不同的选修课设计出适合该课程的不同的教学模式；（3）研究高中语文选修课的教学方法和教学形式，形成比较成熟的选修课教学课例；（4）总结教师与学生在高中语文选修课的教学与学习中经验教训，积累丰富的教育实践成果；（5）研究高中语文选修课的教育教学理论，探索其教育规律、教学原则及学习方略。

2012年省立项课题"中小学语文教育生态的实证性研究"（项目编号：JG12355），该课题旨在还原语文作为传承和发扬人类文化的生态功能，改变只以教科书为中心、不以活生生的学生为中心的教育教学方式，实现在语文教育过程中不断唤醒学生的生命意识，在诗意的语文课堂焕发生命活力的教育教学目的。研究的主要内容：（1）小学、初中、高中语文教学的衔接研究；（2）中小学生语言习得规律与语言教学的案例研究；（3）语文教育的宏观生态结构与微观生态结构的实证研究；（4）社会与学校的生态环境对语文教育的相关性研究；（5）生态学视野下的中小学语文教学问题研究；（6）实现生态阅读、生态写作、生态课堂以及生态语文场的途径与策略研究。

2017年省立项课题"中学语文教学中培养思维品质的策略研究"（项目编号：JK17077），该课题旨在通过中学语文课堂教学的实践，有针对性地就提升学生思维品质探寻一些培养的相关路径与策略。其研究的意义通过语文课堂教学中思维品质的研究，对于还原语文教学本来面目，促进学生语言能力的发展，提高语文教学的效益，提升语文教师的专业素养都具有积极作用。课题研究的主要内容有：（1）当前初、高中学生思维品质现状的调查与研究；（2）思维导图在语文课堂教学中的实证性研究；（3）语文课堂教学中问题设置的实践与策略研究；（4）阅读与写作教学中培养批判性思维能力的研究。

2021年市立项课题"深度学习视域下的初中语文阅读教学策略的实践研究"（项目编号：MJG20014），该课题旨在通过运用深度学习理论来改进初中语文阅读的教学策略，有针对性地提升学生阅读思维品质培养，有目的地改变初中阅读教学存在的无序盲目状态，多角度地思考阅读能力提高的相关路径。研究的主要内容有：一是探讨基于深度学习的初中语文阅读课堂教学策略，二是深度学习视域下的初中语文阅读教学案例的分析，三是基于深度学习的初中学生整本书阅读的教学实践；四是深度学习视域下初中课外阅读活动的实践与推广。

选修课教学策略、语文生态研究、思维品质培养和深度学习运用，这些话题的展开研究，让我对语文学科的认知变得越来越清晰，而每一次课题结题后，自己觉得长高了许多，也多有一些专业上的成就。比如在完成了"高中语文阅读教学中提升思维品质的策略"这个命题的研究后，合作出版了一本书《阅读教学与思维品质》（上海教育出版社）。下面是《"中学语文教学中培养思维品质的策略研究"课题结题报告》的节选。

"中学语文教学中培养思维品质的策略研究"课题结题报告（节选）

一、课题研究的背景

在当今这个文化多元、信息密集、科技迅猛发展、竞争异常激烈的时代，人才的竞争决定着国家的核心竞争力，谁拥有更多更好的人才，谁就能在发展当中争取主动。当今的中学生，肩负着21世纪祖国建设的重任，在中学生的身上寄托着国家的希望和民族的未来。如何使中学生基础扎实，更富有聪明才智，这是基础教育的重要任务，也是中学语文教育的一个崭新课题。

（一）思维学的兴起和发展，为这一课题的解答提供了一把金钥匙。中学生可以用这把金钥匙了解自己在掌握语文知识、形成技能、发展智力、培育素养过程中的思维特点和规律，通过思维培育，从根本上改进学习语文的方法，提高语文学习的效率，培养自己的聪明才智。

（二）语文教学的现实，需要我们反思语文能力习得的规律。当下的语文教学往往只重视知识的传授，而不重视对掌握知识所运用的各种思维方法的培养；只注意某种结论的记忆，而忽视产生这种结论的推理过程；只强调单一地进行一些启发训练，而不引导学生系统地思考和分析，没有把思维训练与思维的主体、其他综合因素相结合；只热衷课堂表面的热闹丰富，而没有深究问题设置的针对性和有效性。加之，语文教育中常常缺失人性的曙光和生态的价值，被深深地打上了应试教育的烙印，拔苗助长、急功近利、违背中小学生成长规律的语文教育教学成为常态，语文教育的成色不高，品质堪忧，切实需要对语文学习的内在规律做出深入的研究。

（三）当前对思维品质的研究，需要我们联系教学实际做实做深，行之有效。国内外的思维品质研究，多半是基于思维科学和写作教学的，而对语文教学中思维品质的观察、培养与系统的理论、做法，还比较稀少；同时专门针对某一类思维品质如批判性思维等的培养研究较多，而系统全方位研究思维品质的也较少；对思维品质培养如何与语文核心素养紧密结合，思维品质培养如何落实的课程设置与实施，从而体现语文学科思维品质培养的特色，可以说是处于较为肤浅的状态。

（四）本课题作为郭惠宇省、市名师工作室的项目，基于工作室在语文教育生态、课堂教学中培养思维品质等问题都做过相关研究，成员素质高，研究有基础，可以如期完成课题。

二、课题研究的意义

思维品质是个体思维活动中智力特征的表现，主要靠后天的培养和训练。语文教学中关注学生的思维品质是由其本质决定的，语文学科是工具性和人文性的统一，是语言与思维的辩证统一。所以，语文学科既是语言学科，同时也是思维学科。

思维能力是智力的核心，思维品质则是智力的支柱。心理学告诉我们，任何人都无时无刻地在思维，都在以自己习惯的方式思考养问题。忽视语文思维品质的培养，语文教学效益事倍功半；重视语文思维品质的培养，就是抓住了语文教学的命脉，语文教学效益定然事半功倍。

因此，语文课堂教学中思维品质研究的意义主要包括：第一，语文课堂教学中思维品质的研究，有利于还原语文教学本来面目；第二，语文课堂教学中思维品质的研究，有利于促进学生语言能力的发展；第三，语文课堂教学中思维品质的研究，有利于提高语文教学的效益；第四，语文课堂教学中思维品质的研究，有利于提升语文教师的专业素养。

三、课题研究的界定

课题的关键词为中学语文教学、思维品质、培养策略。旨在通过中学语文课堂教学的实践，有针对性地就提升学生思维品质探寻一些培养的相关路径与策略。

其中"中学语文教学"主要指高中阶段，涵盖了课程、课堂和课外的各种语文教学形式与内容，重点是阅读与写作。"思维品质"，是指人的思维的个性特征，主要包括深刻性、灵活性、独创性、批判性、敏捷性和系统性六个方面。"培养策略"，是站在教师的立场上提出优化学生思维品质的方式与策略。

四、课题研究的达成目标

课题研究的目标主要聚焦在语文教学中如何培养学生的思维品质。重点在于研究语文课堂教学中问题设置的实践与策略和阅读与写作教学中培养批判性思维能力的研究，进而研究语文学习对培育创造性思维作用。

语文学科是多学科的综合，从思维科学的角度来看，语文学科包容了思维基础科学——抽象思维学、形象思维学、灵感思维学、社会思维学的相关思维内容和思维知识。本课题试图以思维导图、课堂问题设置、批判性思维和创造性思维为抓手，去发现和探究一些带有规律性的问题，进而提高学生运用母语能力和教师语文教学的效率，由此也提升语文教育的品质。

五、课题研究的主要内容

（一）研究的主要内容

一是当前高中学生思维品质现状的调查与研究。

二是思维导图运用于语文学习的实证性研究。

三是语文课堂教学中问题设置的实践与策略研究。

四是阅读与写作教学中培养批判性思维能力的研究

五是语文学习对培育创造性思维作用的研究

（二）研究的总体框架

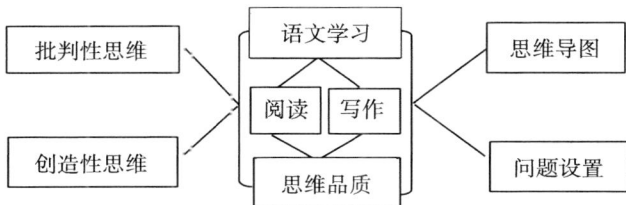

六、课题研究的方法

主要采用调查法、文献研究法、资料数据分析法、案例分析法来开展本课题的实验研究活动。

调查法：调查学生语文学习思维品质状况、课堂教学中思维品质培育实施情况将贯穿课题研究始终，调查为研究的顺利进行提供事实性依据，也为研究结果提供相应佐证。

文献研究法：作为学习理论、收集信息的主要方法其中信息资料主要来源于教育理论书籍、报纸杂志以及网络下载的相关资料等，并在理论指导下撰写教学设计、教学反思和教学论文等。

资料数据分析法：通过阅读有关教学刊物、分析调查数据和观看名师名课，定期召开课题专题沙龙，有目的地观察课堂教学思维品质培育状况，分析师生课堂教学行为，研究学生语文学习的心理轨迹，提炼课堂中培养思维品质的基本原则。

案例分析法：一是教师教学案例分析。通过定期开展的课堂教学实践（研究课、观摩课）及自己的教学实践，学会对课堂进行切片分析，边实践，边探索，边检验，边完善，把研究与实践紧密地结合起来，边归纳，边总结，形成有鲜明个性的有思维质量课堂案例。二是学生学习案例分析。研究不同年龄段学生语文学习状况以及学生语文学习经历，通过跟踪、追踪学生学科思维能力发展轨迹，探寻语文课程对提升学生思维品质的规律。

本课题研究遵循自主性原则、探究性原则、创造性原则和合作性原则。

七、课题研究的步骤

第一阶段：论证调研阶段（2017.10—2018.02），主要工作是理论准备、开题报告、方案制定、现状调研报告等。

采用文献研究法，收集研究各类期刊、出版物中有关语文教育教学思维品质的理论，认真研读，制定方案，提炼升华，撰写课题研究方案。采用调查法：对初中、高中各阶段的学生和相关教师进行语文教育思维品质问题的调查问卷，进行研究分析。

第二阶段：实践研究阶段（2018.02—2019.12）主要工作是课堂实践、理论研究、案例分析、专题研究等。

文献研究法：综合分析有关教案和教学设计，分析语文课堂思维品质的因素和行为表征；行动研究：整理资料数据，定期召开课题专题沙龙、课堂讨论，有步骤有重点地推进研究工作；剖析案例，从教师教学案例和学生能力养成两方面分析。

第三阶段：整理总结阶段（2020.01—2020.05）主要工作是案例总结、专著撰写、结题评审等。

定期刊印研究简报，总结课堂教学和学生作文的案例，编辑论文集，有条件力争出版一、两本与语文课堂思维品质培养的研究专著，对本课题研究进行有效性的分析和反思性评价，形成结题报告。

八、课题研究的主要过程：

本课题计划三年，分三个阶段进行，即论证调研—实践研究—整理总结。强调以理论为先导再深入实践加以提升，主张以教学实践为依托，以提高教师教学能力、思维方式、教育素养为目的，以培养学生母语获得的能力和思维质量为依归。

（一）第一阶段：论证调研阶段（2017.10—2018.02）

主要工作是理论准备、开题报告、方案制定、现状调研报告等。

采用文献研究法，收集研究各类期刊、出版物中有关语文教育教学思维品质的理论，认真研读，制定方案，提炼升华，撰写课题研究方案。采用调查法：对初中、高中各阶段的学生和相关教师进行语文教育思维品质问题的调查问卷，进行研究分析。

首先，注重理论研修，在充电中认识语文与思维的关系。

从课题开题之初，就布置课题组成员注重理论学习，列出了许多与课题有关的书籍，集体给课题组成员购买书籍，以催进大家学习的热情。

同时，通过专家引领，聆听专家的真知灼见。三年间，课题组成员先后到南京、上海、合肥、铜陵、常州等地参加不同层次、不同类型的语文交流活动，课题组通过约请专家、外出活动和主持人报告的形式，聆听专家报告30余场。三年里，既有高校的教授，也有一线名师，既有学术大腕，也有研究精英，涉及广泛，精彩纷呈。这些报告打开了视野，不仅对语文学科的认识更加清晰，更从教育的高度意识到有品质的语文于己、于生、于校、于事业以及于未来的意义。

其次，加强调查研究，在问卷中发现思维品质的问题。

加强调查研究是做好课题的重要手段与方法。只有对问题发现得充分、研究得全面，才有利于寻找出路，达到课题研究的目的。

自开始研究课题以来，就着手就中学生的语文阅读状况和不同类型学校语文教学的现状进行研究，希望就此寻找研究的突破口。

我们做了主题调研：中学生的语文思维品质现状。本调查目标及意义旨在了解语文学习中影响中学生思维品质提升的因素，有助于学校和教师在教学工作中扬长避短，提高教学质量。同时，为提升中学生的思维品质提供可行性的建议。

调研以问卷调查法为主，兼以访谈及观察研究法，共发出600份，得到562份有效答卷。学生调查问卷包括学生思维品质、理解能力、解决问题的能力和实践活动能力等等方面的调查。

在调查中也发现，现在的中学生在思维品质方面还是存在着许多问题。如思维的灵活度、深入度不够、思维的创造性不强等问题，并提出了相应的策略。

（二）第二阶段：实践研究阶段（2018.02—2019.12）

主要工作是课堂实践、理论研究、案例分析、专题研究等。

文献研究法：综合分析有关教案和教学设计，分析语文课堂思维品质的因素和行为表征；行动研究：整理资料数据，定期召开课题专题沙龙、课堂讨论，有步骤有重点地推进研究工作；剖析案例，从教师教学案例和学生能力养成两方面分析。

1.促进相互交流，在教学中探索有品质的课堂。

课题研究的焦点在于课堂，思维品质的提升也在课堂。因此，我们始终把课题研究的重点放在课堂的教学交流上。交流，是一种观察和学习的方式，也是提升和拓展的手段。自开题以来，课题组在不同学校、不同地区、不同学术会场中，和同行交流、学生交谈、文化交往。

我们在课堂里观察，研究语文阅读写作课堂实践中提升思维品质的途径；我们尝试在初中和高中跨学段中进行研究，发现在不同年龄段的语文教学有着不同的教学内容和教学资源，如何找准关乎思维品质的教学定位与切口，是语文课堂值得思考的问题；我们在不同的教学平台展示，除了成员在各自学校的教学观摩外，我们还在市级教研、市际省际交流甚至全国的教学平台与同行切磋、作观摩教学，其中魏志军老师在常州高级中学举办的"长三角语文论坛"上作《庖丁解牛》一课教学观摩，夏红梅老师在合肥十中举办的合肥马鞍山两地教学交流活动上作《祝福》一课的同课异构，贾洁老师在宜昌举办的第八届全国高中语文教师教学基本功展评上执教群文阅读指导课获全国一等奖，展现其各自的教学风格，丰富我们的教育理想。我们在不同的学术氛围中浸染。我们在"苏浙沪皖新语文圆桌论坛"上，发表我们的观点；我们在长三角语文论坛上，作课示范；在南京我们研究整本书阅读的策略，听吴欣歆教授的分享；在常州，我们观课评课，听吴格明、董毓等教授对批判性思维的解读……

交流，使团队的凝聚力更强；交流，使大家对学科规律的认识更清。

两年多来，我们围绕课题，立足课堂，课题组成员不断开展课堂观摩研讨，通过丰富的课堂样态来思考如何培养学生的思维品质，开设市级以上的公开课12节。

…………

课堂是师生共同成长的地方，也是教育研究的实验室。以课堂实践为平台，研究学科教学元素，通过不同交流研讨平台，去寻找教学的盲点，去生成教育的因素，去发现努力的方向。

2.深入探讨研究，在理论上提出有价值的思考

这一阶段，我们积极思考，勤于研究，围绕课题，我们或编著专著，或发表论文，或参加论文大赛。其中夏红梅、魏志军、左敦凤、贾洁等老师的论文在2017、2018年长三角语文教育论坛的论文大赛上获二、三等奖；郭惠宇、魏志军、夏红梅、刘勇等围绕课题及工作室在CN刊号发表文章10余篇；张抗苏老师主持参与的市级课题《发散思维在新材料作文教学中的应用研究》获市"第八届教育科研优秀成果"市二等奖。夏红梅老师和郭惠宇老师合著的《高中语文阅读教学与思维品质》将在上海教育出版社出版，全书25万字左右，共分五章，分别从思维的科学与语文的思维、思维品质与语文核心素养、课程体系下的思维建构、课堂空间里的思维养成和文本解读中的思维肌理。系统全面地阐述了语文阅读教学中培养学生思维品质的思考、方法和路径。

（三）第三阶段：整理总结阶段（2020.01—2020.05）

主要工作是案例总结、专著撰写、结题评审等。

1.定期刊印课题简报。

近三年来，共出简报10期，及时记录课题研究活动和研究状态，总结课题研究的进程。

2.群策群力努力谋划。

及时召开课题组成员会议，布置结题有关安排，整理行动研究的成果。

3.注意成果的收集。

编辑《暗香浮月》《细嗅芬芳》等学生作文选集，编辑论文集《好玩与有用》（安徽文艺出版社出版）。魏志军老师开设了"整本书阅读与交流"公众号（gh_2805fcf0875c），分享师生原创读书体会文章109篇

4.研究专著颇有影响。

主持人郭惠宇和课题组成员夏红梅合著的《高中语文阅读教学与思维品质》由上海教育出版社出版（2019年10月），全书25万字左右，并列入"白马湖"系列，向全国发行。

5.结题总结形成报告

努力对本课题研究进行有效性的分析和反思性评价，形成结题报告。

九、课题研究的成果

（一）课题研究的实践，大大地提升了教师语文教育本质意义的认识高度，提高了理论研究水平，增强了教师乐于实践、勤于思考的教育自觉。

在进行研究的三年里，我们在忙碌、辛苦的同时，也在不断思索，不断研究：大家及时充电，研读相关书籍，更新教育观念；大家随时思考，每次活动后成员们都会记录下自己的心得与体会，表达个人的所思所想；大家积极撰文，在自己观察、实践、总结的基础上，从不同角度就如何培养思维品质的问题作或深或浅的阐发。各位研究者围绕课题主题撰写的文章发表或获奖20多次，这些论文源自我们的课堂，从中生长出来，是属于自己田地的原生态研究。

…………

我们将自己的思考和研究编辑了一本论文集《好玩与有用——语文教学艺术散论》，由安徽文艺出版社出版，其间记录下我们或许幼稚或许浅陋的教育行动，我们对思维品质培养的教育思考，作为课题研究的成果之一；同时，夏红梅老师和郭惠宇老师合著的《高中语文阅读教学与思维品质》由上海教育出版社出版，作为其"白马湖系列"丛书出版，该书在"后记"中明确写明本书为课题研究成果，并注明了项目名称和项目编号。值得一提的是，该书由上海教育出版社副总编辑、《语文学习》杂志主编何勇先生亲自担任责任主编，著名特级教师曹勇军为该书作序《绽放在语文课堂上的思维之花》，且该序发表在《语文教学通讯》（A刊）2019年第7-8期上，认为该书可以"成为广大一线教师的案头参考书"，在全国中学语文界产生一定的影响。

（二）课题研究的推进，丰富了语文教育活动的形式，让更多的学生在语文教学实践提升其思维品质，进而提高了学习语文的兴趣。

本着从语文课堂出发，让语文课有思维深度与质量的初衷，实践者们在如何拥有高品质、有内涵的课堂，如何通过师生间的平等对话培养学生独特的感悟和体验，如何激活学生的学习潜力、张扬其人文精神、打造高效课堂等诸多方面，作了切实有效的探索。我们试想让生态理念落地，让自己已经理解的教育思想在自己的田园里开花，结果。

我们将核心素养的理念落实语文的阅读与写作中去，不断地提高学生的读写素养和思辨能力。我们倡导学生为成长而阅读，为生命而阅读，开展有效的阅读指导，强化学生的批判意识，有效利用好语文教材及课外读物，推进学生的思维成长；我们推进有品质的语文写作教学，拓展发散思维和创新思维，培养创新能力，提升作文指导策略，创新作文批阅方式。

郭惠宇老师为他的学生编辑了作文集《暗香浮月》和《细嗅芬芳》，将学生写作的印痕集中呈现。

（三）课题研究的开展，带动了教师个人专业成长的提速，促成了一个有使命感、有责任心、有研究力的语文教学学习团队。

三年来，课题组成员在参与课题研究的同时都在不断争先创优，在各自的学校单位成为骨干与中坚，他们在教育教学、教学科研、撰写论文和指导学生上做了大量的工作，取得了骄人的成绩。

…………

十、研究中的反思及今后的设想

（一）研究中的反思

1.由于本课题研究涉及多学科交叉，对研究者的理论研究能力要求较高，而课题组成员都是各学校的骨干力量，肩负着学校的多项教育教学工作，能够潜心研究的时间不多，理论的跟进不够，因此，课题研究更多是在各自语文教学的实践层面加以探索，这就势必让课题的研究深度受到影响，更具普遍的、规律性的发现与提炼还尚待时日。同时，课题的实施操作也难免有草率粗疏之处，甚至有不科学的地方。其中简单描述多于理论探究，感觉经验多于数理统计，秉持生态理念的课堂实践还没有成为常态，成为真正自觉的行为。

2.一个成功的教学研究课题，它的受益者应当是学生。本课题在实施过程中对学生的关注程度还不够充分系统，各自实践的深度、广度也各有差异，许多活动没有成为整个研究团队的一致性项目，进行跟踪、探究、总结。因此，学生实际的收获更多的体现在一部分学生上，有的只停留在一时一面的表层，甚而停留在个人的预设之中。

3.课题旨在审视语文教学规律性的东西所蕴含的学科思维品质，实际研究中只能依据思维学科相关的结论去推演出语文教学中思维品质的关键点，难免有贴标签的意味，很难解决语文教学中思维品质培养所面临的复杂问题，也鲜有对策和办法。

3.作为课题负责人，客观上，因其工作繁忙，使研究工作多有拖延滞后；主观上，也因理论研究水平的不足，读书时间和效率都存在问题，许多问题的探讨还停留在以前的水平，与思维科学研究的前沿还有差距。

（二）今后的设想

语文教育的思维品质培养是一个需要长期持续推进的教育目标，课题的结束，绝不意味着研究的停止，而是更加促使我们在今后的教学中去思考、去发现、去探究。随着新课标的落地，我们将继续秉承思维教育的理念，持续地坚定教学的实践研究，对新课标所关注的"项目学习""深度学习""群文阅读""整本书阅读"以及"学习任务群"等学科教学内容，作更加深入全面的思考与研究，努力发现学习的规律，更加科学地去营造语文教育教学诗意灵动、和谐美丽的空间。

该课题在2020年安徽省教育科学研究院组织的省教育科学研究项目结题论证中获"优秀"成果鉴定等级，也是我个人做课题研究以来第一次获得"优秀"，也算我退休离开二中画上了一个完美的句号。

苏霍姆林斯基说："如果你想让教师的劳动能够带来乐趣，使天天上课不至于变成一种单调乏味的义务，那你就应当引导每一位教师走上从事研究这条幸福的道路上来。"从我自身的体会而言，教育科研往大处说，可以改变个人的工作状况，改变个人的职业处境，进而改变个人的人生命运；退一步说，教育科研可以给自己带来成就感，觉得自己所做的一切是快乐的、高级的和有意义的。

第八讲　从教学到教育：
拥有职业的洞察眼光

每个怀揣着从教学名师到教育名师的梦想的语文教师，都应该清醒地意识到，作为语文教育名师的素养不仅仅是学科的素养和教学能力，更是对生命敏锐的发现，对文化情怀的表达；他不仅仅是教给学生应试技巧、读写能力，还要拥有对职业通透的见识与行动，不断地传递一种热爱，进而让学生通过这个语文学科懂得生命，尊重文化，敬畏自然，热爱生活，而这正是作为语文教育名家最重要的素质和特质。

一、在语文教育的世界遨游

李希贵先生在谈及学科育人的问题时，曾举美国人赛斯·高汀写的《盗梦工厂》中一个事例。说是想让一个人不喜欢棒球，方法很简单：

"先教棒球史，从阿布纳·道布尔迪发明棒球、板球的影响和帝国主义讲起。然后考试。再从黑人联盟和早期的巡回赛球队讲起，要求学生记忆关于每个球员的数据和事实。然后考试。按这两次的成绩排名，让成绩好的学生记忆更多关于棒球球员的统计数据，把日本和多米尼加共和国的球员也包括进来。把成绩差的学生交给一个水平不高的老师去教，但学习内容类似，只是给予更宽松的时限。然后考试。"这么操作完之后，学生基本上一听"棒球"就会抵触。

如今的语文课也会有类似的感慨：上课越来越多，效率越来越低；考试频率越来越快，语文味儿越来越淡；教学形式越来越丰富，学生感动越来越减弱；课改的口号喊得越来越热烈，教育的方向却越来越找不到北。语文课程标准的新名词一次次地被教师写进了教案论文，却并没有体现在教学实践中，没有体现在与学生相互交流的流程中。语文教育的生命在一天天萎缩，教育的终结目的在离我们远去。我们都知道教育的最终落脚点是致力于培养真正的人，让每个人都能幸福地度过一生，可是实际的做法是在致力于培养工具，我们给了学生多少生活的信心和勇气，关注多少他们今后的人生的幸福呢？

每个渴望在语文世界"逍遥游"的教师，需要学会打破语文板块的壁垒，综合完成语言、思维、审美和文化素养的培养；打破学科的壁垒，把语文与生活、社会联通起来，在多学科的合作中，引导学生的人格修成。锻炼我们育人的职业眼光，包含丰盈的生命情怀，拥有博大的文化胸襟。

1.生命教育：语文教育的命脉

如何还语文教育以生命，如何将生命的意识融入语文教育，是我们今天每个语文从业者应该冷静思考并着力执行的使命。我以为，有生命力的语文教育一定始终关注生命，而关注生命的语文教育也就有着强大的生命力。那么语文教育的生命在哪里？又如何去实现对生命的关注？

首先，语文教育的生命在于"情"，要用生命去唤醒生命。

课堂是教师与学生进行心灵对话和感情交流的最佳场所，而情感的迸发，不是简单的开关说控制就能控制的，它需要共鸣，需要磁场，需要用相同的情感一同催化。教辛弃疾的《水龙吟》，你让学生去感受词人的心境，他们便会漫不经心地说出：悲愤、无奈、哀叹、痛苦等，语气那么轻松、表情那么淡然，他们是在对词作加以总结和概括，而不是感受，他们根本就没有真正走近人物的内心世界，真正体会到那份将"栏杆拍遍"的苦楚，那种无人来揾泪眼的伤心。而优秀的教师抓住这"英雄泪"，不断追问到底因何流泪、为谁流泪，到底是怎样的一个英雄，又会有谁来揾，这时再来感受词人的内心世界以及他们心中的辛弃疾时，你分明能看到他们感动的表情与愤激的情绪。

我们提倡语文教育要有情，语文教师的教学要有激情。但激情的释放需要依据不同的对象，比如教学中刻意的夸张，无趣的调侃，对于讲析李清照表现离愁心绪的词作《醉花阴》，是很不合时宜的；不断的掌声，煽情的激励，对于学生深刻地体味古代词人痛苦的人生体验，也是很没有必要的。热闹不一定是激活兴趣的良方，搞笑也不一定是拉近距离的锦囊。我常常不明白为什么在高中语文的课堂上我们的老师还是那么热衷掌声，我们又期待怎样的掌声？崇高真挚又带着哀伤的情感在笑声中只能变得肤浅随意，而且消解殆尽。没有经过灵魂浸染的东西是无法长久而深刻的存在。

所以，有生命力的语文课堂就是要求教师不断地去"唤醒"学生的生命意识，和他们进行生命与生命的对话。因为，教育绝非单纯的知识运输，单向的文化传递，它是人格心灵的唤醒。生命教育在语文教学中，是无处不在的。语文教学有了生命教育的渗透，会使学生的生活温馨而丰富，生命健康而高尚。

我们应当把语文课堂教学看作是师生人生中一段重要的生命经历，是我们生命的、有意义的构成部分。对于学生而言，课堂教学是其学校生活的最基本构成，它的质量，直接影响学生当下及今后的多方面发展和成长；对于教师而言，课堂教学是其职业生活的最基本构成，它的质量，直接影响教师对职业的感受、态度及生命价值的体现。这就要求在语文课堂上，教师要以饱满的热情，把自己对生活、生命的真切感受真诚地传达给学生，热情地唤醒他们。教师要用不同的言语方式使师生双方感觉到他们精神脉搏的一起跳动，使学生在课堂上感受思想的升华和和谐的欢愉。师生双方在课堂上不仅是"教"与"学"的刻板定位，更重要的是思想的碰撞和内心的互动。只有在这样的课堂上，师生才会个身心投入，他们不只是在"提供一些知识"和"接受一些冷静的符号碎片"，他们还在感受课堂中生命的涌动和成长。也只有在这样的课堂，学生才能获得多方面的满足和发展，教师的劳动才能闪耀出人性的光辉，体现出育人的终极功能。

其次，语文教育的生命在于"美"，要用生命去发现生命。

如今的语文教育，或许是被高考牵着鼻子，或许被功利异化了心灵。语文课堂被试题填满，文本不是我们欣赏感悟提升的对象，成为一具具等待解剖的标本。我们似乎已经习惯于对所学内容加以技术化、功利化。在许多的公开课上，应试的痕迹与元素常常出现，以诵读为例，对一首诗读法本没有固定的程式，可我们的教师一定学生按着他认为的节奏、停顿、吐音要求诵读，事实上读得字正腔圆的未必体会就深，而体会深得也不一定都能读得合乎教师的标准；而赏析一首诗歌我们会自觉不自觉地要和高考的题目样式靠拢，去寻找那些所谓的标准答案。固定的模式、僵化的流程、刻板的讲述以及功利的目的都是与美无缘，缺少了美的课堂，自然也就我们的学生越来越不喜欢，越来越远离语文，仅仅因为是考试的力量让他们停留于此。

生命的语文教育需要教师引领学生去寻找文本世界的美，发现文学形象的美，体察大师心灵的美。追求刚与柔的配合，动与静的和谐，疏与密的安排，雅与俗的穿插；善于抓住文本中的一个词、一句话、一个细节、一个场景等，将其统领全文，贯穿全课，一以贯之，一气呵成；优秀教师的角色定位应当是一个思考者，一个精神世界的引领者，这样才能担当起带领学生一起去发现美的责任。像李清照的《醉花阴》、苏轼的《定风波》、辛弃疾的《水龙吟》这样的作品，从对生命意义的认识上，对三首词作而言，其意义指向还是十分明确的：李词着力表现生命中孤独寂寞的离愁，苏词重在体现遭遇人生坎坷的旷达，辛词则旨在反映难觅知音的愤懑。我们缺乏能从学生生命个体出发去帮助学生发现古人在生命过程的悲苦壮烈，常常淹没在朗读背诵、字句阐释、知人论世上，而不去寻绎古人生命体验对我们今天的人到底有什么滋养，不去发现言语之外情感深处的美丽，不去营造传递情感相互体验的生命交流场。学生没有通过他们生命体验去发现文本世界中精彩的人生。

最后，语文教育的生命在于"味"，用生命去提升生命。

于漪老师说："汉语言文字不是单纯的符号系统，它有深厚的历史文化积淀和独特的文化心理特征。汉语和其他民族语言的工具性和人文性，是一个统一体的不可分割的两个侧面。没有人文，就没有语言这个工具；舍弃就无法掌握工具。"①长期以来，我们的语文教学的定位一直游离不定，变化不断。一强调"工具性"，语文课便成为知识的堆叠，解题的训练；而一重视"人文性"，又落入空洞的说教，无端的煽情。

语文的"味"是通过情感激发和语言品味等手段，在师生共生互学的关系中体验到的一种令人陶醉的审美快感。它主要体现在教师引导学生凭借自己的经历、阅历和文化积淀，去体味、感悟作品，引导学生在充分的思维空间中，多角度、多层面去理解、鉴赏作品，产生对文本的情感美、文体美和语言美的认同与赞赏，并产生强烈的阅读欲、创作欲，在长期的濡染中培养学生的语感和美感，触发学生的灵感，丰富学生的精神世界，涵养学生优美的文明气质和优雅的文化风度。久而久之，学生身上洋溢着浓郁的语文味即文化味，学生的语文能力、语文素养和文化品位、健全人格得到了提升，同时也就意味着，学生具有了获取人生幸福（特别是精神幸福）生活的能力和素养。

有"味"的语文便是有生命力的语文，置身于有语文"味"的课堂，感受有人性"味"的文本，接触有书卷"味"的教师，对于提升学生的生命价值无疑有着积极的力量。一篇《定风波》不要急于给苏轼的人生意义贴标签下定义，而应当首先着力于去还原一个真实的苏轼，一个有爱有恨有愁苦有放浪的活生生的人，从那风雨斜阳的环境中去重温曾经遥远的故事，从吟啸徐行的形象里体会任平生的心绪，从多舛的人生遭际中感受无雨亦无晴的超然淡定，我们语文"味"在意境的揣摩，形象的分析，情感的体验中袅袅飘散……于是，一个真实的苏轼便向我们走来。

这样说来，有情有美有味的语文课堂怎么没有生命力呢？而有生命力的语文课堂也自然洋溢着对生命的敬重、人性的光芒；让我们用充满活力富有生命的语文课程去照亮学生今后的生命路途，让语文成为他们今后生命路上的一盏灯，一个路标。真正实现母语教育，成为人文教育、审美教育、生命

---

① 于漪.于漪全集•语文教育卷[M].上海：上海教育出版社，2018.

教育的历史责任。

2.文化使命：语文教师的天职

陈文忠先生说："每一个民族的传统教育，核心是语文教育；每一个民族的语文教育，本质上是民族文化的教育。每一种文化都会形成一种凝聚性结构，形成一种民族的文化认同结构。通过语文教育，通过民族文化的教育，形成植入每一个个体内心的民族认同感，形成整个民族的凝聚力，这是语文教育最神圣的文化使命，也是语文教育最伟大的文化功能。"①他认为："在学校的课程体系中，语文教学与传统文化有着最密切的联系，语文教师天然地肩负着薪火相传、人文教化、确立民族认同、增强民族凝聚力的文化使命。"传统文化体现在语文文本、语文课堂、语文评价和语文课程等四个不同的维度中，传承民族文化，也就成为语文教师的天然职责与使命。

"因为国文课本的内容，比较可以滋润青年们枯竭的心灵。所以在现制度下的学校，对于学生心理的陶冶，国文教师实负有很大的责任。……要求青年得到一点真正的内心陶冶，就非从国文教学根本下手不可。"八十多年前西南联大中文系罗庸教授在《国文教学与人格培养》一文中，如此强调语文教师的神圣使命，至今也依然如此。所以，任何语文教育其实都是文化教育，而文化教育的目标就是成就人。

语文文本：陶冶文化心灵。语文教学文本由民族的文化经典和文化经典组成，最具文化意蕴和文化品格，也最能陶冶学生的文化心灵。语文文本不仅作为一种传播知识和进行思想教育的凭借，还是优秀文化的代表，其特有的汉语言魅力和内在的文化蕴涵及情感动力能够赋予个体生命以价值、尊严、自由、意义和独立人格，赋予汉民族以向心力、凝聚力、感召力和创造力。于漪老师说："学语文不是只学雕虫小技，而是学语文学做人。语文教育就是教文育人。语言文字是文化的载体与结晶，教学生学语文，伴随着语言文字的读、写、听、说训练。须进行认知教育、情感教育和人格教育。"

语文教育就是要不断发现文本中的文化含量，挖掘其文化意蕴，充分利用文本对学生进行语文素养的教育，进而实现个体人格发展。高中语文新课

---

① 陈文忠.中华传统文化与语文教育[M].南宁:广西教育出版社,2021.

标将《红楼梦》整本书阅读纳入高中语文学习的重要任务，是有其深刻的意义的。温儒敏先生说："《红楼梦》是中国文学的巅峰，也是中国古代文化的'百科全书'，凡是受过基础教育的国人，都应当读一读《红楼梦》。不一定都要喜欢，但要有所了解，有所尊崇。让高中生读《红楼梦》，一是让他们对古代文化与古代社会生活有一些感性的了解，这种了解是读一般历史书难于获取的；二是让他们通过读《红楼梦》去感受民族审美的积淀，培养审美的感觉与能力；三是帮助他们通过《红楼梦》的阅读去感受汉语之美，培养良好的语感。《红楼梦》是用白话写的，但清代的白话也带有许多书面语的成分，读过《红楼梦》，它那种语言的精美、雅致和简洁，会让学生们的语感得以熏陶，从而提升语言表达能力；四是让他们从《红楼梦》中感受知人论世，认识社会历史的复杂性，锻炼和提高逻辑思维与直觉思维的能力。"

有专家说，阅读《红楼梦》是一种灵魂的深度对话，可以获得鲜活的审美体验和人生感悟。我深以为然。

语文课堂：建构文化对话。良好的课堂氛围应该是轻松、愉快的，师生在文本教学的过程中，发现问题，提出问题，并在共同解决问题的过程中，凝聚课堂智慧，形成文化交流，展现个性，披露灵性，实现语文课堂教学的文化追求与人格养成。

举一个例子。高二时我给学生讲授选修课《〈史记〉选读·孔子世家》，在很长的篇幅中，重点选取了孔子和弟子们"困厄陈蔡"的一部分，与学生一起分析思考何为"君子固穷"。下面是课堂实录片段。

师：好。刚才我们读的两段文字源自《论语》，司马迁是根据《论语》的记述敷衍出来的，《论语》中的原文是

【PPT投影】

在陈绝粮，从者病，莫能兴。子路愠见曰："君子亦有穷乎？"子曰："君子固穷，小人穷斯滥矣。"——《论语·卫灵公》

师：原文一共33字，到司马迁笔下变成了一段五六百字师徒对话的教学现场。后代人对这样一个场景，作了各种各样的解说，成为一个经典的文化场景。问题来了，孔子为什么说"君子固穷"？要回答这个问题，首先要

回答子路为什么提出"君子亦有穷乎"这个问题。

生：子路认为，既然是君子，是可以凭借自己的才学和品质，谋得一份比较好的工作……（学生笑）

师：哦，你是想到挣钱了。君子是什么人？

生：君子是有德行的，有才学的，应当受到尊重的人。

师：对，也就是我们通常意义上所说的好人。让子路难过的是，我们是好人，是君子，"好人有好报"，本来我们走到哪，哪就有掌声和鲜花，而现如今遭到什么样的对待？

生：跟着老师到处颠沛流离，现在楚国准备聘用孔子了，结果陈、蔡两国的大夫担心用了孔子就要砸了他们的饭碗，所以组织一些人把孔子一行给围了，断水断粮。

师：砸饭碗，倒是很形象。你看，君子不仅没有受到尊重，反遭嫉恨，那君子该如何面对呢？

生：不公平的命运，能考验君子的忍耐力；往往越是在"穷"的境遇下，才越能看出你是否是真君子。

师：这里孔子在和弟子讨论一个严肃的道德问题：好人就一定会有好报吗？对于这个问题包含三个境界：一是因为好人常常没有好报，所以有人就干脆不做好事，专做坏事，而且有时候还如鱼得水，有吧！二是相信没有好报是因为可能时候未到，我们还要继续做好事，耐心等待，对吧，我们大多数人也是这样想，也这样在做着。请问什么是好报？

生：就是获得应有的回馈……比较理想的好的结果……

师：再简单一点，用一个词来概括，就是——

生：成功吧……

师：对。一般人认为的好报，简而言之，就是一种成功。但我们有没有想过君子为什么会不成功？

生：嗯，可能君子更讲原则、讲道德，不愿意退让屈服，所以成不了……

师：是的，君子追求进取，但为原则、道德，他有所为也有所不为，因此就会有掣肘，就会碰壁，就会有困厄，于是就有了孔子的第三种境界，说说看是什么？

生：不以成功为标准，一定坚守住，不能丧失人格，首先努力成人。

师：是的，在孔子看来，君子要安于困厄，道德只能保证我们成人，而不能保证我们成功，君子以成人为最高追求，小人才不择手段、胡作非为去获得成功。我们是要一次高尚的失败，还是要一种下流的成功？君子追求成功决不以人格的丧失为代价。孔子抱定这样的信念，所以他才会淡定地"讲诵弦歌"而不衰，所以他才坚定地说——

生：（齐声）"予一以贯之"！

师：好。我们一起来齐读一下这段话：

【PPT投影】

穷且益坚，穷不失志，他永远有尊严，永远有人格。他无论走到哪个地方，会始终葆有那样的一种精神，那样的一种气质，那样的一种凛然不可侵犯的高贵。困厄之地，弦歌不绝，这就是君子！

教师围绕"君子固穷"这一命题，以"好人会不会有好报"展开分析，一番对话讨论，廓清了道德不是以功利为前提，也不能被"有没有好报"绑架，传扬了一种昂扬向上的君子气度。在这场传统文化命题的辨析中，教师不仅引领学生汲取古人的道德力量和文化智慧，真正理解了孔子所谓的"君子固穷"，也让我们树立起了做人的标准、画出了道德的底线。

语文评价：锤炼文化品质。一说起评价总是和考试练习在一起，事实上语文能力的高下不是能用简单的分数所能衡量的，也是分数衡量不了的。寻找文化意义的语文评价，就应当着力于语文素养的评价。关注"过程"，关注隐性的、长远的目标，关注活动式、对话式、情境性等多元化的评价，随着过程流转，生成文化元素，唤醒文化意识，体现文化精神。

比如语言的习得学得需要体验，需要在运用的实践中领悟。我在教学柳永的词作《雨霖铃》时，教学的评价方式除了会背诵，能欣赏外，特意布置了一道作业：将词作改写为现代诗或歌词。我以为，这样的一种文字转换形式，是另一种阅读词作能力的考查方式，也是考量一个现代人能否真正走进古典诗词意境的别样方式。学生上交的作业，让我看到了他们的才华和理解力。这里略举两例。

谁听我诉说？

这一天寒蝉凄切，愁绪满怀将你送别，

这一天骤雨初歇，只想陪你走穿黑夜，

我们郁郁举杯，伤怀时行舟正催，

我们无语相望，动情处涟涟垂泪。

只道别了，别了，有缘总能再相会。

看那风起云追，代我送你不知疲惫，

想那暮沉浪飞，千里异地是何滋味。

难展愁眉，念着你，夜怎成寐？

多情恰似你我，怎堪离别哀伤折磨，

偏逢那，冷清秋，遍地花儿零零落落。

夜半酒醒，晓风婆娑砭肌骨，

船泊岸边，杨柳依依撩人心，

残月伶仃，怎比我寂寞！

没有你，世景繁华皆为过客，

离开你，良辰好景渺渺虚设。

纵然是，柔情蜜意心海淹没，

谁听我诉说？

一路顺风

那一天知道你要走，我们无语

当午夜的钟声敲通离别心门

敲不掉深深的哀愁

只道你有千言有万语

我难以开口

当你背上行囊，走向港湾

我只能泪流心底

一路顺风

那一天知道你要走，我们无语

当潮涌的渡口挤走道行人流

挤不掉绵绵离绪

只见你泪千行泪万行

我好生心痛

当你挥手作别，融进雾霭

我只能默默祝祷

一路顺风

学生呈现的作业，本身就是一种语文能力水平和文化品质的评价。不仅是书面的，口头演讲的能力同样是评价的最好方式之一，所以我特别在意学生的演说能力，除了课堂给予更多发言机会外，很热衷于课前5分钟演讲。丰富多彩的话题，使得语文教学有了更加深刻并且更有意义的教化功能。记得2017届的文科实验班，到高三最后一阶段感觉他们十分疲乏，写作也觉得没有什么筋骨。于是，我给每位同学送了一本王阳明的《传习录》，要求大家认真阅读，从中挑出一句话，作五分钟演讲，这个话题的名称叫作"一日一阳明"，这样一直延续到高考前夕正好讲完。学生们非但没有觉得我耽误了他们的时间，反倒觉得情趣很兴奋，内心很充盈，他们做课件，选角度，慷慨陈词，写作时还学会了动辄"阳明先生如是说"之类。下面是李晶晶同学的演讲稿《做知行合一的智者》。

做知行合一的智者

【一日一阳明】

未有知而不行者，知而不行只是未知。

——王阳明

听过很多道理，却依然过不好这一生。知道但做不到，等于不知道。如果知行隔断，不再互动，不再流通，知便是妄想，行便是盲行。

壹、知行合一才是真知

人们常常会"知而不行"或者"行而不知"。但知和行并不会脱节，只有知行合一才是真知，无论是知而不行，还是行而不知，都将落入迷惘和困惑。就说写字吧，告诉大家一个张溥的故事，"溥幼嗜学，所读书必手抄。抄已，朗读一过即焚之，又抄，如是者六七始已。"或许这就是他能成为大家的秘密吧。

贰、知而乐行方能行远

王阳明说，"唯有真己，方能克己，方能成己。"

周国平在《只有一个人生》里说的："一个人只要知道自己真正想要什么，找到最适合自己的生活，一切外界的诱惑与热闹对于他就的确成了无关之物。你的精神有了一个宁静的核心，你就能成为你奔波的身体和起伏的心情的主人。"

身处临考状态的我们，乐行方能成功。

叁、知而重行定达目的

为何许多人听过很多道理，却依然过不好这一生？有位演员曾这样说："如果我不去演，我这一辈子到死都会后悔，所以即使是陪跑，我的内心也是快乐的。我演戏，并没有说一定要出名，也没想过要得奖，只是为了求得心安。因为，我不想自己到死的时候，还在念念不忘被自己放弃的表演的梦想。"

我想陶行知，为何起名"行知"而不是"知行"的原因吧。希望大家能有如下"三知道"：

要完全知道你真的在做什么

要完全知道你真的追求什么

你要完全知道你真的知道什么

最后，再分享几句王阳明关于知行的名言：

"有如知痛，必已自痛了，方知痛。知寒，必已自寒了，方知寒。知行如何分得开？"

"今人却就将知行分作两件去做，以为必先知了，然后能行。故遂终身不行，亦遂终身不知。"

"立志用功，如树使然。方其根芽，犹未有干；及其有干，尚未有枝。枝而后叶，叶而后花、实。初种根时，只管栽培灌溉，勿作枝想，勿作叶想，勿作花想，勿作实想，悬想何益？但不忘栽培之功，怕没有枝叶花实？"

祝大家心想事成。

我们从一个人的言语表达上，看到的是其文化品质，他的立场、需要、趣味、眼界、胸襟等，在一个生成性的动态过程中——得以实现。

语文课程：坚守文化精神。语文既作为一种文化载体，又是一种特有的文化现象。坚守语文课程文化的基质，承继传统文化的伟大力量和自新能力，发现其丰富而辉煌的现代价值；同时，吸收多民族、多元化的文化资源，使语文课程文化拥有开放的文化视野。树立起新时代语文课程文化精神的新境界，使学生真正获得现代社会所需要的语文素养。

优秀的语文教师在努力完成国家课程的前提下，善于去开发语文的校本课程，拓展学生的文化视野，锤炼学生的人格品质。这里以我工作室成员郭俊老师的校本课程《光影人生——影视哲学》[①]为例，该课程以影视作品为切入点，以学生活动为主体，将影视作品、哲学作品、文学作品的阅读打通贯穿，以期让学生以平和的哲学观观照中西文化，获得对人生理性的思索和热爱；培养学生纯正的审美趣味，提升其审美品位，把握经典作品的深层思想内涵；在培养学生自主、合作、探究学习精神的基础上，根据学科特征，充分发挥多媒体网络的优势，探索新的学习方式。据此，她制定了如下的"课程纲要"：

课题	时数	方式
导引课:你是谁？世界是什么？ ——影视折射人生	2课时	电影《苏菲的世界》切入，讲析哲学知识，明确课程目标和内容,确立小组
第一讲:最美的相遇 ——影视中关于"相遇"的哲学探究	2课时	《大明宫词》《红楼梦》《苔丝》《安娜·卡尼娜》影视片段赏析和小说阅读，讨论

①郭俊.博观生慧,积健为雄——马鞍山二中校本课程的回顾与反思[J].中学语文教学，2017(4).

续 表

课题	时数	方式
第二讲:弦动我心 ——影视中关于音乐净化功能的探究	2课时	《孔子》《放牛班的春天》《歌剧魅影》《海上钢琴师》《她比烟花寂寞》《卧虎藏龙》影视片段欣赏,讨论
第三讲:言语即存在 ——影视中关于语言张力与诗意栖居探究	2课时	电影《东京审判》《死亡诗社》片段欣赏,海德格尔《存在与时间》解读,讨论
第四讲:一个人的抗争 ——影视中关于个人与体制之争的探究	2课时	影片《无名的裘德》和漫画电影《老人与海》片段欣赏
第五讲:肋骨的宣言 ——影视中关于女性主义的探究	2课时	《简·爱》《婚姻保卫战》影视片段欣赏,西蒙·波伏娃《第二性》作品解读
第六讲:通天塔 ——影视中关于文化冲突与融合的探究	2课时	李安三部曲(《推手》《喜宴》《饮食男女》)片段欣赏,讨论
第七讲:末日恐慌 ——影视中关于地球末日的心理探究	2课时	观看电影《后天》《神秘代码》,论坛讨论
第八讲:时光倒流 ——影视中关于时间存在形式的探究	2课时	观看电影《时间旅行者的妻子》,海德格尔的《存在与时间》和霍金的《时间简史》解读,论坛讨论
第九讲:死亡的尊严 ——影视中关于死生的探究	2课时	比较电影《深海长眠》《入殓师》,陆扬《死亡美学》和段德智《西方死亡哲学》解读
结束课:美丽人生 ——影视中困境审美的探究	2课时	共同观看电影《蝴蝶》,自由观看《美丽人生》《枕边人》《这个杀手不太冷》《救赎》,鲁迅作品解读,论坛讨论

下面是《第九讲:死亡的尊严——影视中关于死生的探究》的教学片段。郭俊老师和学生在谈及《深海长眠》《入殓师》这两部影片的看法时,有如下精彩对话。

学生甲:我对《入殓师》中好几处对话印象深刻,比如,入殓师小林大悟和火化师老人在桥上谈论河水中奋力上游的鲑鱼——

老人　加油,加油!(看到死去的鱼)真可悲啊!拼命游上来就是为了去死!

大悟　终归是一死,不用那么辛苦也可以吧?

老人　是自然定律吧,它们天生就是这样。

还有入殓社社长佐佐木一边和大悟分享着美味的河豚鱼白，一边分享自己的生活感悟：

佐佐木　一种生命要靠另一种生命生存，当然植物除外。要想活着，就得吃东西。既然吃，要吃最好的。好吃得让人为难。

这是否意味着死是一件很普遍的事？就像火化师为默默守候了多年的鹤乃汤（公共浴室）女老板火化，他平静将他心上人的棺椁推进焚化炉，合上炉门，按下按钮，火光腾起，转瞬间灰飞烟灭，火光透过透明的炉门明灭在他微澜不起的沟壑的脸上。他是这样告诉大悟的："死亡就是一扇门，它不意味着生命的结束，而是穿过它进入另一个阶段——其实就是一扇门！我呢，作为守门人，把他们送上新的旅程，对他们说声：路上小心，后会有期！"

学生乙：对，史铁生在《我与地坛》里也是这样说："死是一件不必急于求成的事，死是一个必然会降临的节日。"

师：如果说《入殓师》从一名入殓师新手的视角，观察各种各样的死亡：影片中死亡方式有自杀的、横死的、病死的、老死的，死亡主体有变性人、不良少女、贤妻、慈母、老父，还有章鱼、鲑鱼、河豚等。从有意识截取的各种死亡面上告诉我们死亡是逃不掉的宿命，那《深海长眠》呢？

学生丙：如果不是和老师一起看，我一个人在家很可能看不下去。就像纪实片，对话那么多。

学生丁：但它比《入殓师》更深刻，看这部电影，需要耐心安静。雷蒙坚持要死坚持了近三十年，这份执着不被大多数人所理解，因此他越想死，就越死不了，他的死成了社会问题。人们千方百计地让他活下去，很多人认为自己有责任有能力来帮助他，于是跑来和他谈活的意义，活的勇气以及活的责任，他总是静静地听着，然后微笑着说，请让我死。

学生戊：特别是教士（跟雷蒙同样的高位截瘫者）和雷蒙的对话——

教士（怒不可遏）　遏制生命的自由不是真正的自由！

雷蒙（不屑一顾）　遏制自由的生命不是真正的生命！

哇，太震撼了！

学生丁：还有那一段——

老父　最痛苦的不是老年丧子，而是他自己不想活。

兄长　我们是如此爱他，他为什么还要死？

雷蒙　生存是一种权利，而不是一种义务。

学生己：拍得最好的镜头是雷蒙知道自己的爱人就在海边散步，而自己却不能移步时，痛苦万分想象自己飞向海边的长镜头。拍得太有想象力太逼真了，他听着老唱片，掀开被子，赤足踏地，移开病床，走到门边，突然助跑，呼哧呼哧跃出窗外，我还以为要自杀。结果镜头随着呼吸声起伏俯掠过地面，扑面的凉风，树林上湿润的空气，当镜头越过高山这一片绿色之后在空中忽然静止，仰视着浑蓝一色的天空再急切地望向沙滩，旋转着降下。在这高速飞行后的忽然舒缓中，望着那片渴望中的大海与镜头一起天旋地转，洋溢着难言的幸福感，就像雷蒙自己"写"的诗——

大海深处，大海深处

在失重的尽头，梦想在那里成为现实

两个意愿合而为一，让一个愿望得以实现

你看，我看

像回声阵阵，默默无语

越来越深，越来越深

穿过血与肉，而超越一切

但我一直醒着

我一直希望我已经死了。

这时我不是被他的台词震到，而是能直观地体验到雷蒙对自己心有余而力不足的"活"何等痛苦，他何等渴望自由支配自己的肉身以匹配这颗丰富的灵魂。我不会选择自杀，但此刻我很理解他的选择了。

在对两部影片的比较后，郭俊老师想检验学生对推荐阅读作品的效果，加深和提升对主题"To be or not to be：that is the question"的理解，师生对中国传统生死观和西方文化生死观进行比较：

一、中国文化生死观

1.儒家：积极进取的生死观

2.道家：顺应自然的生死观

3.佛教：无常寂灭的生死观

二、西方文化生死观

1.古希腊罗马：死亡的诧异

2.欧洲中世纪：死亡的渴望

3.近代西方：死亡的漠视

4.现代西方：死亡的直面

师生共同探讨两个问题，辑录师生部分谈话：

师：生命是自己的吗？死亡是一个人的事吗？生命是权利还是义务？

学生庚：生命既是自己的，又不是自己的。死亡既是自己的事，也关系到许多人。生命既是义务，也是权利。父母给予你生命，你就与他们发生了联系，H中的女生死了，独留她母亲一人独自活，生者比死者更痛苦吧？史铁生在《我与地坛》里说"那时她的儿子，还太年轻，还来不及为母亲想，他被命运击昏了头，一心以为自己是世上最不幸的一个，不知道儿子的不幸在母亲那儿总是要加倍的。"你出生了，就得履行义务。可是，孩子出生了，父母就不该占有她，她应该是自由的，自由应该是最终的追求。当自由与生命发生冲突时，也可以迂回前进，心怀自由之光，保存生命的火种。难道世界只有非此即彼二元论吗？可以打持久战嘛！

师：我们的生命太短暂了，死亡促使人沉思，为人的一切思考提供了一个原生点，这就有了哲学。死亡促使人超越生命的边界，臻求趋向无限的精神价值。不管是东方的哲学还是西方的哲学，死亡的审美价值从根本上说，便在于人类怎样以他们的自□精神超越对死亡的恐惧与困顿，那怎样才能使我们宛如流星的生命变得灿然生动？

学生辛：儒家讲立德、立功、立言。儒家重视的是生前，而非死后，重视的是在现实人生的积极进取中去创造不朽。当道德圆成与生命发生矛盾时，才"杀身成仁""舍生取义"，就是死得其所，死要死得有价值。和父母吵个架就自杀,谈不上什么价值。

师:当然,若执着于德、功、言不朽的物质性,则势必要降而为"立名",孔夫子即有言曰:"君子疾殁世而名不称焉",这就庸俗多了。以"雁过留声,人过留名"为人生价值者,恐怕无多高的德可立,也不会做出多大真正有益于世的功业,因为他关心的只是自己的名字。有人甚至为自己姓名的不朽,"纵不能名扬千古,也要遗臭万年"。

学生壬:我认同尼采的说法"当你们死,你们的精神和道德当辉灿着如落霞之环照耀着世界,否则你们的死是失败的。"他还说:"生存就是不断地从我们身上排除趋向死亡的东西。"

学生癸:我认同海德格尔的"向死而生"主张,意思就是直面死亡,好好规划如何活得有价值有质量有意义。

师:死亡不是目的,人生的意义在于过程。死亡意识是源自本能的对于死亡的恐惧和对于新的生命的向往,真正拥有死亡意识的人往往具有清醒的生命意识,他不会轻——生,轻易了结生命就是轻视生命,随着生命的轻易完结,让你烦恼的问题并没有解决。

校本课程不仅仅是知识层面的发展,学习技能的养成,更是情感层面的提高,人生视野的开阔。它提升了学生自我生长的意识,丰富了学生文化情怀的建构。

二、与青春生命的成长相伴

花开必须静待。静待,不是袖手旁观,不是坐享其成;静待需要精心耕耘,潜心思考。在静待中,去关心学生不断变化的兴趣,寻找与学生共同的话语,研究学习的心理规律,发现每个教育的元素。我一直以为教师需要像全科医生一样,对于关乎学生成长的事都要能拿得起,做得来;教师需要沉下心来,从头做起,从最低点做起,照今天时髦的话叫贴着地面走。因为在教育的目光里,一切都是教育,一切都与教育有微妙的关联:一切都通向教育,教育通向一切。

教育的眼光具有道德的重量,饱含着道德的柔情和建构新世界的力量。

教育的眼光是一种转化的眼光，它试图把世间所有的现象，都转化为导致儿童的生命从一个阶段迈向另一个阶段的成长资源。教育的眼光需要独特的想象力，成长过程和转化过程中所遭遇到的种种可能，每条成长道路上的不同风景，都将在教育的眼光里一一呈现，共同构成一幅生动复杂的教育画卷。

1.享受班主任生活的幸福与甜蜜

学校教育归根结底是育人的教育，一个优秀的教师，其优秀不仅体现在对语文习得规律的探究，也不止于对语文课堂教学的研究，更需要全方位地关注教育对象。我始终认为，一个中学教师没有当班主任的经历是一种遗憾，因为教育的本质在于人性人格的培育。从教的经历中，我除了做学校管理外，20多年一直从事班主任工作。事实上，一个教师所能做成的事情十分有限，我们无力与各种力量抗争，包括喧嚣嘈杂的社会心态，物欲横流的时代背景。我们至多在精力许可的时间范围内，守住校园的一方净土，带着为数不多的学生参与一场陶冶人格人性的文化传递，目的无非是让参与者成为一个真正意义上的人。

把班主任做出学术范。在做班主任的那段时间，我把班级管理一直当作教育科研的选题。在大学没学好心理学，做了班主任不研究这，还真的很难胜任，从头研究便是自己一段时间的日课。为了让自己学有成效，班会课就开始了我的高中生心理系列讲座：高一学习心理漫谈，高二心理效应面面观，高三如何解决心理焦虑。其实当时也没觉得重要，只是觉得班会除了布置工作和训训学生外，总得有点"干货"，总希望和学生离得近一些，心理学挺好玩的。不承想二三十年后，毕业的学生们聚会时，已经记不得我当年语文课教了些什么，反倒常常想起我教的格式塔心理、紫克尼克效应……

既然是科研，自然需要思考、需要研究。我始终告诫自己当班主任不是做保姆，也不是当家长，一定要有专业成分，甚至是学术含金量。《适当·适度·适时》《润物细无声》《浅谈高中班主任的心理角色》《有序·有度·有效》《响鼓重敲 更要巧敲》《教育的缺失与缺失的教育》……一篇篇德育论文出自我手，因而，每年学校德育论文得奖的名单上几乎都有我。

让育人策略出新意。2001年起我担任了首届省理科实验班的班主任，尝试用灵动的思想，科学鲜活地管理班级，深入研究管理的新思路。我觉得长期以来教学替代了教育，认为只要学业好就是好学生，忽视学生的品德教养。教学是教人知识，教育则是教人如何尊重人，注重人格的培养，成为有教养的人。我经常利用主题班会的机会宣讲教养的意义：在经济形势变化加剧的情况下，一个人的教养尤为重要，它是培养人才的社会责任感、正确的判断能力和面向全球的眼光，教养的核心应该是关怀，因为关怀，才能注意并准确地把握人际交往的尺度，给别人留下必要的私人空间，营造文雅和谐的氛围。我认为，做人更重要的应该是做事，要有实际行动，以"行"代"言"。事做好了，恐怕人就做好了，做事是检验做人的标准。不做事的"做人"，乃自欺欺人。做人是概念，做事是填充。正如查尔斯·里德所说："播下一种思想，你将收获一个动作；播下一个动作，你将收获一种习惯；播下一种习惯，你将收获一种性格；播下一种性格，你将收获一种命运。"

在担任班主任期间，我强调最多的是细节，下功夫最多的也在细节上，因为，细节是组成形式的要素，从小事做起，从细节开始，只有注重细节，才能注重他人的感受，所以我要求学生每人每天做好每一件事，"从心所欲，不逾矩"。小到住校生的衣着整齐，大到保送生的推荐表格，每一件事由学生自己先做，老师检查督促，入情入理，明理导行。这样既强调个人的独立性，又使每一个人承担了自己的责任。对于实验班的这些"响鼓"，既有"重敲"，更讲究"巧敲"。力求做到"敲"有方向，既"敲"到点上，又"敲"出节奏。融教育与管理于一体，集良师与益友为一身，创设一种情境，对学生潜移默化地施加影响，使其不自觉地逐渐端正品行。以前老师对学生的行为习惯养成也往往采用苦口婆心的说教方式，现在我从教养教育来切入，采用了完整的教育，渗透的教育，行为养成的教育，即使我经常外出开会，班级秩序仍井然，学生习惯仍良好，良好的习惯又促进学生综合素质的提高。三年过去，全班38人获得数理化生奥赛省一等奖26人次，国家奖6人次，2004年高考考取北大、清华有11人，98%的学生考取了重点大学，成为一时佳话。这就验证了教养教育的定义——在变化激烈的社会里，在互相尊重不同的生存方式以及价值观的基础上，成为主体地、自律性地生存下去的力量。

将尊重学生放第一。教育的实践让我懂得，尊重理解学生，爱你的学生比你教给他知识更为重要。别以为他们幼稚，别以为他们简单，走近他们，你就会发现一个五彩缤纷的世界。从教以来，我几乎一直担任班主任工作，带过文科班也带过理科班，带过水平参差的平行班，也带过积重难返的问题班。在和学生一起的日子，我试着去琢磨电子游戏的魔力，试着去欣赏港台歌星的让人着迷的歌声，试着去读解武侠小说带给人的追魂夺命的功力，也试着去玩味卡通画册的叫人痴迷的原因，……我以为只有当你和他们的生活同步，和他们的节奏相应，你才能触摸到他们的脉搏，才能走进他们的心灵，才有可能与他们有共同的语言。因此，你的课堂里才能充满他们欢快的笑声，你的教学才能在他们心里产生共振；进而，作为一个教育者，你才能去引导、感染、教育、改变他们……

一位毕业7年后偶遇的学生，在其QQ空间中写了一篇随感《遇见一个好的老师=翻开一张命运卡》，回忆起我对她的帮助和过往。她的高中三年换了三个班主任，我是高三接班的，她高中的最后一个班主任。

……

高中时成绩很不好，分文理科之后更是江河日下，回头看看，我真是不太适合学理科，但当时也没有任何人任何迹象告诉我不适合理科，反正我文理科都一样差，一度消沉低落，觉得可能我就是比较笨，什么都比别人差，初中时的健谈变成了高中时的沉默。高三那一年，换了班主任。然后就有了七年来从不曾忘记的一幕一幕。

高三第一次全年级考试，第一场是语文，我所在考场是我们班主任监考。不知道出了什么问题，我从一开始就犯困，终于在支持了没多久之后沉沉睡去，半小时后突然惊醒。心想这下完了，班主任就是教语文的，肯定要给骂死了。但是我左等右等也没等来一顿批，却等来了我中学生涯的第一个高于50的作文分（满分60），讲评试卷的时候还被老师当作范文朗读。我有点感动，直到写下这段话的今天，还觉得感动。

从那以后，我语文成绩开始飙升，虽然我从未对此做过特别的努力，还是几乎每次都考得挺好，几乎每次作文都在50以上，几乎每次都被当作范文。虽然其他所有的科目都是倒数，虽然数学从来就没及格过。每次语文考试我开始跟自己较劲，那样的考试对我而言简直就是一场华丽的表演，我不想知道考场上的情况，我只知道两个半小时的考试时间，绝对不能在一个半小时以后交卷，如果超过了，就确定那是一张挺难的试卷，做完之后我就开始估计全年级的成绩分布大致是怎样，等待结果跟我的预测相比较，每次发现都基本一致，我很得意。渐渐我开始发现，原来我不是之前想象得那么糟糕，原来我也可以有优点，甚至可以做到卓越，卓越到出类拔萃。这种自得是可以荡漾开的，渐渐延伸渗透到你生活的每一个细节，我用心去写文章，同样也用心去做事，因为我知道我用心写的文章能得到肯定，那我用心做的事情，也一定能得到肯定。

也许对于老师而言，这都是不经意间发生的事情，但是对于当时一个很郁闷的学生而言，却简直是上了永动机，这种对文字的热情一直延续到今天。就像有个故事说，一个小男孩在努力把搁浅到海滩上的一群小鱼一条一条扔回大海，有个人经过，对他说别扔了，这么多你扔不完的，谁在乎你做个好事呢。小孩没停手，一边扔一边回答："这条小鱼在乎。"

后来我曾经想过要转文科，但是鉴于在我之前有个男生转去文科成绩更差了，班主任把我劝回来了，说不管怎样，学理科，将来可以选择的范围要大一些的。我留下了，尽管这个过程很辛苦，尽管我曾经怪过老师为什么要劝我回去，如果我选择文科，道路也许不会这么弯弯曲曲，但是离开学校以后，发现理科仍然是我正确的选择，文科的天赋加上理科的思维训练，让我学会理性地看待很多人和事。

七年后的现在，当我眉飞色舞地跟老师说完这些的时候，老师貌似有点松了一口气地说："还好还好，你现在还是觉得我当时说的是对的，我都不记得了。"老师的无意，学生的有心。我想，大学之前，我都不是一个让老师会有深刻印象的学生吧，但是这不妨碍我记得那些好老师。

小时候经常玩强手棋，也就是现在的大富翁游戏，有时候会要抽取"命运"卡，一张糟糕的命运卡可能会让你全盘皆输，一张好的命运卡也可能会让你从此走出阴霾，遇见一个好的老师＝抽到一张扭转局势的命运卡，也许并不至于马上天上掉馅饼，但是起码让我有敢抬头去看天空是不是要掉馅饼的勇气。我很幸运，一路走来，遇到了很多好老师，也许他们并不知道他们曾经把哪条小鱼扔回了大海，这条小鱼也还是当年的小鱼，没有成为海中的名角儿，但是这条小鱼记得，当年那些把它扔回大海的人。

后来我仔细想想曾经发生的过往，其实我真的没有什么特殊的招数，做了在我觉得必须也应该做的事，但骨子里我始终平等待人，尊重与我交往的每一位学生，乐意成为他们的朋友。事后想想，教育又有多少秘密啊，用陶行知先生的话，就是"捧着一颗心来，不带半根草去"，但管耕耘，莫问收获，而她引用故事里一句话："这条小鱼在乎。"着实让我想了很久很久。

2.静待花开春暖时的欣喜与浪漫

静待方能花开。耕耘讲坛三十年，静待中，我的课堂行走变得越来越自如；静待中，我的教学实践变得越来越灵动；静待中，我的教育理想变得越来越温润；静待中，我和课改一同前行，一同进步。

只要是关乎学生的事，我都乐意去做，即便是课堂之外的。中国首部传统节日主题系列微电影《家在情在，我的中国节》以及大型原创话剧《又是一个情人节》的出品人陆行根，是我教的第一届高中毕业生，他可是地地道道的农家子弟，现如今已经是深圳市耕田文化传播有限公司总经理、艺术总监，深圳市鼎言广告有限公司总经理，他提起自己的高中生活会很自然想到我的语文课，想到我领着他和一帮文科班的学生办起的当涂一中历史上第一个文学社——"望曦"文学社，那时，我们一起组织活动，一起油印文学刊物《望曦》……可谁知道当年随意种下的籽，会结出丰硕的果。后来我调到马鞍山市第二中学，一如当初的热情，在20世纪90年代末首创了雏鹰文学社，办起了《雏鹰》文学季刊，每年春夏秋冬四季与学生相遇相守，一办就是十余年，这个社团和杂志俨然是学校文化中最具特色、持续最久的品牌和文化符号之一。

热爱学生，就不能放弃任何一个学生，力求不让一个学生掉队。周同学是2001届的学生，我新接手该班，就发现这是一个老师头疼、家长揪心的调皮孩子，作业不做，上课捣乱，逃课惹事……样样都有这个同学，学业成绩可想而知。我耐心地和这位同学谈心，发现其身上的优点，积极肯定每一点进步，调动其好胜心，促进其自信心，并积极与其家长联系，共同努力，终于这位同学的表现发生了质的变化，学习成绩也不断上升，当年高考总分为511分，实现了其考上大学的愿望。搭准学生的脉搏，抓住转变的契机，让教育改变人生。

作为教师，我无意去改变学生的职业方向和兴趣爱好，只是做着作为一个语文教师应该做的职业行为，坚守着学科的基本操守，鼓励学生去不断发现自我。我的一个省理科实验班的高才生，他是因为奥赛成绩突出而保送进了复旦大学的生命科学专业，等到读硕士研究生时却转向了文科，进了复旦大学历史地理研究所，师从姚大力先生。他一直记得我和他一起研究古诗词中的"梅文化"，记得我向他推荐张承志和《黑骏马》，记得在理科尖子生的语文课堂里"顽强地"和他们大侃文学的世界……之后，他赴美国哈佛大学东亚系费正清研究中心留学读博后，在"人人网"给我留言，非常感谢对他教诲，让他一直保持了对文科的兴趣，他不无自豪地告诉我："我恐怕不是您的第一个去哈佛读书的学生，但估计去东亚系的应该就只我一个了。"读罢，很是欣慰。

敢于尝试，乐于探索，是我从教以来一直的追求。20世纪90年代开始流行起多媒体教学，在许多人还在怀疑、指责的时候，我成为学校第一批实践者，并在全省现代化教育示范活动上作课件展示，之后一直对制作课件津津有味，常常成为年轻人的示范，给他们作专题报告，谈课件制作的策略。也时常因为有人夸我的课件做得精致，而小小得意一下。新世纪初，开始提出研究性学习，一直记得2003年的那个初夏时分，和十个同学一起做"关于马鞍山市构建李白文化的设想"的研究课题，一起作方案，一起去走访，一起作调查，一起写报告，近两个月努力，长达5万字的研学报告写出来了，精美丰富的课件做出来了，随之而来的是，参加全省研学现场会并获省一等奖，马鞍山市市长丁海中批示政府相关部门研究学生方案的可行性，于是，政府部门的官员到学校与孩子们座谈，为他们专列"马鞍山文化之旅"

夏令营，并且在全市展开李白文化建设大讨论，最终该课题还获得了市政府特别奖。这些副产品是当初带学生一起实践时根本没想到的，然而这份经历让我获益多多，也让学生得到锻炼。多年后，这批学生相聚时，每每说到总有一份由衷的骄傲。

在校园里，我有个"大侠"的外号，或许沾了姓氏的光，一时间在师生间流传；搞不清是因为有了外号自己变得越来越仗义，还因为原本仗义才让大家认同这样称呼？不过自打有了外号后，在校本课程之风吹进校园时，我倒是真的尝试着开了一门关于武侠的语文校本选修课。我给这门校本选修课定名为《神奇的武侠》，分《武侠作品欣赏》和《武侠类写作入门》，连续开了两个学期，每个周三的下午带着学生游走在散文、诗歌和小说间，游走在影视、歌曲和网络间，"跟郭大侠学武侠"，曾经在那段时间成为我那届学生间的流行语。教过的学生中还真就写了一篇文章来夸我呢。

大侠侠行（节选）
马鞍山二中2017届文科实验班　鲍悠然

从茫然地追寻太阳，到偶然地撞上太阳，再到勇敢地成为太阳，实在是攀援向上的象征。超越昨天的自我，就成了另一种逐日。这便是夸父逐日。我常常想，倘若一路追赶的我，也能在教育的生涯中化成一丝绿，留下一点荫，此生也就无憾了。

——大侠有言

郭惠宇老师是我的语文老师。

在马鞍山，谁听到这句话大约都会觉得很奢侈。

两年多过去，我觉得有这样一位语文老师真的太奢侈了。

听郭老师的课，总觉得是在享受饕餮盛宴。

他的课堂是新鲜刺激，六气磅礴的。有一回讲《史记·廉颇蔺相如列传》，他在讲台上撸拳挥袖，驰突南北，一面对赵括纸上谈兵跺脚痛斥，一面对廉颇失去重用叹息连连；每个战将名臣都如数家珍，各个战役来龙去脉都倒背如流；历史地理，融汇一炉，人物事件，分剖入理。一堂课下来，老师陶陶然，学生熏熏然，浑不知课堂外尚有天地。郭老师的语文课，总会一次又一次颠覆我原来自以为掌握的知识常理，翻新我早已在头脑里扎根的所谓真理定论，深刻的剖析，睿智的思辨，尖锐的讽刺，总激起我们一次次的掌声。终于有一天，郭老师有点不高兴了，说："我的课堂里你们不要老是鼓掌。"但是没有用，我们依然会情不自禁地鼓起掌来。

更多的时候，郭老师的课堂是充满笑声的。他非常幽默，喜欢把古今中外的人物信手拈来，三言两语给他们画上两撇胡子，描上一对眉毛，再严肃的人物也是笑嘻嘻的了。而讲过一些稀奇古怪的掌故，发表一通振聋发聩的评论之后，他不忘在后面加上一句，"嘿，看我又在胡说八道了"。这是他的口头禅，其实"胡说八道"，总是切中肯綮，让我们在哄堂大笑之后，绕梁三日，回味良久。

郭老师对待课堂的态度似乎是神圣的，对待课堂上的每一个细节都严谨细致。他的书法潇洒飘逸，但板书却都经过精心设计，既言简意赅，又形式优美，我把板书照葫芦画瓢抄在纸上，复习的时候就如同欣赏一幅幅画。高一开学的头两堂课内容郭老师只上了"语""文"二字的含义，却画满了整黑板的甲骨文文字，那远古汉字里蕴含的丰富信息，让我从此不可救药地爱上了汉字的无限的美。他的课件也很漂亮，会用各种各样的技巧，做得精美绝伦，美不胜收。我曾经把他的一个课件拷下来带回家，想学做其中一个动态的画面，反复尝试却没有成功。向他请教，他得意地说："你家那电脑软件版本不行——这个很有技巧的哦！"

郭老师是一个一丝不苟的人。

有一天，郭老师给我们讲《子路、曾皙、冉有、公西华侍坐》，当讲到"子曰：以吾一日长乎尔，毋吾以也"时，有同学马上问："老师，究竟孔子比他的四个弟子子路、曾皙、冉有、公西华分别大多少岁呢？"本想这么偏的问题，郭老师肯定不会去记的。结果郭老师马上回答道："孔子比子路大九岁，比曾皙大二十一岁，比冉有大二十九岁，比公西华大四十二岁。这也就是题目按照这样排序的原因，即按年龄的大小排列。"

由此可见，郭老师对《论语》的研究是多么深透。这样的钻研精神，令我无比钦佩。

提到钻研，我想起一件事。这学期我们学习了一篇课文，贾谊的《过秦论》，其中有一句话"陈涉乃瓮牖绳枢之子"，这"瓮牖绳枢"困扰了我很久，到底是哪两个字词类活用呢？我得到了一种说法，是二、四两个字作动词，而且这种说法的理由很充分，于是我便得意地拿给郭老师看，但他却认为是一、三两个字作动词，我认为郭老师一定是讲错了。而当我还不服气，再次跟他提起这个问题时，他似乎犹豫了一下，说先回去查证一下再告诉我。

这一查就是一个星期，我原以为郭老师太忙，把这件事忘记了。可是在这之后的一堂作业评讲课上，郭老师居然在全班极认真地讲了一遍这个词的活用问题。但当时我仍然固执地认为自己是对的，郭老师只是笑笑，没有反驳，说，我上网查了一下，两种观点都有，我们可以保留意见嘛。

中午我上网查到一篇关于这个问题的论文，恰好完美地反驳了我的观点，和郭老师的观点完全一样。我傻眼了。

下午的一节自习课，我远远地看到郭老师办公室的门敞开着，就快步跑过去，想跟他道个歉。郭老师正在盯着电脑写什么文章，他看到我进来，一如既往地笑呵呵的，"要看书么，自己拿！"我慢慢蹭到他桌前，"上午的那个词是我弄错了。""哈！其实我也没说你不对呀，两种说法都有呢。"他把对着电脑的大摇椅转向我，站起来，走到书柜前，抱出一摞"砖头书"。"你看——"那摞书里有《古汉语常用字字典》各种不同版本，还有《辞海》，"——这个词很多词典都没有，但是我的词典里有哦！"他把眼镜推到额头上，眯着眼皱着眉，在一本词典里翻出了一个解释。我想起这几天与郭老师的争论，一时不知道说什么好，只好眨眨眼睛。郭老师看看我，也学我的样子冲我挤了挤眼睛，"呵呵，这丫头！"，顺手拍了一下我的脑袋。我"扑哧"一声笑了出来。

郭老师就是这样一位老师，较真又细致，愿意挤出时间去求证一个原本自己就是正确的问题。他当校长，很忙很忙，忙到连好好看一本自己喜欢的书都觉得奢侈，但对我们提出的莫名其妙的问题，他总是会给出最完美的答案，却从不说在答案的背后，查了多少文献，做了多少功课。只要是他学生的事情，他是毫不吝惜时间和精力的。

最近郭老师帮我们班全体同学印制了两本文集。第一本文集收集了一个多学期以来我们全班同学的"我最喜爱的一本书"的课前演讲稿，每一篇演讲稿后面都有郭老师"大侠有言"的评论。这些"大侠有言"成为我们全班最爱玩味欣赏的内容。比如，对于《红楼梦》，大侠有言"《红楼》所见，便是人生"；对于《边城》，大侠有言"平凡中的伟大，琐碎中的深刻"；对于风靡一时的网络小说《古剑奇谭》，大侠挖掘出"把每一天当做上天的馈赠"的深意；甚至，《科比24》这样的书评，大侠也能给出"我们虽成不了科比，但也都拥有自己的天赋"这样的人生箴言。整本书从文章的收集直到图片的编排都倾注了他的无数心血，但他乐此不疲。

第二本文集，收录的是我们一学期来最满意的练笔。这本文集内容杂陈，有描写校园的诗歌，有古诗词的改写，有人生的抒怀，有研学旅行的见闻……总之是我们班每个人一学期来的得意之作。但开学一段时间了，文集的题目大家还莫衷一是。有一天一大早，郭老师突然兴冲冲地跑过来，对我们说："我昨晚做梦时梦到几个题目，是按季节排序的——《桃苑灼华》《风荷清举》《东篱把盏》《暗香浮月》，一学期出一本，可以用在这个文集上，哈哈，觉得不好还可以改哦！"说完就匆匆走了。

文集发下来了，精美、华丽，让人爱不释手。郭老师用文集为我们留住的是高中生活的五彩斑斓，而我们在文集的字里行间，读到的是老师的辛劳和用心。

课外的时候，郭老师是十分慈祥谦和的。虽然他外表看上去似乎有些严厉，好像一直在皱着眉头在思考着什么严肃的事情，但眼光一落在我们身上，笑意就在脸上荡漾开来。早上我下公交车看到他从马路对面步行过来，我高兴地大声喊他，他对我招手说"嗨！"，然后我们一起走进校园。郭老师人缘很好，所到之处，似刮来一阵风，好多人都围过来向他问好，郭老师就一一向他们笑着招手，寒暄。冬天的校园里，郭老师是一道风景。银色边的亮晶晶的眼镜，凌乱的挟裹着霜雪的发丝，敞穿的或黑色或藏青色的长风衣，悬搭着的长围巾，常常沾满粉笔灰的袖口、衣摆，在校园各个角落里，疾行如风。

除了上课，郭老师平时都是很忙的，开会几乎成了家常便饭。他不但在学校开会，到市里开会，还常常坐动车赶飞机到全国各地去开会。有一次去成都开一个"足球进校园"的会议，走之前笑眯眯地对我们说："我当初跨栏可是拿过奖的呢。"我们全部都一脸惊诧地望着他，想象着穿长风衣悬搭着长围巾的郭老师的跨栏风姿。

但是，除了开会的时间，郭老师只要在校时，他办公室的门都是敞开的。他说我们可以随时找他问问题，或者向他借书读。

有一次，我走进郭老师的办公室。办公室有一整面墙被几只大书柜挡住了。书架里的书很多，有些很旧了，有许多学术著作，也有一些散文小说之类的闲书。而最吸引我眼球的，是一小排精装的幼儿绘本。郭老师看我对它们感兴趣，便走过来："哈哈，这书有意思吧，我上次去书店看到好玩，就买回来读，嘿，要不我送给你一本？"我很吃惊，原以为是给小朋友看的——郭老师还是童心未泯啊。

…………

这就是我们的郭惠宇老师，他时常拿自己的名字调侃，"我也没什么大智大'慧'，只能给你们一点小恩小'惠'"。他从事的工作是平凡的，他的生活环境也是平凡的。但他由普通教师成为特级教师，从中学讲台出发到大学讲坛，现在已经站到了中学语文教学的最前沿，一步一步走来，道路曲折而清朗，收货渐丰行囊，而他依然认为自己是平凡的，一如平凡的别人。

他率真。嬉笑怒骂发于本心，不伪饰，不刻意，时而谈笑风生，时而拍案而起，从不刻意在别人面前维护什么。

他勤勉。他始终坚守着冰心老人的话："成功的花，人们只惊美他现时的明艳，然而当初她的芽儿，浸透了奋斗的泪泉，洒遍了牺牲的血雨。"三十多年来，他读书不止，笔耕不辍，并极力让我们喜欢阅读，勤于写作。

他谦和。无论取得多大成就，他总觉得自己是献曝的野人。他的口头禅是"我又在胡说八道了"，其实他只是谦虚。他经常和我们开些无伤大雅的玩笑，不摆师道尊严的架子，他获得的却是越来越多的真诚的敬重。

他自信。或兴之所至挥洒自如，尽显大家风范；或引经据典触类旁通，厚积而薄发；他口若悬河倒背如流，是源于他的扎实与刻苦；他华彩文辞脱口而出，是源于他的机智与才情。博学而睿智，使郭老师所以才华横溢；创造与思想，使郭老师所以超卓人群。

郭老师为人充满了色彩，可都一一落在了现实的土壤上。他挚爱人生，认真生活。在平凡的生活里，有些人难免平庸，郭老师却能让平凡的生活岁月如歌，一如他的尊号——"大侠"，侠行于天下。

有这样的老师，是一生的奢侈。

2013年《语文学习》"名师"栏目约请我写一篇关于个人成长的文章，题目为《静待花开春暖》，文章的结尾，这样写道：

在一个似乎一切都可以速成速配的浮躁年代，人们似乎有太忙的步履，太多的倾诉，太紧的心境……静待，就变得难能可贵了。其实，静待是积累，静待更是蓄势，许多事情真的不需要那么着急。守着讲台，乐于播种，于斯看日出日落；守着校门，精于耕作，于斯听潮起潮落。

静待是一种姿态，耕耘不辍，行动谦让孜矻；静待是一点自信，天道酬勤，内心圆融平和；静待是一份期许，全心坚守，面朝花开春暖。[①]

---

① 郭惠宇.静待花开春暖[J].语文学习,2013(12).

第九讲 从个体到团队：
搭建提升的互联网络

　　每个人都有属于自己的成长故事，而要试图在自己事业的领域中获得更大的自由，首先取决于个人持续不断努力，其次就是每个人的成长又都离不开朋友的扶持，团队的帮助。所谓一靠努力，二靠同伴，三靠组织。因为只有个人永远不失缺对事业热情，抱定目标，修炼内功，勇于创新，才能专业发展上得到提升，赢得成功；而同伴可以给你一个最切近的目标，最真实的行动，组织则可以给你上升的平台和参与的机会。因此，每个渴望成长的人，需要自己主动地去织就成长的"互联网络"，去构建互助团队，学会欣然接纳并融入所处环境给予自己的互助结构。幸运的是在我成长过程中总有同伴相助，在我最困难的时候也得到了组织的眷顾。而我也乐于去做每个渴望成长的同行者的同伴，当自己有了些许成就、手中有了一些权力之后，根据新课程实施要求、学校发展需要、教师专业发展需要以及学生发展需要来提升传统正式团队的专业品质，寻求多元的非正式组织形态，积极促进学校校本教研制度的形成，推动学校合作文化走向自觉。

一、追赶：想要飞得更高

2004年第一次成为《语文教学通讯》杂志封面人物时，我写了一篇《让语文闪动太阳的光泽》①，其中的开篇就这样写道：

小时候，读"夸父追日"，总觉着夸父有些可笑，他在追赶着一个永远也追赶不到的梦想，最后，渴死，累死……真傻！可现在，却会在眼前常常浮现夸父追日的身影，会一次次在心间描摹那一份悲壮与执着，甚至觉得自己也常常有着追赶的冲动和渴望。是呵，这坎坎坷坷的教学之路，着实让我体会到了那追赶的迷惘、追赶的艰难、追赶的幸福，让我想起自己不断追赶的历程……

直到今天，我依然觉得自己一直在追赶的路上。

1.带着对事业的热爱上路

或许每个成长的人都会有一段彷徨期，记得1983年夏天，刚刚拿到安徽师范大学毕业证书的我，毕业后，分配到当涂县一个四周是农田的乡镇中学——薛津中学任教，校长送上的第一个"礼物"是一本教科书和一盏油灯，就这样开始了自己的教书生涯。当时的心立刻凉透了！其实，对于教师这个职业，我和许多刚走上这个岗位的年轻人一样，也曾有过逃避的念头，考研、调动、出教育口是20世纪80年代教师尤其是乡村教师的热门话题，这些，我都一一尝试过，又都一一碰了钉。

乡镇中学的三年是在恍惚迷茫中度过的，偶然有一天，县长来视察，我被莫名地拉去顶替别人上了一节课，那节《劝学》给县长留下了印象，据说是他巡视全县中学一个月中听得最精彩的课，也因为这个好印象，多少促成了我的调动。1986年终于回到了有着百年历史的母校——安徽当涂县第一中学，之后的生存状态也只在满足于有一份职业。

在经历了种种无奈之后，在一次次与学生的交往中，在送走一届届学生之后，渐渐地体会到了当一个教师的快乐，感受到做一个能让学生欢迎的教师的幸福，进而更深刻地理解了教师这个职业的崇高使命感、责任感，虽然

---

① 郭惠宇.让语文闪动太阳的光泽[J].语文教学通讯:2004(9).

我用了很多年才明白，才真正体会到教师的意义，但一旦觉悟，我便因做了教师而感到自豪，感到欣慰，我无怨无悔。同时，在了解了于漪、钱梦龙、蔡澄清、魏书生这样一位位语文教育大家的思想、历程之后，在看到一个个同龄的语文教师由"匠"成"家"的经历后，我便有了追赶的冲动。

追赶前沿的教育理论。从苏霍姆林斯基到皮亚杰，从教育目标分类学到现代建构主义，在一个又一个熟悉又陌生的名词术语中，我开始读解着对教育的种种全新的诠释；既研究心理，又研究考试，既关注文学动态，又关注语文生态，我在一门又一门学科的穿行中去重新审视语文。一方面对各种语文教育理论、教育思潮进行实践性的思考，另一方面对语文教育外部环境、相关领域及内在机制作系统的观照；一方面对语文学科独具的特性及本质进行深入的研究，另一方面也对语文教改的走向与未来使命作纵深的探讨。在对这些新知识、新观念、新方法的苦苦追赶中，我欣喜地发现自己长高了：开始学会了用自己的方式去思考教育实践，开始试着写下了第一篇教学论文，开始关注起自己教学中的案例。进而，能够从不同角度观照语文教学，开始树立起科研的意识，在一个个课题研究中摸索，从运用教材到编写教材。

追赶最科学的教学方法。曾经为题海所困、为补课所苦的我，常常在心中萦绕着这样的问题：如何把教师从沉闷、刻板的教学程式中摆脱出来？如何让学生从练习、考试、分数的枷锁中解脱出来？如何使语文教学投入少产出大，提高教学的效率？一句话，母语习得的规律究竟是什么？我曾百思而难得其解，逼着我去追赶。

追赶，让我明白了"眼中有人"的重要。我试图把课堂的主人让给学生，把学习的主动权还给学生，变单一的知识传授过程为师生双向交流的过程，变简单地师问生答为师生共同讨论，这些便成了我教学中一种自觉的行为；我开始将语文教学与学生的人格培养结合起来，试图在语文教学的过程中强化学生的自主意识、渗透人文的精神，以塑造健康人格为目标，这些又都成了我教学中不变的精神内核。还是追赶，让我懂得了"把课教活"的意义。认真思考教学的每个环节：备课预习时，要求吃透教材，善于发现教材的疑难问题；教学设计上，力求精于剪裁，找准教学的切入点、突破口；课堂实践中，适时点拨，擦亮学生思想的火花，强调实践，留给学生更多的动手机会。语文教学目标更科学了，教学方法更合理了，语文课也真正上成了"语文课"。渐渐地我发现自己教学的课堂里笑声多了起来，学生越来越喜欢上我教的语文课，自己在课堂上也日觉挥洒自如了。以后的日子里，各种教学比赛接踵而来，在市、省优质课评比中脱颖而出，终于有机会在2000年受省中语会、省教科所推荐委派，代表安徽省参加在昆明举行的第三届"语文报杯"全国中青年教师课堂教学大赛，天道酬勤，《一碗阳春面》一课征服了评委，也折服了听课的师生，荣获高中组一等奖的第一名。

一次次的努力得到了回报，一程程的追赶似乎也在悄然改变着自己的角色，荣誉有时在你不经意时纷至沓来，也迎来了我人生的高光时刻：2005年被评为全国先进工作者，是年4月27日赴京参加2005年全国劳动模范和先进工作者表彰大会，受到胡锦涛总书记的接见并合影；2016年4月26日在中科大图书馆，作为知识分子和劳模代表参加了习近平总书记主持召开知识分子劳模青年代表座谈会，聆听了总书记的重要讲话；2019年10月又收到了中共中央、国务院、中央军委颁发的庆祝中华人民共和国成立70周年纪念章。这些对于一个普通的语文教师，一个基层学校的管理者来说，真是莫大荣幸的事儿。

2.在温暖帮助下一同前行

带着最简单的愿望——做一个能让学生喜欢的合格的教师，开始了我追赶同道的快乐旅程：我从前辈们的身上学到的是敬业的精神，宽厚的为人，扎实的功底，感受到的是他们的人格魅力；我从同龄人的足迹看到了自己的差距，找到了自己奋斗的目标；我在年轻的同仁充满自信的脸上看到了自己的先天不足，也平添许多奋争的勇气。在这追赶的路上，给予我勇气与力量、平台与机会的人有太多太多，尤其是当年的市教研员马云霞老师、省教研员傅继业、杨桦老师……他们每一个名字都铭记在我心中，成为我前行中最温暖的动力。其中我和曹勇军老师的故事，或许对青年教师的成长有些许启发。

　　我和曹老师的青少年时期曾在当涂小城生活，几乎有着相同的生活轨迹：在同一个中学毕业，一样作为知青下放到农村，都上了师范学院从事教师行当，都有着从农村中学调到县城教书的履历，又都离开县城到了不同的城市，只因为年龄的原因，他始终比我早一步，我也几乎是亦步亦趋地跟着。跟着，不仅仅是履历方面，更是精神层面。勇军一直是我追赶的榜样，每每撰文回忆自己成长经历，我都会提及他对我影响。

　　我们最初的交往也多半源于读书。记得那时我在县一中，曹勇军在县二中，每周我们都会有一两天一下午的相聚时间，我去或他来；和今天朋友相聚不同的是我们没有酒菜，也不玩牌，只是一杯清茶一包烟，一坐下，不谈别的就谈近期读的书和琢磨各自教的课。天色一晚，带着满身的烟气满足的书生意气各自回家，这样的日子持续了很多年。有时会积聚更多的同伴，按今天说或许就是学术沙龙吧。现在想来，当初我对职业的基本感情，教学的最初定位也许就是在一次次读书的交流中构建的吧。说真的，我们也都曾不同程度地抱怨过生活对我们的不公，似乎许多倒霉的事儿都如影相随，赶都赶不走；我们也都竭力挣扎过，试图逃离教师这个职业，离开生活的小城，但始终我们都没有停下自己在本职工作上的努力与追求的脚步，依然开心地在一起谈着学生，说着课堂，想着教学，读着好像与改变现实无关大用的书。很多年以后，我也经常在大小不同的场合谈教师专业成长，以为资质平平的我之所以还有一点成绩，关键在于有努力向前的决心和为这决心而付出的努力。在这点上，老曹一直是我前行的目标。

　　带着一份执着坚守的态度，尝试用研究的眼光去观察日常教学的碎片，以行动的姿态去践行那看似遥远的目标，我们合作研究考试，我们探讨课堂教学，我们分享教育体会，我们一起写书编教材，他还领着我结识了江苏的一批语文名师，诸如王栋生、黄厚江、严华银、徐志伟、孙芳铭、徐昭武……

　　记得，为庆祝曹勇军先生从教35周年，2015年11月在南京十三中召开"曹勇军语文教育思想研讨会"我写了一篇《书生老曹》收录在纪念集《曹勇军和他的语文理想国》，文章的最后我写道：

有时我想，也许真是生命中因为有了老曹，才让我在教学的领域里中有了几分自由度，在同行的"朋友圈"内有了些许为师的尊严，在生活的这个省份里有了点学术的地位，才让我得到了一个普通教师在这个国度里能够得到的几乎所有的荣誉。

认识老曹，一个书生"范"的老曹，于我一生幸甚。

在学校的教师文化，常常是一个人带领起一批人，因而成就了一个学科的优势。我进入马鞍山二中工作不久就担任了学校的语文教研组长，很快就带着同事一起读书分享、课堂研讨、课题研究、编写教材（教辅）……深深地影响着身边的同事和马鞍山市整个语文教育界。作为最早的发起人之一，带领马鞍山二中加入了沪浙苏皖"新语文圆桌论坛"，每年都与沪、浙、苏地区的诸多名校携手合作，开展区域性的教学研究活动，马鞍山二中也在2006年和2019年承办第8届和第22届（沪浙苏皖）"新语文圆桌论坛"。学校里学术活动最活跃、最高端的，也许就属语文学科了：长三角语文教育论坛、徽派语文教育论坛、省语文教学法专业委员会年会……马鞍山二中语文团队像金字招牌在省内甚至全国都是亮堂堂，我以为：引领的意义就在于可以带上更多的人一起追赶，一起去寻找更广阔语文的舞台。

二、引领：一起走才更远

当个人在事业上有了一定的成就后，身边自会有一些同道聚拢过来，而自己的角色也常常从"追赶者"变成了"引领者"，这几乎成为所有名师成长发展的规律。共同的追求，共同的志趣，让马鞍山的一群语文人集结在郭惠宇语文教育工作室，执着地行走于灵动诗意的语文课堂，协力谋求学科教育品质，共同营造语文教育的美好生态。引领，也成为自己职业生涯的一份责任，因为我们总想一起去看风景。

1.这样一个团队：海纳百川归

2006年6月马鞍山市教育局率先成立名师教育工作室，郭惠宇语文教育工作室是首次成立的两家工作室之一。我领衔的市工作室自2006年授牌至今，历经五批十六年，共有58位本市高、初中和小学的语文老师参与其间，分别来自城乡的16所学校。本着"相互砥砺，精诚合作，共同成长"愿望，我们集中了不同区域、不同岗位、不同学段的老师一起，每一批成员通过理论学习、调查分析、课题研究、读书沙龙、名师讲坛、外出交流等多种形式的活动，完善个人素养，铸就专业品质，提升职业境界。

我们要抱定学习的目的，而作为领衔人的我也坚持依靠"专业"来进行领导，分享、合作、共同创造是前提。我们把"让语文课堂充满生命流动的美丽故事，让语文教育奠基学生未来的幸福人生"作为工作室成员共同的价值观；我们设计的"郭"篆字变形的工作室LOGO，意在表达我们一起从语文的城堡中出发，奔向城外的世界，领略更加丰盈的生活，传播更为精彩的文化，培育更具创新的学子；每一批工作室都有确定的研修主题，下面是已经经历的五批工作室的主题。

批次	时间	主题
第一批	2006—2009年	相互砥砺 发现课程 共同成长
第二批	2009—2011年	追求灵动诗意的语文教育
第三批	2012—2015年	共同营造生态的语文教育
第四批	2015—2018年	协力谋求有品质的语文教育
第五批	2020年至今	做有情怀、有思想、有智慧的语文教师

我们一同走进欢快的小学语文课堂，从天真烂漫的童颜里读懂语文对于未来人生的意义；我们在初中生的校园里漫步，探寻筑牢语文基础的良策妙方；我们耕耘在高中语文的田地里，努力让思想的火花在青春的脸上绽放；我们集中在农村中学的课堂里，思考乡村语文教育形式的变革与策略。我们一起听课评课，一起外出观摩，一起研究课题，一起研讨探究，携手同行，殊途同归。

聚于此，我们听了数以百计的语文课，成员所上的省市级公开课有近百节，开设的沙龙、论坛有20余次；在一起，完成了4项省立项课题、2项市级课题的研究；从这里，走出了2位省特级教师，2位正高教师，8位市学科带头人，4位全国语文教学比赛一等奖获得者。

2.这样一种课型：同课跨级上

上课交流、听课研讨自是工作室活动的主要内容之一。但我们的视野不止于自己的课堂，而是努力延展我们对课堂空间的理解，我们始终把语文的生态状况作为研究的目标。工作室曾经两次尝试小学、初中、高中跨级同课异构。

第一次是我亲自上阵，和初中、小学的名师一起上杜甫的《绝句》（两个黄鹂鸣翠柳），在领略了小学课堂欢快的活动和初中教学缜密的分析后，而我在和高中学生谈起了高中生儿时熟稔的诗句时，从诗境到胸襟，一步一步让学生体会浅显文字背后的千钧之力，感受诗歌经典的永恒魅力。

第二次是工作室成员周文福、高雪玉、葛琼，工作室的三位老师分别来自高中、初中、小学，让他们同上李白的《独坐敬亭山》和柳宗元的《江雪》。不同的年龄读出作品不同的意味，不同的视角感受诗歌别样的风采；从中我们看到了语文能力的成长，体会了经典作品的阅读接受史，也了解了语文教学不同阶段的教学边界。

记得在第一次同课异构活动后，徒弟桂芳写过一篇听课后感，存此算是一种明证吧。

别一番风景：杜甫《绝句》三人教①

2009年6月4日，在二中的图书馆一楼，开展了一次特别的教学活动初中、高中共上一节古诗课《绝句》，每个领域顶尖的专家以自己独到的见解上一节二十分钟的教学，我受益匪浅的同时也有不少想法。

诗词具有格律、音韵美，具有画面、语言美，具有情趣、境界美。这本身已具有层次之感，很符合人的认知。让我们惊喜的是同上一节课，面对不同层次的学生，每个老师有每个老师的精彩。

鲁燕老师仿若那旋舞的芭蕾者，在曼妙的舞台忽而旋转忽而踮脚忽而拍手，尤让人可心的是二年级的儿童，那纯真的笑脸和伸起的小手，都有与世界接触的美妙情思。小朋友们，我们一起用小手来写字；小朋友们，你来读，请你读，你读得真好；小朋友们，你为我们描绘杜甫眼前的画面，真美哟。这样的语言实在让我们高中教师难以模仿，但二年级的孩子，都以欣喜

---

① 桂芳.诗意语文——高中语文课堂内外的诗意瞬间[M].合肥:安徽文艺出版社,2019:182.

的眼光来和这个老师交流。听鲁老师说，她上午和这个班学生第一次接触时光问好就花了十来分钟，还没问过来。童真是什么？是面对世界的那份新奇和喜欢。于是这节课不让人觉得是在听课，而是在玩课，有趣地玩。

盛慧敏，一个眉目间写满智慧聪敏的初中语文教师，秀外慧中，不仅可指她的人，也可指她的课。坐在旁边听课的小学老师无法接受从刚才活跃的小学堂突然陷到如此沉寂的死水课堂，不断地感慨，怎么可以这样上；评课的小学老师包括专家也无法理解初中学生的沉闷。他们忘了初中的课堂需要实现从热闹到深思的过渡，课堂生成的过程也许不是热闹的你说我笑，而是你讲我听我思的沉淀。喜欢盛老师的微情朗诵，那有些岁月的声音，就这样穿透在礼堂，"鸣翠柳"的欣喜，"万里船"的大气，让我想起加拿大华裔学者叶嘉莹在《百家讲坛》授课，也是这样的感觉，就如盛老师自己所说，完美的课堂也许意味着缺憾，而她的课，却是不甚完美的感觉中呈现着完美，细嚼后韵味无穷。这是个真实的透明的老师。

郭惠宇，我喜欢师兄张陈说的，他一直在追赶自己的高峰，而我们一直在追赶他。我是他的校外弟子，难得听到他的课，可每次听完都有意外之喜。当时我对坐在旁边的师父说："师兄道出了我们的想法，我们都是夸父，在永无休止地追逐您。"师父非常谦逊："哪会。"其实，我们都明白，上课时个人的魅力是无法学习的。不知为什么，听师父的课，那沙哑的声音和忽欠忽挺的身形，甚或那微锁的眉头，一份历史人生的诠释就都出来了。第一次听师父的课是教学杜甫的《登高》，时隔七年，再听，又是杜甫，这一次是欢愉小作《绝句》，人生的旷达通过杜甫传达，更通过师父传达。于是我想诗歌教学的最高境界就是物我两相忘，因为每次听师父的课，都觉得师父在演绎自己：幻灯片显示的杜甫图像，那份济世苍生的凝重，毋宁就是师父对语文教学使命感的担当；东吴船的特殊讲解，英雄的召唤，不正是师父在语文界的一份情怀吗？经典常读常新的启示，也许正是师父每一次教学无法逾越的高度吧。

听完课，我们大家都感叹，是谁的设想，让一首小诗，上出了不同的境界，也都符合人们的审美思维！随着年龄层次的变化，诗也读出了不同的深度。三节太过精彩而短暂的课，正是一首首断章，成为你我生命中浓墨重彩的风景。

置身于每一个课堂，我都会忘了自己是个老师，只是个旁观的听课者，常会忘乎所以。在鲁老师的小学课堂，我和他们一起拍手，一起摇头晃脑：在盛老师的初中课堂，我会抓耳挠腮，然后豁然开朗：在郭老师的高中课堂，我会正襟危坐，恍若人生浮沉，此刻顿悟。

一次次杏坛的华美盛宴，一次次深深浅浅的勾勒，让人啧啧称叹。不论是获益还是断想，我想都是收获了。

真好，听这样有意义的课，于己心有戚戚焉。

课堂是师生共同成长的地方，也是教育研究的实验室。以课堂实践为平台，研究学科教学元素，通过不同交流研讨平台，去寻找教学的盲点，去生成教育的因素，去发现努力的方向。

3.这样一起活动：探寻无极限

为了精心规划学科研究的角度，用心培育适宜成长的氛围，每一批的工作室都坚持从四个方面着力：明确指南、做实抓手、搭建平台、频释动力。

指南——培养方案：统一行动方向。坚持规划引领发展的理念，每成立一批工作室，便针对成员组成情况和语文研究动态制定出相应的工作室培养方案，确定每一批工作室研究主题，努力把工作室建设成为专业的学习共同体，而不是行政组织或研究机构；五批我们一起思考研不同的主题，并围绕主题详细设计了工作室三年间主要活动安排流程以及每年的研究方向和研究方案，既有规定动作，也有随机的自选动作，以此保证工作室在未来三年里有序发展；同时要求每位成员制定个人成长计划以及每个学员的带教计划。

下面是第四批郭惠宇语文教育工作室培养方案。

协力谋求有品质的语文教育

——第四期郭惠宇语文教育工作室培养方案

一、指导思想

"名师工作室"是以名师为品牌，由名师联合一批有共同教育思想和教育追求的优秀教师，共同开展创新型教育教学研究的学术团体。工作室成员由名师自主选择，形成合作伙伴关系，共同研究，共同成长。工作室的目标任务是扩大名师的影响，形成进取向上、有凝聚力的学术团队，带动全市乃至全省的语文学科发展，力争产生一些创新性的学术成果，在此过程中起到提升教师的作用，进而产生一些学科领军人物，并且是一批有明确教育思想、明显教育风格的教师领军人物。

根据市教育局《马鞍山市名师工作室考核办法》（马教秘〔2012〕140号）精神，第四期"郭惠宇语文教育工作室"自2015年9月正式组建并开展研究培养工作。

本着培养目标明确、研究方向清晰的原则，根据本期组成成员的特点，特确立本期工作室宗旨：协力谋求有品质的语文教育。

二、组成结构

1.本着自愿的原则，第四批工作室成员由来自全市高、初中的优秀语文教师15人组成，他们中有高级教师、市级骨干教师称号者和青年教师中佼佼者，都参与过省、市级以上课题的研究，具有一定的研究水平和专业技能，且有培养发展的潜质。

2.工作室的成员的工作时间为2015年9月至2018年9月；其日常管理将由主持人负责，并设秘书一人，负责联络安排。

3.为加强学术指导和沟通，聘请市教育局教科院俞仁凤、陶年生等老师担当顾问。

三、工作设想

（一）工作室成员专业成长和专业发展目标。

1.具有高尚的师德，善良、公正、有责任感。

2.具有实现自身生命价值的需要，把教育当作享受，以育人为成己、成事、立业之基，在焕发学生生命活力的同时焕发自己的生命活力，真切地享受教师职业内在的尊严与幸福。

3.具有较高的语文素养和丰厚的教育学、心理学以及中学语文教学的理论底蕴。

4.具有高品位的教育教学技艺，能够按照教育规律和学生的心智规律，智慧地、艺术地教育学生，灵活地、技巧地驾驭课堂教学，进而形成自己的教学风格和教学思想。

5.具有较强的教育科研能力，能够不断地反思中学语文教学的现状，通过课题研究、课程实验来提高中学语文教学的质量。

6.具有较强的课程开发能力，能够充分开发和利用课程资源，能够开发校本课程，每人至少能开设一门校本课程。

（二）工作室成员专业成长和专业发展的主要措施。

1.理论学习。领衔人推荐必读书目和选读书目，每位成员依据自己的情况制订读书计划，每年完成不少于10本的读书量，并积极撰写读书笔记。

2.信息交流。定期集中和在网上进行关于读书、教研的交流活动；经常关注"郭惠宇语文教育工作室"（群号：264241301），将此作为彼此日常联络的一个重要平台；希望每个成员都能建立个人网上空间，互相交流。

3.主题研究。根据第三批成员的特点，本期工作室研究主题：协力谋求有品质的语文教育。每学期围绕主题确定相关中心议题，通过授课、讲座、沙龙、撰文等方式就中学语文教学的某个问题进行深入探讨，形成对语文品质的系统性研究。活动形式不拘，方法多样，以期达到互相讨论、互相启发、各抒己见、碰撞火花的目的，同时，欢迎对研究主题有兴趣的语文老师共同参加。

4.调查分析。拟订调查方案，通过问卷、采访、座谈等方式有目的、有计划、本着改善自己教学，对所在学校语文教育教学的品质现状进行调查分析；拟写专题调查报告，研究解决对策。

5.教学研讨。立足于自己的课堂，积极进行课堂教学的实践探索，每学年与教研室合作开展1~2次"工作室论坛"，每学期在全市或工作室范围内开设探究性公开课，授课者为工作室成员或工作室聘请的老师。工作室成员间听课不少于10节。

6.课题研究。工作室申请专项课题《高中语文思维品质的培养与策略研究》（暂名），在此期间的大多数活动将围绕课题进行活动、思考、研究、总结。每个成员在此课题中都将有相应的角色，有各自参与的项目，扎实有效地开展课题研究。

7.外出交流。工作室将争取每年让每个成员都有一次参加省内外教研活动的机会，工作室将承担全部或部分费用。

8.研究提升。养成总结反思的习惯，认真撰写反思日记和教育教学论文，在任期内每人都应在CN刊号的报刊上发表一篇以上论文；每月印发一期"工作室简报"，记录工作室活动大事，总结培养工作的经验。

四、工作进度

根据教育局对工作室考核的具体要求，草拟以下工作进度，具体日程及活动随时而定。

阶段	主题	内容	措施	备注
第一阶段 【2015.9 / 2016.9】	思考、调查、实践 语文教学品质	方案	制定培养方案，拟定活动计划	"工作简报" 8期
		活动 (8次)	教学观摩课4次，外出活动1次，课题开题活动1次，工作室成立活动1次，专题沙龙活动1次	
		课题	申请课题并如期开题	
第二阶段 【2016.9 / 2017.9】	研究、诊断、总结 语文教学品质	课程	主持人专题讲座2次	"工作简报" 8期
		活动 (8次)	讲座2次，外出活动1次，观摩展示课2次，课题中期总结活动1次，读书沙龙1次，约请专家报告1次	
		课题	拟写中期报告，推出部分成果	
第三阶段 【2017.9 / 2018.9】	梳理总结 研究成果	活动 (8次)	教学展示2次，外出学习2次，专家报告1次，主题讨论1次，结题活动1次，总结表彰活动1次	"工作简报" 8期
		结题	课题结题系列活动	
		总结	撰写总结，盘点成绩	

五、地点和经费

"名师工作室"常设机构设在二中，活动地点随活动方式而变化；教育局为工作室设立专项活动经费。

郭惠宇语文教育工作室

2015年9月

抓手——课题研究：保证教研品质。围绕主题，每期都申请了或省级或市级的课题，作为每期工作室三年间的研究项目，各自都有课题的研究分工，让每位成员在一段时间集中思考，思考自有方向，行动就有路径。课题结题，研究的收获也自然瓜熟蒂落。

每建立一批工作室，就立刻申报与工作室主题相关的专项课题，带着项目，带着问题，围绕着课题的主题，开始我们共同的探索研究。

批次	时间	主题	课题
第一批	2006—2009年	相互砥砺 发现课程 共同成长	高中语文新课程中选修课的教学策略与教学实践研究（省立项课题）
第二批	2009—2011年	追求灵动诗意的语文教育	网络环境下高中人文学科教育资源共建共享与有效运用的实践研究（省立项课题）
第三批	2012—2015年	共同营造生态的语文教育	中小学语文教育生态的实证性研究（省立项课题）
第四批	2015—2018年	协力谋求有品质的语文教育	中学语文教学中培养思维品质的策略研究（省立项课题）
第五批	2020年至今	做有情怀、有思想、有智慧的语文教师	深度学习视域下的初中语文阅读教学策略的实践研究（市立项课题）

首先，我们注重理论研修。这些年工作室研究的课题，基本上是学科前沿性的问题：选修课教学、网络资源共享、教育生态研究、思维品质培养和深度学习运用。这些话题背后大都涉及深厚的理论问题和运用前景，研究思考就是一个充电的过程，重新认知的过程。因此，布置工作室成员理论学习任务，集体给课题组成员购买书籍，以催进大家学习的热情；通过专家引领，参加不同层次、不同类型的语文交流活动，开阔视野，提升境界。

其次，我们加强调查研究。我们做主题调研，在问卷里发现每个课题所涉及的问题，在座谈中了解教育的痛点与难点，对不同类型学校语文教学的现状进行观察……希望就此寻找研究的突破口；只有对问题发现得充分、研究得全面，才有利于寻找出路，达到课题研究的目的。

再次，我们促进相互交流。所有的课题都是奔着改善教学、革新课堂去的，因此，课题研究的焦点在于课堂，研究能力的提升也在课堂。因此，我们始终把课题研究的重点放在课堂的教学交流上。交流，是一种观察和学习的方式，也是提升和拓展的手段。每个课题，工作室都在不同年龄层级、不同发展地区、不同文化区域、不同的学术氛围和不同地方的相同团队里与同行交流，与学生交流，与文化交流。交流，使团队的凝聚力更强；交流，使大家对学科的认识更清。

最后，我们深入探讨研究。我们期待在理论上提出有价值的思考，这些年来，我们积极思考，勤于研究，我们或发表论文，或参加论文大赛，或出专著，我们一直在思考，也一直在努力。

平台——课堂实践：发现学科魅力。课堂是师生共同成长的地方，也是教育研究的实验室。每期工作室成员不仅在各自的学校重视课堂观察与课堂实践，真实研究教育问题，持续改进课堂教学，还不断利用省市的教研平台进行教学交流。16年来，工作室成员有上百次的教学展示课堂实践，我们一起观摩，一起质疑，一起讨论，一起改进教学，一起在课堂里成长，提升境界。

在工作室的这些年里，每个人都有自己的收获，而这种收获又促进大家一起为语文教育的生态、为语文教育的明天思考——

我们深知现今的语文教学生态系统中存在着相关元素发展的失衡，既有教书与育人的失衡，也有课内与课外的失衡，更有教学与实践失衡。

我们了解现今语文课堂教学中，把语文与人、文化和生活割裂开来的非生态现象依然比较普遍，割裂了与人的联系，割裂了与文化、生活的联系。

我们看到现今语文教学的基本定位中常常出现语文生态因子"失位"的现象，文本研读被淡化，语言品味被弱化，教师和学生是课堂教学中的主体，二者生态位的错失，将导致课堂品质的降低。

我们发现现今语文教学状态的机械化倾向，教师以教授确定性知识为目标，教学的基本逻辑过程就是证实，使得学习被窄化为掌握最终结论，可能导致师生丧失探求知识的动机，使课堂教学失去生机。

我们目睹现今语文教学逻辑的无序化和重复性，"语文课到底包含哪些具体的内容，要训练生的到底有哪些项目，这些项目的先后次序该怎么样，反复和交叉又该怎么样;学生每个学期必达到什么程度,毕业的时候必须掌握什么样的本领,诸如此类,现在都不明确,因而对教学的要也不明确,任教的老师只能各自以意为之"。当年叶圣陶先生说的这些问题至今远没有解决。

基于此,我们始终追求着诗意灵动的语文教育,不仅将灵动之美作为一种教学表现形态,更是对语文本源的一种阐释,是一种职业的精神态度,是一种学科的美学追求。

动力——广泛交流:提升教育境界。16年来,我们在全国各地参加不同层次、不同类型的语文交流活动。我们活跃在各类语文论坛中,畅谈语文的理想;我们走进各级教学赛场里,彰显教学的风采;我们出现在各类语文期刊上,沉淀实践的思考……

在第三批工作室三年总结中有一段关于工作室努力向不同层级与区域的学校交流的描述和归纳:

交流,是一种观察和学习的方式,也是提升和拓展的手段。三年里,工作室在不同年龄层级、不同发展地区、不同文化区域、不同的学术氛围和不同地方的相同团队里与同行交流,与学生交流,与文化交流。交流,使团队的凝聚力更强:交流,使大家对学科的认识更清。

——我们在不同年龄层级的学校穿行。我们走进小学课堂,徜徉在初中校园,停留于高中的讲台。

——我们在不同发展地区的学校交流。走进丹阳中学,我们体会农村中学的现状;走进含山中学、当涂一中,我们领略县域省示范高中的风采;在西交大苏州附中、二中郑浦港分校,看见城市新型现代化学校的迅速崛起与发展;我们在二中,与合肥一中等省级顶尖高中一起切磋。

——我们在不同文化区域的学校观察。在长沙明德中学,了解湖湘文化之于教育的意义;在南京十三中,体会金陵文化在今天校园里的魅力;在复旦附中、常州中学,领略国内名校校园文化的厚重与丰富;在宣城中学、绩溪中学,感受徽文化在教育视域里特殊的作用。

——我们在不同的学术氛围浸染。我们活跃在全国、大赛的舞台,拔得头筹；我们组织举办全省语文教学法的论坛，联手贯通展示语文魅力；我们在"为中国未来而读2013阅读论坛"上，作课示范；我们在"皖江语文论坛"上，发表我们的观点；我们在长三角语文论坛、苏浙沪皖新语文圆桌论坛、南京中语论坛、省中学语文教育教学管理论坛……

——我们在不同地方的相同团队交流。作为教育领域的学术共同体我们在寻找同道者，一起交流，一起研讨，一起分享。我们在含山县，与含山县语文名师工作室主持人詹克文的团队一起磨课，一起同课异构；我们在宁国中学，与宣城市语文名师工作室主持人钟时珍的团队一起探讨成长的路径：我们在绩溪，与宣城市语文名师工作室主持人、宣城中学的赵庭芳团队一起商讨工作室如何开展活动。

4.这样一种成长：青春恰自来

在每批工作室的过往中，我们忙碌，我们辛苦，我们也在不断思索……正像工作室成员自己总结的那样，"在过去的三年中，我们不断地以做专业的语文人来要求自己，读书，研究，教学，让自己在语文的麦田里不断守望"。每次活动后，成员们都会记录下自己的心得与体会，表达他们的所思所想，只为能够看见成长的自己。

盛庆丰：与郭老师在工作室相处的三年里，我深知做一个优秀教师难，做一个名师很难，做一个有境界的名师是难上加难。作为一名教师，人生最大的意义，莫过于将自己的才智学识和品格能够最大限度地体现出来；最大的价值就是实现于对学生的学成教育和养成教育中。最大的快乐，就在于自己能一如既往地做好自己所钟爱的语文教育教学工作；最大的欣慰就是自己的辛勤付出与学生的回报能得到比较完满的结合。而我的幸运，则在于我能生活在充满生机的美好时代中，我能处在充满温馨的工作环境里，有大师时刻在牵引着我。在未来的教学旅途上，我要弥补这些缺憾，继续前行，使我的事业在家与国中得到最大值的体现。

章习友：名师工作室不仅为我们提供了提高自身素质的空间，也成为我们互相学习，互相促进的大家庭。在这个大家庭里，我们找到了自己前进的方向，在这个大家庭里，我们体会到了互助共进的热情，在这个大家庭里，我们更领略了名师的风采。在今后的教育教学工作中，我将更加严格要求自己，努力工作，发扬优点，弥补不足，开拓进取，我将用我的实际行动尽职尽责地做好工作，成为一名合格的工作室成员。

高雪玉：让学生自己感受到详写可以是一种慢镜头展示：把过程拉长，把内容写实，把感情写细。这样联系旧知，用尽教材的方式我很喜欢，因为它符合学生的认知规律，联系旧知，将学生由已知引向未知；用尽教材，将教材由例子引向方法。这样的做法充分体现"以生为本"，"教材无非是个例子"等新课改理念。

霍光武：诗歌教学从常识，到知识，再到见识，它贯穿到小学、初中和高中等多个学段。诗歌教学，小学可以与识字、写字教学相结合，普及常识，有板有眼，有章可循，有条不紊，可以高调"腹有诗书气自华"。高中可以旁征博引，揣摩意境，推敲字句，可以大气呵成，指点文字，竟说一家之言，可以"让心灵在诗意中浸润，让生命在经典中成长"。初中诗歌怎么教学，还真是个问题。读读背背，枯燥无味，学生不干；深入阐释，尽情评说，也肯定不行。鲜活的小学诗歌教学，灵动的高中诗歌教学，不能不有点尴尬的初中诗歌教学，似乎形成了哑铃状的语文教学链。打造语文教学一体化的生态工程，看来任重而道远。

叶翠：每一次活动都让我历经一次洗礼。那一堂堂精彩的语文课总是那样清晰地浮现在脑海中，参加论坛更是解开了一直压制心头的迷惑，找到了努力的方向。每一次的聆听都给了我新的思想、新的启发，"生态语文"的教育新理念在我心间越发明晰，这一切为我的教学注入了新的活力。

孔艳平：虽进入工作室已有一段时间，但我明白，要想成为一名真正的名师，是不可能一蹴而就的。面对漫漫的教师征途，既然我的目标是星辰大海，就必须要时刻保持清醒的头脑，谨记目标与追求，在成长的道路上慢下来，坚持走好每一步。

每一次活动，都带给我们快乐；每一次研究，都留给我们思考；每一次相聚，都给予彼此力量。我们一起备课，一起试教，一起研讨，一起分享；我们看别人的课堂想自己的园地，我们听同伴的高见想自己的观点；我们对语文的认识越来越清晰，我们对教育的理解越来越深刻。尤其在参与课题研究的过程中，我们对语文教育作全域性的思考，开始跳出自己的局限看课堂，看教学，看教育。工作室成员段颖老师曾撰写《风流儒雅亦吾师》，记述在工作室学习的体会和与我交往的故事

风流儒雅亦吾师①

提及师傅，脑海不由浮现杜甫《咏怀古迹》中的名句："风流儒雅亦吾师。"师傅学养深厚，谦谦君子，用这句诗评点再恰当不过了。

报纸杂志中的频繁报道，曾在我心中塑造了一个遥不可及、霞光披拂的形象，师傅门下桃李千万、载誉颇丰，而其文采精华、胸襟气度，无不令我敬慕拜服，早年就读二中时，未蒙教导，深以为憾。工作中屡屡闻知而不得一见，却在三年前机缘巧合，成为名师工作室的一员，有幸变身郭门弟子，与师傅携手共度三年师徒生涯。

杏坛搁笔费评章。师傅满怀温柔敦厚的诗教传统，又有知识分子的骨气清拔，他的课上得沉稳扎实，雄浑绵密，条理清晰，层层深入。解读《听听那冷雨》，运用品文字声韵、语言对称、句式错综的精妙构思，将散文演绎成诗的变体，呈现中国文字的绵密性与多元化；讲授《孔子世家》，由实词"病""兴""作""固"的含义入手，上升到对君子人格的剖析——如何看待君子守"穷"，进而结合相关史料明确文人精神的高贵：背负苦难却心怀虔诚，从苦难中超拔而出，塑造人的伟大；分析《记梁任公先生的一次演讲》，别致地用学生设计的海报形式导入课堂，以梁实秋"文章要深，要远，要高"的观点带动课堂，让学生从语言中品读句式、节奏与文化感，对梁任公先生的热心肠做出贴切而感人的注解；指导作文审题，则抓住关键词"焦点、角度、组合"，通过提供友情小贴士和审题要诀的方法，引导学生从不同材料中思考、积累，找准焦点、选好角度、合理组合，最终觅得真经。师傅的讲授，看似风平浪静，实实波涛暗涌，总在不经意间令人豁然开朗、拨云见雾，每节闲淡而潇洒的课堂，背后都凝聚着无比深厚的功力和卓尔不凡的智慧。

---

①郭惠宇."好玩"与"有用"——语文教学散论[M].合肥:安徽文艺出版社,2019.

长者之风山水长。师傅严于律己、兢兢业业，对门徒也恩威并施、勉力培养，他特别重视创造性、批判性思维的培养，指出"批判性思维就是不唯上、不唯书，通过分析和评估做出更好的判断进行独立思考的另一种表达。"他认为批判性思维包括六项核心技能：解释、分析、评价、阐释、推论和自我调整。并否定把批判性思维等同于简单否定和批判的错误倾向，强调理性质疑。于此，师傅不但躬亲示范，还倡导我们授课时运用批判性思维，大胆运用新视角、新观点、新方法、新思想解读文本，鼓励学生多维思考。每学期我们工作室都会开展"名师工作室公开课"，师傅掌舵领航，同组兄弟姐妹们群策群力，使我们的课堂每每先声夺人、活色生香，博得阵阵喝彩和不俗赞誉。师傅还经常组织我们参加邻近地区的各种学术论坛和名师课堂，鼓励我们参加省市级论文比赛和教学评比活动，长三角地区留下了我们轻歌荡漾的欢声笑语，获奖榜单上我们的名字屡见不鲜。每观及此，师傅从不居功自傲，但他的眉宇间充盈着轻快而欣慰的神情，使我们倍感一切付出都是值得。

三载相携永难忘。君子温润如玉。光敛于内，非形于外。师傅平易从容的性情，豁达大度的风范，生命的状态呈现出一种玉色的成熟圆润，像极了他的网名"大侠"。时光倒流，相信古时的恩师一定是位仗剑远行、去留随风的侠客，不事雕琢、不慕功利却声名远扬，他以一颗赤子之心虔诚地匍匐在语文教学领域，却又像孩子一般天真幽默，愉悦无边。他会将秀美的风景制成图集，会把孙儿的照片做成动画，会同我们月夜饮酒畅谈人生，会对不满之课率性直言、表露看法。在师傅的带领下，我们仿佛变成了孩子，永远年轻蓬勃，永远充满期待，对于明天跃跃欲试，充满了不尽的幻想。他乡的不眠之夜，我们卧谈评课、笑语不断；师傅的生日宴上，大家各献良策，其乐融融；佳节吉日，师生互送祝福，情深意长。每逢跨年，师傅总会赠与我们一份特别的礼物，从四季《日诵》到果壳日历，浓厚的文化氛围之下，我仿佛懂得了师傅的良苦用心。他是希望我们能够在每年之初，就制定好整年的规划，踏实、勤恳，戒骄戒躁，年岁更迭，唯有心之人事业之树长青。

风流儒雅，辞采华茂，巧思慧智，性情真纯。师傅于我，亦师亦友，亦父亦兄，相携生命中弥足珍贵的三年，留下的是无悔的记忆与感恩！

其实，成长总是相互的，在你帮助别人成就别人的时候，其实就是自己的一种成长，自己也在寻找同道、寻找力量，在不断激励和成就着自己。当自己逐渐有了点名声后，突然发现周围聚拢的人多了起来，青蓝活动、市导师团、市名师工作室、省中学语文教师发展研究中心、省特级教师工作室、徽派语文联盟……一个个名目不同的团队让自己的圈子越来越大，所谓的"粉丝"也越来越多，但我深知我前行的每一步都有同伴的相助相随，自己也应该竭尽全力为语文的明天和他们一起奋斗：我可以放下手边重要的工作为徒弟修改课件，哪怕是几个标点；我可以半夜从床上爬起来，为参赛教师的教学设计作修改；我可以连续三年几乎没有报酬，为母校本科生上《中学语文教材研究》课程；我可以为了教育而担当起许多角色，细数这些角色，多得甚至连自己都不敢相信……这些，只为着前行的路上彼此不孤独。

2019年出版了记录第四批工作室历程的专著《"好玩"与"有用"——语文教学散论》，书中的后记，很能表达这些年我在工作室成长的心境与体会。

后记：一起探寻语文的美丽风景①

你站在桥上看风景，

看风景人在楼上看你。

明月装饰了你的窗子，

你装饰了别人的梦。

这首经典诗作，道出了世间人事息息相关、相互依存、相互作用种种微妙关系。"人（你）可以看风景，也可能自觉不自觉点缀了风景；人（你）可以见明月装饰了自己的窗子，也可能自觉不自觉地成了别人梦境的装饰。"（卞之琳语）用她来解释教师和学生、教师与课程、师生与课堂等等学校间的符号似乎也无不可。每个有理想的教师都无不努力地去寻找、发现学生、学科的最美风景，也有意无意地成为职业领域的这样或那样的一道风景。

本书的作者——一群志在寻找语文最美风景的教师，有缘集合在一个叫"郭惠宇语文教育工作室"（第四批）的团队中，三年，一千多个日子，我们

---

① 郭惠宇."好玩"与"有用"——语文教学散论[M].合肥:安徽文艺出版社,2019.

耕耘在自己的课堂里，沉浸在喜爱的课程中，我们或相约去听"高手过招"，或围绕专题切磋技艺；我们或作课题潜心研究，或同读专著分享心得；我们或记录教学笔耕不辍，或跻身赛课参与征文……我们在种种不同形式的平台上，思考着、探究着，试图共同构筑一个充满灵动和诗意的语文风景世界。

是的，我们一起探寻着语文的风景。因为现实的语文教育，由于价值观念的迷失，把风景旖旎的语文世界遮蔽、撕扯，失去了她本真的面目；由于功利主义的盛行，让丰富多彩的语文景色变得单调、枯糙，失去了她应有的趣味。尽管我们的努力是微弱的，但我们体会到了一起出发、彼此同行的快乐；尽管我们的发现是幼稚的，但我们依然欣喜自己点滴的收获与成长；尽管我们的相聚是短暂的，但我们由此而搭建的联系在今后会变得越来越有意义。工作室历经四批、十二年，前后60多位全市优秀的语文教师，我们一同谈语说文，一起寻找风景，第四批该是关门一届，就此我也行将退休，这本书虽只收集了在第四批期间成员们的文字，也可算作我和我的伙伴们共同行走的见证吧！

我们珍惜这样的相聚、这样的努力和这样的发现，我们愿意为探寻语文的风景而一直坚持下去，因为我们还记得这样一句诗：

踏遍青山人未老，风景这边独好。

在工作室走过十年的时候，我们在《教育文汇》2017年14期发了一篇《为了语文，诗意而灵动地行走》的文章，算是为工作室的发展作了一个小小的总结。文章结尾这样写道：

我们以语文的名义集合，扩大队伍的范围，拓展研究的领域，创新活动的形式；我们以语文的名义集合，思考语文教学中的种种痼疾，试图对母语教育进行全视角观察，着力打通语文教学的阶段性壁垒；我们以语文的名义集合，期盼语文课堂充满生命流动的美丽故事，立志让语文教育奠基学生未来的幸福人生。

第十讲 从专业到管理：
丰富从业的生命图景

和西方人择业的态度不同，中国人尤其是我这个年龄前后的人，择业相对固定，跳槽也多在自己的专业领域内。我的父亲职业生涯就是始终在一个学校——当涂一中，一个岗位——图书管理，似乎从没想过换个地点、职业。相比之下，我可能要进步一点，虽说始终在教育领域，但还是更换了三次工作地点，获得了一个教师所能获得的几乎所有荣誉，也几乎涉足了一个高中语文教师所能涉及的所有领域，而且还走出校园，肩负起不同的社会责任，这一部分主要讲讲自己在不同角色的努力和作为学校教育管理者的心得。

一、在不同角色中努力前行

在三十七年的教育生涯中，自己的专业角色也日渐丰富和增多，除了自己始终是语文教师外，先后担任过班主任、教研组长、副校长、党委副书记、校长；专业角色从校园走出，延伸至各个层级：市郭惠宇语文教育工作室主持人、市导师团团长、省中语会副理事长、省特级教师工作室主持人、徽派语文联盟会长、安徽师大教育硕士兼职导师、安徽师大兼职教授、全国中语会理事……平台不断扩大，接触也越发广泛，但涉及的话题依然是语文教育；影响的扩大，也有了更多的社会角色：市供电公司行风监督员、市牛渚诗社副会长、市太白诗社副会长、市乒协副主席、市第七次党代会代表、市劳模协会副会长、省督学、省第十一届人大代表、省第十次党代会代表……我以为这是自己可以站在不同角度看教育的机会，也让自己可以站在教育的角度向不同的人群传递关于教育的资讯、教育者的心声。自己都尽力做好每个如期或不期到来的角色，唯恐有负所托。在这众多角色中，个人以为做得体会较多的是省人大代表和安徽师范大学的兼职工作。

1.社会角色：为教育发展鼓与呼

作为来自教育一线的省人大代表，始终把关注教育的发展作为责无旁贷的事情。参会五年中，不仅身在教育、心在教育，更能够跳出自己生活的学校，站在事业全局和全省发展的高度持续地关注教育。2008年省十一届人大第一次会议期间，正值中央把教育列入民生问题之首，在参会期间，多次接受安徽电视台、省广播电台的采访和录播工作，呼吁减轻学生负担和推动教育公平，希望政府增加教育的财政投入并且更加关注职业教育，会上会下就教育的发展积极地发表自己的看法。

在之后的闭会期间，作为全省基础教育的名师，时常参加省内各地市的教育教研活动，在传递教育新思想、新理念、新做法的同时，通过走访、座谈了解全省教育的发展状况，积极倾听各方对教育发展的意见，围绕一段时间本省教育发展中所出现的问题，积极建言献策。2009年第二次会议期间，针对全省一些地方为拉动经济，扩大城市规模，盲目扩大当地高中尤其是示范高中，投巨资新建的高中，在校学生人数动辄五六千人以至上万的现象提出批评，认为这种"粗放型"办教育的形式，既不利于学生的生命成长，也违背教育本身固有的规律，因此在此次会议上提交了《关于合理控制全省基础教育高中学校规模的建议》，建议各级政府要严格执行有关办学的相关规定，对于新建学校要限制其规模，防止盲目扩张。而各级示范高中的评估，则更要按照评估基本要求严格执行，不走样，不作假。希望教育不仅要满足人民群众当下的要求，更要对教育规律负责，对未来和历史负责。

2010年第三次会议期间，正值全省基础教育大力实施规范办学行为的时候，各种不规范的办学行为依然我行我素以各种形式出现，而主管部门执行力度不同，又造成诸多不公平的现象。经过多方调研，深入思考，我提交了《关于加大规范办学行为力度的建议》，希望省教育厅及各级政府真正拿出决心，本着对学生负责、对事业负责、对民族未来负责的精神，加大规范办学行为力度，不断开创我省素质教育工作新局面。同时就省教育厅实施的高中学生学业水平测试方法不合理性提交了《关于改革普通高中学生学业水平测试方法的建议》，希望还教育的公平与尊严，切实保障考生的利益。

2011年就当时热议"留守儿童"问题，呼吁政府将关注关心所谓"留守儿童"落实在行动上，对各地采取的一些做法提出自己的看法。为此，《江淮法治》杂志对我进行了专访。

让教育阳光普照每个儿童①
——访省人大代表郭惠宇

作为从事教育工作多年的省人大代表，马鞍山市二中副校长郭惠宇对"留守儿童"的教育问题尤为关注。他认为，"留守儿童"的大量出现是与社会急剧转型、经济高速发展有着密切的关系，近年来被广泛关注，各级政府也相应出台了许多政策，着手对他们加以关爱。这些关注与努力都是正确和有益的，但是，"留守儿童"的教育仍存在着一些不容忽视的问题。

出于一个人大代表的责任心，出于一名教师的拳拳之心，郭惠宇一直在调研"留守儿童"的教育状况，他说："子女与自己父母中的一人，或与上辈亲人及其他亲戚、朋友一起生活的现象由来已久，只是当前数量激增，情形更为复杂一些而已。过去的许多事实证明'留守儿童'可以和其他儿童一样健康成长，所以，不能简单地以为他们就是流浪儿童、心理缺陷儿童甚至是犯罪儿童，也不能过分宣传、渲染甚至夸张，有些统计数据即便确凿无疑，也不要在非专业的场合上随意报道传播。""请尊重这些孩子，还他们一些公正"。郭惠宇说："'留守儿童'这样的名称尽量少用，贴上这样的标签，也是对他们的一种心理歧视和侵害，比如'留守儿童之家'就可以统称

---

①孙涛.让教育阳光普照每个儿童[J].江淮法治,2011(23).

'儿童之家'，让所有儿童都享有相同的幸福。过度关心，常常会把这些人群边缘化，形成不好的心理定势，挫伤自信心，成为其成长的精神阴影。"

郭惠宇说："关注每个儿童成长是一个永恒的话题。因此，对'留守儿童'的关心和教育，不希望只是一阵风，一种形式，而应该是扎扎实实、持续不断地落实下去，让他们从心理上、学习上，都能够步入正轨，拥有幸福的童年。"

2012年第五次会议，有感于本省教师人才流失，优秀教师只评缺管的现象，提交了建议案《关于深化中小学特级教师队伍管理工作的建议》，表达了对教师的评价体系，既要评好，更要管好的愿望。

除此，我还积极参与马鞍山市代表团联名所提的各类议案和建议，内容涉及文化建设、城市发展等问题。在担任省十一届人大代表期间，积极参加了各类培训、参与由市人大组织的市内和省内各次视察活动。在全市文化建设、文艺市场的调研活动中，深入剧团、景区、工地，实地考察马鞍山市文化建设的进展，积极提出建议，为文化事业发展呐喊助威。在铜陵，关注当地教育均衡化发展的经验，从中既提炼经验也发现问题；在池州，调研当地的旅游事业，体会打造宜居城市的意义；在蚌埠，参观开发区的建设，了解当地经济发展现状；在滁州，领略当地城市建设宏图，既为之感奋也提出担忧。

作为一位人大代表，我深感肩上的责任，在沉浸于自己繁忙工作的同时，始终不忘放开视野，关注自己生活的周边环境，关注城市发展的进程，关注全省崛起的步伐。既向身边的同事、业内的同行传达政府的讯息与愿景，也听取不同的声音并将适当地传递给各方的决策者。《江淮法治》的专访如是报道。

省十一届人大代表、马鞍山市第二中学副校长郭惠宇是个富有激情的人，作为语文特级教师，他用激情"点燃"学生。孜孜以求，勤奋耕耘，创造了卓越的教学成绩；作为省人大代表，他用激情"点燃"自己，积极履职，为群众的利益大声疾呼，彰显了人大代表的风采。正是由于这份激情，在日常生活中，郭惠宇时刻不忘人大代表的职责，不忘代表所肩负的责任，说的每句话，做的每件事，都从大局着眼，做到时刻维护群众和全局的利益。每次出席人代会或参加代表活动之前，他都广泛收集人民群众关心的热点、难点问题，征求对"一府两院"工作的意见和建议，为审议各项工作报告，提出有针对性的议案建议做准备。他始终认为一名合格的人大代表就必须把履行代表职责这一"份内事"做好。

……

作为全省基础教育的名师，郭惠宇时常参加省内各地市的教育教研活动，在传递教育新思想、新理念、新做法的同时，他还通过走访、座谈了解全省教育的发展状况，积极倾听各方对教育发展的意见，围绕一段时间本省教育发展中所出现的问题，积极建言献策。当选省人大代表3年来，他不仅身在教育、心在教育，更能够跳出自己的学校，站在全省的高度持续地关注教育。

……

"我是一名来自教育战线的人大代表，与教育结下了不解之缘，与学生们结下了深厚感情，因此，我一定要紧扣'老本行'，为教育公平鼓与呼。"他的一席话，道出了自己的履职决心和信心。[①]

2.专业角色：为队伍成长尽心力

从1983年离开安徽师范大学中文系后，我可以说是在中学岗位上回母校文学院最勤的学生之一。除了到文学院的"学海导航""名师导教"等做讲座外，我还连续三年给皖江学院中文系学生讲授"中学语文教材研究"课程，该课程旨在让学生了解中学语文教材的体系，通过选读各类典型的教材并进行切实的分析训练，培养学生独立钻研教材、分析教材、处理教材、编写教学参考资料的能力。课程大纲如下。

绪　论　认识语文教材研究的价值

第一章　语文教学大纲研究

第二章　语文教材历史研究

第三章　语文教材本体研究

①孙涛,郭惠宇.为教育公平鼓与呼[J].江淮法治,2010(23).

第四章　　语文教材体系研究

第五章　　语文教材编审研究

第六章　　实用文体教材研究

第七章　　文学文体教材研究

第八章　　　文言文体教材研究

第九章　　　作文训练教材研究

第十章　　　口语类教材研究

第十一章　语文选修教材研究

第十二章　教材优化与细化的研究

每当课程开设时，我每周都要从马鞍山赶往芜湖，上完后再赶回，虽是辛苦，但这课程的设计与开设着实让我收获很多，逼着自己系统地对中学语文教材作了全面且深刻的梳理，也积累了大量的资料，遗憾的是没有及时整理出版，实在是因为自己太懒加之工作太忙。可见，在太多的角色中"穿梭"是很容易迷失的。

母校在2008年聘我为教育硕士兼职导师，之后几乎每一年都有一批学科教育硕士和卓越班本科生到马鞍山二中，担负起他们在中学阶段为期一学期或一个月的教育实习任务，算起来带过的实习生也有近百位，现在很多都在全国各地的教师岗位上发展得很好，我也算为语文教育的发展尽了一份力。记得每年他们结束实习时总要编一本《实习记录》，其中有一年邀我写的序言，很能表达我那时的心境。

以语文的名义相遇

每年的九月都有一批安师大语文教育专业硕士来二中实习，今年也如是。9月，丁建、张婷婷、张少雪、魏莉、王祎、吴家明等6位同学如约而至，从9月到12月整整四个月，我们以语文的名义相遇在二中。

以语文的名义相遇，相遇在青春时光。正值青春、活力四射的6位硕士生走进了语文教育的职场，你们带来了勃勃的朝气和盈盈的春意，让我和我的同仁有了一种力量，一份信心，在帮助你们成长的过程中我们也分明感觉到向上生长的动力，悄然改变着我们对语文世界的观察视角。相信这样的青春能量会不断弥散扩展，成为彼此生命中的定格与记忆。

以语文的名义相遇，相遇在三尺讲台。在实习的四个月中，二中的教室里时时看到你们的身影：你们虚心求教，抓住每一次学习的机会，如饥似渴；你们认真备课，备好每一次教学的课时，精打细磨；你们勤于研究，思考每一个出现的问题，见微知著。三尺讲台，或许会成为我们赖以生存的空间，因为你们的加入让我们感觉事业后继有人。

以语文的名义相遇，相遇在缤纷校园。二中，成为我们记忆的交汇点，在你们行走二中的时光里，一定有你难以忘怀的学生和老师，一定有你记忆深刻的教育故事。你们出现在二中的运动场，感受大马二的活力；你们活跃在社团活动中，体会二中学生的智慧；你们参与到校庆的系列活动中，目睹二中日新月异的变化。二中，成为你职业生涯的起点，一个美丽的开始。

以语文的名义相遇，相遇在未来岁月。四个月，短暂的相聚时光。其实，生命中有价值的相聚也许并不在其时间的长短，有意义的相聚会不断延展，不断发酵，不断升华。我们有着共同的学科背景——语文教育，我们今后或许会从事相同的职业身份——语文教师，这一切在未来的岁月里一定会有许多的交集，会成为我们彼此砥砺、相互交流的广阔空间，会成为我们增进友谊、憧憬未来的温暖平台。

相遇真的很好！相遇是缘分，相遇是美丽，相遇是幸福！

为了让母校校名中"师范"二字更显光彩，受文学院之托，我以马鞍山二中名义邀约了安师大附中、铜陵一中和蚌埠二中，在安师大成立徽派语文教育联盟，联合起全省的语文人一起为语文的师范教育出力，2015年10月30日联盟在安师大挂牌，约定每年举办一届"徽派语文论坛"，迄今举办了5届。论坛始终致力于语文教师队伍的培养，2021年第五届论坛活动上我就未来语文老师核心素养作论坛发言，我认为：

在日新月异的教育场域中，教育观念的更新、技术的更迭拓展了教学形式，也赋予教师多重身份和多元角色。教师不可能回到原来粉笔加对话的教学常态中，教师的角色需要重新定义。

——教师或许要成为学习设计师，教师的设计能力是创新思维、批判性思维和反思能力等高阶思维的综合体现，教师需要利用多种策略和资源进行教学单元设计、学生作业设计、教学空间布局设计，以保持学习者的参与度和积极性，从而使高效学习得以发生。

——教师或许要成为学习工程师，在教育环境中，学习工程师应该能够率先采用新方法，利用新技术和数据来改进教学流程，结构教学模型，以满足学生不同学习需求，适时调整学习，真正实现以学习者为中心的个性化教学。

——教师或许要成为教育变革者，应对各种不确定性的挑战；教师或许要成为具备并发挥的引领作用与影响力的领导者，有学者认为"如果不培养教师领导力，我们的学校几乎不可能变好。"

积极探索明日之师的能力组成要素，探求教师能力与培养的路径，是我们师范教育的一种使命和责任。

除了为语文教师后备人才培养出力费神外，由于自己在全省中语界的影响，加之承担了省中语会的相关角色，在很长一段时间经常被邀到省内外各种会议（培训班）、大中小学等作报告，成为省内各高校国培项目的常客，讲授的内容涉及语文教师专业成长、课堂教学艺术、文本解读策略、选修课教学、高考复习等，也还有学校管理、学校文化建设等，开过的讲座算起来有百余场。2011年4月做客安徽电视台科教频道"旧闻新说"栏目讲了10期题为《重温老课文》的讲座，就语文教材文本的更替，从语文教师的角度和关心语文的人一起畅谈。第二年，民国语文教材成为新闻热点，还是"旧闻新说"栏目约我在荧屏上做了10期关于民国语文教材的访谈，寻找民国语文教材中那些温暖。第三年又做了一档，话题是"中国书院"，一共讲了十个著名的书院，思考传统书院教育中的合理成分和现代元素。下面是当时开讲的《重温老课文》《民国语文教材》这两个讲座的目录。

《重温老课文》（讲座目录）

一、记忆中的课文：教材60年之变迁

二、《背影》应该远去吗？

三、鲁迅作品的"撤退"与"坚守"

四、可爱的《谁是最可爱的人》

五、今天还记得"阶级弟兄"吗？

　　——《为了六十一个阶级弟兄》的故事

六、杨朔与杨朔模式——兼谈刘白羽、秦牧散文

七、阳春面的故事——兼谈中学教材中的外国作品

八、红色经典的应该褪色吗

九、催人泪下《与妻书》

十、语文教材中的领袖文章

《民国语文教材》（讲座目录）

一、观：民国教材概览

二、趣：童贞的欢歌

三、善：人性的光芒

四、真：生活的淳酿

五、雅：心绪的淡定

六、精：细致的用心

七、高：眼界的坚定

八、深：智者的灵光

九、启：成长的声音

十、鉴：古今教材区别

传播语文教育无形中成为自己一种责任，而让队伍后继有人不断壮大也无意间成为自己的使命，为此，我乐此不疲。

二、在管理岗位上传承坚守

2006年在时任校长书记万亚平的力荐下，组织上提拔我担任了二中教学副校长。从一个仅仅是学校的教研组长直接任命为副处级的校领导，一介贫民转瞬成为名校的管理者，这个跨越即使在当年也是罕见，放到现在几乎没有可能。2006年10月到2015年9月我在分管学校教学工作副校长岗位上做了10年，其间，2014年还兼任马鞍山二中党委副书记。2015年时任校长汪

正贵先生被国内教育名家李希贵校长相中，调至北京十一学校，承蒙他的举荐和上级的信任，在年届56岁时，担任马鞍山二中校长，一直到2020年1月23日，在我已过退休年龄多日之后，组织部门到二中宣布我离任。是日，农历十二月二十九。

1.恪守教育本心

坚守三尺讲台，心甘情愿。面对领导的信任与重托，刚接任教学副校长的我倍感压力，既想当一个合格的学校管理者，又不想因为管理工作而影响自己的教学工作，希望自己始终站在教师的立场，一方面继续当好语文教师，另一方面为全体师生服务。

按着这样的初衷，接任副校长后我没有卸去教学任务，当时我在高二年级担任两个班的语文课和一个班的班主任，我硬是坚持了一年多，直到把2007届送走。之后，我一直担任一个班的语文课教学，共有五届，有理科实验班、文科实验班、国际班和平行班，不挑不抢，不仅要尽到作为语文教师的职责，还在做一些感兴趣的教学改革。即便在2015年担任学校校长也依然站立讲坛，我把所教班级上午的第一节课全排上语文课，这样上完课就可以去处理学校各种繁杂的行政事务。2020年1月23日，卸任校长、办过退休手续后，还坚守讲台，直到7月3日考前最后一讲结束，这才离开讲台，送走了我在马鞍山二中的最后一届学生。所以我常常开玩笑说，我是为着"一辈子都在讲台上教书"这句话而坚持下来的。别人不理解，但在我这里，感觉舍不得也离不开讲台。应该说，在讲台上的日子，我是幸福的也还比较满意。这里有几段我教的学生对我的评价。

王大宇（二中高103班班长）：在我所熟知的概念里，"语文老师"仿佛就是一个站在讲台上抱着课本滔滔不绝的儒生，氛围永远是灰色调的昏昏沉沉，直到郭校长顶着一头"自来卷"，抄着自成一派的喜感笑容，走上讲台，那刻起，仿佛语文的世界变得斑斓了……校长在日常的授课里总是一本正经的，课下也高频地抽出时间为我们答疑，但就算这样，社会事务繁忙的他仍是有时神龙见首不见尾，可他道歉时惋惜的模样，足以作证，他是这样一个责任感爆棚的好老师！

陈欣媛（二中高103班语文课代表）：郭老师是一个非常敬业、非常亲切的老师。虽然他平时除了上课之外还有很多事情要处理，非常忙，但下课我们去问问题的时候，他仍然耐心地解答，往往到下一堂课上课铃响才步履匆匆地离开，无论什么时候去找他，他总是马上停下手头的事来帮助我们解决疑惑。不得已缺了课也总是会找时间补回来，在印象中像郭老师这个年纪的老师应该是不苟言笑的，但是他很幽默，而且博学，在一篇简单的古文中总能延伸出许许多多有意思的东西，讲课不拘泥于形式与课本，总有独到的见解和巧妙的注解，听他上课是一件我们每天都期盼着的，幸福的事。

谷秀青（二中高103班语文课代表）：第一次从班主任那儿听到您的名字，心里无端生出敬畏之情，印象中，似乎校长总是威严无比，拒人于千里之外。

但您却诠释了一位与众不同的好校长、好老师！没有一丝一毫校长架子，和蔼可亲又幽默风趣。语文课总会充满欢声笑语！真正是俯下身子与我们零距离沟通，让我们少了一分敬畏，多了一份信任；总是谦逊温和，从不发脾气，让我们都愿意多听听您鞭辟入里的见解，卓尔不群的想法，让我们每天都期待着您的语文课！

是您，让我们切身体会到，学习是一件多么快乐的事！

曹梦棋（二中高103班团支书记）：未见其人，已闻其声名，怀着好奇与期待，在心里偷偷遐想着郭老师的样貌，该是一位儒雅的、清傲的人物吧，可作为名师，又会不会有些许严肃，些许古板，些许遥远呢？

开学至今，当初的一切幻想有了正确的答案。他不严肃，不古板，不遥远，他是爱笑的，幽默的，令人亲近的师长，我们对他的敬慕使我们唤他"郭校"。

郭校时常穿着一身得体的西装，手上拿着几本书，从教室外走进，神采飞扬，脸上兼有少年人的风神与年长者的气度，有时远远地看他走来，风度翩翩，冲他招手，他便笑着颔首，也会挥手回应，与之经过，如沐春风。他是潇洒的，一位潇洒的儒生。

一日，在班级门口打扫卫生，地面刚被清理不久，水迹未干，郭校走来，忽冲我们莫名一笑，然后手扶门框，佯装摔倒，我被惊愕在原地，心中一颤刚要去扶，却发现郭校根本是玩心大起。郭校竟有这样顽皮如孩童的一面，惊异中我恍惚看见他吐了一下舌头。他是可爱的，一位可爱的君子。上课之时，他又有别样的风趣："你们对'其可怪也欤'真是'其可怪也欤'了。"风趣如他，此师令人倾慕。

这便是我心中无双的郭校。

坚定教育初心，不离不弃。面对教育无穷无尽的焦虑，层层加码的内卷，作为老师我或许可以淡定，可以坚持做自己；作为学校管理者，这种压力和困苦始终缠绕着，难以挣脱。2006年前后"县中模式"如潮涌来，新课改也在全力推进，刚刚上任的我就面临着二中的教学向何处去的问题。当时我就写了《面对补课，教师能做什么?》一文，和老师们一起寻找走出困扰的路径。

在倡导素质教育、反对高考指挥棒的热潮过去后，"县中模式"如潮涌来，对应试教育的这种强烈反弹，虽然不乏沸沸扬扬的评论和不绝于耳的贬黜之声，也充满对莘莘学子的同情与呵护，对素质教育的渴望之情，但补课依旧推进，模式照常运作，一切都在煎熬般的无奈中悄然进行着。

问题的关键还是高考制度，加之，好的大学永远是一种稀缺资源，而中国的人口基数又那么大，市场经济的特点就是竞争，中国的竞争尤其激烈。学校、学生和家长都没有办法，身处此处，身不由己。对于绝大多数孩子来说，如果进不了大学的门槛，就意味着机会的丧失。而社会对于学校的评价还是高考。所以，在这样一个竞争的环境里，只要有人突破了共同的底线，大家也就只能情愿或不情愿地跟进。

道理谁都能说上几句，但在决定孩子命运的高考面前，家长们怕是等不得那个成长为美好的"人"的未来了。同样，在决定学校现实生存和前景发展的选择面前，教育的领导也扛不住生源大战升学指标的压力了。补课，想说不爱不是件容易的事了。

然而，在可怜学生的同时，有多少人可怜过我们的老师呢? 其实，此时的师生已经是同一战壕的战友，囚禁一室的难友了。何况学生一两年还有个出头之日，而教师，生活还要继续下去，尽头在哪里没有人告诉我们。甚至由"县中模式"所带来的种种弊端，以及非难指责又似乎都要我们教师来扛着，我们还必须无奈地尴尬地支撑下去。

事实上，生活的经验常常这样告诉我们，当自己在无法改变一种现实的时候，需要的不是愤怒、不是消极，而是要研究积极的对策，寻找有效的出路，也许这是拯救自己、解救别人的最好办法。因此，面对补课，我们都可以扪心问一声，我们能做什么？

我以为教育管理完全可以更加人性化一点，教育责任意识更加强烈一点，技术含量更加丰富一点，教学技能更加专业一点。一句话，现实要求我们变得聪明一点，这既是对学生负责，也是对自己负责。

纵观县中模式，基本上是一个封闭的、以获得高考佳绩为唯一或主要目标的刚性应试环境。在这种环境里，学生机械地接受老师的讲课和作业，他们的目标取向和价值观念由于单一目标的训练和外部其他信息相对减弱甚至隔绝，其知识的来源不可避免地带着高考应试的胎记，原本应该十分重视的综合能力包括创新能力、观察能力、辨析能力、交际能力、合作能力等等几乎被压缩为一种"解题能力"。这种教育概念的倒退，完全忽视了一个学生作为"人"的发展特点。我们拥有比县中更好的物质条件和外在环境，可以在推进学生解题能力的同时，去培养其他的能力。

激烈的高考压力，更加呼唤教师的责任意识。需要我们少一点心浮气躁，多一点气定神闲；少一点急功近利，多一点高瞻远瞩；少一点对于物质和利益的过分追求，多一点对事业的执着和拼搏……我想，就是搞应试教育，凭城市的师资和学生源，以及日益提高的教育使命感责任感，也应该是可以高于"县中"。

县中模式的盛行，也凸现了我们教育专业水平的落后，许多"县中"处于"原始积累"时期，故而存在严重的"拼消耗"的做法，我们完全可以做得更加实在些，更加科学性，而不是一味地"死揪"不放。这就需要教师提高专业水平，增加技术含量。在课堂中做文章，在教材里细经营；精心打磨每一节课，认真琢磨每一种课型；精心探求每个知识点的认知规律，细心研究每个学生的求知特质，尽心体察学习者接受新知的心理变化，发现他们每一点进步。让师生都能在和谐的学习环境中一起成长。

一句话，面对补课，我们教师应该可以做得更专业，更轻松，更有效。

当然，解决现实问题是不可能靠几篇文章、几次讲话就可以实现的。而今，客观地去看马鞍山二中在我参与管理和主持工作的那些年，学校在规范办学、课程改革、学校发展、学生成长等诸多方面始终走在全省基础教育的前列，学校的口碑依然。但我心里清楚：坚持有多难。

坚持内涵发展，尽心竭力。在担任校长的几年里，高中教育将往何处去？是越来越像考试工厂，还是还学生一个学习求知的乐园。在这样的"撕扯"中，我始终努力把学校朝着内涵发展，提升教育品质的道路上引。2017年3月25日，我有幸参加了在中科大举行的"听取对全国教育大会意见建议座谈会"，会议由时任中共中央政治局委员、国务院副总理刘延东主持。时任国务院副秘书长江小涓、教育部副部长沈晓明以及安徽省委书记李锦斌、省长李国英等领导出席。会上，我作为五位发言人中唯一的中学校长，就普通高中教育发展作了题为《走内涵式发展之路，不断提升高中教育的办学品质》发言。

面对普及高中教育，建设更有质量、更高水平的普通高中的问题，我以为当务之急是要走内涵式发展之路，不断提高学校的办学品质，为此，提出如下建议：

一是要建好每一所学校，让更多的孩子享受优质资源。走内涵式发展之路，需要适度控制高中教育的学校规模和体量，办优质精致的高中学校，同时，也要压缩班额。因为这更有利于教育的个性化需求，有利于营造适宜学生成长的物质和精神空间。过于庞大的学校和人数过多的班级不仅管理难度大，安全系数低，也很难做到教育的精细化、教育的人文化。普通高中学生的成长不能与社会、家庭隔断，教育同样也需要社会和家庭的力量。

二是要建立有效的保障体系，确保改革发展后劲。走内涵式发展之路，需要高中提供更多的教育资源，更先进的教学设备，更多的服务于课程的教学空间。随着高考制度的改革，走班制的实施，课程的多样化，现有教学空间受到挑战，各种可供学生选择的学习空间匮乏，很容易让"走班制"成为形式，达不到让学生自由选择的教育理想。同时，随着"互联网+教育"技术的不断进步和成熟，学习和教学方式进一步改变，学校所需投入将越来越大，这就需要进一步增加对普通高中教育的财政供给，保证教育教学改革所必需的各方面条件。

三是要提高依法治理能力，确保全面育人落到实处。走内涵式发展之路，需要学校在培养创新型人才上闯出新路，真正让核心素养落地。需要我们从围绕高考做教育到围绕人的全面发展做教育的转变，从追求升学目标的共同性到培养方式的个性化的转变，从用学科知识教人到用学科素养教人的转变。可以说办学行为决定着学校建设的品质，办学理念决定着学校发展的格调，办学行为的规范与监管还需要花更多力气，同时，树立正确的教育理念对于内涵发展至关重要，因此，各级政府和社会各方面需要进一步改变以升学率高低评价普通高中学校办学水平的倾向，要以全面贯彻党的教育方针为根本导向，完善教育督导、学校评估、教学评价、考试招生等制度和办法，引导普通高中教育健康发展。

理想或许很丰满，但现实也的确很骨感。作为我个人只能努力地去想，努力地去做，哪怕有一点点的进步，也是值得的。

2.构建学校文化

确立学校文化精神，追求共同的价值理念。学校文化可以理解为教师、学生和校长所持有的共同信念，而这些信念支配着他们的行为方式。同时，学校文化与自身的传统和历史有着密切的联系。在从事学校管理的这些年中，尤其是主持学校工作的三年间，学校文化建设始终是我工作重点谋划和发力之处。记得我在2006年12月副校长竞聘的演讲中这样表达：

我以为战略比策略重要。二中在几十年的发展中有着很好的策略，得益于这些策略，我们走到了全省的前列。有着一流的环境、一流的设施的今天的二中，在今后的发展中，我以为在战略上当以文化来领导学校。因为学校的核心竞争优势是学校文化，我这里所说的学校文化包括学校哲学、学校价值观、学校道德、学校精神、学校标识、学校环境、学校制度、学校行为和学校形象等多方面，它对师生员工起着导向、凝聚、激励、约束的作用。作为精神形态的学校文化，具有独特的感染力、凝聚力和震撼力，是学校整个精神风貌的体现，直接影响到学校的办学方向和教育教学的活动方式，是整个学校最基本的文化内涵和文化背景。

因此，我渴望在二中构建起健康的学校文化，并使之成为师生的精神家园。在这样的家园中，师生们在校园里具有愉悦感、充实感、成就感。他们身心愉悦，心灵舒展，没有疲惫感，也没有压抑感；他们内心充盈，有丰富的精神生活，没有空虚感和无聊感；他们体验到成功的喜悦，感受成长的快慰，有着积极的自我评价。

这样说了，之后我也一直努力在朝着建构学校文化的方向上努力着。

一是改造物质文化，提升空间领导力。我以为管理者要努力通过规划和支配使用学校空间，运用空间的"点、线、面、体"，基于教育学视角对学校空间加以规划与使用，促进学生优质学习、教师有效教学、学校高效管理和教育品质提升。在我任上，恰逢马鞍山二中建校60周年，新校搬迁已近13年，许多教学设备老化，当年建设理念过时，在得到上级领导支持后，我开始了对学校各类建筑的维修改造和新建。我对空间改造的对策有：首先空间规划需要教育理念支撑，改造空间一定要与学校文化同步，与办学理念相映；其次空间改造需要师生共同设计，学校的空间要始终服务于教育，突出学生是学校主人的观念，让每个空间都有学生的参与；再次空间安排需要符合学校特色，改造空间不是追求高大上，不是什么都要建，而是要根据现有特色和未来走向尽心安排，学校与学校的空间要体现差异性，切不可千人一面；最后空间维护需要制度加以保障，空间维护保养需要管理跟上，空间不是摆设，需要充分合理地利用。那一年，是二中搬迁13年后基建项目投资最多、工作最繁重的一年，应当说，二中的面貌在校庆之后焕然一新。

二是建立制度文化，厘清管理全路径。学校文化要以支持性的制度为依托，用制度来传达学校所遵循的价值观念，用制度来解放或适度约束地解放师生的发展力与创造力，用制度来剔除学校文化的杂质、矫正学校文化的歧途。制度系统是连接理念系统与实践系统的中介，是有效达成主体行动倾向既定目标的催化剂。所以，在二中，从制度的顶层设计到制度的末梢规定，有着全过程、全领域、全方位的制度体系。担任管理岗位的那些年，我参与或主持决定学校发展许多重要决策：率先制定了办学章程、勾画了课程图谱、明确德育行动纲领、规定了学校教师发展指南……一连串的"组合拳"，奠定了学校发展的基本蓝图。

制度决定方向，也决定行动。学校中无论大事小事，都按照制度、规划有条不紊地推进完成。以办好60年校庆活动为例，我们确定了校庆主题："一轮甲子，桃李芬芳；一所名校，点亮梦想；一座城市，托起朝阳。"绘制了关于校庆活动的一揽子路径和任务清单，分工明确、立体包装、贯通全域，一切按预定的方案执行，一张蓝图绘到底。应当说，那一年，做了学校历史上许多从未做过的事情；那一年，做了过去要做很多年才能完成的事。详细清单如下。

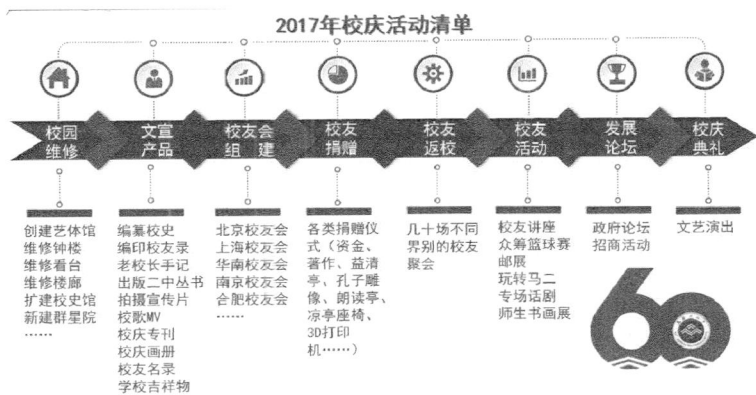

三是培育行为文化，追求教育高品质。行为文化是学校文化的实质与核心。学校中选择什么样的实践对象、怎样完成实践项目、形成了怎样的实践成果、产生了什么样的实践影响，在很大程度上代表了师生成长的可能性，也标志着学校文化的质量与品位。它所包含的课程建构、教学变革、活动设计、仪式开展及习俗传递等内容成为其丰富的面向，各种文化效力在很大程度上需要在行动系统中体现出来，并得到检验。在学校管理行为上，马鞍山二中始终循着保障学生中心的治理结构和可供学生选择的课程体系这两条脉络推进工作。尤其在课程体系建设上可圈可点。

四是构建精神文化，增强团队凝聚力。"文化首先是对未来一种美好生活的价值预设，它体现为所有人的共同认同与理想追求。"（费孝通语）精神文化不是突然诞生的，它是一代代人传承与积淀的结果。其形成的过程便是学校文化不断筛选、取舍并成为它独特样子的过程。精神文化是整个学校文化的灵魂，是一切文化实践的依据，起到根本性的导引作用。

站在60年校庆的历史节点，我们觉得有必要去梳理学校的文化传承，为学校发展确立其精神核心和文化价值。我们选择了代表学校品质的两个物件：一是矗立在老校区的"雄鹰展翅"雕像，那是1989年市委、市政府为褒奖二中赠送的礼物，雄鹰文化一直是二中文化的主要符号；二是新校区河道里种植的荷花，每年盛夏是校园一道靓丽的风景。之所以选择雄鹰、荷花为物化的精神代表，还取决于其寓意：雄鹰向上飞翔，志在四方，极目四野，象征二中学子开放、卓越的品质；荷花向下扎根，不妖不染，香远益清，象征二中教师高洁、包容的品质。由此，我们将"清荷文化""雄鹰精神"作为学校的文化元素和精神符号。

所以，2017年我们将当年确定为"校庆年"，当年的学校办学务虚会的主题就是"传承二中精神，凝聚发展共识"，会后发表了《马鞍山市第二中学"二中精神"共识》，文中写道：

我们认为，发展是永恒的主题，办人民满意的学校是我们不懈努力的方向。历史要求我们坚守已有的发展共识，在培养目标、发展战略、发展环境上，继承创新，不断进取。始终能够坚持人文精神（厚德，励学，敦行）、科学精神（求真，求实，求新）、健康身心（体格健美，心理阳光）的和谐发展，牢固树立科学素养与人文精神、传统美德与现代文明、国际视野与爱国情怀、仰望星空与脚踏实地的和谐统一的培养目标；始终坚持质量立校、人才强校、文化兴校发展战略，坚持走内涵式发展之路，着力推动和谐发展、特色发展、创新发展、精细发展、可持续发展，把办人民满意的二中作为价值追求和目标；大力弘扬正气之风、和谐之风、儒雅之风。

我们认为，清荷文化，雄鹰精神，集中体现了二中办学历史积淀，完美诠释了二中文化和精神的内在品质。清荷摇曳，香溢杏坛，体现了二中校园文化的雅致清幽，蕴藉着二中人香远益清的高洁情怀、海纳百川的包容气度；雄鹰振翅，志在云天，体现了二中精神的博大深远，包含着二中人极目四野的开放心态、孜孜以求的卓越精神。清荷文化和雄鹰精神的融合，恰是阴柔之美与阳刚之气的和谐统一。

近四十年的从业经历，已从一名立身讲台的教育者到全省著名学校的管理者，领导视域的延展让我发现了更加丰富的教育图景；从一名极为单纯的语文教师到头衔繁多的文化人，多元角色的叠加让我看到了更加精彩的人间风景。